牛散大学堂

让中国的投资文化走向世界

使命 | 让中国的投资文化走向世界

愿景 | 打造中国A股市场完美的投资体系

目标 | 让更多投资者少走弯路,有机会成为牛散

实战操盘技法

吴国平 著

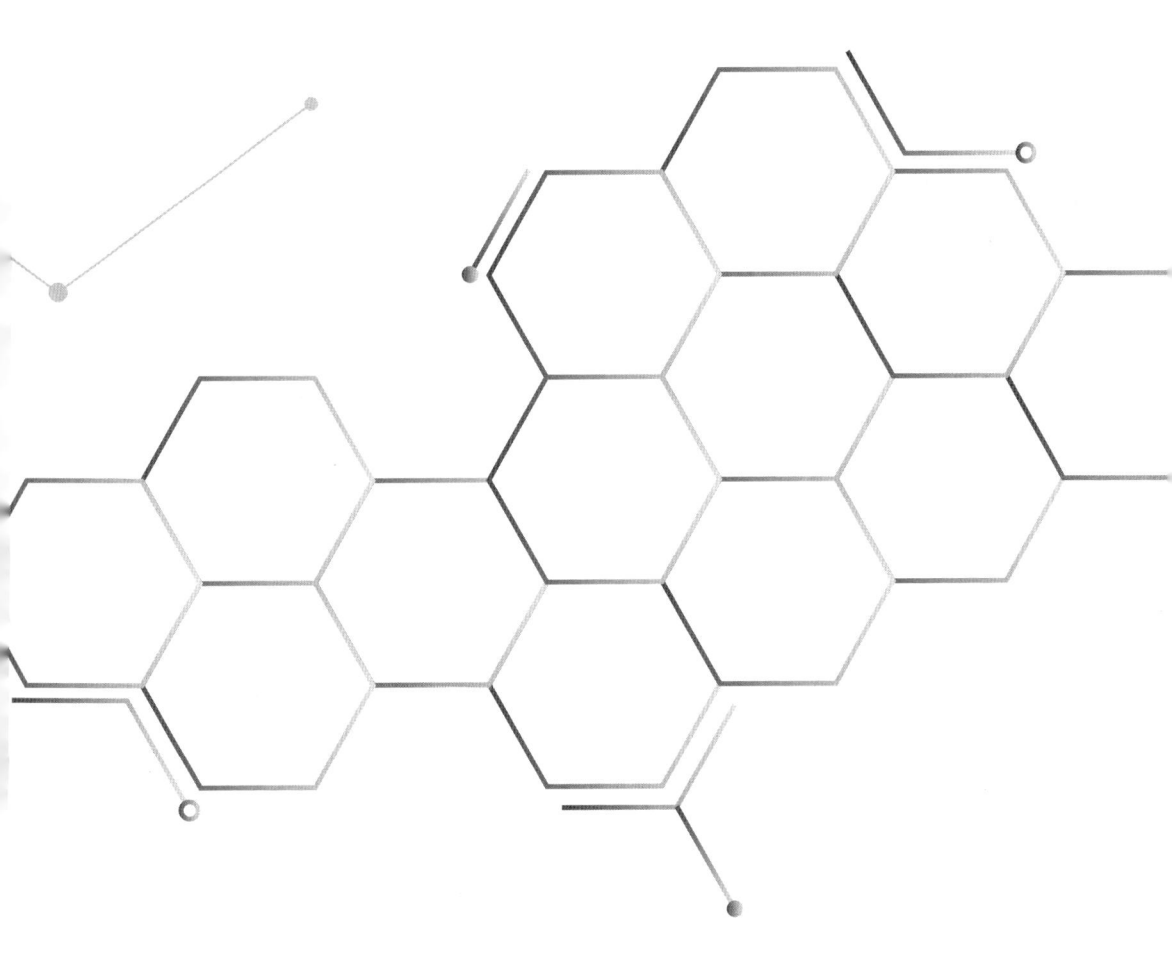

让更多投资者
少走弯路且有机会成为牛散

甘肃人民出版社

图书在版编目（CIP）数据

实战操盘技法 / 吴国平著. -- 兰州：甘肃人民出版社，2021.1
ISBN 978-7-226-05637-0

Ⅰ. ①股… Ⅱ. ①吴… Ⅲ. ①股票交易－基本知识 Ⅳ. ① F830.91

中国版本图书馆 CIP 数据核字(2021)第010158号

责任编辑：肖林霞
封面设计：雷春华

实战操盘技法

吴国平 著

甘肃人民出版社出版发行
（730030 兰州市读者大道568号）
北京温林源印刷有限公司印刷

开本 710毫米×1000毫米 1/16 印张 23 插页 2 字数 321千
2021年7月第1版 2021年7月第1次印刷
印数：1~4000

ISBN 978-7-226-05637-0　　定价：68.00元

"成长为王" 知己知彼，百战不殆

古人说，知己知彼，百战不殆。从初生的萌芽，到茁壮成长的大树，见证着的是成长，股市交易也不例外。对于广大投资者来说，要在股市上获利，甚至实现账户翻倍，非得下苦功去深入研究不可。中国的股票交易市场日渐成熟，在为上市公司提供资金的同时，也为各种类型的交易者提供了目不暇接的交易机会。

需要特别说明的是，本书的写作初衷是为了帮助每一个小散户"成长为王"。

感性认知阶段，解析市场资金方，辨识市场行为；

理性认知阶段，解读资金操盘法，公开多种交易模式；

悟性认知阶段，走进短线情绪面，深入了解交易的规律。

股市归根到底还是一个投资市场，一个由各种复杂人性博弈—主观策划—随机波动构成的地方，你在里面浸淫的时间越长，就越能理解什么是水无常形、兵无常态，只有不断总结，顺势而为才是制胜之道。切记不要因为自己的"一招制胜"而沾沾自喜。

如果你想从本书中学习股市交易的方法，并应用到实战中，取得比较理想的成绩，那么，就请从现在开始做到知己知彼吧！

目 录

牛散大学堂的股威宇宙 ·· 1
第一堂课：EPS 每股盈余 ·· 5
  1. 定义 ··· 7
    1.1 每股收益与三大报表的关系 ······························· 9
    1.2 注意事项 ··· 11
  2. 实战运用 ·· 12
    2.1 医药股 ··· 12
    2.2 软件股 ··· 17
    2.3 次新股 ··· 20
  3. EPS 误区 ··· 24
    3.1 从财务的角度如何根据每股收益做出投资决策呢？
       ·· 24
    3.2 非经常性损益通常包括这几种情况 ··············· 26
第二堂课：ROE 股本报酬率 ······································· 29
  1. ROE 股本报酬率定义 ·· 31
  2. ROE 与投资收益关联度特点梳理 ························· 33
  3. ROE 与投资收益率的规律总结（统计了 2015 年以前上市
    的公司）·· 36

4. 企业如何提高 ROE ·············· 42
　4.1 提升净利润 ················ 42
　4.2 压低净资产 ················ 48
　4.3 最理想的 ROE ·············· 48
5. ROE 的误区 ·················· 52
　5.1 ROE 要参考多年的数据，注意数据要持续而稳定 52
　5.2 ROE 并非越高越好 ············ 52
　5.3 ROE 多少为好 ·············· 56

第三堂课：公司定价—PE 估值法 ········ 59
1. PE 市盈率的概念 ··············· 66
　1.1 市盈率的公式 ··············· 68
　1.2 动态 PE 的概念 ·············· 69
　1.3 动态 PE 的深入 ·············· 71
2. PE 的应用 ··················· 73
　2.1 纵向分析较长时间周期内的 PE 情况 ···· 74
　2.2 横向对比同行业公司的 PE 情况 ······ 78
　2.3 分析 PE 时要注意去掉主营收入之外收益的干扰 79
　2.4 传统行业、新兴行业、周期行业等不同行业属性下 PE 的对比分析 ············· 83
　2.5 成熟市场和国内 A 股的整体 PE 的对比 ···· 86
　2.6 市盈率只是一个定性的指标，对 PE 的理解不要僵硬化 ···················· 88

第四堂课：如何给股票估值 ············ 91
1. 市销率(PS) ·················· 95
　1.1 基本原理 ················· 95
　1.2 指标说明 ················· 96
　1.3 缺点 ··················· 101

1.4 实战应用 ··· 102
　2. PEG 估值法 ··· 107
　　2.1 基本原理 ··· 107
　　2.2 指标说明 ··· 108
　　1.3 实战应用 ··· 110
　　1.4 注意事项 ··· 113

第五堂课：了解股价趋势 ····································· 119
　1. 股价趋势的研究意义 ····································· 124
　2. 股价趋势线是什么 ······································· 126
　　2.1 趋势线的作用 ··· 126
　　2.2 趋势线的角度 ··· 128
　　2.3 趋势线角度的实战意义 ································· 128
　3. 趋势的级别 ··· 137
　4. 趋势的特性 ··· 142
　　4.1 稳定性 ··· 142
　　4.2 小反向性 ··· 144

第六堂课：如何了解筹码优势 ································· 147
　1. 筹码的定义 ··· 152
　　1.1 定义 ··· 152
　　1.2 持有多少比例筹码的有利于股价的掌控 ··················· 160
　2. 筹码在股价不同阶段中成交量异动的体现 ··················· 163
　3. 筹码峰 ··· 168
　　3.1 筹码峰是什么 ··· 168
　　3.2 如何在行情软件上查看筹码峰 ··························· 169
　　3.3 筹码峰的几种妙用 ····································· 170

第七堂课：认识安全边际 ····································· 179
　1. 安全边际的基本理解 ····································· 183

  1.1 由来 ················· 183
  1.2 定义 ················· 183
  1.3 科学运用"安全边际"理论的三个方面 ······ 184
  1.4 内在价值—价值投资的基础和核心 ······· 188
  1.5 安全边际与市场波动 ············· 190
  1.6 举例：巴菲特旗下的巴克夏公司的股价 ···· 190
 2. 从性价比的角度分析 ················ 197
  2.1 为什么强调要回调买入 ············ 197
  2.2 为什么强调不过度追高？ ··········· 201

第八堂课：分析资金动能 ················ 207
 1. 资金动能 ····················· 214
  1.1 价值投资（成长股） ············ 214
  1.2 情绪投机 ················· 217
  1.3 庄股运作 ················· 220
 2. 从成交量的角度看资金动能 ············ 222
 3. 从股价的位置看资金动能 ············· 227
  3.1 低位区域 ················· 228
  3.2 中位区域 ················· 231
  3.3 高位区域 ················· 235

第九堂课：分析市场动能 ················ 239
 1. 市场动能的定义 ·················· 243
 2. 市场动能分析的三个角度 ············· 246
  2.1 估值 ···················· 246
  2.2 政策 ···················· 246
  2.3 资金 ···················· 246
  3.1 从估值上看，998点之时，上证和深成指的平均市
    盈率都在20倍以下 ············· 248
  3.2 政策——股权分置改革 ··········· 249

3.3 资金面 ················· 249
　　4.1 从估值上看，1664点之时，上证和深成指的平均市盈率都在20倍以下················· 250
　　4.2 政策——4万亿救市 ················· 252
　　4.3 资金面 ················· 253
　5.2013年从1849点展开的行情················· 254
　　5.1 2013年1849点的行情估值特点················· 256
　　5.2 具体行情演绎脉络················· 257
　　5.3 政策：新股IP0暂停+"大众创业、万众创新"················· 260
　　5.4 流动性：融资融券+降准降息················· 261
　6.2016年从2638点展开的行情················· 262
　　6.1 2016年行情显著特点················· 262
　　6.2 2016年行情估值特点················· 263
　　6.3 政策：供给侧改革················· 264
　　6.4 流动性：股权质押、去杠杆系列政策················· 264
　　6.5 当前状况················· 266
　　6.6 其他条件················· 266

第十堂课：加速起涨点················· 273
　1.加速起涨点的含义················· 278
　2.加速起涨点的特征················· 281
　3.加速起涨点的战法要点总结················· 288

第十一堂课：满足点——背离现象················· 301
　1.个股走势与大盘指数的背离················· 304
　　1.1 事出反常必有妖················· 315
　　1.2 指数持续走强，但个股不跟进················· 315
　　1.3 指数持续下跌，但个股不跟随下跌················· 322
　2.个股价格与成交量的背离················· 325
　　2.1 量涨价不涨················· 326

  2.2 量缩价涨 ·················· 329
  2.3 股价与成交量背离的应对之道 ········ 332
第十二堂课：知识回顾与总结 ············ 335
 1. 知识回顾 ···················· 340
  第一节课 ···················· 340
  上市公司盈余能力：EPS 每股盈余 ······· 340
  第二节课 ···················· 340
  ROE 股本报酬率 ················ 340
  第三节课 ···················· 340
  公司定价——PE 估值法 ············· 340
  第四节课 ···················· 341
  市销率估值法和 PEG 估值法 ·········· 341
  第五节课 ···················· 341
  如何了解股价趋势 ··············· 341
  第六节课 ···················· 342
  如何了解筹码优势 ··············· 342
  第七节课 ···················· 343
  认识安全边际 ················· 343
  第八节课 ···················· 344
  分析资金动能 ················· 344
  第九节课 ···················· 345
  分析市场动能 ················· 345
  第十节课 ···················· 347
  加速起涨点 ·················· 347
  第十一节课 ··················· 348
  满足点——背离现象 ·············· 348
 2. 作业案例 ···················· 350
  第 10 课—加速起涨点 ············· 350

牛散大学堂的股威宇宙

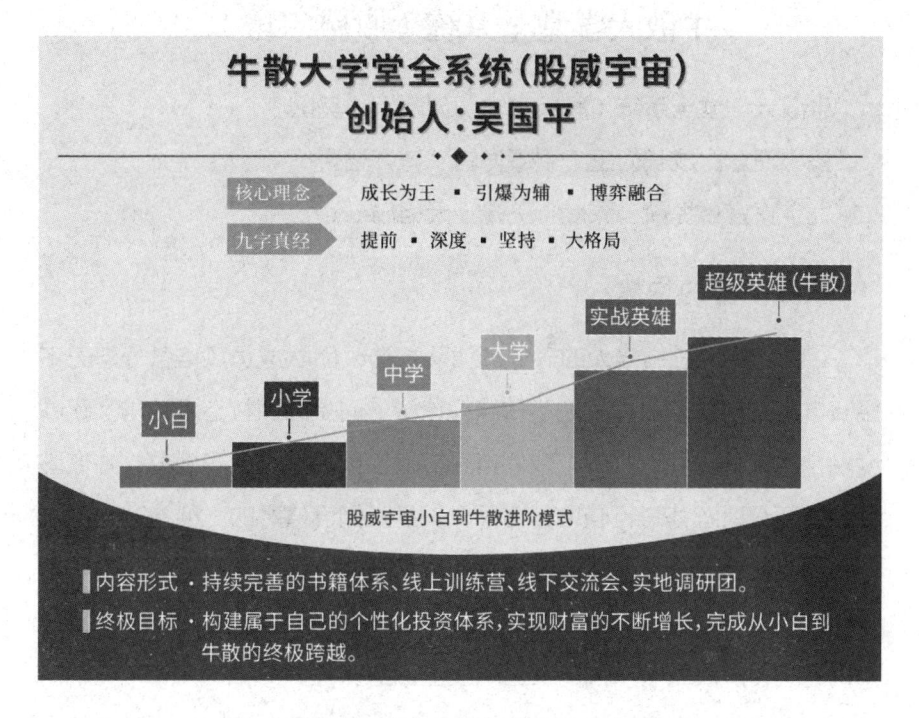

牛散大学堂全系统（股威宇宙）
创始人：吴国平

核心理念　成长为王　·　引爆为辅　·　博弈融合
九字真经　提前　·　深度　·　坚持　·　大格局

小白　小学　中学　大学　实战英雄　超级英雄（牛散）

股威宇宙小白到牛散进阶模式

▌内容形式·持续完善的书籍体系、线上训练营、线下交流会、实地调研团。
▌终极目标·构建属于自己的个性化投资体系，实现财富的不断增长，完成从小白到牛散的终极跨越。

重新定义你的操盘体系

很多人一直在寻找提升自我的系统课程，付出相当多的精力后却发现，大部分都只是一招半式，没有整体性可言。正因为自身没能全面武装自己，所以非专业投资者依旧占据大多数。

我们来了，来帮你构建交易系统，牛散大学堂的股威宇宙系统就是为你而搭建，从"小白"到"牛散"，我们来帮你逐步成长。

我们的底气在于：我们自身就是从小白一路成长起来的，也一直从业于资产管理一线，深知市场一线人群最需要什么知识和技能。基于未来中国资本市场的发展将趋于专业化和成熟化，目前普通投资者确实已经到了迫切需要提升自我的时候了。只有提升自我，才能更好地适应资本市场。我们的股威宇宙——牛散大学堂全系统，或许就是你最好的选择。

牛散大学堂全系统（股威宇宙）

牛散大学堂全系统（股威宇宙）创始人：吴国平

核心理念：成长为王　引爆为辅　博弈融合

九字真言：提前　深度　坚持　大格局

股威宇宙的构建：

1. 我们的系统由强大的分析师团队打造，团队成员风格各异但无不经验丰富且自成一派，我们不做纯理论派，而是力图打造理论与实践高度融合的精品教程。其中，我们自身实战原创内容占主导地位，并借鉴其他方面经典解读进行辅助，博采众长是我们价值观的一种补充。

2. 股威宇宙将个人交易者分为六个不同的阶段（从"小白"到"牛散"），学员或者读者可以对比自身情况快速选择自己对应的学习阶段，不同的学习阶段将有不同的书籍和线上训练课程。

3. 除了书籍体系和线上课程体系，到上市公司实地调研也是牛散大学堂股威宇宙实战的一种衍生，属于实战英雄或超级英雄课程。那里的世界会很精彩，充满乐趣惊喜，通过与上市公司管理高层的对话了解企业真实情况，真正感受什么叫功夫在市场之外。

4. 我们的系统来源于实战的经历，但不拘泥于实战经历，通过认真总结使它高于实战，一切只为帮助交易者提高自身的交易技巧和水平。

股威宇宙：从小白到牛散进阶模式

1. 小白

小白是指对交易市场有兴趣但没有任何知识和经验的交易人群。这个群体既没有实战经验，也没有理论基础，对K线、盘口信息等基础知识一无所知或一知半解，属于资本市场潜在参与力量。

2. 小学生

小学生是指对基本的概念有一些了解，刚入市还没经历过市场洗礼的人群。这个群体能看到盘面的基础信息，也知道基本的交易规则，但具体到成长股的概念，个股涨停背后的逻辑或者技术波浪理论等都还处于未知的状态。

3. 中学生

中学生是指对概念较为了解，对K线形态开始清晰，并掌握了一些技术分析方法，自我感觉还不错的人群。这个群体入市时间不长，初出茅庐、踌躇满志，开始接受市场残酷的洗礼，感受到了资本市场的一些机会和风险。

4. 大学生

大学生是指有一些自己的分析方法的人群，但分析方法总体来说零零散散，还没有形成一套完善的研判体系。另外也还不大懂如何将它们融合运用，需要更贴近市场去把握市场的本质，从而进入一个新的自我提升阶段。

5. 实战英雄

如果你已经有了实战英雄的水准，那么恭喜你，你已经开始知道如何融合运用基本面和技术分析的投资方法，对交易的心理博弈也开始有所体会。在这个阶段你需要透过反复实践感知市场的博大精深，真正理解核心理念"成长为王，引爆为辅，博弈融合"的含义，认清市场的本质，渐渐进入一个赢家的行列。

6. 超级英雄（牛散）

牛散几乎代表着个人投资者的最高水准，他们的投资理念、操作风格、投资偏好各有千秋，但无一例外都是市场中极少数的大赢家，创造了一个又一个的财富增长神话。他们善于抓住市场机遇，经历过大风大浪，投资心态十分稳定，在起起落落中不断汲取养分，交易体系跟随市场不断进化。

股威宇宙特点：

系统性教学，明确的进阶模式，适合所有人群。

学习阶段、目标以及成果的量化，每个阶段，我们都会让你清楚知道你能收获什么。

实践出真知。我们会让每个阶段都有练习，实战是最好的诠释。

一线从业人员和牛散提供技术支持，读者和学员有机会与之在线上线下进行互动。

投资体系阶梯式建立，由点到面，从无招到有招再到无招。用心学习，小白终成一代牛散。

第一堂课：EPS 每股盈余

学前须知：

本堂课介绍的是 EPS 每股盈余。在理解其定义的基础上，分别以医药股、软件股、次新股来讲解其实战运用，以此帮助初学的读者快速理解和运用 EPS。

本课堂的内容在牛散大学堂股威宇宙的等级为：小白，讲解实战分享的内容是大学级别。内容级别结合自身状况采取是否学习或者阅读的策略。

【课前介绍】
操盘特训班体系介绍

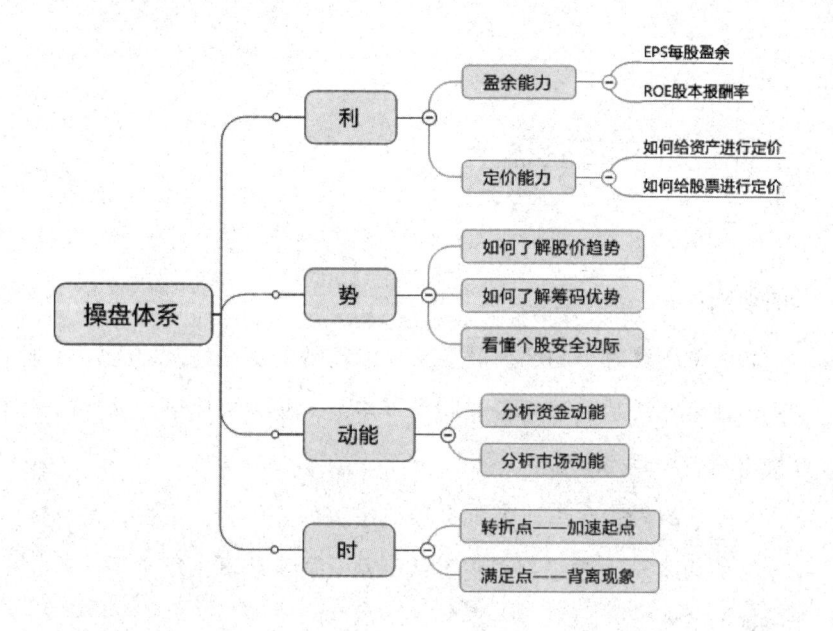

```
操盘体系
├─ 利
│   ├─ 盈余能力
│   │   ├─ EPS每股盈余
│   │   └─ ROE股本报酬率
│   └─ 定价能力
│       ├─ 如何给资产进行定价
│       └─ 如何给股票进行定价
├─ 势
│   ├─ 如何了解股价趋势
│   ├─ 如何了解筹码优势
│   └─ 看懂个股安全边际
├─ 动能
│   ├─ 分析资金动能
│   └─ 分析市场动能
└─ 时
    ├─ 转折点——加速起点
    └─ 满足点——背离现象
```

操盘体系分为：利、势、动能、时。

利：盈余能力，即 EPS 每股盈余，也就是本堂课所讲的课程内容，利方面还会涉及定价能力，如何给资产进行定价等等；

势：如何了解股价趋势、如何了解筹码优势、看懂个股安全边际；

动能：分析资金动能、分析市场动能；

时：转折点→加速起点、满足点→背离现象。

这就是我们这一期特训班特别为大家分享的知识体系。

有时候行情的变化，可能也会有所影响状态，主要还是要看自己的心态，所以要调整自我，如果你是看未来的话，你的状态就会好。为什么？因为你要博弈你的未来。我们要积极的心态面对未来，哪怕阶段性你受到了重创，也要保持积极的心态，因为唯有积极的心态去面对未来才有转机，或是变得更好的可能性。纵观过去市场上有所成就的人，其实你会发现都有个共同的特点，就是当他遇到挫折的时候，发生重大挫败的时候，他是不放弃的，保持积极的心态，那么最终就能收获精彩的未来。

现在具体来讲 EPS 每股盈余：

EPS 每股盈余

○ 定义

○ 实战运用

○ EPS 误区

1. 定义

○ **每股收益即每股盈利 (EPS)**，又称每股税后利润、每股盈余，指税后利润与股本总数的比率；

○ **每股收益**，是衡量上市公司盈利能力最重要的财务指标。它反映普通股的获利水平；

○ 在分析时，可以进行公司间的比较，以评价该公司相对的盈利能力；

○ 可以进行不同时期的比较，了解该公司盈利能力的变化趋势；

○ 可以进行经营实绩和盈利预测的比较，掌握该公司的管理能力。

简单来说，EPS 就是每股的盈利。

每股盈利要注意的知识点是税后利润每股盈余，指税后利润与股本总数的比例，税后利润除以总股本，就等于每股的收益。例如企业拥有一亿股本，税后利润是两个亿元，那它每股盈利是多少？两个亿除以一亿等于二就等于每股盈利，是两元。那如果一亿股本税后利润赚十个亿呢？每股盈余就是十元。每股收益原则上来说是越高越好，说明它赚钱的能力强，当然我们看这个数据的时候不能只看这个点，要横向去看，纵向去看，最后变成一个面，由点入面。怎么横向看？把今年的收益，去年的收益，前年的收益，大前年的收益进行对比，这就叫横向；那什么是纵向呢？就是这只个股每股收益在它的行业里面是属于什么样的水平，你要大概有个思路。这样一个横、一个纵就知道这个每股收益它的含金量几何了。如果它的含金量比较高，那当然这只个股是值得投资的概率比较大，反之它的含金量比较低，那它可能现在值得投资的机会就比较小。

每股收益，是衡量上市公司盈利能力最重要的财务指标。它反映着普通股的获利水平。不同时期比较（横向对比），公司之间的比较（纵向对比），透过这些比较，你就能感知到公司经营实绩和盈利预测的比较，掌握该公司的管理能力。那每股收益在软件上怎么体现：

大家打开 F10 就能发现这些数据，股票软件都已经帮你统计好了，里面都有往年记录，可以进行对比。

万科A 000002						
我的方案1						
时间	20190930					
总市值	3637亿					
流通市值	3126亿					
总股本	113.0亿					
流通A/B股	97.15亿					
每股盈利	1.63					
市盈率(静)	10.77					
市盈率(动)	14.95					
主营业务利润	419.6亿					
净利润	182.4亿					

每股指标	19-09-30	19-06-30	19-03-31	18-12-31	18-09-30
基本每股收益(元)	1.6310	1.0600	0.1020	3.0600	1.2670
扣非每股收益(元)	--	1.0600	--	3.0300	--
稀释每股收益(元)	1.6310	1.0600	0.1020	3.0600	1.2670
每股净资产(元)	14.8002	14.2500	14.2721	14.1100	12.6823
每股公积金(元)	1.0557	1.0795	0.7213	0.7252	0.8039
每股未分配利润(元)	8.6845	8.1183	8.4106	8.3090	7.5928
每股经营现金流(元)	0.1535	0.7833	-2.4198	3.0454	-2.3309

【学习温馨小提示】

○ F10 是指键盘上的 F10 快捷键；

○ 股票非行情类的基本面资料统称为股票 F10，比如财务报表、经营信息、股东结构、公司公告、资本运作、行业信息等。

1.1 每股收益与三大报表的关系

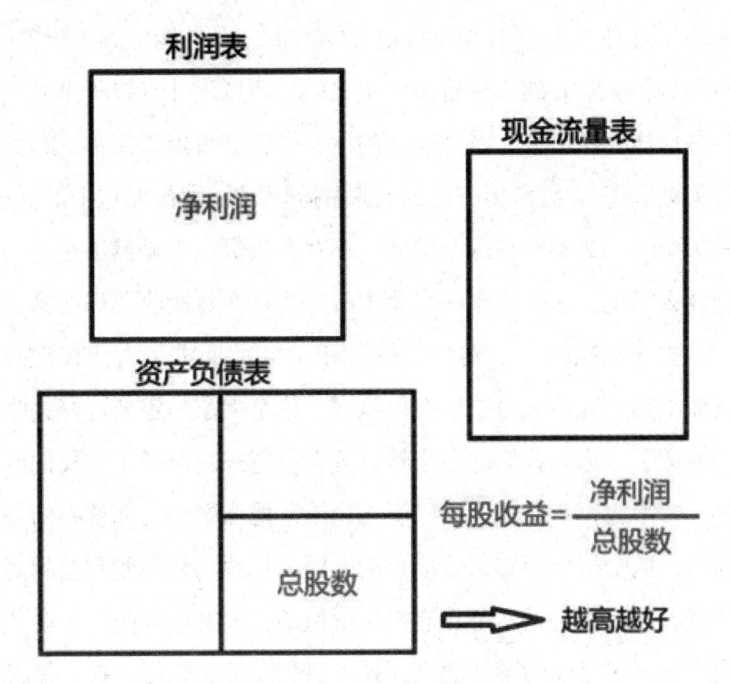

利润表

净利润

现金流量表

资产负债表

总股数

每股收益 = 净利润 / 总股数

➡ 越高越好

每股收益 = 净利润 / 总股数。越高越好，说明它赚钱能力非常强。所以在 A 股市场里面，每股收益一般能大于 1 元的公司，基本上属于获利能力比较强的公司了，说明它每股能赚一元钱。那每股收益赚一元钱，接下来要看它现在的股价是多少？比如一个股票股价是 10 元，另一个股票股价是 20 元，两个股票每股收益都是一元，那哪个股票更有价值？如果是同一个行业的话，10 元的股票更有潜力。为什么？因为 10 元意味着，每股收益一元钱，它 10 年内能把公司现在的市值赚回来了。这引入了一个概念，叫市盈率，即它的价格除以它的每股收益，例如 10 倍市盈率（股价 10 元 / 每股收益 1 元）意味着，投资这家公司，10 年能回本。

那要问大家一个问题了：这样投资很简单啊，每股收益相对股价，股价越低越好，那换句话说市盈率越低也越好，是不是？思考一下。

现在每股收益不错，市盈率比较低的行业，比如钢铁行业、银行行业，都是属于这种特点，每股收益很薄的，市盈率可能不到10倍，那它们是不是具备非常好的投资价值？不是的！所以为什么投资是叫艺术，如果都是这样换算出来，越低越好的话，那大家投资很简单了，我们输入这些关键数字，A股市场一排列出来，哪些最低，那按照这个最低投进去，则一买必赚，那不存在这个博弈，不存在投资，很显然不是一门艺术。那为什么不是？这个大家一定要理解，为什么每股收益那么高，有些公司看上去5年能回本，或者有些公司10年能回本，为什么它的投资价值反而不高？为什么可能还有风险呢？这个大家一定要好好去吃透它，这个吃透了，你对我们的一个核心理念会越来越清晰了。我们的核心理念是十二字箴言：成长为王，引爆为辅，博弈融合。那核心的一点是成长为王，这个衍生到怎么看成长的问题了！并不是每股收益越高，市盈率越低，那么那它一定最具有投资价值的，没有这样的一个等式。只能说明这家公司目前的赚钱能力还是可以的，但是记住，投资是投未来。

我们这堂课引入每股收益这个概念是告诉大家，透过每股收益，你可以清晰地了解到，这家公司当下的状态，当下的状态并不代表未来，我们要投资的是未来。那我们投资未来，但是当下的东西我们需不需要去了解呢？也需要去了解，你只有透过当下的数据，当下各种情况深刻了解之后，你才能对未来做出一种评估，最终才能诞生机会。大家要记住这些点，学习是循序渐进的，不可能一步登天，不理解可以反复看几遍，多去温故知新相关的概念、相关的思路，多去梳理，也许你会迎来新的突破。

刚才了解每股收益，你可以对当下有个很好的梳理，最重要的是我们要去学习未来，去看未来，后面的课程会慢慢详解。这堂课的重点是告诉大家，我们怎么去分析每股收益这个表象的东西，透过这个表象我们怎么去抓到一些核心的东西，怎么横纵向去看。刚才每股收益跟市盈率的关系我已经阐述了，不管如何，虽然刚才说每股收益越高，或是市盈率越低并不代表最好，但是每股收益还是需要的，还需要横向纵向去对比，然后对比数据结合行业发展的特点，我们做出一个基本的评估，这个评估不是当下的评估，而是要未来的评估，然后结合实战再去做相应的策略。

1.2 注意事项

○ 计算每股收益要用税后利润。如果是营业利润等其他数据，那就不准确了；

○ 计算每股收益要用普通股本的总股本。如果有优先股等其他股份，那要在总股本的情况下减去这些股本。

注意一定是要是税后利润，没有扣税的净利润跟扣完税的净利润是完全不一样。有人说中国税收很高，扣完税就没什么利润了，但税占多少该扣是要扣，所以扣完税的净利润，这个是最关键的，这才是它真实的赚钱能力。所以在中国有些企业能做大也不容易，是要合理的税务管理是非常之重要的。第二个注意事项是，每股收益要用普通股本的总股本，要减去优先股，这个才是最真实的股本情况。有同学问：为什么要减去优先股？优先股有固定的股息，不受公司业绩好坏影响，类似于债券的固定收益，而非普通股权益受经营业绩好坏影响，俗话是优先股有它优先的条款，普通股的话是一视同仁，所以最好是把优先股去除掉，有人问不剔除行不行？其实不剔除也是可以的，也能反映基本状况，所以在这个层面上我觉得不需要太纠结，有些时候分母多个一千万，少个一千万，这个数字都是固定的，过去几年到现在也是这个数字，未来的这个分母大概都这个数字可以了，我们反应的是每股收益基本的这个点，看它横向纵向的对比，有时候不要太纠结一些吹毛求疵的东西，只是说减掉会更合适一些。

2. 实战运用

○ 结合年度 EPS 的变化特点与股价的波动趋势进行分析：大格局、长周期；

○ 侧重在成长性行业中选取案例进行对比：成长为王。

这个怎么理解？首先我们看每股收益的话，我们要侧重在成长性的行业里面去看，这里面找到的东西会更有价值，它的变化特点要结合它本身股价的波动进行思考，这样得出的结论也会更具有价值，比如它每股收益持续每年递增，股价慢慢走出一个缓慢上升 45 度角的走势，那这种联系起来很显然就是一个长期牛股的走势，这种股票技术跟基本面形成共振，那是值得长期跟踪或者是值得参与坐顺风车的。所以为什么我的体系里面不仅是成长为王，还有引爆为辅、博弈融合，要有技术，还要有心理，这几个层面都是缺一不可的，都是需要融为一体的。

2.1 医药股

○ 恒瑞医药、丽珠集团为代表的医药行业头部公司，2012 年以来 EPS 特点：稳中有进；

○ 相关股价变化特点：单边缓慢上涨的趋势为主。

什么叫头部公司？是指在这个细分行业像是龙头企业的公司。我们可以来看一下：

恒瑞医药、丽珠集团的 EPS 变化特点：稳中有进

年度 EPS	2017	2016	2015	2014	2013	2012
恒瑞医药	1.14	1.10	1.11	1.01	0.91	0.87
丽珠集团	8.09	1.98	1.62	1.74	1.65	1.49

恒瑞医药的 EPS 是在缓慢的增长，丽珠集团也是在缓慢增长，甚至 2017 年突然暴增。有人说这家公司非常漂亮，但不要高兴得太早，突然暴增那么多利润是有很多种情况的，这种里面一定要扣除非主营业务收入。非主营业务的利润要扣掉，这才是它每股收益更加真实的东西。先看看它们的股价走势：

恒瑞医药股价趋势

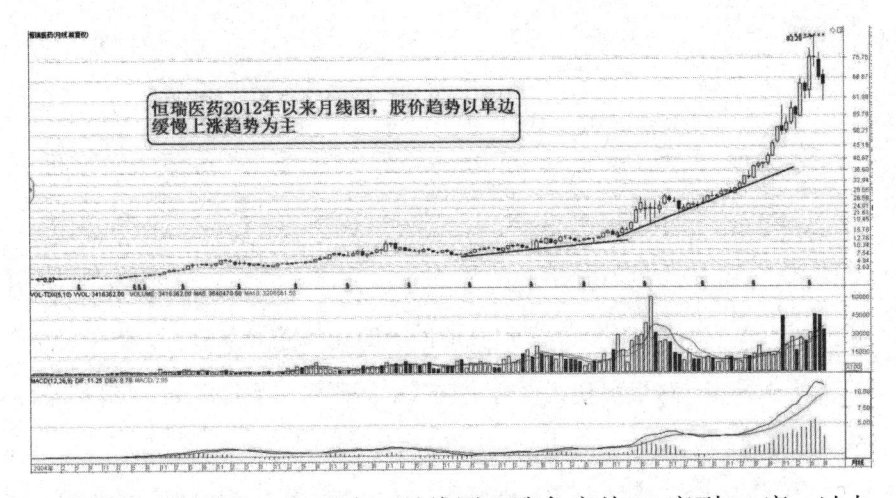

恒瑞医药自 2012 年以来，月线图上涨角度从 45 度到 70 度。过去的课程讲到过，股价的波动是有角度的，从 45 度角到 70 多度，70 多度某种意义上来说是高潮了，45 度是中潮，30 度是初潮，由初到高，高潮也意味着阶段性高点有可能会逐步形成了，所以当它的角度越来越陡的时候，你需要注意风险。45 度的时候你可以上车了，因为它是中潮还没到加速，刚才也谈到了，每股收益持续增长，角度线也不错是 45 度，基本面跟技术面共振，这样的走势是值得坐顺风车的。但每股收益持续增长，角度线只有 30 度还没有进入 45 度，这个时候当然也可以，但是你要有心理准备，它可能会反反复复，因为它没有走出来，理想情况它是要走 45 度的，因为 45 度基本上是确定了它的趋势，然后是等它加速变成 70 度，等它加速的时候就是你可以考虑做波段的时候了。

所以恒瑞医药包括丽珠集团曾经有一波疯狂的上涨，上涨 70 度以上，为什么后面出现剧烈的调整呢？某种意义上来说是盛极而衰，当它的股价开始脱离它收益增长速度的时候，脱离它本身基本面增长速度的时候，开始充分预支未来更多年业绩的时候，那也就意味着它需要修复了，过度上涨肯定是要修复的。大家要有这个清晰的思路。

相反，过度上涨反过来是过度下跌。大家可以看看前期的中国软件：

现在是已经涨得很好了，但是前期中国软件没涨之前，它是反过来的，过度下跌，跌得很陡，跌得比它基本面还要往下很多了，所以后面来一个修复。

为什么我们支持接下来股市可能会有一些中级的反弹行情？那也是因为我看到很多股价下跌很陡，已经超过 70 度了，那有一些确实还有基本面的，未来还是有一定的成长的，而这过度的 70 度下跌其实酝酿的不是风险，而是机会，所以这是大家接下来要去思考的。很多东西都是对称的，涨得过度它会回撤，跌得过度它会上涨，中间衡量它是否过度的关键横轴是什么？是它的基本面。它的基本面怎么去衡量？每股收益。每股收益有些时候，我们看的是当下的每股收益，是静态的基本面，还有一块是动态的，是未来的每股收益，你要去思考它未来的每股收益是多少，当然有些行业未来的每股收益你是能测算的，例如一些周期性行业它是能测算出来的，又例如某些相对传统性的行业做小本生意，今年年初能算出今年年底大概能赚多少钱，但是记住有些行业是算不出来的，为什么？这些行业弹性比较大，是新兴产业的，往往是在科技类的，所以可以发现我们这波行情反弹的主线就是科技，因为科技类的每股收益它是具有弹性的。以中兴通讯为例：

它的弹性是非常大的，受美国制裁，其收益会下降得很厉害；美国停止制裁，其收益会增长很厉害，所以它的弹性曲线是非常大的，当然它有个中轴线，它被制裁最差会带来什么情况，前段时间70度角下跌时，其实已经把最差的情况算进去了。但已经算进去之后它还要跌得更多，那现在为什么弹得那么厉害，那是因为第一个它有自动修复了，另外一点就是说，它未来收益的弹性很大，本来是打到低谷，被美国制裁衡量它目前的价值的，但是现在有些人又觉得，可能贸易战也不见得能打起来，或者有些人觉得中兴通讯未来有办法度过这个贸易战，那它的未来收益的预期弹性大，比如本来是一元的每股收益，一下变成两元，它的股价也相应地有一个强劲上涨的状态。所以股价的涨涨跌跌，跟我们未来每股收益的涨涨跌跌是紧密相关的，有个经典的效应叫戴维斯效应，是有关市场预期与上市公司价格波动之间的双倍数效应，指当一个公司利润持续增长使得每股收益提高，同时市场给予的估值也提高，股价得到了相乘倍数的上涨，这称为戴维斯双击；相反，当一个公司业绩下滑时，每股收益减少或下降，市场给予的估值也下降，股价得到相乘倍数的下跌，这称为戴维斯双杀。

但是我告诉大家，未来每股收益跟股价也是息息相关的，所以有些行业，它弹性一定是大的，因为它未来每股收益也是大的，所以在投一家企业的时候，你要问自己，这家企业它每股收益弹性未来如何？做个评估：医药行业未来每股收益的弹性，其实从刚才的增长速度来看，大家应该看得很清晰，它的收益弹性并不是很大，所以医药股往往走的是慢牛，因为它的增长弹性就是缓慢增长，它很难有几何级的爆发性的增长（有一些公司是可以几何增长，比如生物医药，传统的医药行业这种可能性是比较小的），所以你会发现它的走势只要保持增长，会一直长期慢牛这样走出来，这是医药的特点。所以有些行业特性就决定了整个股价未来波动的特点。你看：

丽珠集团股价趋势

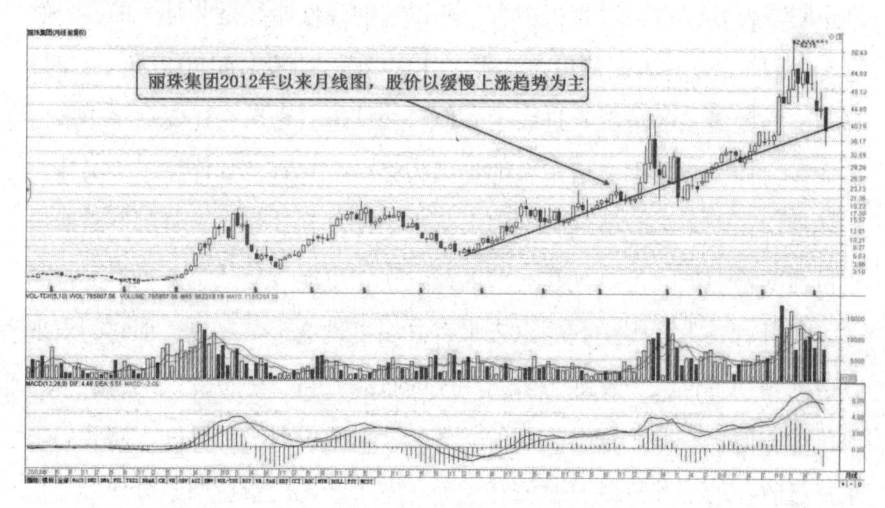

自 2012 年以来，丽珠集团股价缓慢上涨趋势为主，很明显的 45 度角缓慢上涨。你会发现 45 度角支撑线是它很重要的位置。我们再谈一谈科技类的：

2.2 软件股

○ 以中国软件、四维图新等为代表的软件行业头部公司，2012年以来 EPS 特点：由高到低再到高，整体波动幅度较大；

○ 相关股价变化特点：上涨和下跌泾渭分明，阶段性股价波动幅度较大。

刚才已经跟大家说过，有些行业它的每股收益是不好预测的，它受很多因素的影响，宏观环境，或者是美国欧洲等等市场，包括国内的一些东西，所以这些波动幅度是比较大的，那相应表现在它的股价上面，也同样是如此。你看：

中国软件、四维图新的 EPS 变化特点：由高到低再到高，整体波动幅度较大

年度 EPS	2017	2016	2015	2014	2013	2012
中国软件	0.15	0.21	0.12	0.07	0.28	0.26
四维图新	0.22	0.15	0.19	0.17	0.15	0.25

纵观过去的数据，2017年的一毛五的每股收益对中国软件来说，它只是一个中间值，最低谷七分，最高峰两毛八，中间差了四倍，那一毛五刚好是中间。中国软件为什么前期这段时间跌得比较厉害呢？前期跌得比较厉害，大家预期它可能会跌破七分，甚至更低，甚至亏损，当然跌得比较厉害了；那现在为什么突然又涨得很厉害？那是因为大家发现国家这个政策对这个行业很扶持自主创新这一块，特别是贸易战打起来之后，大家更加坚定了接下来要做大增强科技，所以大家对中国软件这类公司未来的预期就变得高了，按照它过去业绩每股收益的上限还要更高的方向去思考，大家会想着这家公司以后可能是三毛、四毛、五毛甚

至一块，这个角度去思考，股价就蹭上了火箭一样。前段时间低迷的时候，没有打贸易战的时候，大家没有发现重要性的时候，大家会往最坏做打算，甚至觉得7分都挡不住，可能要亏损，所以它会跌得很惨。

所以你会发现股价的跌和涨最后还是受情绪的影响，人对未来的这种预期情绪的变化所产生的，股价的波动最终也是情绪的推导。所以为什么核心思想里面我还要加一个博弈融合，博弈里面有一种情绪的因素。比如现在整个市场的情绪比较悲观，在悲观的时候，很多上市公司未来每股收益都是往下去预估的，往最差的方向去预估的，比如今天它可能明明是赚一毛钱的，很多人会想着一毛钱可能都挡不住，可能要亏损，那它的股价也会挡不住持续往下跌了。所以为什么有些个股跌得好像没底一样，那是因为大家对它未来的预期很悲观，那怎么去改变它未来的预期呢？很简单，无非是政策的一种扶持，像中国软件刚好是政策的一种扶持，大家对这个行业产生了预期的逆转；那还有是公司本身基本面的一种信心的提质，大家发现这家公司，它某些业务方面做得还不错，业绩还是保持增长的，大家发现没有那么悲观，反倒还是不错的、超预期，股价会从低位扭转过来。

我为什么说有些公司接下来可能会从低位扭转过来呢？是因为我认为很多公司可能第三季度、第四季度（下半年预期）可能没有大家想象得那么悲观，反而是可能会超出很多人的预期，那很多公司股价会有修复的可能性。四维图新的每股收益变化也是类似的，最低一毛五，最高两毛五，2017年二毛二也还算是接近上限了，但是波动比起中国软件来说稍微小了一点，它的股价波动也没有中国软件那么大，所以那些每股收益波动越大的，往往它的股价波动也越大。所以每股收益是一家公司基本面核心的这个点，这个点会衍生出很多的东西，它会带动一个面，让很多人由点到面这个预期产生一个很大的波动。观察2012年中国软件的股价走势：

中国软件：股价上涨和下跌趋势泾渭分明，阶段性趋势特征明显

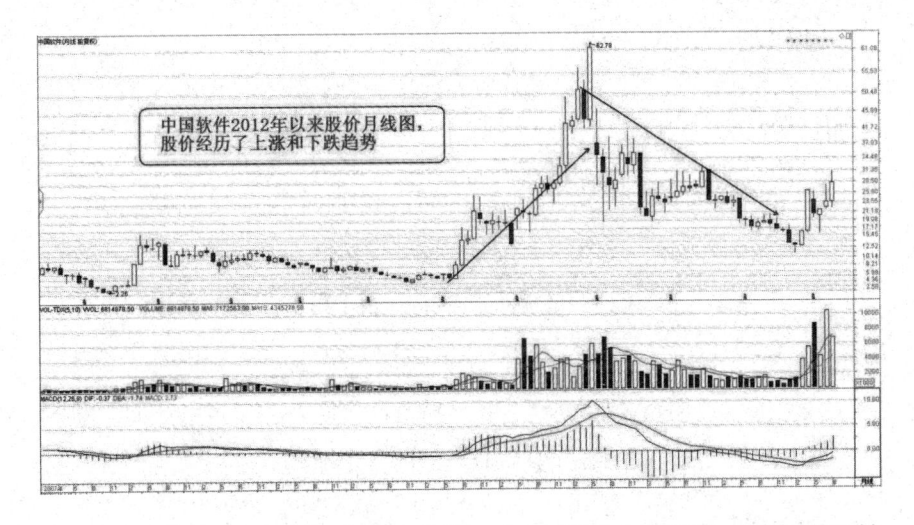

中国软件2012年以来股价月线图，股价经历了上涨和下跌趋势

涨的时候45度到70度以上高潮，加速赶顶之后下跌，然后又开始反弹。而这个反弹现在是不是又是45度角的反弹？其实这很有规律的。如果这种规律研究透了，就好像春夏秋冬一样，是很有季节性的，很有规律的。我认为股票要多去研究，多去思考，我们不得不承认一点的是，很多个股确确实实存在一种规律性。所以我们为什么要研究啊，我们要透过研究去探索这种规律，透过这种规律去指导我们去买卖，这样会提升我们赚钱的概率和方法。再看四维图新的股价走势：

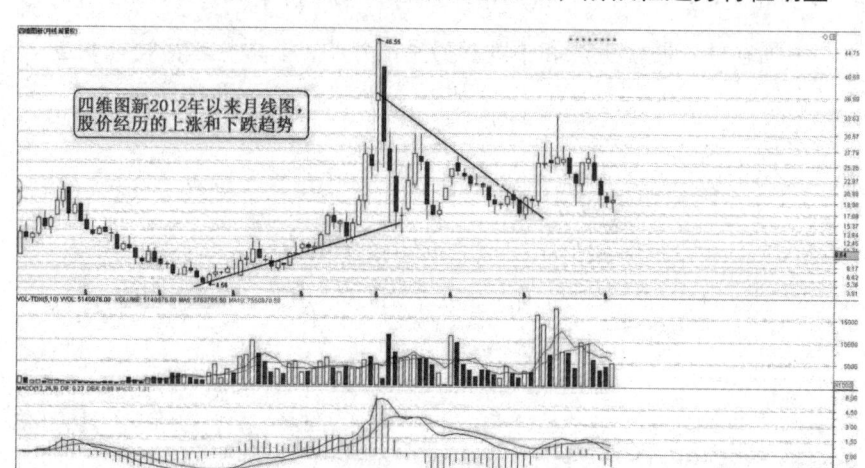

四维图新：股价上涨和下跌趋势泾渭分明，阶段性趋势特征明显

和中国软件是一样的。然后再谈谈次新股：

2.3 次新股

○ 选取次新股中以新科技方向相关公司为代表，年 EPS 基本上以大幅震荡为主；

○ 相关股价变化特点：股价与 EPS 的变化方向的正相关特征不明显，但是 EPS 变化幅度较大，股价变化幅度也比较大，有一定的关联性；

○ 次新股公司的 EPS 是年度的，股价变化是周线级别的，这是在次新股方面数据分析中的不完美地方，在研究时要注意心中有数。

我们对次新股向来是蛮有研究的，而且次新股很多时候都能跑出一些牛股出来，所以次新股一直是我们研究的重点，我们要不断地去研究它。那次新股每股收益我们怎么看？当然是要以新科技，新兴产业方向相关公司为代表去找。因为次新股它是"新"，它为什么上市融资？其实是为了加速发展，所以它的数据一上市，正常来说 EPS 是会出现明显的增长的，少数会出现明显地减少。同时，次新股一开始 EPS 数据不会像上市三五年那么齐全，但是也能够看出一些端倪，因为 EPS 的幅度变化很大，所以它的股价变化也会非常大，所以为什么次新股波动大，是因为上市前每股收益5毛，上市之后每股收益一块，波动能不大嘛！

　　EPS是讲年为单位的，而次新股波动我们很多时候看的是周线，或者是日线，小级别的，年单位看的是大格局，大格局它是一个什么状况，那小格局应该怎么去配合这个大格局，我们要注意到这一点，同时你要做到这一点，又要结合到我们的引爆为辅，博弈融合这两块。大家有时间这两块都去温故知新一下，融合一下，这样我相信对你去理解，提升是很有帮助的。你看：

刚上市科技次新股EPS：大幅增长为主要特点

年度EPS	2017	2016	2015
万兴科技	1.14	1.06	0.83
药明康德	1.31	1.08	0.39

　　万兴科技这三年增长还是不错的，药明康德的增速也是非常大。所以为什么有些次新股有时候会万众瞩目呢？是因为大家会发现它上市之前的EPS年增长速度非常好的，像药明康德为什么当时能万众瞩目，是因为它的整个增速是很惊人的，这种个股往往容易暴涨。当然太过万众瞩目的公司，按市场博弈的角度来说其实是不利的，我们有些时候更多是选择欣赏，反倒是万兴科技，这三年的增长数据对比药明康德的数据，很显然是要逊色的，很显然药明康德的增长是很惊人的，而万兴科技则是有亮点不够惊人，但是往往什么个股会炒得更疯狂？像万兴科技，有亮点不够惊人，但是却因此蕴含着惊人的可能性，往往就是接下来牛股的温床。相反，一看就是明牌，一看就已经是很惊人的个股，那么它

爆炒也是昙花一现，也是一次性透支，这种炒作速度有时候你根本跟不上，更多的是选择欣赏，药明康德就是很典型的这种案例，这种往往是蕴含风险的；至于那种看上去还可以，但是大家还不认知它，它还很好的，这种反倒是机会所在，所以万兴科技就是属于这种类型的。

所以你看万兴科技的走势：

万兴科技股价趋势

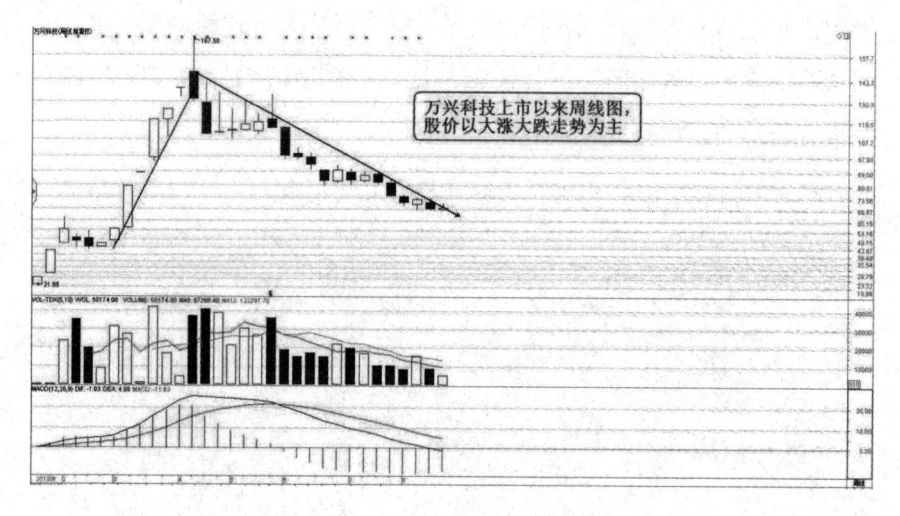

真正赚大钱的，就是做万兴科技的，当然它的波动也很大。为什么它波动很大呢？就是因为它也不错而且酝酿着很好的可能性，所以它股价突然弹性很大，大家对它未来的预期非常高，但是后面炒到高峰的时候，高处不胜寒，这过程中冷静一下，后面的行情就急转直下，特别是大盘也急转直下，大家就会想它其实还是很普通，按照过去增速来说它也就那样，大家就越来越降低它的预期，它就又回归到原来的那种状态，所以你会发现它又回到了起点，这就是万兴科技整个过程，但是中间这个阶段，它是存在脉冲式的预期的放大，这种是需要行情来配合的，万兴科技的爆发刚好是在次新股行情相对比较活跃的时候，行情也相对比较稳定的时候，它引爆了这个品种。因为给大家遐想的空间，说白了赢家做的就是这个时点，这个节点踩得非常好。我们做股票也一样，踩好这个时点也是很重要的，现在是不是底部，这个时点决定了接下来整个战役的一种格局，如果你认为现在这个时点是在相对低点，那这个时你去踩的话，如果真的踩出来是相对低点，后面涨上去的话，那你这个时点就踩的非常棒。但这个时点要踩准，其实真的需要眼观六路耳听八方，心中对全局要有个清晰的思考跟把握，要做到这点才行，否则很难。

所以我想告诉大家的一点是，为什么投资是艺术，艺术有些时候就在于这个，有些时候一个时点踩准了，你就有可能一战成名。所以我希望大家透过这种梳理学习，其实能够增强踩这种时点的能力，慢慢去汇总，慢慢去汇总，就好像有些时候感觉一来的时候，时点一踩准的时候，那真的是势不可挡，有些时候就会有这样的点。所以我们为什么要积极的心态去面对未来呢，因为市场只要在，这样的时点就一定会有，那什么时候你才能抓得住呢？就是你保持积极的心态的时候，你才能有机会抓得住，如果你的心态很悲观，很消极，就算机遇摆在你面前，你也是抓不住的。所以你会发现，成功的人都是能够用积极的心态去面对未来的，就像马云一样，我记得他的记叙篇讲到，他刚出道，到政府部门推广他的中国黄页时，碰了壁，人家都给他脸色看，他那时心态还是很积极的。不管怎么样，他还是积极地告诉自己，这个产品还是非常好的，对中国未来是很有帮助的，哪怕它吃了这个闭门羹，它依然坚定这个方向，坚定这个未来，最终创造了奇迹。我想告诉大家的一样是如此啊，大家学习也好，融入了这个东西之后，你只要坚定成长为王，你只要坚定这个理念是正确的，事实上过去验证下来也是正确的，请放心！机会一旦来临的时候，市场一定会奖励你的这种坚持，但是一定会惩罚那些没有坚持下来的人，他就一定会成为下一个高位的接盘侠。

大家要好好细细地嚼一嚼，包括时点的把握、怎么踩的，希望大家反复咀嚼，消化吸收，一定对你的思路突破是很有帮助的。对比来看一下药明康德的走势：

药明康德股价趋势

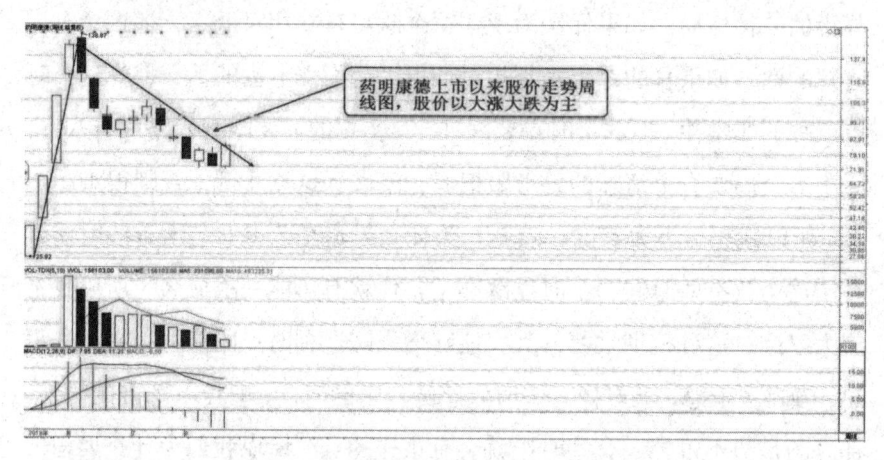

药明康德上市以来股价走势周线图，股价以大涨大跌为主

很显然，它给到市场的机会没有那么多了。药明康德上市以来大幅上涨之后就是大幅下跌，给到你的更多的是坑，是风险。

【学习温馨小总结】

○ 稳中有进是成长、大幅增长也是成长，注意行业属性的区分；

○ EPS 的变化特点只是成长性分析工具之一，不可过于神化或者藐视。

所以我们要客观去看懂它，然后知道合理地运用它，就足矣了。

3. EPS 误区

○ 现在的炒股软件都很强大，每股收益标得很明显；

○ 但你有没有想过，这背后可能有坑呢？（一开始就和大家讲过了，有些是有坑的喔）

3.1 从财务的角度如何根据每股收益做出投资决策呢？

○ 假设有这样一只股票，当前股价为 20 元，前一年年报显示每股收益为 1 元，而且同比增长有 20% 哦；

○ 那我们初步估计未来每股收益的复合增长率为10%吧（比历史情况保守些），那么到持有到第11年的时候，累计实现的每股收益就有20.38元；

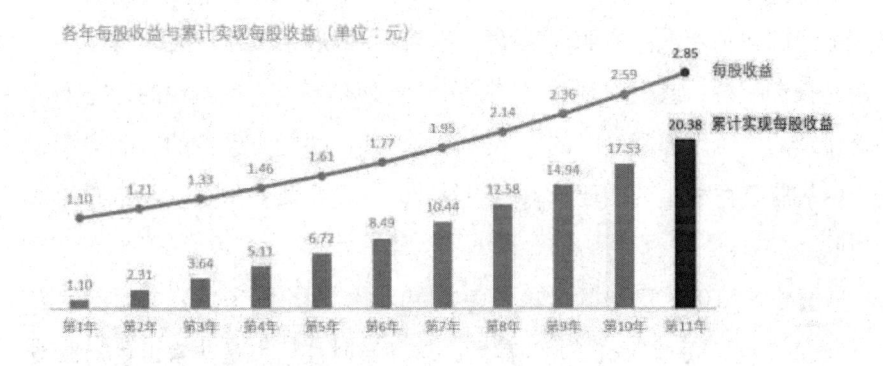

○ 如下图：

各年每股收益与累计实现每股收益（单位：元）

年份	每股收益	累计实现每股收益
第1年	1.10	1.10
第2年	1.21	2.31
第3年	1.33	3.64
第4年	1.46	5.11
第5年	1.61	6.72
第6年	1.77	8.49
第7年	1.95	10.44
第8年	2.14	12.58
第9年	2.36	14.94
第10年	2.59	17.53
第11年	2.85	20.38

这个图走的很漂亮吧，呈现45度角的上涨。

如果我们的假设情况成立，则现在以20元买入，到第11年的时候，上市公司能给你每股挣回20.38元的价值，再往后就都是纯利润啦。假设在你的投资体系中，第11年收回投资是可以接受的条件，那么，现在以20元的价格买入挺不错。

但是，注意了，每股收益当中是包含了非经常性损益的。所谓非经常性损益，通俗地讲，就是今年有的收益，明年不一定会有，是主营业务以外的业务所产生的收益，因此，在上个例子的1元每股收益中，假设有0.4元的收益为非经常性损益的话，未来11年的收益我们以1元为基数来进行预估，会存在极大的偏差，从保守角度讲，应该以0.6元为基数，以复合增长率10%来预估未来的收益，则上市公司每股给你挣回20元价值所需要的时间就远远大于之前的11年。

我这里要强调的是，每股收益当中是包含了非经常性损益的。所以我们要去计算未来的话，就要去掉这个非经常性损益。怎么去理解？比如一块钱的每股收益，每股收益包括非经常性收益跟主营业务收益的，所以非经常性业务4毛收益我们要把它剔掉，因为有可能是投资收益，这个收益不是经常会有的，不是主营业务的，这个投资是不确定的，所以把这个不确定性的东西先剔掉，这样它的每股收益可能只有6毛，6毛才是更能反映它真实状况的每股收益，再去合理估值，这样才更具有价值。例如刚才谈到的丽珠集团，突然间每股收益变到八元，很显然一定有投资收益，或变卖某些资产等等，这种是属于昙花一现的，它不可能持续的，所以那是一时的不是经常的，我们要的是经常的，能持续成长的每股收益才是我们要重点关注的，才是重点放在这个核心指标的每股收益。

国外的案例：曼哈顿供电公司在1926年财务报表中公布的利润为882000美元，每股收益10.25美元，这在当时被认为是非常出色的业绩表现。但随后当公司申请增发股票在纽约证券交易所上市时，人们发现在882000美元的利润中，至少有586700美元是通过出售公司的电池业务来实现的。因此公司的主营业务利润仅为295300美元，即每股收益3.4美元。更不光彩的是，公司既没有在损益表也没有在财务报告的附注中说明，利润中有一部分实际上来自电池业务销售，此后引发了丑闻。

从上边的例子可以看出，我们在做投资决策时，要将非经常性损益从公司正常的经营业绩中剥离出来。我们希望从年报中看到的是在给定条件下所预示的盈利能力，即假设主要的经营环境不发生较大变化，公司接下来每年的预期收益是多少。

所以我们在做投资决策时，要将非经常性损益从公司正常的经营业绩中剥离出来。我们要让它变得更真实，这样看起来就会非常地清晰。你看：

3.2 非经常性损益通常包括这几种情况

1）固定资产处置损益；

2）出售有价证券的投资损益；

3）清偿资本性债务的折价或溢价；

4）退税及其利息；

5）诉讼损益；

6）存货非经常性减值；

7）营收账款减值；

8）位置非经营性资产的成本等。

这里项目繁多且不易记，但关键的是剔除非主营业务以外的收益，即非经常性收益。所以看问题要看本质，抓住核心，主营业务的收益是最重要的，其他的8条不清晰的损益可排除掉，剩下的才是真实的。那这8条损益有什么意义吗？当然有意义。毕竟也是收益，但是我们要客观地去看它的成长性的话，主要看它的主营业务的这块收益，而其他收益，只能说明这家公司棒，是锦上添花。抓住核心，这部分才是最真实的。

【学习温馨小总结】

○ 每股收益指税后利润与股本总数的比率；

○ 稳中有进是成长、大幅增长也是成长，注意行业属性的区分；

EPS的变化特点只是成长性分析工具之一，不可过于神化或者藐视；

○ 计算每股收益要将非经常性损益从公司正常的经营业绩中剥离出来。

每股收益税后利润，我们最好要刨掉那个非经常性的收益，这样的话我们再去评估这家公司的当下，会显得更真实。现在A股软件上面的那个每股收益是没有剔掉的，所以需要深入地去研究这个每股收益的含金量几何，例如八毛含金量的每股收益，剔掉它那些非主营业务收益的话，可能就只有5毛，那含金量就降低了，如果含金量越高，那很显然这个每股收益就棒棒的。所以要深入研究，也要靠这个方式去深入研究。

稳中有进是成长、大幅增长也是成长，注意行业属性的区分。不同的行业它成长的含义是不一样的，医药行业跟软件行业的成长肯定是不一样的，它们未来的预期也不一样，弹性也不一样，所以股价的波动特点也会不一样。

像这样剔除出来再思考，整个思路就变得非常清晰。所以这堂课简要讲了 EPS 的知识点，希望大家好好再去温故知新，横向纵向，时点怎么切入，再融合 EPS 整个成长性及特点，还要剔除掉非经常性收益等等，就构筑了这整堂课整个课程的体系，希望这堂课让你的理解有突破，让你对股市，有些股票从未来去看的话，你的思考、你的视野会有新的一种启发。

【课后思考和作业】

☆ 从 EPS 角度，举例分析中长期成长股的特征。

第二堂课：ROE 股本报酬率

学前须知：

　　本堂课介绍的是 ROE 股本报酬率的基本概念，梳理 ROE 与投资收益关联度的特点，明白企业如何提高 ROE，以此帮助读者深度理解 ROE 的运用，还有使用 ROE 时要注意的事项。

　　本课堂的内容在牛散大学堂股威宇宙的等级为：小学，讲解实战分享的内容是大学级别。内容级别结合自身状况采取是否学习或者阅读的策略。

【课前操盘回顾与感悟】

2018 年 8 月 28 日

　　这段时间我觉得大家应该可能会看到点希望，希望在哪里呢？希望在于我们市场本身。跟我们之前谈到一样，市场在这个位置筑底的逻辑慢慢展现了出来，也会迎来中级反攻的行情，尤其是昨天的一个中阳线，就进一步奠定了这样的格局。

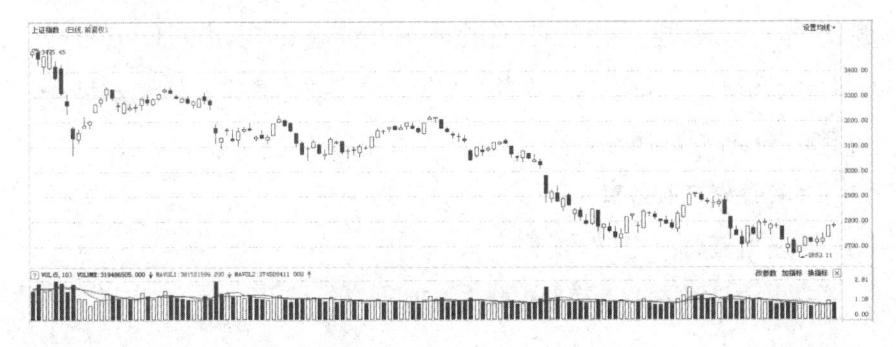

今天虽然是动荡，但整体也还是强势动荡的格局，当然现在是百花齐放，科技主线，超跌低价也不错，还有其他的辅助攻击。整体来说，我会发现现在的市场整体风险偏好在提升，接下来肯定会有些机会会展现在我们眼前，牛股也会陆陆续续涌现出来。那么我再帮助大家更好抓住未来牛股的方法，或者说是基本面的工具和思路，这堂课给大家重点分享的就是一个：ROE。

上一堂课学习每股收益时，是从横纵向学习每股收益，同样 ROE 也要横向纵向进行对比，不能单独分析。单独了解到某企业今年的净资产收益率很高，并不代表它是一家好公司。你需要观察它的过去，以对未来做预期。如果它之前很差，今年突然间变好，可能会有很多种原因，你要看它的每股收益，它每股的利润有多少是主营业务利润，所以 ROE 净资产收益率也是一样，因为它没有剔除掉那些非主营业务的利润，它有可能是投资收益、资产等带来的利润，也是很大可能占了比较大的比例，我们客观地判断净资产收益率，一定要看透这个本质，所以横向要与过去做个对比，纵向更是要深入梳理它背后的点点滴滴，参透它含金量有几何。

ROE，又称股东权益报酬率、净资产收益率，是指净利润与净资产（股东权益）的百分比。例如你的净资产是一个亿，你今年赚了 1 千万，那你净资产收益率是 10%。这个收益率的大小，决定了一家企业的发展速度。这堂课所讲的概念，跟上一堂课讲的 EPS 每股收益，这两者是息息相关的。每股收益为净利润/总股数，净资产收益率为净利润/净资产，它们分子相同，分母不同，两者之间是有一定的紧密联系。现在具体来讲 ROE 净资产收益率：

ROE 净资产收益率

○ 基本概念；

○ ROE 与投资收益关联度特点梳理；

○ 企业如何提高 ROE；

○ 使用 ROE 时的注意事项。

1.ROE 股本报酬率定义

○ ROE，即净资产收益率，又称股东权益报酬率，是净利润与平均股东权益的百分比，是公司税后利润除以净资产得到的百分比率，该指标反映股东权益的收益水平，用以衡量公司运用自有资本的效率；

○ 公式：净资产收益率 = 净利润 / 净资产；

○ 财报中提供两种 ROE，一种是全面摊薄 ROE，ROE= 净利润 / 期末净资产；另一种是加权 ROE，ROE= 净利润 / 期初和期末净资产的平均值。实际中，多使用加权 ROE。

这个数值获得是简单的，但是净资产收益率有高有低，如何称之为高或低，待会慢慢讲。至少有一点大家要有个正确的概念，我们对净资产收益率要有参照物，就好像物理的速度一样，你有参照物，你才能知道知道你这个速度是快还是慢，那我们的参照物一般是可以参照 GDP，国内生产总值如果是保持 7% 的增长速度，那我们一家好的公司，ROE 至少要超过 7%，就是说一定要超过国内生产总值的增长速度。如果再具体到某个行业的话，一家好的公司更需要超过行业平均的净资产收益率，比如电视的黑色家电，这个行业平均净资产收益率是 15%，某家公司管理费用等成本皆控制得好，并且拥有核心技术，价格也有相对优势，还拥有一定的品牌价值，它的净资产收益率能达到 25%，那么这就是一家顶呱呱的公司。这家公司值得我们深入去研究，深入去挖掘，而且这种公司往往大概率会在这个细分行业里面慢慢会脱颖而出，而脱颖而出则意味着股价的渐渐腾飞。

相同的行业一定也是参差不齐的，相同的行业里面谁发展得更好，我们要寻找那些有潜力发展更好的企业，所以透过净资产收益率，你是能料想到某些企业的。这段时间 5G 这个板块是一个热点，而 5G 涉及的各个细分行业特点，以及它们的平均净资产收益率都需一一了解，例如现在做天线的有 5 家上市公司，净资产收益率平均下来可能 15%，这家公司特别突出竟然能达到 30%，那找到这 30% 是怎么构成的，然后挖挖挖就挖出牛股了，这家 5G 的公司是有护城河的，有核心技术的等等，一梳理就清晰了。所以当我们选择某个个股作布局时，我们先找一个板块，比如看好 5G，而 5G 有很多细分行业，例如做天线、做模等等；然后再选择细分行业，你认为哪个细分行业会跑出来，那这个细分行业跑出来，再找相关的公司，再用净资产收益率去对比，哪一个是最具有特色或是最好的，这样逐级去筛选出来。

所以很多牛股就是这样筛选出来的，例如过去的我们成长为王的一个标的"新经典"，至今在整个行业里面也是突出的，从股价方面也能看出来，当然不是说现在还去布局它，但是这只个股我们是在 40 块钱地时候挖掘出来，它是从一个传统的出版行业里面挖掘出来的。那么当时是怎么挖掘出来的呢？是从净资产收益率、毛利率这些数据挖掘出来的，因为它的净资产收益率相比同行来说，是比较优秀很多的。既然优秀很多，自然地我们就要找到它的核心竞争力，后来发现它是某些细分行业的独角兽等等，梳理出来以后，我们得出这样一个结论：这家公司值得期待。哪怕市场后面这个板块整体没有什么大的行情，但是这家公司从 40 元钱脱颖而出，最高涨到 100 元左右，现在也还有七八十元，整体来说它还是一个非常优秀的公司，在市场上表现也是如此。

所以有些时候牛股往往是从一些基本面的蛛丝马迹挖掘到的，当然大家千万不要陷入一个误区，好公司的净资产收益率高，这只是好公司的其中一个条件，符合这个条件它不一定是好的公司，还有其他因素。所以我们要横纵向去看，去思考。但是有些人说一家公司净资产收益率不好，我们就可以把它砍掉了，那也不尽然。因为一家公司的好还是坏，它的影响因素有很多，你不能以偏概全，一个点就否定了它，要综合起来整体去看，所以为什么我的核心理念是成长为王，引爆为辅，博弈融合呢？成长为王是基本面的成长性，而这一块是核心，这一块如果不过关，其他后面的东西其实没有太大意义。如果成长为王这块有一定意义的话，那后面引爆为辅、博弈融合这个技术的东西，心理博弈、资金博弈等会很好地辅助它，去把握住一些波段甚至是抓到一些大牛股。所以这是一个综合的体系。

2.ROE 与投资收益关联度特点梳理

○ 高 ROE 公司稀缺性特点是公司股价走牛的重要因素。

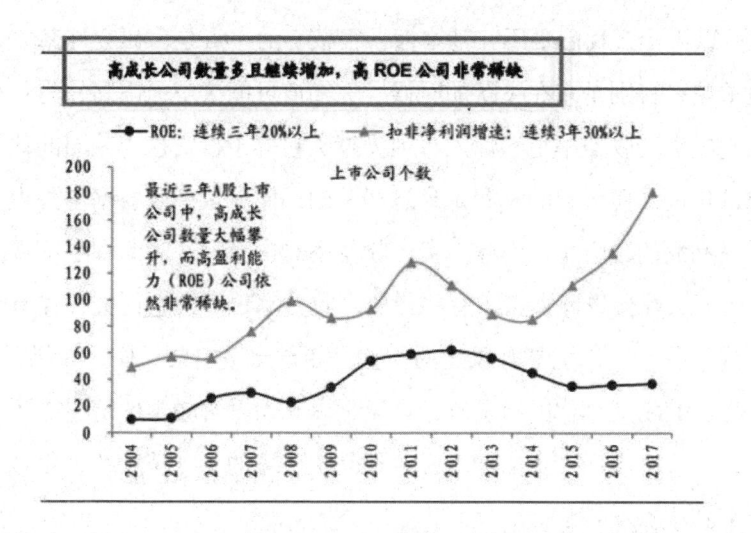

不管如何，如果它主营业务的利润，通过净资产收益率横向去对比，持续每年都保持比较高的增长速度，这家公司再差也差不到哪里去。就好像曾几何时的新能源板块、锂电池，净资产收益率是保持急速地发展，甚至是几倍的增长速度，并且保持持续性。这种增长带来穿越市场的结果，哪怕市场再熊，因为其净资产收益率增长速度非常厉害，在熊市它也可以穿过去，若处于牛市就直接飞起来了。

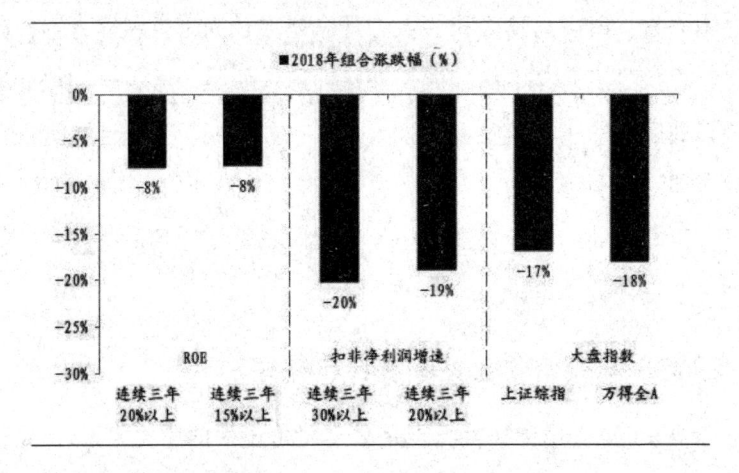

高 ROE 公司股价表现明显强于高净利润增速公司（2018年以来）

图中数据（2018年组合涨跌幅%）：
- ROE 连续三年20%以上：-8%
- ROE 连续三年15%以上：-8%
- 扣非净利润增速 连续三年30%以上：-20%
- 扣非净利润增速 连续三年20%以上：-19%
- 大盘指数 上证综指：-17%
- 大盘指数 万得全A：-18%

所以为什么我们要研究基本面，很核心的一点是，研究好基本面，你就敢拿，特别是它在飞跃的时候，你知道可能天空无限高，为什么？因为它净资产收益率足够惊人，因为投资它等于投资这个公司的估值，那它的价值几何跟它的利润是息息相关的，而净资产收益率本身也是反映了它利润的含金量，因此净资产收益率非常高时，利润肯定可观。

接下来我会告诉大家，有些净资产收益率很高，它们会存在有杠杆促成的成分，这个也是有风险的。就比如自己做股票一样，如果你100万进去，其实就是你的净资产，如果你没有做融资融券的情况之下，每年保持三十个点四十个点的增长，那是很厉害的了，持续几十年你就变成巴菲特了。

但是这时候有些人说，我要更高的净资产收益率，我要更迅速地发展，他去融资融券，借了100万变成200万，而净资产也只是100万，原来的投资水平一年能赚40%，原来的净资产收益率40%，融资融券的一年投资水平也是赚40%。那对于你的净资产来说，对于你的本金来说，净资产收益率是80%，继而言之你的净资产收益率是翻了一倍的，但是翻一倍的前提是你使用了杠杆，把你目前的净资产去融资，得到一倍的杠杆，这时你的负债率就是 100%，这个负债率对于企业经营来说已经是相当大的风险，如果你顺势的时候，这个时候机会很大，净资产收益率很高带来的急速发展是好事，但是一旦企业出现问题时，就同股票一样，200 万满仓杀进去，遭遇跌停板，你的亏损也放大了，此时你的本金损失不是 10 个点，而是 20 个点。

因此对负债比较高的公司进行判断能不能去参与，或者未来它能走多远，需要看它大的行情，它所处行业目前是否处于黄金时期，以房地产为例，请问大家：未来这个行业还有没有可能迎来黄金时点？如果你认为还有黄金时点，那么它现在的高负债就还是让你可以大胆投资，为什么？因为牛市，如同股票一样，如果你使用了杠杆，而接下来是大牛市行情，这个行业没有系统性风险，这只个股也没有系统性风险，那么它走牛时，你的收益就会疯掉，这个时候你可以坚定地徜徉；但反过来若现在熊市阶段，或是行业出现动荡时，你贸然运用这个杠杆，其实是蕴含系统性风险的，蕴含反杀的风险，所以此时这家企业你反倒要留意，这时它的高杠杆会成为它企业的一种隐患，它的净资产收益率在过去比较高，也是值得你警惕的一个信号，警惕盛极而衰。

已知净资产收益率等于利润除以净资产，净资产不是我们的这个每股收益，也不是除以我们目前的股价，我们的软件里面会有每股净资产的，比如它总股本是一个亿的股本，每股净资产是两元，那一亿乘以二，两亿是它的净资产，这样去理解就行了，这个稍微还是需要算一下。刚才有人就问了，有些好像净资产收益率很高，为什么股价不涨？前面早已提及，你要横纵向去看，今年高，那过去？今年高 ROE 的含金量呢？横有没有对比，纵有没有深入去挖，挖它的含金量是不是主营业务的净资产收益率很高，如果投资收益是杂七杂八的，那么高 ROE 本来就要打一个问号了。另外净资产收益高要注意的是，有些周期性行业的阶段性净资产收益率很高，其实也不代表它股价就一定涨，因为股价反映的是未来。就好比钢铁股的韶钢松山，2018年我看到它的中报赚了10个亿，好像是历史以来最好的业绩，但并不代表它的股价就要蹭蹭蹭地疯狂涨啊，为什么？因为你过去历史最好，大家担心你净资产收益率那么高却不可持续，最终还要看其未来，刚才说的去年像香港恒大、融创很多房地产企业，很多业绩都是很好，净资产收益率也非常高，但是并不代表它接下来一定还会大涨，为什么？因为要看未来这个行业的可行性，因为这些企业是有很大的杠杆、有负债的，它们净资产收益率再高，很多人都会担心，一旦这个行业回落的时候，反杀也很大，钢铁行业也是一样啊，你别看它现在赚10个亿，20个亿，一旦行业进入低谷的时候，一年亏个10亿也有可能，到那个时候，你怎么去抵它的估值？所以资金横纵向看完之后，一定考虑的是未来，最终着眼也是未来，你要问自己，未来这个净资产收益率还能不能持续下去，这是最大决定了这家公司能不能继续走牛的关键因素。如果你认为它接下来净资产收益率高速增长不能够持续，那我告诉你，现在很有可能看上去很好的净资产收益率，就是一个高点区域。好，继续看。

3. ROE与投资收益率的规律总结（统计了2015年以前上市的公司）

○ ROE组合从低到高平均收益率依次递增，呈现出完全的正相关特征；

○ 高ROE组合的平均收益率要显著高于低ROE组合，ROE最高和最低组合的相对收益率高达13%；

○ ROE组合的相对收益要显著高于其他财务特征变量。

正常来说，如果净资产收益率逐步递增，它的股价往往是逐步递增的，这个利润肯定是主营业务的利润了，不是非主营业务的利润。这都是过去数据告诉我们的，所以为什么我们要单独拿这个谈一谈，就是让大家知道净资产收益率的增速能够很真切地反应,而且跟股价的波动能够呈现正相关的关系,有时候对我们研究股价的未来趋势的发展,是有很大的帮助的。你看:

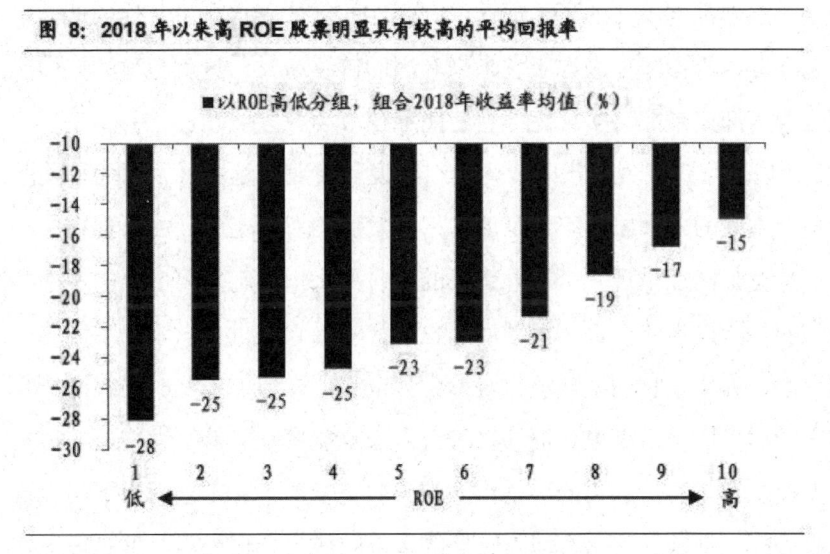

图 8:2018 年以来高 ROE 股票明显具有较高的平均回报率

■以ROE高低分组,组合2018年收益率均值(%)

ROE分组	1(低)	2	3	4	5	6	7	8	9	10(高)
收益率	-28	-25	-25	-25	-23	-23	-21	-19	-17	-15

可以看到,比较高的净资产收益率往往都会有比较高的平均回报率。因为对一般的机构而言,他们往往很看重这个指标,然后去做相关的一些决策。

所以有些时候对一般的投资者来说,有时候真的不知道怎么去选,就刚才讲述的方法,横纵向去思考和判断。有时候一下子选不出来,你先看净资产收益率高不高,一看还蛮高的,那至少当下你投资进去,心里会比较踏实一点,然后如果你看清楚之后,对它所处行业还是有比较高的预期,那你就更踏实了,假若我观察到 2018 年 5G 净资产收益率也比较高,但这个行业我个人认为是相对确定的,那你现在哪怕处于相对高的位置,比如已经从 10 元持股涨到 20 元,已经翻了一倍了,现在它的净资产收益率也不错,这个行业也不错,那现在问题是什么?拿着还是卖掉,对吧?但所持个股未来会有什么情况?它也可能 20 元钱涨到40元钱，所以你再评估一下，按照这种发展态势可能还能保持这种持续增长，那么你20元可以继续咬咬牙拿住，虽然你成本10元，因为10元翻一倍后其实很多人是拿不住的，别说涨到20元了，涨到三十、四十个点你都拿不住的了，那这个时候你的信仰来自哪里？你的信仰来自它净资产收益率，来源于它未来利润的持续增长，这就是你的信仰。而这个信仰如果能够实现，那它就能穿越市场。

所以大家现在发现没有，为什么我说科技股会是主线，因为科技股的这个主线的未来收益率，是以未来的发展相对确定的，如果现在有些企业本身都已经呈现一个上升势头的话，那么未来它们再上升的概率是很大的，所以为什么比如浪潮信息也好，中国软件也好，紫光系列的公司等等，为什么它们表现那么坚挺，甚至涨那么多了还能够继续涨，其实它们的信仰来自哪里？信仰就来自未来收益率是能够继续增长的，甚至大幅度增长的。它买的不是当下，买的是未来，甚至它们当下的净资产收益率也不是很突出，但是它们的未来被认为会很突出。就是说现在利润可能刚刚起来一点，在未来如果这个市场打开了，5G市场打开了，或是别的什么市场打开了，比如一家公司现在赚5000万，以后赚5个亿，那傻瓜都会算啦，5个亿跟5000万不是一个级别了。一旦5个亿的利润兑现，我告诉你那不得了，比如一家公司你用50倍的估值去估的话，5千万利润它应该值25个亿，25个亿就是它现在合理的估值（或合理的市值、合理的内在价值），那我刚才说了，如果它递增至5个亿，同样是50倍的估值去估的话，那它现在应该就等于250亿市值。原来是25亿，现在是250亿，请问增长了多少？利润增长了10倍，那股价也要增长10倍。

有些时候为什么有十倍牛股，它的逻辑在于哪里？它的逻辑就在于这种超常规的增长速度，利润的增长速度，意思是说它净资产收益率增长速度也是超常规的，它就不是几十个点的增长速度了，那就是几百、几百的增长速度了，这样的增长速度我们都想去碰到，但是这种要碰到、抓到的话，是可遇不可求的。当然我们需要点方法，需要点思维，还有你的视野，你才能抓到。在当下这个阶段，有人说："我的这家公司现在（钢铁行业）一年赚25个亿，很牛，净资产收益率很高，这家公司非常好，很值得投资"。那我就问你一句话了，明年它还能不能够赚25个亿？或者是以后它能不能赚50个亿？或者有没有可能赚250个亿？50个亿你头都大了，别说250个亿，钢铁行业想都不用想了，要是真能达到钢材都涨到天上去了。房地产公司也是一样的，比如恒大今年赚了1000亿，明年还能赚2000亿吗？后年能赚10000亿吗？自己问问自己嘛，有些东西你稍微合乎点逻辑去想一想你就知道了。就好像现在房价一样，一平方米5万了，那我就问你了，明年有没有可能涨到一平方米10万？你头都大了，可能性不大。那我再问你了，三年之后有没有可能达到五十万一平？那更加不可能了。这个东西按照正常的逻辑想一想，都不太可能实现的东西，那你就别想了，也就是说他不能实现，它的股价也就不可能超常规地发展，因为它的利润增长不可能那么恐怖嘛，是不是？

　　但是为什么有些行业它们可能那么恐怖呢？就比如刚才说的，有些新兴产业为什么就能诞生大牛股呢？因为新！市场还没有完全地开放；因为新，你刚涉足进去，可能利润只是刚刚开始，例如5G今年赚5000万很正常，为什么？我只是一个小城的试点，或者是一个省份试点，那好了，我做出了5000万的利润，接下来我全国扩张三十几个省份，全部市场我拿下，一个省份2000万，一下子利润就几个亿，蹭蹭上涨了，那你的股价还不蹭上去？这个是不是有一点像我们的新能源电池一样，新能源车一样，就好像我之前说，为什么很多大的企业都在虎视眈眈，包括恒大都在盯着新能源车，因为他们很清楚这块市场，现在可能量就那么几十万辆，100万辆，但是未来是确定的，1000万辆、5000万辆这样的市场，你难道不盯着它吗？一旦你能吃到这里一部分，几百万辆，你的业绩难道不是从现在5000万，变成5个亿，甚至是50个亿吗，那玩资本运作的话，那不就变成你的估值从10亿变成百亿甚至千亿。所以我说白了我是没有这方面的经验，没有这方面的资源，如果我有这方面的经验，也有这方面的资源，我告诉大家我也宣布做一个新能源车的初创公司，然后去努力地造好车，另外一个在资本市场去运作，去上市，像蔚蓝汽车一样，只是我现在没有这方面的底蕴，所以没办法，但是我现在能做的是什么？我能做的就是我熟悉的文化，比如我们的牛散大学堂，这块我是能做的，说不定我就做大了，我真的就上市了，这块是我熟悉的，我就可以做到什么呢？比如今年五百万的利润，以后5000万，甚至5个亿、50个亿，有没有可能？有这种可能性。

事实胜于雄辩，高ROE公司2018年投资收益表现

表1：连续三年扣非ROE在15%以上上市公司列表

证券简称	申万一级	2015年ROE	2016年ROE	2017年ROE	2018年涨跌幅	证券简称	申万一级	2015年ROE	2016年ROE	2017年ROE	2018年涨跌幅
片仔癀	医药生物	15.2	15.7	20.3	75%	完美世界	传媒	27.7	19.1	18.4	-12%
通策医疗	医药生物	17.3	16.2	23.5	48%	欣旺达	电子	20.6	20.1	15.8	-12%
爱尔眼科	医药生物	20.8	21.1	19.4	48%	小天鹅A	家用电器	18.9	20.9	22.4	-12%
我武生物	医药生物	20.6	21.0	24.2	44%	美的集团	家用电器	24.6	24.5	23.2	-13%
海天味业	食品饮料	30.0	29.5	31.1	39%	伊利股份	食品饮料	20.8	21.0	22.1	-13%
古井贡酒	食品饮料	15.1	15.2	17.7	35%	海大集团	农林牧渔	15.6	15.3	19.2	-14%
桃李面包	食品饮料	23.4	21.4	19.4	35%	游族网络	传媒	31.3	22.6	17.7	-14%
恒瑞医药	医药生物	24.3	23.2	22.3	32%	国药股份	医药生物	17.7	16.5	17.4	-14%
今世缘	食品饮料	17.6	17.7	17.7	30%	上海石化	化工	17.2	26.6	23.7	-15%
通化东宝	医药生物	20.1	19.5	19.7	24%	东阿阿胶	医药生物	23.1	22.6	21.5	-15%
华东医药	医药生物	40.7	27.5	22.2	23%	正泰电器	电气设备	26.1	15.9	15.8	-15%
海澜之家	纺织服装	37.9	33.5	31.0	23%	中工国际	建筑装饰	18.8	19.8	19.3	-15%
口子窖	食品饮料	20.1	19.3	23.1	23%	海康威视	电子	34.9	33.4	33.6	-16%
苏泊尔	家用电器	20.2	21.9	24.4	22%	中国平安	非银金融	17.3	17.1	20.8	-17%
恩华药业	医药生物	17.7	15.3	15.7	21%	康弘药业	医药生物	18.3	18.0	19.5	-17%

伟星新材	建筑材料	20.7	25.3	26.3	21%	好莱客	轻工制造	23.1	22.9	20.0	-18%
济川药业	医药生物	25.8	28.5	28.7	20%	分众传媒	传媒	120.5	57.7	52.8	-18%
长春高新	医药生物	23.3	16.4	15.4	19%	乐凯新材	化工	28.3	21.9	18.7	-19%
三环集团	电子	20.2	19.5	18.2	15%	索菲亚	轻工制造	21.2	20.9	21.0	-19%
晨光文具	轻工制造	22.6	18.9	20.7	15%	老凤祥	轻工制造	21.8	20.5	19.2	-19%
洋河股份	食品饮料	23.0	22.1	22.1	14%	中国建筑	建筑装饰	16.4	16.2	15.7	-19%
承德露露	食品饮料	30.5	24.8	20.8	13%	航民股份	纺织服装	17.6	17.4	15.9	-19%
伟明环保	公用事业	21.4	17.7	23.3	13%	川投能源	公用事业	23.1	18.0	15.1	-19%
建新矿业	有色金属	21.1	15.4	22.6	7%	东凤股份	轻工制造	21.1	15.7	17.3	-19%
汇川技术	电气设备	20.2	19.5	18.3	6%	华域汽车	汽车	17.7	17.6	15.9	-20%
上汽集团	汽车	16.4	16.5	15.8	5%	华夏幸福	房地产	38.9	30.9	26.5	-21%
贵州茅台	食品饮料	26.6	24.8	33.1	4%	浙江鼎力	机械设备	17.6	16.6	16.5	-22%
九阳股份	家用电器	17.1	17.8	17.2	3%	大华股份	电子	23.1	23.3	25.0	-22%
中航光电	电子	17.8	18.4	17.2	3%	信立泰	医药生物	29.8	27.7	24.5	-23%
南极电商	商业贸易	19.8	21.0	22.0	3%	保利地产	房地产	18.4	15.2	15.7	-23%
九芝堂	医药生物	17.1	15.4	15.4	2%	同花顺	计算机	56.5	42.5	21.8	-24%
格力电器	家用电器	26.9	30.8	35.4	1%	牧原股份	农林牧渔	20.8	50.1	25.8	-24%
云南白药	医药生物	21.2	18.5	16.5	0%	华阳科技	汽车	16.9	21.8	15.7	-25%
先导智能	机械设备	27.2	34.2	27.6	0%	万科A	房地产	18.7	19.6	22.2	-25%
江中药业	医药生物	15.1	15.1	15.2	-1%	唐德影视	传媒	17.3	17.1	16.1	-26%
迎驾贡酒	食品饮料	17.3	17.3	16.2	-1%	亚星客车	汽车	30.6	61.5	27.8	-26%
青岛海尔	家用电器	16.5	17.7	19.2	-2%	银信科技	计算机	18.0	20.8	18.3	-27%
宁波高发	汽车	19.3	18.0	16.2	-2%	东莞控股	交通运输	17.7	16.3	16.4	-29%
顺网科技	传媒	22.3	24.2	17.9	-2%	宇通客车	汽车	27.4	28.6	19.3	-29%
利亚德	电子	15.6	17.0	23.2	-3%	贵州百灵	医药生物	15.7	16.7	15.5	-30%
富祥股份	医药生物	20.8	23.5	19.7	-3%	九鼎投资	综合	15.0	43.2	16.5	-31%
双汇发展	食品饮料	24.3	26.5	27.8	-3%	恒顺众昇	电气设备	30.5	18.7	16.5	-31%
国光股份	化工	18.9	15.8	20.6	-3%	苏农商A	商业贸易	20.2	19.0	17.9	-32%
法拉电子	电子	16.8	18.7	18.0	-5%	捷赛电池	电子	25.3	23.0	22.9	-32%
富安娜	纺织服装	17.1	16.5	15.8	-5%	安硕信息	非银金融	40.2	29.3	23.7	-32%
宏发股份	电气设备	16.2	17.9	17.3	-5%	慈文传媒	传媒	16.5	23.2	19.5	-33%
温氏股份	农林牧渔	33.3	44.9	20.9	-6%	东方雨虹	建筑材料	16.7	21.2	19.5	-33%
宁波银行	银行	16.5	16.4	17.4	-8%	三聚环保	公用事业	24.6	29.2	30.8	-34%
印纪传媒	传媒	38.0	34.9	27.6	-8%	方向钱潮	汽车	19.8	18.6	17.1	-35%
万孚生物	医药生物	20.2	15.9	19.2	-9%	金螳螂	建筑装饰	19.6	17.4	17.6	-37%
桂林三金	医药生物	15.2	15.9	17.3	-9%	老板电器	家用电器	28.9	31.4	30.0	-40%
联美控股	公用事业	18.1	24.8	18.5	-9%	生物股份	农林牧渔	23.1	21.9	21.0	-40%
福耀玻璃	汽车	20.7	17.8	16.4	-10%	信维通信	电子	21.1	28.1	26.9	-41%
招商银行	银行	16.9	16.0	15.8	-11%	世联行	房地产	18.0	18.5	20.8	-47%
嘉化能源	化工	20.0	20.1	18.8	-11%	神州长城	建筑装饰	49.1	30.7	19.2	-48%
豪迈科技	机械设备	22.8	21.4	17.5	-12%	清新环境	公用事业	19.1	22.8	15.3	-49%
九强生物	医药生物	22.3	20.9	18.7	-12%	恺英网络	传媒	93.8	31.4	27.4	-55%

看完你就能从中感受到一二。那回到主题，ROE 净资产收益率怎么提升？一起来看。

4. 企业如何提高 ROE

○ ROE ＝净利润／净资产
○ 两大方法

1）提升净利润

2）降低净资产

刚才讲到了，ROE 分子是净利润，分母是净资产。学过数学的人都知道，要提升它的话，无非是分子分母的变动。第一种方式是提升你的净利润，净利润分子提高了，分母净资产不变，你的数额就变大了；第二种方式就是分母净资产变小一点，分子净利润不变，那数额也就变大了。那这些方法怎么去做呢？我们来看一看。

4.1 提升净利润

○ 常规的情况包括提价、增加销量等方式增加销售收入；
○ 另一方面可以缩减成本，降低三大费用。

提升净利润大家应该都能够理解，一是降低一些成本，降低三大费用等等，另外一点就是提升你的产品的竞争力，提高你的毛利率，那你的利润就提升了。毛利率要提高，这就跟一家公司的竞争力息息相关了，能够有本事提高你毛利率的，一定是具备一定的核心竞争力的，就好像同样的产品，你敢提价人家还要拼命买的，那说明你这个东西是很棒的，不搞价格战，你不降价卖的，你是提价还要让人家掏钱买，像茅台我一千块一瓶你爱买不买，我两千块钱你也还是要买，就这么简单，为什么？因为就我一个啊。所以这就是它的竞争力，它的问题就在于这个需求是不是依然能够保持旺盛，对不对？如果依然能够保持，还是有增长的，那不用担心，它依然能够持续下去；如果是不能增长了，哪一天拐点到了，那可能到时候它要降价卖或者是怎么样，那可能它利润各方面就开始下滑了。就是这样简单的逻辑，所以提升净利润跟提升核心竞争力，我认为是约等于的，只是靠降低成本对提升净利润的空间是有限的，但是如果提升你的核心竞争力的话，那对你提升净利润的空间就会变得非常大。你的核心竞争力越高（特别是在科技行业），就像我们这次的贸易战一样，首先挨巴掌的就是中兴通讯，核心原因就是芯片，芯片是人家（美国）的，因为别人有核心竞争力，所以别人垄断了，说白了美国说了算啊，价格也是它说了算，给不给你也是它说了算，不给你中兴就倒了，就这么简单，所以需要提升核心竞争力的那些大型公司做到最后就是这样子。

所以为什么科技公司会有牛股，就是因为它提升核心竞争力达到极致的时候，就是垄断，就好像微软（操作系统）一样，全球 90% 以上都是我的。不好意思，我卖三千就三千，卖五千就五千，反正只要是打击盗版的国家我一定是大赚特赚，就这么厉害，这就是魅力。所以提高核心竞争力，科技领域跟知识产权，这两者融合起来，那真的是核武器啊。所以为什么现在我们的科技股，开始出现一些炒作，其实很多人觉得炒得好高了，但是如果你对比未来中长期的一种发展来说，其实现在或许只是一个开始，很多时候你看未来，就是看你自己站得有多高，很多人是站在自己家里的二楼去看未来，那你看的就是二楼这个视野，但是如果是说，你站在珠穆朗玛峰去看未来的话，那你看的是全世界，你的未来就会了然于胸，你的视野、格局完全是不一样的。所以为什么有一些企业家要通过登山，攀登最高的山峰去突破自我，其实说白了就是突破自我的视野跟格局啊，让自己能够更加看得长远、看得清晰、看到本质；普通人为什么有些东西看不懂、看不透呢？那是因为你的视野是有限的，每天都坐在办公室里面，哪怕你坐在高楼里面，你的视野也是相对有限的，因为高楼对于高山来说也只是一个小山坡而已嘛，你们的局面、格局是不一样的。

所以有些时候，我们的成长为什么需要站在巨人的肩膀上，道理就在于此。我的成长路也是需要融合巨人的一些思维，你们也是一样，我为什么要分享东西给你们，就是希望大家能够吸取到一些我们认为有价值的东西，而这个有价值的东西本身，也是我们在市场实战当中融合过来的，同时也是借鉴了很多巨人的经验，所以这里面肯定是有巨人的因子在，如果你能吸收的话，某种意义上来说，你的视野就广阔了很多，你也是站在了巨人的肩膀上去看问题，但前提是一定要反复地温故知新，融会贯通，这才是最重要的。好，我们继续来看：

4.1.1 提高销售净利润率

在同行业的内部，销售毛利润率往往是影响公司之间 ROE 水平高低最为直接的因素（成本结构、行业竞争程度以及品牌资源等都可以影响一家公司的毛利率水平；销售费用、财务费用以及管理费用分别涉及公司销售、财务状况以及运营管理等各个条线的管理效率，低费用率直接带来的即是相对高的净利润率）；

○ 以同属白酒行业的茅台和五粮液为例，从 2006-2016 年茅台整体 ROE 水平要显著高于五粮液 10 个点左右（24.4% 和 15%）；

○ 通过杜邦拆解，ROE 的差异主要来自销售净利率，茅台 2016 年销售净利润率为 46.1%、五粮液为 28.8%，茅台的三项费用率显著低于五粮液，并且茅台毛利率（90%）明显高于五粮液（70%）。因此，贵州茅台较高的毛利率和较低的费用带来了较高的净利润率。

我举了白酒行业的茅台和五粮液为例，毛利率茅台（90%）明显高于五粮液（70%），很显然，你要提升你的净利润，意味着你毛利率越高，那你的净利润就会越高。所以为什么茅台它调节净利润的空间会比五粮液要大，是因为茅台的毛利率就明显比五粮液要大很多，所以透过这两个毛利率的不同，你也能够看出这两个白酒公司的核心竞争力的差异。人家（茅台）就摆明了，我卖一百块的东西我成本十块你爱买不买，那五粮液不敢这样干，为什么？如果它这样干它的市场就会下滑，它只能搞到一百块钱售价，而成本要三十，但也很厉害了，一般来说，毛利率能够超过50%的，都是一些比较有竞争力的公司了。当然这个要看各个行业，有些行业比如黑色家电，本来毛利率可能平均就是二十个点，那如果有家公司能够达到三十个点，那它本身也是顶呱呱的了，也说明它有它的核心竞争力。

4.1.2 提升总资产周转率

总资产周转率主要由存货周转率、应收账款周转率、固定资产周转率等项目组成。总资产周转率指标的行业特征比较明显，例如商业和快消行业的总资产周转率会相对较高，而像房地产行业的总资产周转率则比较低。而在同一行业中，不同公司往往会因为产品特性以及销售策略不同，使得资产周转率表现不同；

还是以茅台和五粮液为例，存货周转率方面茅台（2016年0.2）低于五粮液（2016年0.8），主要原因在于茅台酱香型白酒三年基酒库存显著降低了其周转率水平；应收账款周转率方面茅台却要远高于五粮液，根本原因还是在于茅台销售整体好于五粮液，对于销售渠道和经销商的管理更合理。

一个是提升你的毛利率，另一个就是提升你的周转速度，就好像做股票一样，为什么很多人喜欢做短线，做一次短线就是做一次周转，但为什么它做短线最终结果不是很理想？因为它每次成功周转的概率不是很高。人家卖的东西每卖一个都是有利润的，比如茅台卖一瓶酒毛利润90%，卖一瓶毛利润90%……每个月、每周都有，周转就很快，那这种就是暴利了。那如果你每操作一次都赚3%，那一个月周转个十次，那收益就很恐怖了，但问题是，没有人能够保证每一次都赚3%，大部分是这一次赚3%，下一次亏3%，一个月十次下来，不赚不亏已经很不错了，大部分可能十次下来最终亏 3%，甚至亏 10% 是很正常的。所以很多人拼命去追求周转率，但是没有提升它的盈利，那也是不可取的，首先要确保你的盈利，确保你的毛利率，确保你出击成功的概率比较大，你才能够慢慢提升你的周转率，提升你的短线。所以为什么大家要先把基本功练好，你每次出击选择的股票，都是相对有点看点的，有点靠谱的，那你再适当增加你的周转的话，慢慢慢慢你就成为股神啦。所以有些时候慢快结合就是这样去结合的，我这个比喻大家应该听得很清楚了，三只股票出击三次，三次都中那很厉害了，这个时候你周转率提高一点也没关系，但是你出击三只股票，成功概率只有一只的话，那首先你就要自我检讨了，你要提升到至少中两只，只有成功两只以上你才能慢慢提升你的周转率，否则的话，你先在基本功上面都没有突破，后面的东西就千万不要动太多，越动就亏得越多，一定是这样子。很多人就是不知不觉亏一大堆，什么原因啊？并不是说它选的股票不行，而是说它的这个周转速度太快了，以至于每次都高买低卖……好，继续看。

4.1.3 加大财务杠杆

○ ROE = 净利润/净资产。如果一个企业用了高杠杆（负债很高），去获得了更高的净利润，从而提高了 ROE；

○ 一方面企业杠杆加速了企业投资收益率的扩张，但另一方面，也增加了经营风险。如果企业可以用相对低廉的债务成本保持高财务杠杆，说明充分利用了杠杆对于企业盈利能力的放大效应。

要提高你的净利润，适当的杠杆是需要的，所以一般健康的公司，适当的负债是有的，当然有些公司是没负债的，是因为它的现金流太充沛了，但是正常的公司，它基本上或多或少都会有些负债，就像我们普通老百姓，多多少少也有负债，要不就是房债，要不就是消费债，有人也会有股票的这个融资融券，都是正常的，只是杠杆比例幅度不一样而已，正常来说你控制在20%、30%都是合理的，甚至50%以内我认为都是相对合理的，都是相对可控的，但是超过100%，那就进入一个风险区域了，如果是更高的话那风险就更加的大了。当然风险大，机会也大，就像之前说的，押对了你自然利润也就越高，所以我们要看加大杠杆的这个比例，要看这个行业的发展状况，如果这个行业的发展状况是比较好，或者是进入一个高速发展阶段的话，哪怕它的负债高一点，其实你都可以你去忍受，也不用太担心它现在马上有可能给你带来的风险，因为这个风险可能不是会马上展现出来，它可能要未来一两年甚至更长时间之后再出来，所以暂时忽略它；如果是说对未来的这个方向，你感觉会马上要转势了，行业可能会见顶了，那这个时候它的负债越高风险就越大。

所以像房地产那些聪明的企业，为什么要去杠杆？就是因为它们担心如果现在杠杆太大的话，万一房地产价格一猛烈下滑，一个急刹车，好了！自己杠杆那么多，银行突然间又掐你的话，房子又卖不出去，一下子就把你搞垮了，你的资金链就断掉了。所有有些时候，聪明的、好的企业它会未雨绸缪，会提前预判未来的局势，然后合理地去运用它的杠杆。若预判它明年整个形势不好了，它肯定不会等到年底才去去杠杆，它可能今年年初开始就已经逐步的去杠杆了，尽量减少银行的借贷，尽量消化库存，让自己的杠杆率降下来，降下来之后一旦行业出现冬天的时候，那对它来说冲击会很小，而且到了中后期的时候，它留下来的子弹也多，资源也好，未来可以做一个抄底了。这跟做股票也是一样的，风险快来临的时候，降杠杆、仓位慢慢的降低，一旦真的下来的时候，你再在低位慢慢的布局，最终再一转势，再加仓，抓住这样的一种波段，那才是王者。好，我们继续来看第2个：

4.2 压低净资产

○ 由于 ROE= 净利润/净资产，当公司的净利润增速降低后，ROE 势必走低。很多公司从高速发展期进入成熟期后都会出现类似的情况。这个时候，上市公司可以通过压低净资产的方式提升 ROE；

○ 常见的方式包括不仅限于：大比例分红（比如：神华集团），出售固定资产改为租赁（比如：IBM 在 20 世纪 80 年代出售了世界各地大量的物业），出售不赚钱的业务（比如：IBM 出售笔记本业务）等。

我认为压低企业的净资产，这种哪怕提升了它的净资产收益率，这个都是比较偏虚的东西，不是实的东西，实的东西我们还是要从净利润增长上面去做文章，那这个公司的发展就会比较实，按专业的术语来说，这就叫做内生性的增长。我们要的净资产收益率的增长，要从它的内生性的增长去寻找、去发现、去把握，这个才是正道，像这种压低净资产的话，比如比例分红，出售固定资产改为租赁，出售不赚钱的业务等，这无非就是剥离一些东西，让自己瘦一下身，轻装一点点，会好一点，但不是说你瘦身了，你这个企业利润以后就大幅提升了，不一定。还需要看接下来其他的一些变化，但是短线来说，哪怕利润跟过去的一样，只是报表上面稍微会好看很多。那来看看最理想的 ROE：

4.3 最理想的 ROE

○ 持久稳定的内生性业绩增长，才会有理想的 ROE；

○ 如果一家公司历史长期 ROE 足够稳定足够高，我们有理由相信未来企业可以保持持续稳定的内生性增长，从而保持长期稳定高 ROE 水平；

○ 实际操作层面，可以观察个股近期（三个会计报告期或者三年）归属于母公司股东净利润增速、营收增速为正。这样在一定程度上就保证了业绩增速在未来对高 ROE 的支撑。

我们强调的是持续的内生性业绩增长，归根结底，所有的企业，它本身的价值、估值，是看它的业绩。当然很多人不要进入误区哦，我们看到的业绩是当下的业绩，所以很多人就抱着银行股，抱着钢铁股这些当下业绩很好的上市公司，但是这些增长，现在好的业绩公司，其实很多都是不具备持续性的，它内生性未来中期的增长的速度，或者增长的空间是要大打折扣的，所以你抱着这些股票，你是分享不了未来的，未来可能是走下坡路的，你可能分享的是风险不是机会。所以我说我们要看的是未来！业绩不是看当下的而是看它的未来，而且是持续性增长的未来。为什么我的投资理念一直很强调是要投新兴产业，逻辑在于新兴产业的未来，它的业绩持续增长的空间跟速度是会比较广阔的，这里往往是一些牛股的机会之所在。我们在把握的时候，会有一个概率的问题，比如把握10只新兴产业，10只不可能都是OK的，它们也会有行业陷阱，但如果有7个或者6个是准的，有一些能够翻个一两倍甚至更多，对你的整个投资组合来说，回报也是非常可观的了。

如果一家公司历史长期ROE足够稳定足够高，我们有理由相信未来企业可以保持持续稳定的内生性增长，从而保持长期稳定的高ROE水平。所以为什么很多像国外的资金，一来国内它往往先配置蓝筹股，因为蓝筹的ROE是相对比较平稳的，比较平稳的发展，所以它的投资逻辑很简单，平稳发展，我买的不是这家企业，我买的是中国的未来，因为过去证明它是一直平稳的，那只要中国未来OK的话，那它依然能够保持平稳向前，那它的股价应该也就能平稳向上。蓝筹的ROE如果未来是相对稳定的话，看好的话，它的ROE是相对稳定发展的，所以请问大家了："相对蓝筹最大的买点是什么时候"？有人回答说："熊市"。对！没错，这个理念是对的，所以为什么很多外资，经常在大家跌的很惨的时候，他就跑进来了，因为中国的长期未来是OK的，这些蓝筹股ROE是保持增长的，熊市的时候就是最好的买点。经过阶段性跌了一段时间，很多蓝筹股现在跌了三十个点、四十个点，其实某种意义上来说，如果放一个长期来看，这个时候就是一个阶段性的买点，但是这个买点不是说买了就涨，因为人家买的不是看这个月或这个周的，他看的是年单位的，像在2018年，对外资来说为什么当时要配置蓝筹股，他们甚至会配置那些当时是跌的蓝筹，反而涨的可能还要继续观察，对跌得比较多的可能他就不管了，直接进行配置？因为长期来看，蓝筹的ROE是正向上的，他们也是看好中国未来的，所以他们就配置这些跌得比较多的蓝筹就行了，到时候蓝筹的业绩依然保持这样增长的话，股价自然会修正的。至于说什么时候修正，那他们不管了，他们觉得2018年布局了，可能2019年会修正，2019年不修正，2020年也会修正，反正他们投资的是年为单位的，所以这就是长期投资为什么必胜的一个逻辑，就是在于利用ROE分析，有些行业、有些大局你是大概能够分析出来的，比如中国未来持续增长的大概率，这么一来这些企业继续保持相对平稳的增长也是大概率，跌一趟下来（熊市）就是个很好的布局啊，资金冲进去就算了，一个亿、两个亿，还是十个亿就放在那里。那支撑他的信念是什么？中国的发展没问题，跌下来这个的ROE未来能够保持持续增长，股价自然会修正，那么接下来他的这个收益率至少能跑赢他的投资成本，跑赢利息啊（国外的融资成本是很低的），对于他来说够了。

　　所以每个人的目标不一样，那你的思路方法就不一样。有人说我一年只要收益有5个点就很开心了，那你就按照这种方法去做就行了，现在就买一些白马蓝筹股，以定投的一种方式，我觉得中期来看应该是没有问题的，当然这里有个前提，中国能够持续地往前走，那这些企业就一定会跟随，你买的就是中国，你收益率完成5个点是没有问题的；但是有人说我要追求5倍，那用这种方式就不对了，可能性就很小了，那只能是买我之前说的，找到一个现在是5000万利润，以后可能变5个亿利润的这种公司，这个就是要看行业，看ROE，看毛利率，看各个细分行业的对比等等，还要跟踪它们阶段性的一种状况、季报、一些产品，还要看它们的股价，继而可能还要考虑高周转做波段等等，所以说你的目标不一样，最终你的策略手法就不一样。有些外资目标是一年五个点、八个点就可以了，所以他的手法就很简单，跌下来的时候布局，配好满仓，然后就去休息。因为这种大概率是 OK 的，他只要点时间就行了；但是有人的目标要五倍、十倍，那就不能这样做，只能换一种方式，至少要多学习一些比如引爆为辅的东西，技术的东西，多学习一点成长为王影响股价核心的知识点等等，你要把学到的这些知识融进去，才有可能实现。

【学习温馨小总结】
○ 提高 ROE 无非两大方向，一是提高净利润，二是减低净资产；
○ 只有内生性增长，才是可以持续性的。

所以提高 ROE 要重点去提高净利润，所以我们创议一家公司，一定要想尽办法怎么去提高净利润，而不是建议他想尽办法降低它的净资产，这个不是正路，这是虚的，实的就是净利润。净利润的核心就是提升毛利率，毛利率的核心就是提升你的核心竞争力，怎么提高你的核心竞争力？就是提升你的科技含量，你产品的品质等等，这是你提高竞争力的关键因素所在。就好像家电一样，如果你的品质越好，你有品牌，那自然你的核心竞争力就越强，消费者就认可，你的毛利率可能就越高。就好像格力能做到今天一样，至少在空调这个细分领域，它做到了王者，至于说它现在要做芯片，以后还能不能做王者，这个大家可能会打一个问号，因为毕竟它这块不是很强，所以要看它做什么，怎么做。

5. ROE 的误区

5.1 ROE 要参考多年的数据，注意数据要持续而稳定

○ 并非 ROE 某一年超过 20% 就可以。ROE 突然提高的原因可能是这一年净利润来政府补贴，或卖家产，这种提高都是一次性行为，无以为继；

○ 还有一种情况就是净资产出现问题，净利润不变，净资产减少，ROE 也会增加。假设一家企业过去三年的净利润每年都是 15 亿，而其净资产第一年为 100 亿，第二年为 95 亿，第三年为 90 亿，那么该企业三年的 ROE 表面上看就是第一年 15%，第二年 15.7%，第三年 16.6%，虽然 ROE 三年持续递增，但是净利润没有增加，反倒净资产在减少。

所以我说 ROE 横向来看要看多年，你才能知道它波动的一种状态，你就知道它未来的一个方向。你看上例，净利润每年都是 15 亿，如果只是降低它的净资产的话，表面上看 ROE 是持续增长，但是净利润没有增加，这种增长是虚的，要打折扣的，我们真正要看的是实的，净利润增长的 ROE 持续增长才是关键之所在，这才是我们要去拥抱的企业。

5.2 ROE 并非越高越好

1）如果企业没有足够的护城河，那么过高的 ROE 会吸引一大帮竞争者加入，未来业绩往往会降低。

比如房地产很好做的时候，ROE 很高，这时有人会眼红，肯定有人会蜂拥而进。那你就要思考了，一大帮人进来了之后，是不是有可能降低它的净资产收益率，就好像现在一大帮人进去搞新能源车的时候，你也要思考一个风险，风险在于什么呢？虽然我看好这个行业，但是这里面，我认为危机四伏，因为太多竞争者了，一定会淘汰一些人，而且这过程中，ROE 会因为出现这种竞争，迎来很残酷的下降，比如价格战。

所以初期这个阶段你去投资它，风险还是蛮大的，你只有等到胜者屹立时，才能发现哪一个是王者。对利润高的行业，你需要观察它会不会吸引一大帮竞争者，例如芯片会不会呢？过去来说，因为芯片有科技含量，如果拍电影的投资者过来投资芯片，可以带动吗？难度很高，不同的是它们去投资房地产却是可行的，同时芯片发家的投资者投资房地产也是可行的。因为有些行业门槛并不高，而有些行业它们的门槛很高，是有专业度的门槛的。

所以有专业度门槛的、ROE比较高、每股收益比较高的企业，你不用太担心，因为它有护城河。就像茅台的酒一样，事实上它是有一定的护城河的。因为茅台镇，生产的园区等等都有稀缺性，这个不可替代性是它的护城河。所以要找到一家企业的护城河，如果你找到它的护城河，那么它的ROE比较高，你就会比较踏实，不用担心竞争者进来拉低它的ROE，拉低它的毛利率。所以为什么我们要找到有科技含量、有核心竞争力的公司和行业，这样我们拥抱它时，会比较安全。为什么我对周期性行业不是很感兴趣呢？例如钢铁行业的核心竞争力不是很强，而且是周期性的起伏变化，它不是一个最理想的长期投资的标的，而阶段性投资是可以的。再看汽车行业，它是充分竞争的，你看：

下图是长安汽车（000625）过去几年的ROE与股价走势图，可以看出往往低ROE对应着股价的底部，而高ROE却对应着阶段性的顶部。因为汽车是充分竞争行业，它没有足够的护城河。

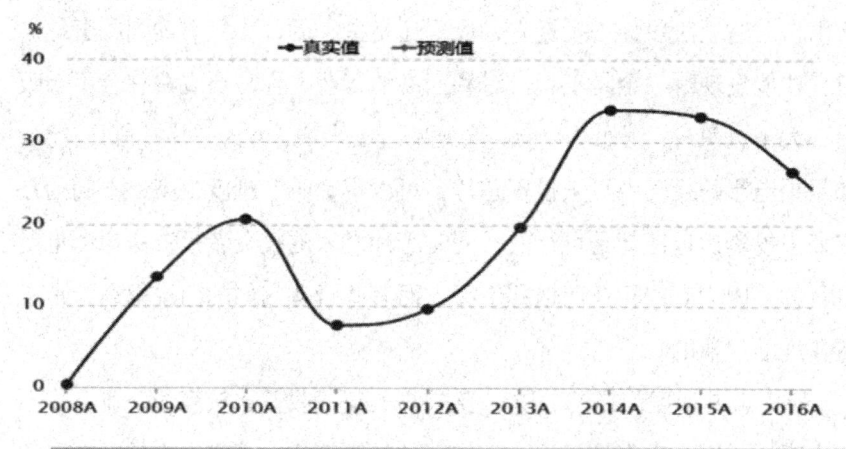

看完图表你就知道了，哪怕它的净资产收益率在2014年、2015年都比较高的时候，它的股价最终变成了历史高点，道理在于这个行业本身是高度竞争的，所以大家对未来会有个预期，预期它会走低，没有太大的护城河，它不能够对应它持续走牛的股价。

2）高 ROE 可能用了高杠杆

○ ROE = 净利润/净资产。如果一个企业用了高杠杆（负债很高），去获得了更高的净利润，从而提高了 ROE；

○ 企业资产包括了两部分，一部分是股东的投资，即所有者权益，另一部分是企业借入和暂时占用的资金。企业适当地运用财务杠杆可以提高资金的使用效率，然而杠杆过高则会增大企业的偿债风险；

○ 所以一家企业往往可以通过抬高杠杆的手段来提升 ROE，但是这种 ROE 通常是不健康且不可持续的。

一家公司现在的高 ROE 是不是用了高杠杆？如果它现在是高的 ROE，负债又很少，则含金量是很高的；如果现在 ROE 很高，但是负债也很高，50% 以上，这时你要打一点折扣。比方说某公司零负债，但是 ROE 保持 40%、50%，甚至更多，这时稍微它融点资，再放点贷，它就可以有很大的想象空间。牛股的启动点就在于，你发现这家公司的 ROE 开始从十个点腾飞到三十个点的时候，说明它在行业已经开始走好了，然后再看看它有没有用杠杆，同时发现它的杠杆基本上保持在十个点的杠杆，而它的毛利率、净资产收益率又持续上升，说明它这个行业肯定是起色、转市了，你就可以预期，它接下来转市是不是要扩大厂房或加大杠杆，在杠杆还没借助之前你就介入进去，它到时候再用杠杆，把企业负债变成 50%、60% 的时候，行业又继续向上持续发展，它利润就会更高，ROE 肯定会增长更厉害，那股价肯定还能够腾飞，所以你的买点在于它的杠杆较低的时候，ROE 已经开始出现猛烈上涨，这时你做一个基本面切入的买点，如果股价又处于一个比较好的技术形态，我告诉你这个点，或许就是一个很重要的、阶段性的一个起爆点，而这个起爆点一爆发，因为它未来基本面的变化，包括提升杠杆的运作，时间的话至少半年到一年，那这个起爆点可能能够给你带来至少一倍的收益。

5.3 ROE 多少为好

○ 当然越高越好，一般要求 15% 以上；

○ 10% 以下的，基本不适合长线投资。因为 GDP 都 6.5% 了，银行的贷款利率也 6%~8%，如果连这个都跑不赢，是很难成为中长期牛股的；

○ 但 ROE 看上去太好了有可能不真实，在 40% 以上常常是没意义的，因为它也许被公司的财务结构扭曲了。如果看到一个超过 40% 的 ROE 要仔细查看是否是合理正常取得的。

太少，GDP 都跑不赢，太高，你要看它真不真实，有没有持续性，这都是我们需要去参考、去分析的。

【学习温馨小结】

○ ROE 要参考多年的数据，注意数据要持续而稳定；

○ ROE 并非越高越好。ROE 计算时要去除一次性的收益，排除那些高财务杠杆的公司。持久稳定的内生性业绩增长，才会有理想的 ROE；

○ ROE 在 10%~40% 之间是比较理想的，太高和太低都有问题。

所以我们认为比较理想的 ROE 是 10%~40%，所以 ROE 开始腾飞的时候，到 15%、20% 的时候你就要思考了，接下来有没有可能到 30%、40% 甚至更高，你这个时候介入，杠杆比较低，其实是一个比较不错的买点。

嘀嘀嘀，有同学问："负债多少合适"？

负债 10%、20%、30% 左右这些都很好啊，超过 50% 就比较高啦。

最后给大家一个作业：

【课后思考和作业】

☆ 从公司 ROE 分析角度，分析若干只个股股价走牛的潜力？

☆ 除了这个作业，还有一个额外作业：企业负债，我认为尽量控制在 40% 以下，30% 以下是最理想，然后它的 ROE 净资产收益率出现了环比的一个明显的增长，比如从十个点变成十五个点，甚至更多，找到若干只这样的你认为有潜力有特色的个股，这种个股有可能是未来的翻倍个股，周期是半年到一年。

这两个作业融合起来去做，这就是这堂课的作业。希望大家做这个作业的过程中不经意地就抓到翻倍个股，学习这堂课的这种方法我相信对大家应该有思考上的启发。

第三堂课：公司定价—PE 估值法

学前须知：

本堂课介绍的是市盈率 PE 的基本概念，静态和动态 PE 的区分使用，以及动态 PE 的深入理解，同时通过横纵向、不同行业、国内外区别等不同角度剖析 PE 的应用；

本课堂的内容在牛散大学堂股威宇宙的等级为：中学，讲解实战分享的内容是大学级别。内容级别结合自身状况采取是否学习或者阅读的策略。

【课前操盘回顾与感悟】

2018 年 9 月 4 日

这堂课会继续讲怎么资产定价。在讲之前，跟大家分享一下现在市场演绎的格局。今天的标题是中阳起步，中阳终于又盼来了，上周一中阳，今天是周二中阳，大家可以看到：

这个阶段性的区间其实出现了四根中阳，这个区间出现那么多中阳，不上则下。按照这种态势，那上的概率应该是要大于下跌的概率的，因为是市场也出现了热点，超跌低价股成为了市场的热点之一，你看像乐视网很有可能退市的股票：

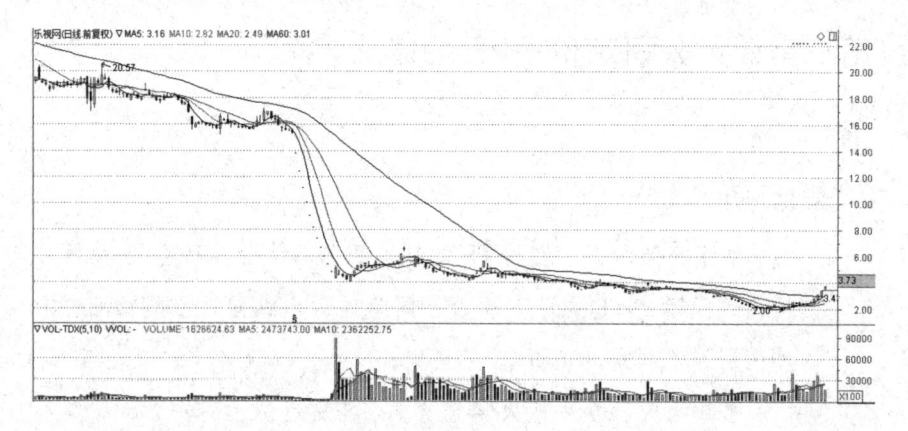

　　它都基本上快翻番了，又何况那些不会退市的股票！那更加是会在接下来的博弈当中，应该会成为市场的亮点，这是大家需要注意的。

　　现在有很多超跌低价股，你可以再看看另外一个，德新交运：

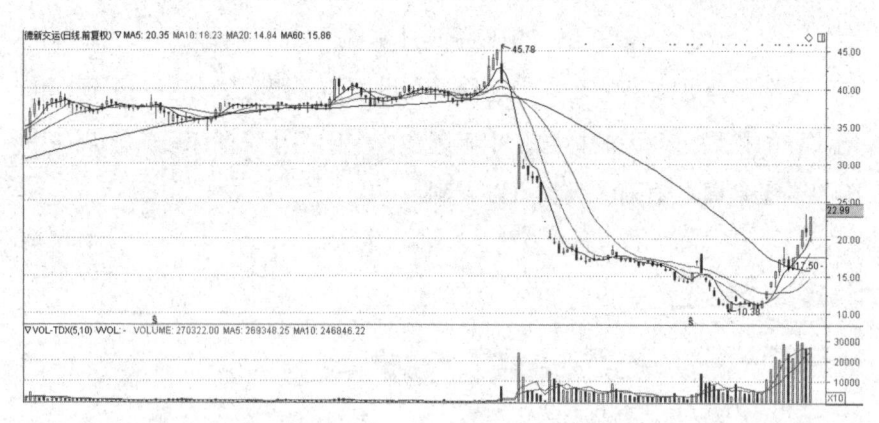

　　这是一支之前跌得很惨的个股，40多元直接崩盘，现在从10元起步到了20多元，也是翻了一倍多，这只是拉开了一个序幕。我之前谈了一个逻辑，因为它之前跌得很惨，所以一旦行情来的时候，它不会是

说二三十个点就止步，一般来说，有些真龙头的话，一两倍是很正常的。像德新交运已经一倍了，还有其他一些品种呢？所以接下来，我觉得大家可以深度去挖掘超跌低价股，当然要符合现在市场热点，现在的热点是科技板块，那超跌低价里面是不是有科技概念呢；若5G继续是热点，是不是可能有5G这种主题的超跌低价个股等等，我们可以从这个角度去思考。又比如超跌低价里面，现在文化是热点，那是不是从文化的角度去思考，你看视觉中国：

它也是文化里面的一个标的，曾经是新经典引领整个文化传媒，现在变成了视觉中国，当然视觉中国本身也是互联网的，也有科技的，所以它兼顾了科技跟文化传媒，很惊叹啊！视觉中国又刷新了阶段性的新高！也就是说这段时间你买了视觉中国的话，这段时间的股灾跟它是没关系的，而且刷新了高点。从这个标的里面，我又看到了什么影子？大家知道吗？没错，成长为王的影子！成长为王就是这样反复折腾，最终选择向上，但是这个过程当中是很折磨人的，这个过程当中可能会洗了很多人，这是必然的，你看之前反复折腾，而且大盘又不好，试问有几个人能够坚守的？如果我在其中的话，说真的，我也会洗掉不少筹码出来，所以面对视觉中国这种走势的话，你只有中长线的资金，你才有可能拿到今天。那所以我想告诉大家的是什么呢？从视觉中国里面，其核心就是知识产权呐，还有就是这方面的成长性，它跟一般的超跌低价的逻辑是不一样的，它炒的是未来，所以这个个股让我看到了成长为王的这个核心理念，在一些具体个股上面一个贯穿的、巨大的价值。虽然这样的标的很少，但是我们依然还是能看得到，依然是我们未来的机会之所在。像中国软件很显然也是类似这种：

这段时间也是跟它没关系，你看今天又创了新高。

浪潮软件：

浪潮信息：

一批类似的个股啊，这些都是属于科技类的。

大家再来看下新经典：

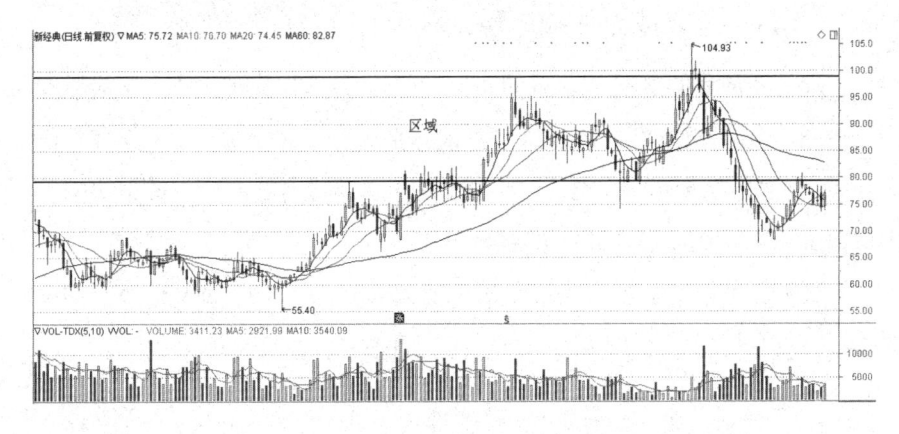

某种意义上来说，上图区域有点像视觉中国的长期横盘状态，当然这个过程中，必然会洗的，你说我们在这个区域高位的时候，我们会不会出来？一定会出来，出来相当一部分，那这个过程当中，因为横盘动荡反复的过程，是非常折磨人的一个过程，如果你不是中长期的资金，你是很难拿到最终再向上的一个阶段的，因为大部分人在这个阶段都会想着回避风险，或者是选择新的机会，但是真正做得好的，能够回避掉，或者选择好新的机会的人又有多少呢？我认为不会太多。所以透过今天的视觉中国，包括中国软件，我觉得大家应该需要去思考点东西，总结点东西的。第一个是反映它的主线在哪里，科技股；第二个有些时候就是坚定成长为王的过程当中，如果趋势没有改变，顺势而为，像中国软件这段时间，趋势没有改变，顺势而为。你看还有长川科技：

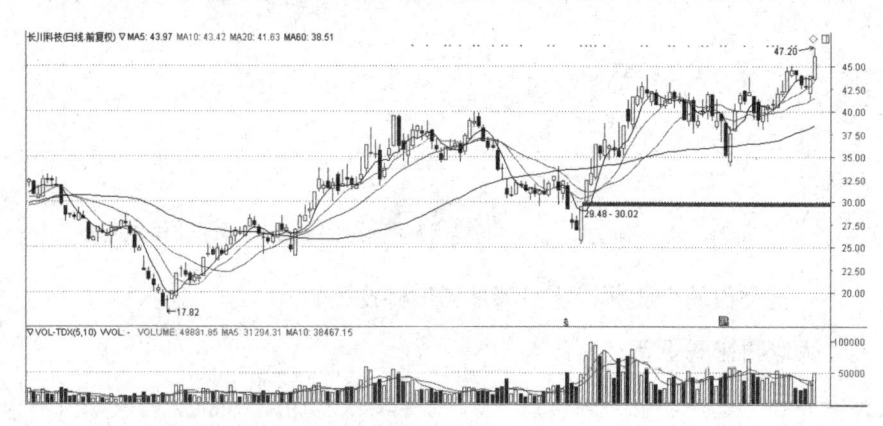

这些都是我们之前分享过的案例，你看今天也是创新高，从很便宜的价格一直不断地往上走，这也是次新股走出来的，从 2017 年 8 月份的 15 块，到现在的 40 多块，涨了两到三倍，相当惊人的一种走势啊。所以不比不知道，一比吓一跳啊！

当然我觉得接下来，整个市场围绕着我之前谈过的四大板块，深度继续挖掘就好了。文化传媒中的光线传媒也是跌得够惨的了：

文化传媒超跌的一些机会,很多都是超跌非常厉害的个股,读者传媒、中国出版、皖新传媒、南方传媒等等一堆的这样跌得非常非常惨的标的,这些标的有没有机会?我认为酝酿着机会,只是说怎么去抓好这个买点的问题、时点的问题,接下来在轮动当中去把握之的问题,这是大家需要重视的,这是板块上面的一些机会。文化传媒、超跌低价,还有就是科技、次新,这四大板块我们把握好就行了。

那好了,现在回到课程内容。公司定价——PE估值法,顾名思言是指一个公司到底是怎么去定价。前面的课程谈及的很多个股,为什么中国软件、视觉中国等能够这样子走?它们的PE那么高,为什么它们还要涨?而为什么有些银行股PE那么低,它们却不涨?很多很多的问题困惑着我们,困惑着大家。

在这里提醒大家,一只股价的涨跌不只是由PE决定的,但是没有PE的眼光去看一家公司,又万万不行。有一句话很经典:钱不是万能的,但是没有钱却是万万不能的,同样适用在PE的估值。PE评估的标的不是都能精准评估这家公司,但是没有PE去估值的标的很难正确评估这家公司,缺少PE肯定是不完善、不完美的。所以我们一定要学会怎么用PE的眼光去看待一家上市公司,看它当下的一种价值,是好还是坏,我们一定要非常地清晰。

上节课我们谈了关于ROE的一些知识,希望大家每次在学习新的课程的时候,能够温故而知新。提高净资产收益率,要不是提高分子净利润,就是减少分母净资产,王道是内生性的增长,利润的不断增长,才是一家上市公司ROE健康持续增长的关键所在。接下来谈PE的时候也会谈及利润的这个问题,现在正式开始谈PE:

PE估值法

○ PE市盈率的概念

○ PE的应用

1. PE 市盈率的概念

○ PE 市盈率：也称本益比、股价收益比率、市价盈利比率；

○ PE 市盈率是最常用来评估股价水平是否合理的指标之一；

○ 从做生意的角度看，就是 PE 即是多少年回本！PE 是 18，即是说正常 18 年才能回本。

从做生意的角度看，PE 即多少年回本！PE 是 18 倍市盈率，意味着正常 18 年才能回本。换句话说，你现在 100 万投进去，18 年就收回本钱了，这样的生意你干不干，好不好，这是你要评估的。

PE 又划分为静态 PE 和动态 PE。

静态 PE，即当下的这个 PE，如果你的回报很不错，如 18 倍的市盈率，18 年就能回本了，有些 PE 像银行股 7 年就回本了，这么好的生意你干不干？但是并不代表这样的公司就一定涨，因为它很稳定，但缺陷是什么？就是成长性的问题，不具备有爆发性的成长。有些投资者风投时，它们投的初创企业，有些时候第一年是亏损的，没有业绩，就好像京东一样，亏了十几年，后面也照样上市了，然后慢慢才赚钱，那为什么亏了那么多年还有那么多的人去投它？因为它们投的是企业的未来，投的是未来的 PE，N 多年之后的 PE。

有些大的机会往往酝酿在那些看上去现在 PE 很高的上市公司，而实际上同样也是如此，不论是视觉中国，还是中国软件，这些连创新高的品种，你会发现一个共性，现在 PE 都不低，看上去的话，像中国软件现在还亏损，视觉中国 80 倍以上的市盈率，也就是说你现在 100 万投进去，你要 80 年以上才能回本，这么高的 PE，正常逻辑来说，这是不值得投资的，但是为什么很多资金还趋之若鹜，这就会涉及后面讲到的动态 PE 的问题。怎么去抓牛股，就是从高市盈率里面去抓，你现在看是 80 倍市盈率，比如它现在赚一个亿，如果它的成长性很好，出现爆炸式增长的话，像视觉中国收图片的版权，当知识产权打击得很厉害时，我们现在使用一张图片，都要给视觉中国付钱，那它的收入会急剧的增长，可能原本一年赚一个亿，突然就变成一年赚十个亿，80倍的PE变成8倍的PE了，因为利润增长了十倍。若80倍是一个合理的估值时，10个亿的80倍那就等于800倍的市盈率，股价可能至少要涨十倍。

所以有些时候，我们怎么去挖掘三年十倍的个股，我告诉大家，这些个股肯定不是在低市盈率低PE的个股里面去寻找，因为低市盈率意味着它太过稳定，你三年获取10倍的回报很难，因为它稍微涨一涨PE就高了，高了的话很多人就不愿意投资了，为什么？回报率很低啊，十几倍市盈率回报率很低，因为它没有想象的空间。如果是说有想象的空间，哪怕现在80倍甚至是300倍市盈率，你可能都是很低的，因为它的未来可能变成几十倍市盈率，甚至是几倍市盈率，这就是资本市场的PE魅力之所在，这个才是精髓中的精髓。有些时候挖掘牛股，你要用PE的眼光去看，不是看它当下静态的市盈率，而是看它未来动态的市盈率。所以为什么很多人会陷入一个误区？很多人说我也懂PE啊，我们要投资一些稳健的，低市盈率的。但这是错的，低市盈率并不代表着稳健，你现在8倍市盈率，以后可以变成6倍，4倍，也有可能变成十几倍，未来它是变化的，不要被静态的市盈率蒙蔽了你的双眼，我们要动态的眼光去看，这个才是我们看一家上市公司潜力所在的根本。如果它现在是80倍市盈率，如果未来业绩能够持续增长，这样的上市公司才是值得我们投资的，因为这一切意味着它的PE未来会下降。好，我们继续来看：

1.1 市盈率的公式

○ 静态和动态要区分使用；

○ 静态 PE= 股价 / 每股收益（上一年度）；

以新经典为例，上一年度每股收益 1.9 元，当前股价 74 元，静态 PE=74/1.9=38.95。

★最新主要指标★	18-08-13	18-06-30	18-03-31	17-12-31	17-06-30
每股收益	-	0.8100	0.4100	1.9000	0.9700
每股净资产	-	11.6093	11.7720	11.3222	10.4109
净资产收益率(%)	-	6.9600	3.5300	19.3300	11.5200
总股本(亿股)	1.3466	1.3466	1.3466	1.3466	1.3336
每股经营现金流(元)	-	-1.2942	-0.9135	0.9084	0.6131
实际流通A股(亿股)	0.5297	0.5262	0.3336	0.3336	0.3336
最新指标变动原因	激励股解禁				

那怎么去看 PE 呢？简单来说就是要区分静态 PE 和动态 PE，静态的 PE= 股价 / 每股收益，我们前面两堂课讲到的每股收益 = 净利润 / 总股数，净利润 / 净资产 = 净资产收益率 ROE，它们是紧密相连的，都围绕着每股收益，围绕着净利润，是从利润的层面上去展开的。所以你会发现，很多指标衍生开来，它们的核心点是什么？核心点就是企业的净利润。而利润在前面课程已经谈及过，我们都要区分主营业务的利润和非主营业务的利润，投资收益带来的利润其实是不可持续的，我们要把它剔除掉，我们更多的是要看企业的主营业务的收入，这个才是最关键的，所以这里也是同样的道理。

有些上市公司突然之间 PE 降得很低才几倍，很多人误以为这很有投资机会，但是你仔细去分析，会发现它的主营业务并不是很赚钱，就拿光线传媒为例，光线传媒 2018 年的 PE 降得很低，为什么？那是因为它投资收益回报很大，赚了十几个亿，一下子就把 PE 拉低了，但是这十几个亿是属于投资收益,你要把它剔除掉,剔除完之后,属于它主营业务的净利润,这个才是它目前真实的静态企业的 PE,所以如果使用真实的静态 PE,光线传媒的 PE 没有那么低,至少是几十倍。

又以新经典为例,2017 年年度每股收益 1.9 元,当前股价 74 元,静态 PE=74/1.9=38.95,不到 40 倍的 PE。2018 年新经典又降到了一个相对比较合理的区域了,之前 100 元钱的时候,它的 PE 已经比较高,是 50 倍。而很多传统的出版社都跌得很惨,它若一枝独秀会过于耀眼,所以后面会回撤,100 元钱回到 70 多元,这个也非常合理。同时,新经典的收益基本上没有投资收益,基本上都是它的净利润,都是它的主营业务利润,所以它的 PE 含金量是比较足的,是没有掺杂其他水分的 PE。好,接着来看动态的 PE:

1.2 动态 PE 的概念

○ 动态 PE= 总市值 / 净利润(这里的净利润一般指的是下一年整年的净利润,一般需要投资者自己去预估);

○ 动态 PE 要预测年报的净利润多少。

1)最重要的就是要对公司今年年报净利润数量的预测;

2)注意预测时并不是季度利润的简单叠加。

静态的 PE 是总市值除以上一年度的净利润(或者衍生为当前的利润,比如上半年某企业利润是一块钱,若利润简单地递增,那么一年大概就是两块,就可以得出当前的静态市盈率)。而动态的 PE 等于总市值 / 净利润,这里的净利润一般指的是下一年整年的净利润,当下我们要看明年企业全年的利润大概有多少,需要做个评估,这个是动态的。但是我要提醒大家的是,这是一般性评估而已,我们评估的净利润不一定是下一年的。作为投资来说,巴菲特做投资时常是看一家企业三十年之后,如果它认为这家公司在三十年后还非常好的话,它才愿意去投,这是巴菲特的眼光。而我们在学会看 PE 的时候，没办法做到三十年后的眼光，刚才的例子谈的是下一年，只有一年时长，但一年又稍微短了些。我认为我们要看三年之后，就是三年之后企业大概的利润会有多少，然后你用现在的股价除以三年之后的利润，你认为现在是低估了，还是高估了，这会非常有利于你去把握特别是中长线的投资，因为有些时候下一年的利润我们也是大概能够测算出来的，但三年之后不是那么容易测算的。

以新经典为例：如果它的业绩增长速度纯粹是书籍出版的话，它的增速每年最多不会超过 50%，所以 2017 年有 1.9 元的每股收益，那 18 年顶多也就 2 元多，不会超过 3 元，2019 年的话也就 3 元钱左右，所以你用 3 元回到现在的股价去除的话，你就会发现可能大概是 20 多倍的市盈率，那 20 倍的市盈率你认为是合理还是不合理？你认为它是低估还是高估？你自己要有一杆秤，称完之后觉得高估了，你就要减持，称完之后觉得低估了，你就增持，就是这么简单的一个道理。但是我们可以再算什么？像中国软件、视觉中国，我认为它们现在涨，并不是看中它明年的利润，特别是中国软件，如果只计算下一年的话，它的利润也不会特别可观，它更多的是看三年之后的利润，它三年之后的利润是不是有一种爆炸性增长的可能性，所以现在股价上涨，它买的不是明年，买的是几年之后的可能性。所以我们很多时候要理解一点，很多上市公司它们阶段性涨是什么原因，有些时候涨到你困惑的时候，你要记住一点，请不要困惑，因为你要看到它涨的背后，很可能不是说买的是当下，买的是未来，如果未来你都能够看的清晰了，你当下才能够有勇气去买，哪怕涨停板追进去，你也敢持有，当你敢做这一点的时候，说明你看透了一些未来，这是非常之重要的。

那我们怎么去预测未来的净利润？这里提醒，预测未来的净利润要注意并不是简单季度利润的叠加，因为很多行业的利润是有季节性，或者是每一个行业发展阶段在不同的季度会给它带来不同的演绎格局，这些都是需要你去评估的，不能简单这样叠加，需要对它的行业发展动态进行预测；另外一点，比如未来三年之内，或者一两年之内，企业有什么可能推出的措施，而这个措施可能给上市公司带来什么样的影响，你要做充分的论证，加上合理的想象，那么最终你就会得出你心目中的一个结论，当然这些东西很多时候，我们可能看的不是很清楚，特别是有些专业的数据，专业的东西我们不了解、不熟悉的时候，告诉大家一个小小的方法，你可以利用一些行业研究报告，利用一些券商的研究报告，透过这些行业的研究报告，我们可以了解到相关行业的一些特性，这对丰富你判断的数据是有非常大的益处的。比如你的标的个股，你也可以借鉴一些研究报告的数据，对这些数据不要迷信，但是我们要看它的逻辑是不是合理，有一些是不是你没有看到的地方，有一些它是不是有不客观的地方，你要辩证地去思考，自己最终得出一个结论，比如认为它预估明年大概是什么利润，它的逻辑在哪里，你认为合不合理，不合理的原因在哪里，合理的因素是什么，是不是还有可能超预期等等，都是需要你去思考的，最终得出一个结论，你才能够客观地给这家公司做一个定价，或者做一个估值。

1.3 动态 PE 的深入

○ 以新经典为例：2018 年上半年利润比去年增长 0.97%，可以推算 2018 年业绩比去年业绩也增长 0.97%，即 2.346 亿元；

○ 动态 PE=100 亿 /2.346 亿 =42.6。

★最新主要指标★	18-08-13	18-06-30	18-03-31	17-12-31	17-06-30
每股收益	-	0.8100	0.4100	1.9000	0.9700
每股净资产	-	11.6093	11.7720	11.3222	10.4109
净资产收益率(%)	-	6.9600	3.5300	19.3300	11.5200
总股本(亿股)	1.3466	1.3466	1.3466	1.3466	1.3336
每股经营现金流(元)	-	-1.2942	-0.9135	0.9084	0.6131
实际流通A股(亿股)	0.5297	0.5262	0.3336	0.3336	0.3336
最新指标变动原因	激励股解禁				

18-06-30每股资本公积：6.974　营业收入(万元)：44451.13　同比减 -3.19%
18-06-30每股未分利润：3.433　净利润(万元)：10937.99　同比增 0.97%
★最新公告:08-22新经典:2018年半年度主要财务指标(详见后)
★最新报道:05-23新经典:对部分书籍的价格进行了调整(详见后)

因为它上半年增速不是很高，如果按照这种增速去算的，全年增速也是保持一两个点的增速，那么2018年的股价，它已经四十多倍了，某种意义上来说，在文化传媒领域四十多倍已经算是偏高了，所以除非你能够想象得到接下来下一年它有巨幅的增长，那么这个增长才是支撑它继续上涨的核心逻辑，在没找到之前，它可能会延续反复震荡。如同视觉中国，在没找到它继续上攻的逻辑之前，资金也不会贸然上攻，市场会保持一种反复震荡，直到引爆点出现，比如科技股的行情，大家对估值的风险偏好提升了，这就是视觉中国的突围点，包括中国软件的突围，是一定有大环境支持的，大环境是什么？科技板块成为一个主线，市场对这个风险偏好在不断提升，例如机构大资金认为视觉中国70倍就是一个能承受的极限了，即买入的极限，但是大家对这个板块看好的时候，大家无疑就可以提高了它的极限，就认为80倍、100倍都可以，所以一个行情一来，风险偏好提升，估值就会水涨船高。

要注意的是，合理的估值是动态的，估值的波动也是动态的，合理的估值会围绕市场和板块，以及行情的博弈波动。就像买一个东西一样，当大家不太想买的时候，那它一定是价格相对便宜的；当大家都拼命去抢的时候，它的价格就很有可能水涨船高；又同房价一样，房子成本摆在那里，如果大家都不买，它可能亏本也要卖，但是如果大家拼命去抢的话，房价翻一倍你也未必买得到。所以我们要客观地去看PE，但同时要结合市场的变化，再去做个评估，这才是关键。

【学习温馨小总结】

○ 一般来说，市场上广泛谈及市盈率通常指的是静态市盈率，通常用来作为比较不同价格的股票是否被高估或者低估的指标。但是在投研实战中，难度较大的多体现在对动态PE的挖掘与使用，动态更贴近实际，但要对全年利润有大致的估算；

○ 静态的PE是总市值除以上一年度的净利润；动态的PE等于总市值/下一年整年的净利润；横纵向进行对比分析PE的变动；

○ 预测未来的净利润需要对企业的行业发展动态和未来发展趋势进行预测；

○ 合理的估值是动态的，估值的波动也是动态的，合理的估值会围绕市场和板块，以及行情的博弈波动。

2. PE 的应用

○ PE是较为实用的估值方法，但很多人用不好；

○ 不是PE没有效，而是没有掌握好它的使用方法，无法发挥它的功效；

就像一把刀，在武林高手手里可以削铁如泥，在你手里可能只是一把菜刀。

所以我们学习，就是让自己的武器能够削铁如泥，否则你学习了这些东西还是只能切切菜，所以我们要善于去利用这些武器。那么怎么去运用？

好，下面我们谈谈怎么去运用。

2.1 纵向分析较长时间周期内的 PE 情况

○ 要分析公司在一个较长时间周期内,历史最低最高的市盈率区间;

○ 一般来说,上市时间较长的公司,一般要考察周期 5 年周期的 PE;新上市的公司,一般也要对比衡量最近 3 年的 PE;

○ 这样就可以知道,当前的估值在该股历史上是相对低估还是高估。

简单来说,现在很多人都会说大盘的 PE、上证指数的 PE 就是我们市场的 PE,大家就会对比历史,历史最低的我们的市盈率大概是几倍,然后现在是几倍,对比历史才有参考价值,比如过去十倍,现在接近十倍了,那大家就有理由相信,十倍或者接近十倍就是一个极限。前面每堂课都讲到横向和纵向,这里 PE 也是继续利用横向和纵向分析。我们在分析市场,分析到个股时,都要对比它历史的 PE。那就要问大家了,你手上的个股,历史上最高的 PE 是多少?最低的 PE 是多少?现在的 PE 是多少,你认为它现在是合理还是不合理,这样一来,大家心中就有数了。

这时有人突然发现,如果它亏损了,那 PE 是多少?我告诉大家,亏损了就没有 PE 了,不存在 PE 了,因为它没有利润。那亏损了怎么去比较呢?很简单,这家公司历史上有没有亏损过,有亏损过当时最低价是多少,亏损额度是多少,也同样是对比出来,如果它曾经亏损两个亿,最低价是 5 元,那现在亏损才一个亿,现在已经快到 5 元了,那其实就有参考意义啊,亏两个亿的时候它是 5 元,现在亏一个亿都接近 5 元了,说明这个位置有很强的支撑,从历史上来看,这会给到你非常强大的参考,一个数据上的支持。这是非常之重要的。

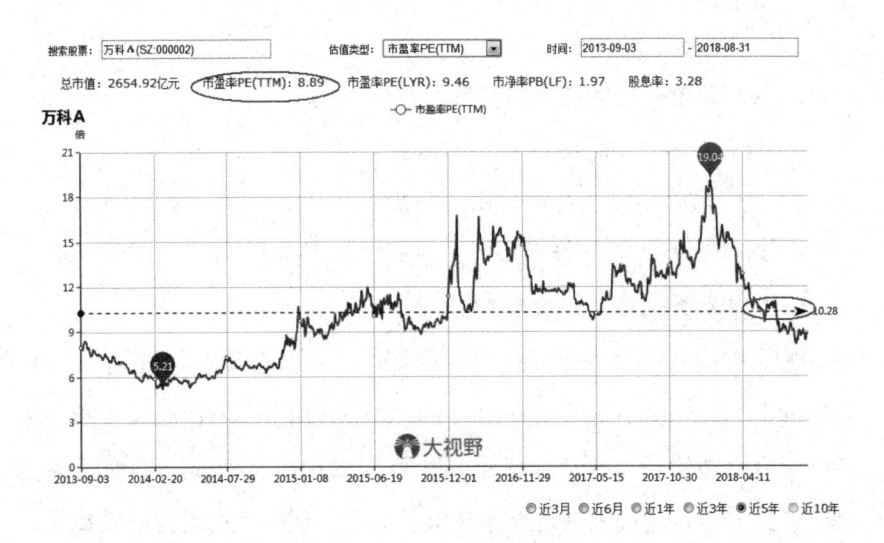

这是万科 A 历史 PE 的变动，在这幅图中，最高市盈率和最低市盈率以及当前属于什么位置一目了然了，万科 A 的 PE 也是不断变化的过程当中，它跟股价的波动也是具有同样参考意义的。其实你要去评估的话，我们有一种叫心算法，心算法是怎么样的呢？例如你观察一支个股的近三、五年每一年的业绩，假如它的股本没有变化的情况下，看看它业绩的增减状况，然后用现在股价的高低，每一年对比一下，你就知道了，比如它去年业绩两元，最高一百元，现在业绩最低三元了，那么以后最高能到多少钱，是五十，八十，还是一百二？你需要做个评估，如果是去年两元已经到了一百元了，那现在它三元反而没有一百元，你要思考一下是不是有它的不合理性，这个要去评估一下；它最低 PE 大概是多少，比如它历史上最低的 PE 是 30 倍，若业绩现在三元钱，PE 是不是接近 30 倍呢，如果是，现在是不是一个很好的买入点？这些就是简单的近几年的利润做出 PE 的一种评估，大概一个心算法，横向去对比一下，你自然清晰了。

【学习温馨小提示】

〇 **如何查看个股的历史市盈率？仅限 A 股**

1）打开 http://www.dashiyetouzi.com，需要注册；

2）在导航栏中输入查询公司的股票代码，比方说万科；

3）跳转到万科的个股详情页，点击"估值分析"。

〇 **估值类型选择"市盈率 PE"。**

现在的 PE 是属于增长的，还是降低的，比如去年平均 PE 是 40 倍，现在的 PE 是 50 倍，还是 60 倍，或者是更低，原因是什么，业绩未来还有没有可能增长，这都是需要去思考的。决定一家公司的 PE 现在是否合理，或者是股价未来是否存在增长潜力，请问我们关键要看什么？未来的盈利。现在不重要，重要的是未来，现在的 PE 是 5 倍也好，10 倍也好，100 倍也好，其实都不是最关键的，假如 PE 是现在 30 倍，看上去很低了，但是它有没有可能在 30 倍触底反弹，关键要看未来！如果它未来假设业绩持续下滑甚至亏损，30 倍都很高，但是是它未来有很巨大的增长潜力的话，利润还有急剧爆炸的可能性，哪怕现在市盈率 80 倍、100 倍，我告诉你这个股价都便宜了。

所以为什么我一开始给大家提出个逻辑，有些时候牛股，特别是大牛股，记住我的一句话，买在高市盈率时！就比如视觉中国现在 PE 是很高的 80 倍，不用怕，买！因为市场一致性地认为它有很巨大的增长潜力，当然我不是说让大家现在去买，是之前它已经五六十倍了，也是很高的了，为什么要买在高市盈率呢？它之所以能高，是因为市场预期它未来有急速增长的可能性，它才能高，否则就不会高。曾经的新经典也一样，在同行业里面它也是比较高的，40 倍、50 倍了，为什么有这么高市盈率，后面股价还是蹭蹭往上涨，那是因为大家预期它还要高，但是一旦跌下来的时候，比如现在变 30 多倍了，反而不要觉得它一定涨，这个时候你要看清楚未来的形势，如果它未来形势增长缓慢，现在市盈率降低了，不见得就是一个很好的买入点，它很有可能再反复震荡，甚至下滑。它只有保持继续增长的速度，它才能够前行。所以记住：买在高市盈率时！卖在低市盈率时！就是卖在它市盈率看上去合理的这个时候。为什么它市盈率看上去合理呢？那是因为它的业绩增长兑现了，所以它市盈率看上去合理了，那业绩增长兑现了，后面还能不能再增长，你要打一个问号，它很有可能增长没有那么快了，甚至开始不增长。所以当它增长完毕之后，市盈率降下来之后你要考虑卖了。至于降到什么程度，这是门艺术，你要看、要等、要观察，但是有一点是确定的，买在高市盈率，卖在低市盈率时！这个低要等，等技术的确认。低是相对的，你曾经买的时候是100倍市盈率，那现在80倍是低吗？当然不是低，50倍是低吗？也不见得是低，30倍是低吗？或许是低，20倍是低吗？那绝对应该是低，20倍跟30倍也是有区别的，所以低到什么程度，我们要走一步看一步，但是逻辑是没错的，买在高的，卖在低的。市盈率的高买低卖尤其适用于成长股，逻辑就是如此。

有些时候大家看到一家公司突然噌地涨上去了，市盈率从30倍涨到50倍了，那要恭喜你了，你这个时候可以大胆继续持有一段时间，为什么？因为它市盈率在增长，在发生往上走的时候，变成高的时候，往往这个时候不是卖点而是买点，说明形成了一致性的预期，预期它还要飞速成长，最怕的是它要变低了，变低不变高反而有危险，为什么？说明市场可能预期它，基本面可能发生了微妙的变化，所以它才回落。记住一点，买的一定没有卖的精，为什么市盈率那么低人家还要卖呢？你要思考这个问题，为什么那么低市盈率却给你捡钱呐？哪有那么好的事情！天下没有免费的午餐，你要多深入思考一下，但是有些时候低市盈率股的票你买进去能赚钱是因为什么？我告诉你，不是因为这家公司有多厉害，而很多时候是市场带动它上去的，这家公司只是跟随市场的波动而波动，市场的平均收益率这个还是有的，毕竟就算低市盈率它也是有波动的。

我曾经提出一个三年十倍的目标，绝对不是买在低市盈率的标的，我认为低市盈率的标的要达到三年十倍的概率是很低的，因为低市盈率就意味着这家公司的成长性是有限的，你买低市盈率顶多只是买了一个心安，但不一定能让你赚钱甚至还会亏钱；但是买高市盈率的，但是这个高要内涵的高，高的里面是有很多风险的，因为很多市盈率高的公司是垃圾股，可能被高估了，高的里面你要辨别它是有潜力的高，还是会下跌的高。很多高就是真的高的那种，甚至还会变得更高，这种就很危险，因为很多高市盈率公司它基本面是无法支撑的，它自然会缓慢回落，我们要发现那些高市盈率公司未来基本面是能够支撑的，这个是我们抓高的一个难点，解决这个难点，所以为什么我们要在成长性的行业里面去选择公司，如果你选了未来行业发展非常好的一些行业，那你选择高市盈率风险的概率是比较小的，比如我前期说的科技，5G是确定的，文化传媒还有其他一些我看好的行业，如果在这个行业市盈率高一点没关系，为什么？行业急速发展，这个高是有含金量的，它以后有可能会变低的，变低的概率是很大的，所以它高意味着还要继续发展。好，我们继续来看：

2.2 横向对比同行业公司的 PE 情况

○ 同行业的公司，所做的业务都是类似的，一般情况下，PE 越低，估值越有优势，越值得关注；

○ 当然，要选择业务基本相同的，如果业务差别较大，那没有可比性。

这个时候又回到了每个行业，PE 同行业来说，PE 是不是越低估值就越有优势呢？就越值得关注呢？理论上、正常来说是如此。同样投资文化传媒或者投资科技股，我们会发现如 5G，市盈率有 10 倍的，也有

50倍的，请问你是选择10倍的还是50倍的呢？哪个更值得我们去参与呢？好好思考一下，先往下看：

以银行股为例

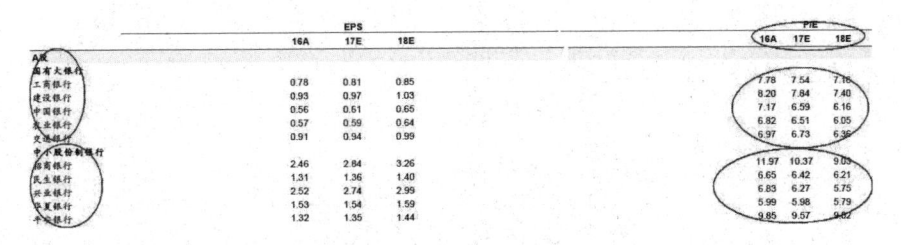

A股	EPS 16A	17E	18E	P/E 16A	17E	18E
国有大银行						
工商银行	0.78	0.81	0.85	7.78	7.54	7.16
建设银行	0.93	0.97	1.03	8.20	7.84	7.40
中国银行	0.56	0.61	0.65	7.17	6.59	6.16
农业银行	0.57	0.59	0.64	6.82	6.51	6.05
交通银行	0.91	0.94	0.99	6.97	6.73	6.35
中小股份制银行						
招商银行	2.46	2.84	3.26	11.97	10.37	9.05
民生银行	1.31	1.36	1.40	6.65	6.42	6.21
兴业银行	2.52	2.74	2.99	6.83	6.27	5.75
华夏银行	1.53	1.54	1.59	5.99	5.98	5.79
平安银行	1.32	1.35	1.44	9.85	9.57	9.02

这是银行股PE变动的情况。

2.3 分析PE时要注意去掉主营收入之外收益的干扰

○ 常见的营业外收入有投资收益、资产处置收益等；

1）案例之投资收益——光线传媒

R 300 300251 光线传媒		
卖五	8.23	89
卖四	8.22	486
卖三	8.21	491
卖二	8.20	1590
卖一	8.19	783
买一	8.18	763
买二	8.17	3437
买三	8.16	155
买四	8.15	80
买五	8.14	613
现价 8.19	今开	8.05
涨跌 0.10	最高	8.19
涨幅 1.24%	最低	8.01
总量 130037	量比	0.84
外盘 63930	内盘	66107
资产 126.2亿	市值	240.3亿
换手 0.47%	股本	29.3亿
净资 3.29	流通	27.5亿
收益 0.71	PE(动)	5.7

【利润分配表异动科目】

报表项目（单位：万元）	2018-06-30	变动幅度(%)	原因说明
营业外收入	802.24	-13.01	主要原因是本报告期内收到的违约金所致。
营业成本	38777.12	-33.54	主要是本报告期不再合并浙江齐聚、相关视频直播成本减少所致。
营业收入	72093.44	-29.96	主要是本报告期不再合并浙江齐聚、相关视频直播收入减少所致。
管理费用	4421.60	-45.22	主要是本报告期不再合并浙江齐聚、相关视频直播管理费用减少所致。
财务费用	2879.81	148.22	主要是本报告期计提债券利息增加所致。
投资收益	220526.36	3655.22	主要原因是报告期内出售新丽传媒股份产生的投资收益。
销售费用	185.24	-96.55	主要是本报告期不再合并浙江齐聚、相关视频直播销售费用减少所致。
所得税费用	35421.66	11269.41	主要是本报告期出售新丽传媒股份、产生投资收益计提相应企业所得税所致。

光线传媒刚才我已经谈到过，PE现在是很低，但是你去掉它的投资收益，就变得很高了。

2）案例之资产处置收益——沙隆达

000553 沙隆达A		
卖五	12.46	203
卖四	12.45	428
卖三	12.44	92
卖二	12.43	24
卖一	12.42	259
买一	12.41	98
买二	12.40	126
买三	12.39	500
买四	12.38	111
买五	12.37	106
现价 12.41	今开	12.55
涨跌 -0.14	最高	12.60
涨幅 -1.12%	最低	12.18
总量 36561	量比	0.80
外盘 13147	内盘	23414
资产 415.8亿	市值	303.6亿
换手 1.50%	股本	24.5亿
净资 8.81	流通	2.44亿
收益(一) 0.966	PE(动)	6.4

三、非主营业务分析

√适用 □不适用

单位：千元

	金额	占利润总额比例	形成原因说明	是否具有可持续性
投资收益	147,053	4.76%	-	否
公允价值变动损益	-243,576	-7.88%	-	否
资产减值	43,880	1.42%	-	否
营业外收入	29,004	0.94%	-	否
营业外支出	8,113	0.26%	-	否
资产处置收益	1,997,170	64.63%	有与先正达交易，在欧洲剥离资产	否

○ 对营业外收益的来源、可持续性等方面的分析是重点，这是对单个公司长期 PE 变化规律的难点。

PE 一定要剔除掉主营业务之外的收益，才是真实的收益。好，那回到刚才的问题，思考得怎么样？同行业 PE 越低貌似确实是越有优势，但是不是就越值得我们去把握？关注是可以的，但是把握不一定，也就是说你要看处于什么时候去把握。如果行情是低迷的，投资是防御为主的。在行业里面投资那种低市盈率的，你是有防御性的，就算亏得话幅度也比较小；但是市场变成攻击性的时候，变的活跃性的时候，你可能要重点去留意那种 PE 比较高的品种，因为它可能弹性会更大。

以银行股为例，如果银行板块真的来行情，并不见得那些最低市盈率的个股就涨的最厉害，往往是那些市盈率有点高的，盘子比较适中的银行股，可能会突然之间爆发起来，因为大家对它未来的预期会更高。

为什么同一行业有些 PE 比较低，有些 PE 比较高，它背后也是有它核心逻辑的，之所以它低要不就是这个行业里面的大象，因为盘子已经变大了，所以它的 PE 不能给得太高；要不就是因为有主营业务以外的收入；又或者是大家认为它接下来，哪怕在同一个行业，它的核心竞争力不是很优秀，比不上那些 PE 比较高的、更具有核心竞争力的公司。其中一定是有原因的。

最关键的还是要看不同公司的成长性，这里我还是要提醒大家的是，你真的去抓牛股的话，哪怕是同一个行业，你也是要选择那种 PE 相对一般人觉得望而生畏的这个程度，例如平均 PE 是 30 倍，那你可以考虑选择 40 倍甚至 50 倍的，因为往往这种确实可能会有风险，但是它也同样会更有机会，这是一定的。所以你要看你去投资的目的，这就是你的风格，有的人选择低 PE 的，那是因为他追求的回报本身就不高，他认为一年年化有二三十个点，十几个点就足够了，它就选择在一些看好的行业里面，选择 PE 比较低一点的，从某种意义上来说就是价值投资，即买白马蓝筹；但是如果你想做那种三年十倍，爆发性的机会，那你的逻辑就要往高一点的市盈率方面去寻找，因为这一类型的公司，往往它更具有爆发力，因为它之所以能形成高市盈率，一定是背后有可能很多资金看好它，接下来未来两三年的成长性，它的成长速度会比低市盈率的公司要高得多，那么市场风险偏好提升的时候，它涨起来就会比较快；但反过来，市场风险偏好比较低时，即熊市的过程中，这类高市盈率的股票，一旦行业又不行，那被市场打下来的幅度肯定也会相应地大一点。这是大家要特别重视的。

所以我们的选择由我们投资的风格决定，但是如果从我的成长为王的理念来讲，我们选择至少是 PE 现在看上去有一点高的品种，未来还有可能有比较大的、持续增长空间的上市公司，才是我们的一个重要选择标的，好像视觉中国一样，就算没涨停之前，PE 有五六十倍的，某种意义上来说已经很高了，因为市场平均市盈率也才十几倍，它的五六十倍，正常来说不是泡沫是什么，对不对？中国软件就更不用说了，也非常高，还有很多的科技股，为什么它们还能够持续地上涨，因为市场风险偏好一提升的时候，大家更看重的是它未来几年高速成长的速度，看它的是看这一点。

我们放入 PE 的角度来看现在的超跌低价格，你思考的逻辑会焕然一新，为什么超跌低价股如果一来反攻的时候，很有可能它的幅度会很大呢？那很简单，从 PE 的角度来说，这些超跌低价股往往要不是亏损股、业绩差的股票，就是之前质押或者是出问题的股票，那么接下来我们看它的定价的几个因素是不是发生变化，如果发生巨大的变化，自然弹性也会比较大，例如它是亏损的，这些亏损股未来两到三年是不是有可能盈利，而且是不是大幅盈利，如果有可能，那也意味着它接下来有上涨的逻辑存在，而且从亏损到盈利甚至大幅盈利，这种转变是非常大的，最终它的股价波动一定也是比较剧烈的，所以你一思考就清晰了。还有的是绩差股，它有没有可能变得基本面没有那么差，甚至是绩优股，这是你要思考的，如果你思考清楚了，你就会发现绩差股它跌得那么惨，如果它变成不绩差甚至变绩优了，那么现在的股价跟未来的是不是有一个完全天翻地覆的变化？必是如此，前提是你要看到影响股价的这些因素。

再举例：乐视。从目前的基本面来看，2018 年它确确实实退市的概率是非常非常之大的（2019 年 5 月 13 日暂停上市），但是如果从 PE 的角度来说，为什么它敢在这个阶段涨接近一倍呢？除了投机性、盲目性的资金以外，你不能否认的是，也有一部分资金在赌乐视逆境反转，什么逆境反转呢？无非就是说它要保持它上市的资格，就是今年的亏损幅度不能太大，甚至要盈利，这需要资本的注入，它们某种意义上赌的是贾跃亭在汽车行业是否能套现，是否能弄出资金来救乐视，赌的是这渺茫的一些机会，事实上基本并且最终也验证已经不存在。但是大家当时在赌一个预期，在乐视还没退市之前，它完全可以做一种基本面预期的博弈，所以它才产生了这样巨大的波动，因为如果乐视真的不退市的话，那么它的股价肯定怎么也值个 200 亿、300 亿，这是完全有可能的，所以大家赌的是这个东西。玩过权证的朋友就很清楚（很早之前市场是有权证的），权证有一个特点是时间效应，即它到期时就结束了，对于乐视而言，它也好像权证一样，2018 年年底就是它的截止日，在这个截止日之前，它的股价怎么波动都可以，但是到了那一天，尘埃落定了，就玩不出花样了，所以在这之前，这里面都是一种博弈的预期，就是这样用 PE 的角度去思考，去思考它的逆境反转。当然我们在具体操作的时候，目前像做乐视这种，投机性小资金去博一下是可以的，整体来说乐视还是欣赏为好。但透过它我们要得出一些思考，去推理其他一些绩差的、亏损的、真正有翻身可能性的上市公司，那么这个才是我们接下来要去做的机会所在。

2.4 传统行业、新兴行业、周期行业等不同行业属性下 PE 的对比分析

○ 行业属性的判断，对公司的 PE 高低有重要作用；

○ 一般来说，传统行业（缓慢增长型）公司的股票 PE 最低，而新兴行业（快速增长型）公司股票的 PE 最高，周期型公司股票的 PE 介于两者之间。

传统行业、新兴行业、周期行业等不同行业属性下 PE 的对比，这个大家也要去思考一下为什么传统行业它的 PE 会比较低？因为它的增速比较慢。为什么新兴行业它的 PE 比较高？因为它的增速比较高。所以大家就理解为什么我只投资新兴产业的核心逻辑了，其实也是从 PE 这个角度出发的，所以我为什么一直说成长为王，一直说只看新兴产业，是因为新兴产业给到相关的 PE 会比较高，它的增速会比较高，所以我只做这些。至于说那些传统行业 PE 很低，不好意思不是我的菜。那有

人说，他就喜欢传统行业。其实也可以，它符合你的特点也是有机会的，行情一来年化十几二十个点是没有问题的，但这不是我们追求的目标，不是我成长为王的核心理念，每一个人在这个市场上，各具特色，像功夫的划分一样，华山派、少林派、崆峒派……而我的是六脉神剑，一出手就是要见成效的。

市盈率高相对来说弹性会大，所以市场行情不好的时候，我们可以偏防御，选择一些市盈率偏低的、传统的行业或周期股，类似钢铁、煤炭等，基本上你受到的损失是比较小的，但反过来，机会一旦来临的时候，你要迅速调整思维，进入新兴产业。但是为什么熊市的时候我也强调新兴产业呢？那是因为同样一个新兴产业里面，它也有高市盈率跟低市盈率的问题，所以在市场极度低迷的时候，我选择相对PE比较低的或适中的品种去做配置，那这样我在新兴行业里面的这种防御效果也同样是能够达到的。千万不要追求完美，有人说什么行业我都要去蹭，什么行业都要去做，又认为自己轮动的节奏非常厉害，我告诉你，这种就会陷入走火入魔的初步阶段，一旦再往前走的话就一定走火入魔了，那是不可能的，很难的，你只有选择好你熟悉的这些行业，不断地挖掘、不断地深究就行了，不断去找好这里面的脉络波动，足以让你笑傲江湖了。

○ 传统行业和周期行业静态PE的纵向对比，位于不同是时间周期位置，两者之间的差距不同，如：对比2018年1月31日和2018年8月31日的数据，农林牧渔行业的PE变化不大，但是采掘行业的变化幅度就明显较大；

2018年1月31日，农林牧渔的行业静态PE是19.72，采掘业的行业静态PE是38.8。

行业编码		行业名称	公司数量	静态市盈率		滚动市盈率		走势图	公司明细
门类	大类			加权平均	中位数	加权平均	中位数		
A		农、林、牧、渔业	43	19.72	55.06	30.7	50.07		查看
	A01	农业	15	45.78	56.1	41.22	50.07		
	A02	林业	4	NA	78.79	NA	NA		
	A03	畜牧业	14	14.23	19.47	26.43	51.05		
	A04	渔业	9	65.75	68.72	34.06	31.55		
	A05	农、林、牧、渔服务业	1	82.88	82.88	30.03	30.03		
B		采矿业	76	38.8	48.7	22.23	32.47		查看
	B06	煤炭开采和洗选业	26	26.54	35.8	12.33	13.06		
	B07	石油和天然气开采业	5	43.75	NA	29.03	37.85		
	B08	黑色金属矿采选业	6	60.08	48.35	57.87	48.35		
	B09	有色金属矿采选业	23	69.82	73.69	45.21	38.28		
	B10	非金属矿采选业	1	88.26	88.26	88.26	88.26		
	B11	开采辅助活动	15	26.26	48.9	23.82	39.31		
	B12	其他采矿业	0	NA	NA	NA	NA		

你看不同行业PE是不一样的。再接着看：

2018年8月31日，农林牧渔的行业静态PE是23.35，采掘业的行业静态PE是19.43。

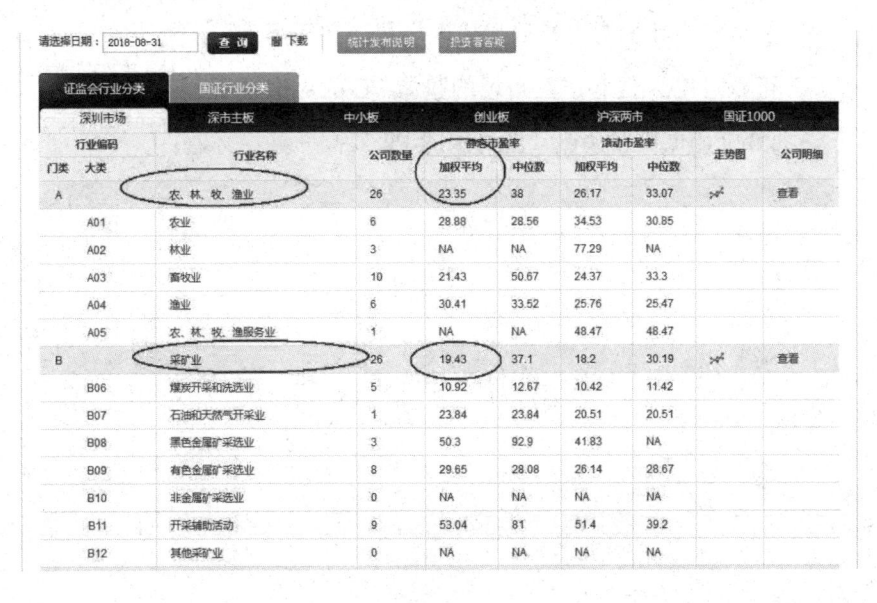

行业编码		行业名称	公司数量	静态市盈率		滚动市盈率		走势图	公司明细
门类	大类			加权平均	中位数	加权平均	中位数		
A		农、林、牧、渔业	26	23.35	38	26.17	33.07		查看
	A01	农业	6	28.88	28.56	34.53	30.85		
	A02	林业	3	NA	NA	77.29	NA		
	A03	畜牧业	10	21.43	50.67	24.37	33.3		
	A04	渔业	6	30.41	33.52	25.76	25.47		
	A05	农、林、牧、渔服务业	1	NA	NA	48.47	48.47		
B		采矿业	26	19.43	37.1	18.2	30.19		查看
	B06	煤炭开采和洗选业	5	10.92	12.67	10.42	11.42		
	B07	石油和天然气开采业	1	23.84	23.84	20.51	20.51		
	B08	黑色金属矿采选业	2	50.3	92.9	41.83	N		
	B09	有色金属矿采选业	8	29.65	29.08	26.14	28.67		
	B10	非金属矿采选业	0	NA	NA	NA	NA		
	B11	开采辅助活动	9	53.04	81	51.4	39.2		
	B12	其他采矿业	0	NA	NA	NA	NA		

你看几个月之后，PE 是有变化的。很显然，农林牧渔的 PE 增长了，采掘业的 PE 降低了。这就是行情演绎导致的结果。

○ **传统行业与新兴行业静态 PE 的横向对比，数据差异对比非常明显；**

2018 年 8 月 31 日，信息科技的静态 PE 是 38.14，金融业的静态 PE 只有 13.46。

I		信息传输、软件和信息技术服务业	203	38.14	43.28	35.95	43.54		查看
	I63	电信、广播电视和卫星传输服务	6	48.18	52.7	58.32	48.01		
	I64	互联网和相关服务	44	26.04	25.73	23.78	24.38		
	I65	软件和信息技术服务业	153	45.9	48.35	43.87	50.15		
J		金融业	25	13.46	23.69	13.78	25.43		查看
	J66	货币金融服务	4	8.21	10.59	7.79	10.07		
	J67	资本市场服务	16	18.44	24.46	20.86	27.11		
	J68	保险业	1	23.51	23.51	20.14	20.14		
	J69	其他金融业	4	41.02	72.18	47.63	61.24		

你看金融业 PE 是比较低的，信息科技的 PE 是比较高的。就我刚才说的那种新兴产业往往 PE 会比较高。

2.5 成熟市场和国内 A 股的整体 PE 的对比

○ 从全球市场的对比格局中发现规律，格局要大；

○ 可以对比 A 股和成熟市场的整体 PE 的对比。

A 股的 PE 很显然会比其他国家的 PE 要高一些，你看：

第三堂课：公司定价—PE估值法

A股和恒生指数的PE对比：A股20-80之间，恒生指数10-20之间。

全部A股等权重市盈率 中位数市盈率
A Market P/E Ratio Chart

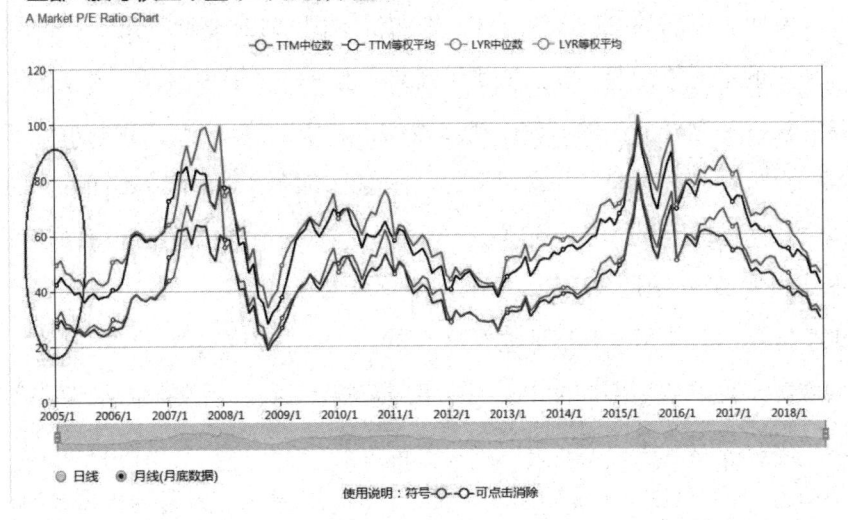

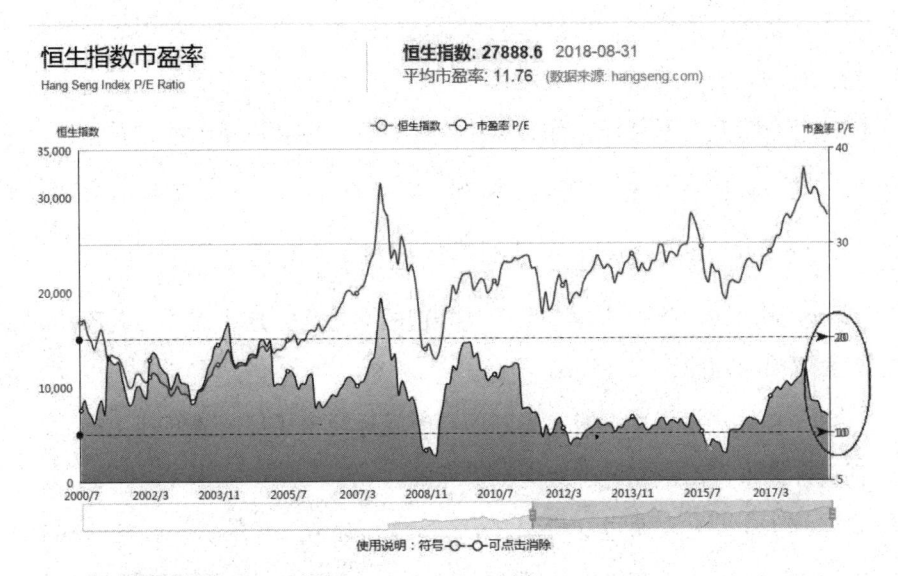

恒生指数市盈率
Hang Seng Index P/E Ratio

恒生指数：27888.6 2018-08-31
平均市盈率：11.76 （数据来源：hangseng.com）

2018年8月31日 恒生指数市盈率(PE): 11.76，历史最小(Min): 5.57 (1982-11)，历史最大(Max): 43.57 (1973-5)

恒生指数更成熟一些。

○ 通过对比A股和香港恒生指数平均PE的波动情况，主要的目的通过对比分析两者的波动规律，挖掘平均市盈率对中长期投资机会的把握的参考意义。

为什么中国的 PE 要高一点，别的资本国家 PE 要低一点？就像刚才所说的不同的行业，我们就属于新兴产业——发展中国家，人家是传统行业——已经成熟的国家，所以他们市盈率 PE 低一点，我们市盈率高一点也是非常合理、非常正常的。在这个市场上，没有用不同行业的 PE 的角度去看问题，它一定陷入一个误区，想一条线拉直地看待问题，比如认为 15 倍就是合理的，所有行业都要向 15 倍靠拢。这些都是属于纸上谈兵，它就是没有辩证地看待不同的行业、不同的特点、不同的发展状况，可以适用不同的 PE。我们掌握这个工具，用动态的眼光去观察市场，我们就抓到了股市的核心，就迷惑于股市的各种乱象、状况。从动态 PE 的角度去看，很多时候是合理的，只是当它没有变合理之前，很多人会认为不合理，包括很多专家也是如此，因为他们是用静态的眼光去看的。所以当我们掌握动态 PE 这个工具，认知它本质时，看市场的这个心态就会不一样，你会更淡然地去看，也会更清晰地去看，每一只个股的波动背后的一种变化的核心的东西是什么，这是非常之重要的。

2.6 市盈率只是一个定性的指标，对 PE 的理解不要僵硬化

○ 到底多少倍的市盈率水平是合理的水平呢？这个问题上，不同的人有不同的理解；

○ 在趋势投机中，对市盈率的判断受短期市场情绪的影响比较大，则最好把市盈率放在一个区间上来理解。

所以希望大家通过这堂课之后，对 PE 有个全新的认识，这样我们以后去看股票，就会更加从容一些。

2.6.1 举例

○ 以万科为例，2018 年 PE15 倍便宜了吗？

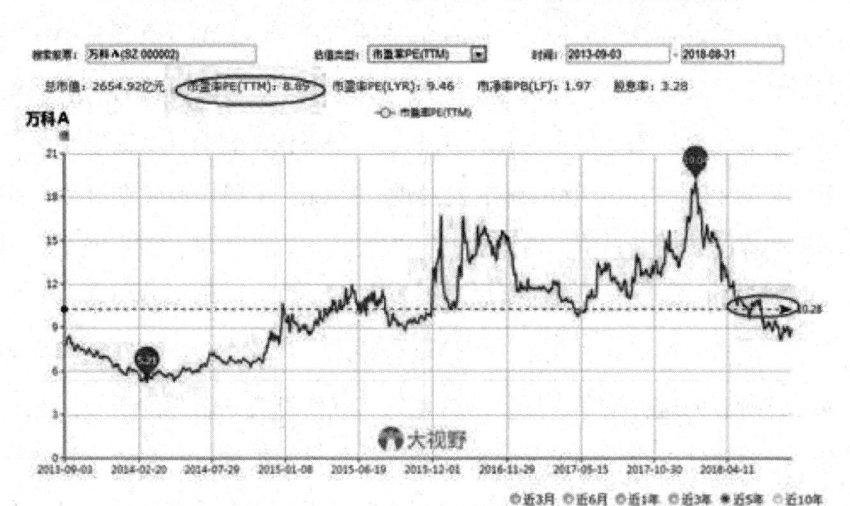

○ 它可以跌到 2018 年 8 月的 8.6 倍，而且还不一定是底。

2.6.2 不要僵化

○ 千万不能把对市盈率的理解僵硬化。说到底，市盈率只是一个定性的指标；

○ 它只是衡量相对贵或便宜的尺子，最终是否上涨，还得看资金的态度；

○ 要把 PE 和其他的财务指标（如 PEG 等）结合在一起使用，效果会更好。

不要静态地去看，要动态地去看，像一开始我跟大家说的，任何 PE 你都要放在不同的市场里面做个评估，你看曾经万科 A 地 15 倍很便宜了吧，但是它历史上也跌到过 8 倍，所以现在我们的 PE 是不是真的低，或者有些个股是不是真的便宜，要看未来。未来是很关键的，是根本性的原因。

为什么有些时候我要跟大家说，要去发现穿越市场的一些个股或行业，那是因为有些时候大盘这个因素，我们没有办法做到绝对的衡量，但是有些行业是可以的，比如 5G 行业、文化行业，这些行业是能穿越整个经济周期的，那么你在这里面用 PE 的眼光去看待相关的各种类型的公司，然后寻找到那种现在目前低估的品种。你看为什么视觉中国能够崛起，其实它也是文化板块里面的一只个股啊，你发现没有？它不就穿越了文化板块吗，很多文化板块不是跌跌不休，它为什么能够穿越？用动态的 PE，用成长性的思维去发现，你就会发现根源就在这里，而不是纯粹的所谓的投机。所以要做到成长为王真的很难，但是如果你用心，懂得 PE 的方法，用动态的眼光去看，然后对一些个股的基本面深入地去剖析，剖析它的未来，慢慢结合技术，你就会发现它所谓的强势也好，所有的这种波动、反复等等也好，其实都有它合理的逻辑所在，有它的合理性。当你理解了这种合理性，你就能抓到这种穿越市场的标的，如果你真的抓到了，说真的这个快感是无法用言语表达的。最后布置作业：

【课后思考和作业】

☆ 从公司 PE 分析角度，分析手中个股的估值状况？

第四堂课：如何给股票估值

学前须知

　　本堂课介绍的是 PS 市销率、PEG 估值法两个知识点，分别阐述这两个知识点的基本原理、指标说明和实战应用等，以此深入地讲述如何对股票进行估值，以及选择成长股的意义；

　　本课堂的内容在牛散大学堂股威宇宙的等级为：中学，讲解实战分享的内容是大学级别。内容级别结合自身状况采取是否学习或者阅读的策略。

【课前操盘回顾与感悟】

2018 年 9 月 11 日

　　今天是 2018 年 9 月 11 日，讲课之前还是先聊一聊市场。大家都知道当下的市场本身，这段时间很多人很纠结，2638 点到底会不会击穿？这个观点我们也非常之明确，击穿不击穿都并不重要，它就是一张纸老虎，并不可怕，不要太纠结这方面的一些东西，而且今天的文章中我也特别强调了短期预期跟中期预期一些本质的东西，要看清短期，然后分析出中期，大家对短期是极度悲观的，甚至往更悲观上走，没有关系，这意味着什么呢？否极泰来的预期慢慢在酝酿之中，就是说一只股票它的股价为什么会剧烈的波动啊，待会会讲到的主题跟预期也是息息相关的，你预期悲观的时候，股价可以跌得很惨；那反过来说，预期乐观的时候，股价会涨得很猛，所有都是人的预期在起决定作用。

这段时间我们讲了估值这个层面，讲了市盈率的问题，怎么去看静态市盈率跟动态市盈率，静态是当下的，反映当下的价值，但是我们要抱着积极动态的眼光去看未来，动态的市盈率去发现这只个股未来的潜力，很多时候我们去把握住牛股的话，并不是抓住静态市盈率，上次我特意强调了横纵的点上，特意强调了很多时候牛股是买在高市盈率，卖在低市盈率。很多人上一堂课听得云里雾里，但是在这一周可以看得到，有一些市盈率很低的标的，反倒出现市场跌跌不休当中进一步下挫的走势，比如这两天的钢铁股，钢铁股市盈率都蛮低的，这个案例就活生生地验证了，上次跟大家分享的不要片面去看待市盈率的这个问题，很多人认为静态市盈率很低啊，应该很有价值，但事实上并不是你所认为的那样子，你要看它动态的市盈率，如果未来它有可能静态的市盈率无法保持的话，所以现在这个价格也是挡不住的，所以这就是短期预期跟中期预期的问题，比如短期静态市盈率我们预期它是安全的，但是中期它不安全，那我们现在市场短期预期可能是不安全的，但是中期预期是安全的，所以我们要做的是什么？恰恰是这个短期预期这种风险，中期OK 的市场或标的，而且这个机会一旦来，弹性空间就会很大。上一次我也谈到了，为什么超跌低价股有可能弹性会大，因为它本身的预期等各个方面的弹性都有可能会很大，这也是它接下来大的一个根源。好，我们温故知新一下之前谈过的课程：

操盘特训班体系介绍

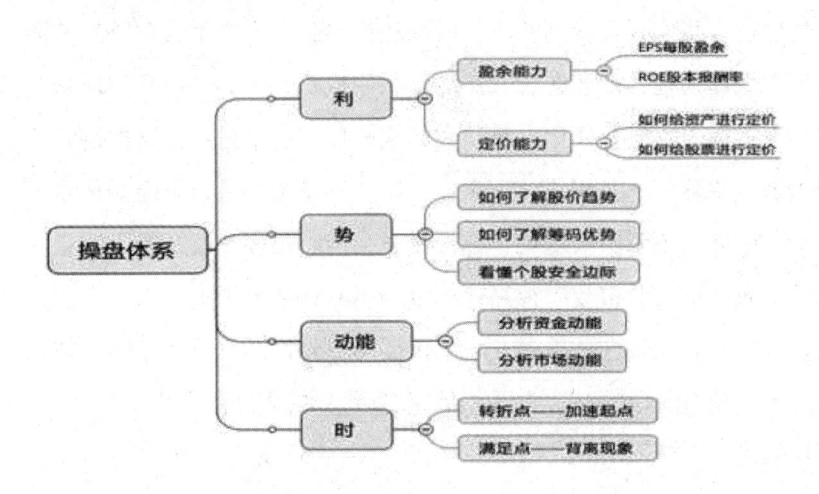

```
操盘体系
├── 利
│   ├── 盈余能力
│   │   ├── EPS每股盈余
│   │   └── ROE股本报酬率
│   └── 定价能力
│       ├── 如何给资产进行定价
│       └── 如何给股票进行定价
├── 势
│   ├── 如何了解股价趋势
│   ├── 如何了解筹码优势
│   └── 看懂个股安全边际
├── 动能
│   ├── 分析资金动能
│   └── 分析市场动能
└── 时
    ├── 转折点——加速起点
    └── 满足点——背离现象
```

我们第一堂课：每股盈余 EPS，第二堂课：ROE 股本报酬率，这个我们都分别从每一个公司盈利的状况，对比不同的状况所产生的一个结果，我做了客观的分析，而且着重强调了，我们一定要横向去比较，对比它同类型的公司，还要看一个周期，这样得出的数据是更具有参考性的，脑海里要有这些东西。然后上一堂课讲了估值的问题，静态跟动态 PE 刚才已经温故了，那么这一堂课讲什么？依然是讲怎么给资产定价，主要讲两个主题：PS、PEG。

待会会跟大家——分享和理解这些东西。特别是在这个阶段，我觉得也依然是具有非常大的实战的价值和意义，当你明白了这些的时候，我们买卖的时候，逻辑就会更加得清晰了，其实在这个市场上，我觉得输不可怕，偶尔亏损并不可怕，最可怕的是什么？输得不明不白，不知道怎么输的，或者有时候赢也赢得不明不白，所以我们一直强调在我们牛散大学堂的核心理念，为什么大家要去提升自己的这个体系，就是让自己买卖都有逻辑，而且很清晰，这样子的话，我们把握市场就会越来越好，虽然不敢说百发百中，但是至少你成功的概率慢慢就会越来越大，慢慢就不经意地有可能抓到这段时间的牛股，包括讲过的估值法，还有这堂课要讲的这些，都是有助于我们去抓牛股的，而且这堂课讲的这个方法特别适合我们一直谈到的成长股。还记得我的十二字箴言吗？"成长为王，引爆为辅，博艺融合"。那什么叫成长，怎么去看它的成长，透过什么指标，我们更好地去感受它的成长性，这也是会在这次讲课的过程中做一些分享。我相信大家学完之后，感受了之后，可能对你接下来看待一些你看不明白的现象，你慢慢就会清晰很多。就好像上一堂课谈到的，有些科技股市盈率很高，80倍、100倍甚至更多，为什么它还有投资价值？它逻辑在哪里呢？除了市盈率以外，还有什么能够评估它确确实实有相对价值的？这堂课你听完之后，你的思路就会更加地清晰。

好，我们进入主题：

市销率 (PS)
- 基本原理
- 指标说明
- 缺点
- 实战应用

PEG 估值法
- 基本原理
- 指标说明
- 实战应用
- 注意事项

1. 市销率 (PS)

○ **市销率**：Price-to-sales
○ **公式：总市值 / 主营业务收入，或股价 / 每股销售额**
○ **市销率主要用于成长股的估值**

PS 等于总市值除以主营业务收入。例如，企业目前是 80 亿的总市值（总市值＝总股本＊股价，股价 10 元，8 亿股本，总市值 80 亿），假设它这一年主营业务收入也是 80 亿的话，市销率为 80/80=1。

1.1 基本原理

之所以考察销售收入，主要是因为收益来自销售额，没有销售收入，就不可能有收益，考察市销率的目的是考察公司收益来源的稳定性，有助于我们对公司收益的质量形成判断。

总市值是分子，分母为什么是主营业务总收入？总收入越多，意味着它利润的弹性也就越大，比如你的分母很小，一年就一个亿的营业额，像茅台那么厉害的毛利率 90%，最后也只能是八九千万的利润，因为总的营业额就摆在那里，一个亿的总营业额不可能有两个亿的利润，那是不可能实现的，最多也就几千万的利润。这一算就算得出来，几千万的利润配上 80 亿的总市值，至少也是 80 倍以上、上百倍的市盈率。上百倍市盈率未来能不能够保持急速的成长来支撑 80 亿市值呢？从静态的市盈率来说肯定是偏高的，你 80 倍市盈率回本的话要 80 年，很显然一般人是不会做这种投资的，除非有个前提，投入的资产能够保持比较好的增值，否则是不太可能参与这笔投资的。

所以我们为什么要考察销售收入，如果这个销售收入比较大，总市值相对又比较小，利润的弹性就会比较大，例如企业总市值 50 个亿，销售额达到 100 个亿，它的毛利率稍微提高一两个点，或者降税，这个公司 100 亿的总销售额就会腾出几个点的利润。若腾出一个点，100 亿就腾出一个亿的利润，一个亿对于50亿总市值而言是很具有刺激效应的，所以对它估值的变化也是会非常明显的。所以为什么有些牛股，特别是科技类公司，有时候看上去市盈率很高，但是因为它的销售收入波动会比较大，比如它开发出一个软件或者芯片，在试用初期，还没有完全推广的阶段，它可能销售收入不会很高，可能不到一个亿，但是全面推广，全面接受的时候，它的销售额会有急剧的增长，10个亿甚至更多，当它销售收入还是一个亿的时候，它市值可能也不会很高，因为大家给到它的估值，也还没有完全反映出来，等到急剧增长时，利润也水涨船高，它的估值自然也就水涨船高，它的市值也一样，所以它的弹性会非常大。所以我们为什么要盯住主营业务销售额（记住是主营业务销售收入，即除去其非主营业务收入），因为投资收益非主营的部分，不是我们考察的主要目标，主要考察的是主营业务收入。这跟前面内容谈到的几个点都是一脉相承的，所以大家学习一定要温故知新，要结合来听，道理就在于此，知识前后联系，对一家公司整体基本面的脉络，你会清晰很多。

1.2 指标说明

1）这里的主营业务收入，代表销售额，是包含了非经常性损益在内的业务收入；

一般来说，市销率越低，说明股票的投资价值越大；

因为总销售额收入是分子，分母越大，分子越小，市销率越低。继续上文例子，企业总市值现在80亿，若它的主营业务总收入是达到160亿，PS等于1/2，相比销售总收入80亿的市销率1小0.5。而实际中，PS少于1的企业还是比较少的，绝多数是大于1的，80亿市值的企业主营业务收入可能只有10亿或20亿，这些行业能够撑起来是得益于它的毛利率比较高。例如，新经典它一年的主营业务收入10个亿左右，利润能达到 2 至 3 个亿，它总市值最高峰时达到 100 多亿，这样得出的市销率的数值就比较大了，约 10 倍，那么它未来要变得更合理只有一条路，就是让它的主营业务收入不断地增长。如果能保持合理的增长，那么它的动态是合理的，如果增长速度缓慢、减速了，它的动态可能是无法持续的，这样股价会面临着比较大的波动。所以你会发现新经典的波动可能会有点大，冲到 100 以上，然后反复波动跌到六七十了，回撤也超过 30 个点左右，为什么呢？一有市场行情的原因，二是它未来的增长速度，大家会对它有点质疑，因为大家有点看不清了，担心它接下来每年的主营业务收入，不一定能像过去一样保持 30% 左右的增长，甚至还担心有可能下滑，一旦下滑，它的弹性会进一步地加大，所以它动荡的根源由于此。但是如果假设它还要再反身向上的话，那它的主营业务需要持续地放大并且利润也要放大，这样才能撑得住它现在的估值（市值）。

所以趋势是上还是下，或者估值高一点还是低一点，是与接下来的预期有关，那么预期来自于哪里？来自于它本身经营的状况，我们需要紧密地去跟踪、观察，心中要有一个数，同时大家担心类似中美贸易战这样的不可预见因素，在这个冲击之下，很多企业的销售额会减少，或者很多企业的利润会减少，企业的估值也相对降低。但是大家再进一步地分析，在这个过程企业销售额的下降，是不是像很多人预期的下降很厉害？如果只是影响不大的话，中美贸易战这种不可预见因素对它们的影响不会很大，销售额其实差不多甚至有些还增长，这些数据还在发生时，我们的市场反应有些时候是滞后的了，那么股价弹性就很大了。再往深处想，有些公司在中美贸易战当中反而更加壮大，它的主营业务收入不断壮大。本来被预期它的利润只有 1 个亿，主营业务收入只有 10 个亿，大家预期中美贸易战之后，它可能变成六千万或八千万，大家用六千万或八千万的估值去估这个公司了，但事实上最终走出来的结果是什么呢？中期来说利润不仅没有下降，而且还增长了，比如增长到1点多个亿甚至2个亿，那比起原来的预期是不是增长了一倍，甚至更多，那么这时市场会剧烈地反应，尤其是类似这样的行业或类似这样的个股，就会剧烈地向上波动。

再深入举例，中兴通讯的时候，大家都知道它一开始是受害者，美国一声禁令，啪啪啪连续跌停，但是为什么后面出现了50%甚至60%的这种疯狂的上涨呢？后面禁令解除了！大家发现影响并没有想象中那么大，只是初期有影响，后期可能会回补，甚至有可能往上崛起，那么它的弹性一下子从极度的悲观，到现在开始恢复一定的信心，我就问大家一个问题了，中兴通讯未来如果要收复全部失地，它的关键靠是什么？关键就是这次事件下滑的利润能够恢复到事件之前，甚至比事件之前还要高，这个事件之前它一年利润是10个亿，这次事件之后你就发现，现在是有冲击的，利润是在下滑的，但是未来（很关键的）整个利润一出来，利润创新高了，比贸易战之前10个亿，还要高，15个亿、20亿了，我告诉你它肯定收复失地了。为什么？这说明中兴通讯完全摆脱所有的阴影，而且再攀高峰。那是不是等到它业绩出来的时候我们才去买呢？肯定不是！记住，市场中股价的波动会提前反映未来的，现在很多机构为什么要不断地去调研呢？为了观察它最新的数据，比如这个季度、这个月的数据，他们透过近期的数据去推测未来。若近期的数据他们发现恢复地很快，甚至是超预期，大家就会给它充分的想象，当大家达成共识的时候，觉得很有可能一年之后预期很好，那可能它很快就收复失地了。所以我说预期非常关键，因为现在还没发生，还有一年的时间。那这个预期怎么变化呢？预期会受到大盘的影响，比如现在大盘很悲观，那大家担心接下来经济下滑会成为定局，预期会降低的；反过来，当大盘慢慢走好时，大家的预期会变得乐观，大家敢于对它的未来更看高一线，它的股价波动自然也越剧烈。股市的波动和未来的预期相互影响。

3）从财务会计的角度来看，相对净利润来说，公司的营业收入数据更透明，不容易操纵，所以 PS 估值方法相对 PE、PEG 等来说，误差较小；

4）同 PE、PEG 等指标类似，单个年份的 PS 数据有效性较低，最好统计 3~5 个年度或者更完整的经济周期的 PS 数据来做参考；

为什么我们要多关注市销率呢？因为市销率不像净利润，净利润可以利用会计手段调节。主营业务收入则要剔除掉投资收益等非主营收入，这样是能够反映出一个企业经营的真实状况。同时，我们不能够只是统计一年的数据，因为一年偶尔有它的特殊性，我们要统计三五年，过去它三五年整个市销率是怎么一个变化情况，它未来是逐步降低呢？还是逐步增大？透过这种真实的状况，透过市销率的高或低，我们会有一个清晰的认识。市销率越来越低，说明企业蓬勃成长，这是非常好的事情。一般而言企业的市销率会保持在一定的比例，比如市销率目前为 3 倍，因营业收入增加而变成了 2 倍，那么机会来了，为什么呢？因为这时候它的利润有可能也会增长，同时企业有可能还是要保持 3 倍，那么在 2 到 3 的变化过程，就至少存在 50% 的上升空间了。我们继续横向对比，若发现过去三五年，该企业的市销率平均水平是 3，而现在已经跌破这个平均水平，下降到 2 甚至 1.5。目前又排除掉市场比较低迷的时候才出现了这种情况，所有的价格是围绕一个价值上下波动，假设市销率平均 3 为这个价值中轴线，原来的波动是正常的，现在跌到 1.5 了，那意味着市销率离 3 已经有一定的距离了，这是一个机会。你要看到这个机会，当你用市销率这个思路去分析，你买入的逻辑会坦然，买入的逻辑是因为它过去几年整个平均市销率是 3，现在跌到 1.5 了，从市销率这个角度来说，它是低估的，如果它一旦涨的时候，你就会告诉自己涨到 2 合理吗？2 也不合理，因为平均是 3，所以它应该涨到 3，那意味着它的总市值，从 1.5 涨到 3，可能还要涨一倍。这个时候你的思路马上就很清晰了，它和市盈率的问题是一样的道理，比如它过去的平均市盈率是 50 倍，现在已经跌到 20 倍了，而且增长速度还很好，它有可能是低估的，那这时候你也可以逢低买进了，你的买入逻辑就很清晰了，而不是说买进去之后，我不知道这个为什么要买进去。当你买进去、你的思路越来越清晰之后，然后你再结合技术上的指标，那你会更加地清晰，而你越清晰，赢面的可能性就越大；越模糊，那肯定赢面就越小。所以我们学基本面的东西，首先要让自己买入的逻辑更清晰一点。

一定要把同行业内公司的 PS 放在一起类做对比，不同行业的公司的 PS 指标对比，没有意义。

我们横向融入公司之间的平均市销率，肯定也要和同行业其他公司进行对比，你在这里面整体处于什么水平，偏低水平还是偏高水平，偏低可能更有机会，偏高可能有风险。但是记住，不同行业的市盈率是不一样的，比如银行市盈率就很低，它平均市盈率可能几倍，有一些 5G 的平均市盈率可能 30 倍到 50 倍，那是因为每一个行业的成长速度是不一样的，所以市场会给予它不同的平均估值。同理，市销率也是如此，不同的行业它们平均的市销率也是不一样的，不能片面说市销率 1 就是低估，市销率 3 就是高估的，不是的，要看行业，如果整个行业平均市销率是 3，那好了，在这个行业里面，你就以 3 为价值中枢；如果这个行业平均市销率是 1，那你就以 1 为中枢。所以记住，你要看到这个行业的整体，你不能片面地拿一只个股的市销率，做一个自我的评估：它到底是高了还是低了。记住这个很关键：

要跟企业的过去进行对比，对比过去市销率的状况。

要对比同行业其他个股的市销率，这样综合对比这两者，你的思路也就清晰了。

不要把你这只个股的市销率，跟其他跨行业个股的市销率进行对比，这种对比没有意义，你这个市销率只能是对比同行的才有意义。

就好像你拿银行股 5 倍的市盈率，跟科技股 50 倍的市盈率对比得出一个结论，银行股是最有投资价值的，这是错的！你只能是拿银行股跟其他的银行股去对比，到底哪一个更有投资价值，例如这个银行股是 5 倍，那个银行股 3 倍，可能 3 倍更有价值，这个可以比较，但是你不能拿这些跟跨行业的个股去对比，那完全不是一个对比体系，不是一个估值体系。又比如你买东西一样，在香港买鸡鸭鱼肉，跟在广州的鸡鸭鱼肉，价格体系是完全不一样的，因为两个地区的市场环境不一样。不同的市场它们整体的平均市盈率也是不一样的，美国等资本主义发达国家，它的增长速度是比较稳定成熟的，那香港是什么情况，菲律宾是什么情况，中国是什么情况，印度是什么情况……不同的国家或地区，它的平均市盈率也是不同的。所以为什么很多人说，中国 2018 年跌到这个阶段是相对有投资价值的，或者是底部区域，不是说综合对比国外，更多的是综合对比国内历史的一些数据，当我们跌到多少的时候，其实就是很低的，往往是低点，所以综合得出这样的一个结论的。另外一点，2018 年的平均市盈率就算对比那些发达国家，也是具有一定的竞争力，所以对外有一定的竞争力了，对内也有竞争力了，所以两者融合起来，都是具有一定的竞争力的，所以才得出这样的一个结论。

1.3 缺点

1）由于 PS 指标不考虑公司的成本，因而无法对公司的净利润、经营现金流等方面形成判断；

2）在公司的实际经营中，该指标无法剔除关联销售等因素对估值方面的影响。

PS 指标有它的缺陷，无法对公司的净利润、经营现金流等方面形成判断，但是它只能够告诉你这个公司收入几何，但利润几何我们再进一步用其他方法去衡量，如毛利率等等，但是这也是一个很重要的参考指标，而且我前面也谈到了，主营业务收入要剔除掉一些关联销售或其他投资收益，这样我们知道它的主营业务总销售额，它的这个含金量是非常高的。如上节课谈到的光线传媒，因为投资收益增加了十几个亿的收入，这个你就不能纳入主营业务销售收入里面去了，你只能统计它实际上电影的总销售收入，后面就会发现，为什么光线传媒 2018 年下半年这段时间出现一个下跌了，是因为前面第一季度、第二季度整体业绩对比过去的话，主营业务来说是有所下滑的，再加上现在市场是相对悲观的，所以对它未来的预期显然会往最坏的方向去思考，但是这种个股弹性会很大，为什么？因为它所处的电影行业的业绩波动就很大，一部电影畅销的话，像战狼一样，可以创造十几二十亿的利润，如果不畅销的话，那可能就是几千万甚至几百万，所以它的分化是非常明显的。

为什么我一直说文化传媒，对它的未来我认为是有戏的，首先这个行业是蓬勃发展的，虽然它不能确保每一年就一定拍一部像战狼一样非常畅销的影片，但是你要相信有些好的公司，它拍 10 部，肯定会出那么几部好作品的从概率上这是能够成立的，它一旦有几部成功的，自然会对它当期利润的增长带来巨大的刺激，当期的股价自然产生巨大的波动。所以你想清楚这一点，你就知道为什么长期来看，这些个股跌下来，其实也是在给你带来机会。

1.4 实战应用

○ 高成长性公司，有营收但是净利润较低或者净利润为负的公司；

○ 在考察服务类行业时，常常会用到这个指标，如互联网、商业零售类的公司；

○ 对于国内 A 股来讲，比较适用于创业板的公司或者一些高科技的公司。

所以为什么很多成长性的企业，当它利润为负数时，很多人不理解它依然估值噌噌地涨，以前京东连续亏损那么多年，其实它的市销率才是考察的目标，它不注重净利润，它注重销售额，特别是成长性的企业，它更注重企业在这个市场的流量，因为互联网企业有流量就等于有估值，有未来。又例如近期的子弹短信一样，这个即时通讯 APP 突然之间上线，一下子几百万的下载量，它现在肯定还没赚钱，甚至可能亏损，可为什么突然间它的估值一下子就蹭到几十个亿，那是因为有市销率，有流量，虽然不是真正意义上的销售收入。京东很明显有销售收入，占据了市场流量，大家期待它哪一天盈利时，转化的利润也是非常巨额的，但是大家知道为什么京东2018年这段时间跌跌不休？很多人说京东是因为某事件，但是并非如此，虽然某事件是促使它下跌了，但是这个下跌并非开始下跌的源头，只是进一步的下跌。其实在这之前已经跌得很惨了，跌了至少百分之三四十，这次事件只是促使进一步下跌接近50%，那之前为什么会跌30%？大家知道原因吗？它这一阶段也有利润，反而是跌；以前不赚钱反而拼命涨，这就和前面讲到的"买在高市盈率，卖在低市盈率"有异曲同工之处，但这个还不是最关键的，最关键的大家一定要知道，市场是反应预期，京东本来有阿里巴巴在做强烈地阻击，阻止它的扩张。但是我们知道这段时间它跌的比较厉害，刚好是发生在拼多多急速扩张的时候，拼多多上市的时候，因为市场会有个预期，虽然拼多多号称做的是三四五线，但是它会蚕食京东的市场份额，它们的很多用户都是重合的，所以大家担心京东在内外左右夹击的背景下，未来它的这个销售收入可能会出现一定的下滑，甚至市场占有率也会出现一定下滑，一旦拼多多崛起，京东自然也会往下走。另外一点，高管减持并不是最重要的，其只是一小部分。还有一点是京东把自己的京东金融等资产剥离，想让其独立上市，这也是一个导致京东估值下滑的很重要原因。我们一定要看清楚京东股价波动背后的原因，做到举一反三。总结京东下跌的根本原因，就是它的成长性有阶段性高峰的一种迹象，因为很多人蚕食它的份额，再加上董事长出了丑闻，市场就更加预期出现

实战操盘技法

未来可能会出现进一步的动荡，最终才导致这样的一个情况。

市销率，特别适用于把握创业板的一些公司，把握一些弹性空间比较大的公司，即所谓的成长股、科技股。因为它们不仅仅注重利润，更注重市销率，看未来利润的预期，我们来看案例：

○ 案例：选取软件应用行业系统集成类软件的浪潮软件和中国软件

☆经营分析☆ ◇600756 浪潮软件 ◇ 更新日期：2018-08-30 ◇ 港澳资讯 灵通V7.0
★本栏包括【1.主营业务】【2.主营构成分析】【3.经营投资】
【4.关联企业经营状况】★

【1.主营业务】
通信及计算机软硬件技术开发、生产、销售；通信及计算机网络工程技术咨询、技术培训；索道运输

【2.主营构成分析】
【截止日期】2017-12-31

项目名	营业收入(万元)	营业利润(万元)	毛利率(%)	占主营业务收入比例(%)
烟草(行业)	24605.03	17935.59	72.89	18.90
电子政务(行业)	76795.49	39732.73	51.74	58.98
其他行业(行业)	27691.59	3137.19	11.33	21.27
租赁(行业)	1123.14	462.42	41.17	0.86
合计(行业)	130215.25	61267.92	47.05	100.00
软件及系统集成(产品)	129092.11	60805.51	47.10	99.14
租赁(产品)	1123.14	462.42	41.17	0.86
合计(产品)	130215.25	61267.92	47.05	100.00

☆经营分析☆ ◇600536 中国软件 ◇ 更新日期：2018-08-27 ◇ 港澳资讯 灵通V7.0
★本栏包括【1.主营业务】【2.主营构成分析】【3.经营投资】
【4.关联企业经营状况】★

【1.主营业务】
制造医用光学仪器设备、医用红外热像仪；自营和代理各类商品及技术的进出口业务

【2.主营构成分析】
【截止日期】2018-06-30

项目名	营业收入(万元)	营业利润(万元)	毛利率(%)	占主营业务收入比例(%)
自主软件产品(产品)	17884.84	11097.94	62.05	11.68
行业解决方案(产品)	83932.37	11983.25	14.28	54.84
服务化业务(产品)	49603.11	32246.51	65.01	32.41
房租及物业仓储(产品)	1577.65	1425.50	90.36	1.03
其他	68.90	52.14	75.67	0.05
合计(产品)	153066.87	56805.34	37.11	100.00

这里选取同行业的、软件类的公司：浪潮软件和中国软件。首先这个行业自主创新，如前面所说，科技是一个重要的主线，它能自主创新，所以往往选对了行业，往往可以穿越市场。我认为科技板块有些细分领域，它也是能够穿越市场，不论接下来股指怎么走，它都有机会穿越。接下来，我们从市销率的角度去思考浪潮软件和中国软件：

○ 浪潮软件的 PS 在近 6 年整体波动维持在 6 倍左右

浪潮软件	2017	2016	2015	2014	2013	2012
总市值（亿元，取年度收盘价）	57.28	74.07	165.73	65.16	41.63	26.02
主营收入（亿元）	13.02	13.68	12.30	10.85	8.76	7.16
PS	4.40	5.41	13.14	6.01	4.75	3.63

用六年的数据做对比，你发现市值这个阶段是有起伏的，最低 26 亿，最高 165 亿，它的主营业务收入整体是呈现不断成长的一种状态的，这为什么说它是一个成长股呢？就是从主营业务收入得知，再对比一下它的 PS，平均下来大概是在 6 倍，所以 6 倍是它的一个中轴线，随着行情的起落它自然会有一定的波动。上文提及过同行业之间的比较，PS 相对较低的往往更有投资的价值。我们再看看中国软件：

○ 中国软件的 PS 在近 6 年整体波动维持在 3 倍左右

中国软件	2017	2016	2015	2014	2013	2012
总市值（亿元，取年度收盘价）	81.68	118.55	177.90	162.01	92.22	24.95
主营收入（亿元）	49.43	45.30	36.30	32.33	29.81	26.81
PS	1.65	2.62	4.90	5.01	3.09	0.93

从表中可发现，中国软件整个市值的波动也是随着市场的波动而波动的，而且你会发现科技股的波动特别大，这是它的特点，因为它本身估值的变化也很大，预期的变化也很大，刚好我们这几年行情的波动也很大。市销率是在 3 倍左右，与浪潮进行比较起来，3 倍更低了。那我们来看看它们的涨幅：

○ 浪潮软件上涨 100% 左右

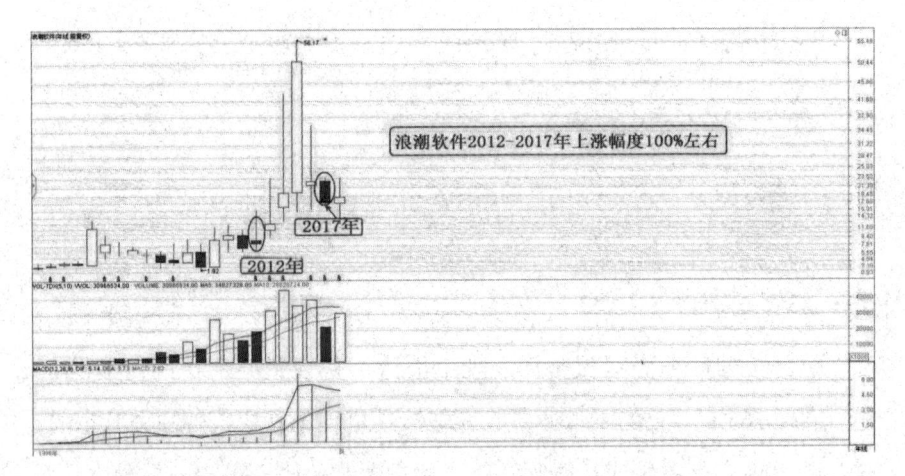

在整体熊市的背景下，2012-2017 年涨了一倍。

○ 同期中国软件上涨 160%，远远大于浪潮软件的 100%

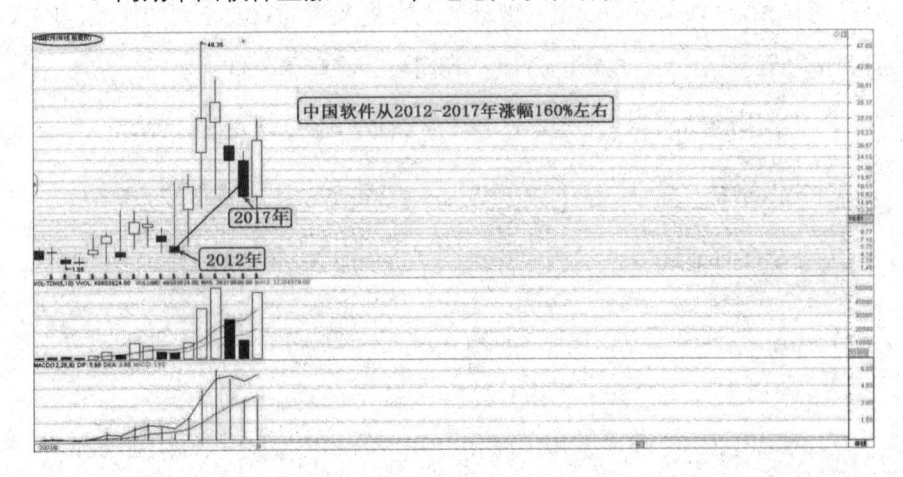

中国软件的上涨幅度是远远要大于浪潮软件的，所以从市销率可知，在同行业更低一点的话，某种意义上来说，一涨起来的时候，涨幅也会更加地惊人。所以同行业去对比，相对寻找那些低估的品种，即市销率相对低的，它们的弹性空间往往也会比较大，有时候一涨起来它的机会也比较容易体现出来，它业绩稍微增长一点，那么对它的刺激效应是会比较大的。

【学习温馨小提示】

○ PS 指标的应用，对处于快速成长阶段的公司来说，非常重要；

○ 我们的投资体系：成长为王，引爆为辅，博弈融合，对市销率（PS）的学习与运用，是构成成长为王方面的一个重要因素。

2. PEG 估值法

○ PEG 指标：用公司的市盈率除以公司的盈利增长速度；

○ 计算公式：PEG=PE/（企业年盈利增长率*100）；

PEG 指标是在 PE（市盈率）估值的基础上发展起来的，它弥补了 PE 对企业动态成长性估计的不足。选那些市盈率不高，同时它们的增长速度又比较高的公司，这些公司有一个典型特点就是 PEG 会非常低。

PEG 指标：用公司的市盈率除以公司的盈利增长速度，这个指标主要反映它接下来成长的速率。

2.1 基本原理

投资者习惯使用市盈率来评估股票的价值，但是，当遇到一些极端情况时，市盈率的可操作性就有局限，比如市场上有许多远高于股市平均市盈率水平，甚至高达上百倍市盈率的股票，此时就无法用市盈率来评估这类股票的价值；

但如果将市盈率和公司业绩成长性相对比，那些超高市盈率的股票看上去就有合理性了，投资者就不会觉得风险太大了，这就是PEG估值法。

用市盈率来评估股票的价值看的是单一的，看不到未来，我们要看未来接下来波动的一种状态，我们就必须要用到这个工具去评估一下，它接下来波动的一种趋势。

2.2 指标说明

PEG，是用公司的市盈率（PE）除以公司未来3年的业绩增速；

○ PE仅仅反映了某股票当前价值，PEG则把股票当前的价值和该股未来的成长联系了起来；

例如一只股票当前的市盈率为20倍，其未来5年的预期每股收益复合增长率为20%，那么这只股票的PEG就是1。当PEG等于1时，表明市场赋予这只股票的估值可以充分反映其未来业绩的成长性；

○ 如果PEG大于1，则这只股票的价值就可能被高估，或市场认为这家公司的业绩成长性会高于市场的预期；

○ 当PEG小于1时，要么是市场低估了这只股票的价值，要么是市场认为其业绩成长性可能比预期的要差。通常价值型股票的PEG都会低于1，以反映低业绩增长的预期。

如果PEG小于1的，股票则是低估的，说明它的增长速度依然还很快；如果PEG大于1的，股票则是高估的，说明虽然有增长速度，但是市盈率不一定能顶得住了。例如现在50倍的市盈率，如果接下来保持50%以上的增长速度，PEG就是1，是合理的；那保持100%就变成0.5了，若现在估值保持不变，接下来它能保持100%利润增长的话，那接下来它的估值会发生什么变化？估值会降一半，而要维持原来的估值，股价必须要涨一倍，因为预期它的增速非常快。这个估值法的关键是对未来的一个预期，这样一除你就知道它现在是高还是低，如果未来预期它是高成长的，高成长的公司市盈率高一点也没关系，因为它的成长速度非常快，这样一除的话还是小于1或者是等于1，是可以的。那反过来说，为什么有一些公司它成长速度稍微变慢了一点点，比如我们看到有些成长股，包括京东、老板电器等等，某一季度稍微利润下滑一点，它的整个价格波动就直接跌停板，剧烈地往下滑，为什么？因为大家发现业绩下滑，而企业成长速度跟不上，估值高，如果成长速度不能够保持急速的增长，甚至还有下滑的话，说明企业PEG是非常大的，1以上，它要走下坡路了，目前的估值很显然是高估的，自然就要降到平衡的状态，剧烈地波动，所以它反映的是一种预期。

所以很多时候人们不明白，一些企业的利润只下降不到一个点，股价却波动那么剧烈！因为它们是成长股，弹性很大的，股价突然之间下降了，PEG无法平衡，大家对它的预期发生了非常剧烈的变化，虽然短期来说它是一两个点的波动，但是它们预期未来的波动会非常大，未来一直走下滑路的，大家投资者买的是未来的成长。我们买股票一定要看三年之后怎么样，股价的波动会让大家想到未来三年，如果三年之后它肯定不行了，那么三年之后的估值应该是多少呢？大家会拼命抛售股票，直至股价到达可能接近的位置了，最终就是羊群效应。但是抛售完之后，又一个新的季度突然间利润弹得比较厉害，又增长10%，大家发现原来它重回轨道，股价马上就又涨上来了。就像我们的中兴通讯一样，美国一打预期非常悲观，未来增长速度没了，甚至负数了，完蛋了，七八个跌停板挡不住，因为大家会发现PEG会变得非常非常大；反过来，现在解禁了，他们发现利润又开始上了，甚至超越过去，那大家马上就又回到之前的这个估值体系。

1.3 实战应用

1.3.1 案例：欧普康视

成长能力指标	18-12-31	17-12-31	16-12-31	15-12-31
营业总收入(元)	4.58亿	3.12亿	2.35亿	1.76亿
毛利润(元)	3.51亿	2.33亿	1.71亿	1.33亿
归属净利润(元)	2.16亿	1.51亿	1.14亿	8870万
扣非净利润(元)	1.90亿	1.35亿	1.04亿	7952万
营业总收入同比增长(%)	47.10	32.60	33.35	35.69
归属净利润同比增长(%)	43.34	32.29	28.56	39.10
扣非净利润同比增长(%)	40.53	29.75	30.81	36.71
营业总收入滚动环比增长(%)	9.30	8.04	9.74	--
归属净利润滚动环比增长(%)	6.23	7.93	3.86	39.10
扣非净利润滚动环比增长(%)	7.60	5.58	--	--

○ 近几年利润增长率在30%左右，2018年后募投产能逐步释放，有望加速增长。

很显然，它的增速比过去是要增大的，那么，假如市盈率原来是30倍的话，目前增速在增长，增速变大了，43.34%，如果一除，很显然小于1，那是完全可以支撑的住的，不用担心，我们可以很淡定，因为它的增速在，这时PEG小于1，股价是低估的。之后，PEG慢慢会等于1，市盈率可能会涨涨涨，涨到40多倍，这样两者就平衡了，机会就是这样挖掘的。

如果增速继续更高速增长，那股价肯定要往上涨；反过来说，它的增速下滑了，那股价也就往下走了。所以美国的股市减税会对股价造成一个直线的上涨，减税可让企业的利润会增长，增速也会增长，股价就会往上走。这是为什么我希望政府给企业减赋，这样可以让它的利润更多一点，市盈率自然会变更低，弹性空间就越大；反过来说，如果政府加税，企业赋税重，企业的利润进一步下滑，那很显然还有一波跌，这就恶性循环。这是一种博弈，影响利润的因素还有很多，我们要分析它的变化，是短期的还是中期的，比如税务是短期的影响还是中期的影响，减税加税的持续性有多久，这都是我们需要去评估的，评估之后得出对企业大概的影响，那么股价自然会慢慢地反映出来。最终影响企业利润变动肯定不是这点税务，主要还是它的产品，产品有生命力、有竞争力才是关键。

中美贸易战中，特朗普希望苹果公司搬回美国生产，但美国劳动力成本是非常高的，苹果大部分是在中国生产的，若保持原来的利润，它有五六十的毛利率，如果搬回去又要保持毛利率，那么产品价格可能就要提高，我们原来买一部一万块以上的苹果手机就很少成交量了，那以后变到一万多、两万，大家愿意舍得花这个钱吗？很多人可能就不买了，华为的价格没有变化，品质又和苹果一样，可能很多人就选择华为了，那么如果苹果搬回去，苹果股价会跌，假设华为是上市股票，它就会涨，因为大家预期苹果的手机用户转移到华为的手机用户上面去了。当然如果苹果很强大，不好意思，我们用苹果的人始终还是要用苹果，哪怕涨到三万我也要买，那没办法，它依然还是保持成长性的。

所以一个公司最终是千方百计要强大自己的核心竞争力，就好像茅台一样，它有自己的核心竞争力；又好像奢侈品一样，它们可能成本很低，但是我要买的就是这种品味，买的是这种感觉，依然还是会有它的消费群体。只是它涨价涨到一定阶段，也会遇到瓶颈，毕竟一些有价格敏感度的人还是会把它挤掉，慢慢也会有替代品，所以涨到一定阶段一定会出现一种新的博弈状态。但是归根到底，为什么企业一定要强大自己的核心竞争力呢？比如芯片、白酒，类似这些，你有核心竞争力了，就不怕关税那些杂七杂八的涨涨跌跌，影响不会很大。影响大的是那些同质化产品。再举个案例：

1.3.2 案例：华大基因

财务指标(单位)	2018-06-30	2017-12-31	2016-12-31	2015-12-31
存货周转率(次)	3.27	8.50	7.69	5.91
应收账款周转率(次)	1.22	2.94	3.12	3.24
总资产周转率(次)	0.22	0.45	0.42	0.44
营业收入增长率(%)	28.44	22.44	29.79	16.50
营业利润增长率(%)	1.37	32.25	25.81	467.42
税后利润增长率(%)	8.73	19.66	26.93	832.05
净资产增长率(%)	22.96	23.48	8.55	160.97
总资产增长率(%)	21.37	20.84	8.16	90.88

○ 华大基因号称基因界的腾讯，但是它的业绩增速不断下滑，到2018年上半年已经是个位数增长了。

华大基因为什么这段时间跌得很惨？是因为大家原来预期它的成长速度非常高，但是它的实际成长速度不是很好，所以自然就回归现实啦。

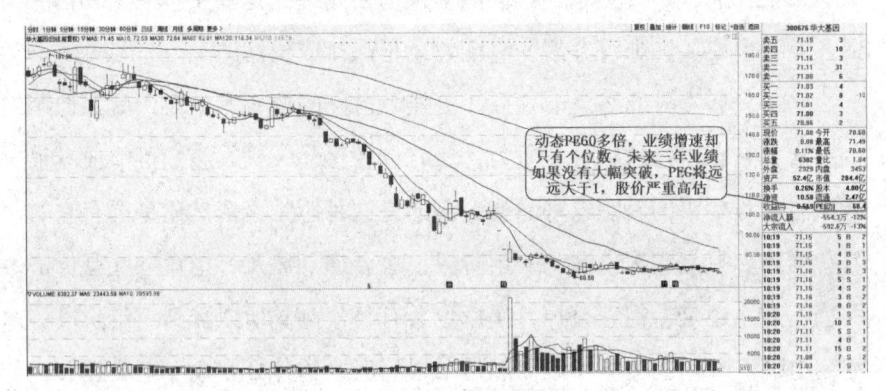

动态市盈率60多倍，若PEG要保持平衡，每年需要多少的成长速度？没错，成长速度保持60%才是很合理的，现在它已经变成个位数了，那显然不合理了，所以某种意义上它还有下跌的空间。当然跌到一定阶段，大家不要片面地看问题哦，你要评估它个位数的成长是常态还是阶段性的状态，假如个位数增长只是阶段性的，那么跌到个位数，正常理论来说它现在70元是不是也要跌到7元钱呢？这就犯了教条主义。为什么？因为你要看到，它很有可能是一个阶段性的，有可能后年恢复到 20% 或 30%，甚至一下变成 100%，股价就是这样波动。所以买卖是很有艺术的，不要教条，不是说 PEG 一定要等于 1，那很简单了，增速只有个位数，那动态市盈率是不是也要跌到个位数才能匹配呢？肯定不是这样子的，因为影响它市值除了这个以外，还有其他因素。前面也和大家讨论过，你预期它到这个位置，往往市场有些时候不会到那个位置，就好像 2638 点你预期要破，但往往不会破，这个就涉及博弈的艺术，在盘面你要观察资金的成本，观察本身市场品牌的价值，还有重置成本等等因素。但是刚才所说的动态那么高，增速那么低，很显然从 PEG 来说它是高估了很多，你要思考它高估了很多，肯定是有压力的，你就知道现在如果是从买卖逻辑的角度来说，PEG 的角度它不是一个买入的逻辑，但是你能不能找到其他的买入逻辑，如果你能够找出来，最终综合地做出评估和判断，PEG 合不合理并不是它买入的唯一逻辑，切记！不要只看一样，要看整体。所以我们强调的是一个整体的状态，整个状态是怎样的一个状态，做出一个更客观的评估，我们的思路就更加清晰了。

1.4 注意事项

1）由于 PEG 需要对未来至少 3 年的业绩增长情况作出判断，而不能只用未来 12 个月的盈利预测，因此大大提高了准确判断的难度；

2）PEG 最好是用扣非净利润增速来计算，更为准确；

我们能不能抓到牛股，就看你能不能看到未来三年的情况，如果你能看到未来三年的情况，而且越接近未来三年的真实情况，那你就越接近这个股票未来真实的本质，这是最大的一个关键所在。我们了解那么多基本面的这些东西，包括公开数据，行业的思考等等，其实就是让我们更加接近最后的答案、最后的底牌。在市场博弈的过程当中，我们要动态地修正。假若我们同时看好三只个股，但是最终还是要田忌赛马，让它们去跑，看看哪个能跑赢，跑赢才是好马，输了的还要被重新审核、重新评估，因为我们也不是神，不可能说我觉得各方面看好的，就一定好的，它有一个概率的问题，高手也是10只当中不能百发百中的，也是中六只七只。那我们用这些方法选出来之后，选出三到五只，然后同时跑，看看哪只慢慢能跑出来，最终才慢慢更加关注这个标的。很多人会说，自己做股票的时候经常会犯这样一个错误，自己看好三只，每一次自己买的那只就是不涨的，其他都涨了。这样的情况很好解决，就是以后看中的三只平均全买，然后对涨起来的标的再做深入的研究，然后做一些加仓或者减仓这个波段的这种策略，那这样就会避免这样的错误。所以一开始，我们有这个思路，梳理好买进卖出的逻辑之后，田忌赛马的方式筛选个股，博弈起来赢面的概率就会越来越大了。

3）PEG 主要用于成长股的估值。那些蓝筹股一般不适合；

〇 一般是行业或者企业处于上升阶段时，比较适合用 PEG 估值法，比如目前的医疗设备、5G、芯片、光伏等行业；

〇 注意：**在对企业进行估值之前，先看一下企业处于什么阶段，如果企业处于衰退期，那再低估值，也不能随意买；尽量做成长期的个股。**

所以我们对企业估值要看它处于什么阶段，为什么成长股它的估值比较高，因为它在成长。为什么成熟型企业估值比较低，因为它已经成熟了，它的利润是可预测的，衰退期就更低了。所以我们需要对不同的行业分别做出不同的具体分析。分析行业状况很重要，行业之间的比较才有意义。

4）**做股票，关键是看未来。**

〇 估值可以作一个参考，但不是决定性因素；

〇 **最根本的，还是要深入公司、产业，寻找未来能够爆发性增长的，才是最有前途的；**

○ 这才是成长股的魅力所在。

牛股都存在一个爆发性的增长。有人问我三年十倍怎么实现？一定是寻找那些真正意义上成长性的个股，有可能爆发性成长的这些行业，然后我们抓到了这里面的一些不错的潜力股，就有可能实现刚才所说的三年十倍，真的是有可能实现的！所以大家在预期跌的这么悲观的时候，从中期的角度来说，正是我们大胆布局成长股的一个黄金时期。你想一想，行情一来，有些成长股动则几倍，甚至十几倍的涨幅，对于现在的跌幅来说，算的了什么啊，就是说现在跌到这个位置，如果哪怕有些个股再往下跌，它的极限再跌个10%、20%、30%，一旦未来涨的时候，就不是10%、20%、30%，而是一倍、两倍、三倍，五倍甚至更多。接下来的风险和面对未来的收益相比较克制，这样的投入是完全值得去做的。

美国的市场也一样有过悲观预期，谁能想到金融危机之后，美国股指还涨了几倍。三年、五年或十年之后，说不定中国的股指也有可能从两三千点涨到两三万点，这也不是不可能的事情，因为五年十年之后的事情，谁也能说不准。因为这个时代，很多东西变化是非常快的，但有一点，我个人认为是永远不变的，是成长！事物的发展是遵循着不断地升级成长的方向在走的，我们要做的是，在每一个历史重要的阶段里面站好队，选择好行业，选择好成长的方向，选对行业，有些时候真的比什么都重要，所以我觉得这真的是很关键的一点。所以我们为什么一直坚定地选择成长股，就是因为我们清楚地意识到，只有成长股才有一个最大的机会，一旦机会来临的时候，股市有句谚语叫做：三年不开张，开张吃三年。放在成长股里面，有时候一开张的话，不是吃三年的问题，吃一辈子都完全有可能，就好像这段时间我看亚马逊股价走势一样：

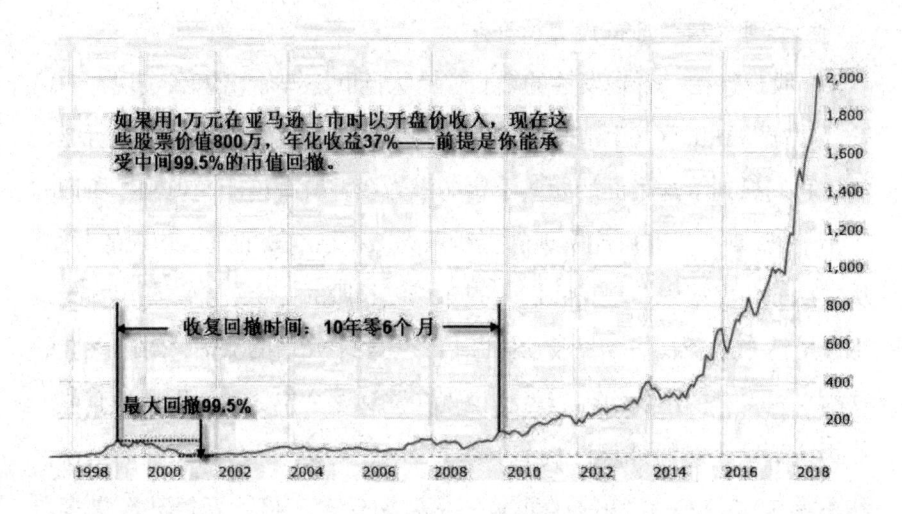

如果用1万元在亚马逊上市时以开盘价收入，现在这些股票价值800万，年化收益37%——前提是你能承受中间99.5%的市值回撤。

收复回撤时间：10年零6个月

最大回撤99.5%

  它是成长股，如果以上市的买入价买进去，当然这个在成长里面是很极端的了，但是最后还是很成功的，最大的回撤99.5%，意味着你100万进去跌的不到1万啊，但是你从100万到1万，然后一直拿到今天的话，就是8个亿，这就是成长股的魅力了，如果是说用一万在开盘价买入，到现在就是有800万，800倍！所以有些极端的成长股，在历史机遇面前，它可能会超出你的想象，所以接下来，对未来我是很坚定的，在中国的未来特朗普一定是神助攻，它会对中国未来的科技成长股，会带来一个很好的助攻的作用，在中国一定会诞生很伟大的企业。现在全球突破十万亿美元的公司，有苹果和亚马逊公司，只有两家，我相信若干年之后，肯定会有中国的身影，而这里面又会带动相当一批的成长股崛起，这也是我们人生当中很难得的历史机遇，所以我们现在所做的一切都是为未来做准备的，当下的积极，当下的努力，我相信上天一定不会亏待那些为未来做准备的这部分人，所以希望大家坚定信念，坚定信心，迎接我们更精彩的未来，也一定会到来。

  这堂课和大家分享了这两个知识点，希望能对大家有所启发，有所突破，最后作业：

【课后思考和作业】

☆ 用课程所讲的估值法,对关注的优质成长股进行估值。

第五堂课：了解股价趋势

学前须知

本堂课介绍的是股价趋势，分别从其研究意义、含义、级别、特性深度理解趋势线，帮助读者能灵活地理解和运用股价趋势线的角度；

本课堂的内容在牛散大学堂股威宇宙的等级为：小学，讲解实战分享的内容是大学级别。内容级别结合自身状况采取是否学习或者阅读的策略。

【课前操盘回顾与感悟】

2018 年 9 月 18 日

今天是 2018 年 9 月 18 日，也是勿忘国耻日。我们的市场也迎来了久违的一个中大阳线，这根中大阳线怎么说呢，应该来的不是时候吧。因为大家在预期市场 2638 点要破的时候，磨磨叽叽到最后，横空出世一根中大阳线。当然这根阳线跟中美贸易的最终结果逐步落地有很大的关系，石头落地迎来反攻，今天没有击穿 2638 点，而是出现中大阳线，这进一步说明前段时间我提出的一个思路，接近 2638 点时欲跌不跌，本质上就是透过区间动荡的一种模式来吸纳筹码，这个筹码吸纳到一定阶段的时候当然就是采取向上出击，做一个大的反攻，那市场今天来了。

今天很显然是一个普涨的格局，大部分都涨。我上周末的一篇文章说八成左右具备反攻基础也是非常吻合的，今天也大概是这个数量出现了明显的反攻，但同时我也提出一个观点，现在这个区域跟昔日 2005

实战操盘技法

年的千点区域是类似的，很多新股民可能没有感受，2005 年尤其是对于我来说，是人生开始蜕变的一个拐点，因为那时候迎来了千点行情，当然千点行情没来之前，我们做了充分的准备，自己开公司，自己开始做资产管理。行情没来的时候，我们就做了充分的筹备，行情一展开的时候，没人能想到，千点行情最终能涨到 6124（股指），而且就是在短短一年左右的时间。这短短一年左右的时间真的就改变人生了。我原来想着赚一点钱就行了，完全没想到远远超出了自己的预期，所以 2005、2006 年是改变人生的一个重要拐点。而这个人生的重要拐点，来源于当时我对千点行情坚定信念的一个研判，那时候也是我开始成名之时，号称牛市宣言第一人，因为当时在千点附近，我们提出了一个口号，叫牛市宣言，果不其然，最终走出了一个大牛市行情。

为什么我现在感觉这个区域会有点类似呢？首先在这个千点行情之前，我们当时也是经历了漫漫熊市的，这个熊市很折磨人，折磨到最后大家都完全没有信心了，以至于跌到 1000 点了，很多人还认为要跌到 900 点、800 点甚至更低。现在其实是很类似当时的感觉，很多股票都跌得非常非常惨了，我认为从估值的角度（前几节课就是谈估值），我觉得已经极具诱惑力了，但是很多人还认为可能还要继续跌，所以我是有点感到不可思议。不可思议的背后就是什么呢？就是感触有点跟那时候类似的感觉，但是不能说完全一样，因为那时候 1000 点时满地都是黄金，而且股票相比现在少很多，那时候是 2005 年，现在 2018 年整整 13 年了，所以有时候蛮感慨的，那么快就过了 13 年了。13 年的过程当中，股指起起伏伏，我们又经历了几波牛熊，现在股指还在 2600~2700，就上证指数而言，说真的，涨幅不算大，2013 年，才涨一两千。这对于 2005 年左右的房价而言，我记得很清楚，2005 年、2006 年的时候，广州的豪宅房价也就四千五千，深圳也是类似的，那现在呢？普普通通也四五万嘛，至少涨了 10 倍，而且这不是带杠杆的。没有带杠杆的都涨了10倍,何况带杠杆的!所以对比房价的涨幅,很显然我们是远远落后的,所以中国老百姓大部分人的资金其实都在房地产,当然未来这个局面有没有可能发生改变呢?我认为会发生改变。

改变我人生的机遇是在2005年、2006年,那是股市对我的改变,不是房市,赚了钱之后买了房,这个不算真正的蜕变,很多人当然是靠房市的,他没有其他投资渠道,在2005年、2006年或者是更早布局的房地产,到现在就赚得盆满钵满,确实是这样子。但是我想告诉大家的是,每个人都有自己人生的一个拐点,既然大家都来到了这里,那我相信、我也希望这个资本市场也能成为大家人生不大不小的拐点,当然看你的投入啦,投入大就是大的拐点,投入小就是小的拐点。为什么我现在有这种感觉呢,就是因为现在的环境也好,很多个股的状况也好,其实很多跟当时是很类似的,所以我提出一个思路,现在2638点附近或2600~2700附近,其实就是跟当时千点行情蛮相似的,这就是黎明前的黑暗。当然千点行情,我告诉大家,一千点涨到六千点,也不是一蹴而就的,这个过程也是蛮曲折的,比如一千点涨到一千二,然后又回踩一千一,然后再涨,反反复复,所以可以想象未来行情也一定是反反复复的,不要奢望一步到位,一蹴而就不可能。但是大的方向我们要坚定,然后选择个股,我们要有方法。那这样的话,我们在把握的时候,就可能抓到真正的大机会,说真的,2005年、2006年那波行情,我们能抓到几十倍,上百倍的机会,真的也是时势造英雄,那时候也是初生牛犊不怕虎,有些时候说白了,真的没有现在逻辑那么清晰,那时候有不少是运气的成分,当然当时也有投资其他投资品种,比如权证,我当时也玩得比较厉害,也助涨了收益。

所以任何一个阶段一定要有机遇、机缘。那现在有没有这样的机遇呢?我认为是有的,很多人一直很担忧,贸易战……有危就有机!其实我前几堂课都已经讲过了,危中一定会有机的,贸易战的背后一定有是巨大的机遇，就看你有没有看到问题未来发展的洪流方向在哪里，我们国家面对外部压力的时候，我们会怎么样去爆发？很简单的一个道理，既然股市跌那么惨，经济是提前反应股市的，那我们现实生活当中，大家感受一下，我们现实生活当中是不是非常非常恶劣，我认为是有夸大的，因为股市是反应未来的预期，现在预期是悲观的，因为大家把贸易战的风险、把未来的风险无限度地放大，你放大悲观了。就好像我有做外贸的朋友，我说贸易战来了，对你的影响大嘛？他说没有什么太大的影响，甚至他觉得效益可能还有增长，他们有核心竞争力。我们现在不是过去一开始的时候，没有太多的竞争力，所以这个也是需要时间来去验证的。就比如我们现实生活当中，我们可以感受到商场购物、消费其实都还蛮旺盛的，但是也有局部冷清的地方。而即使现在股市反应悲观预期，一旦等它慢慢反映到我们股市的时候，那稍微石头落地，市场就反弹，因为悲观已经反应完了，石头落地就开始反应好的了，那就开始涨了，如果有更多好的数据体现出来，我告诉你，市场就开始新的一轮上涨行情。我们不变的是什么？不变的是估值，不变的是价值，不变的是企业的盈利，这点是核心中的核心，我们要去看的、要去研究的，现在放眼整个A股市场，其实很多公司我认为都跌出了一个非常诱人的估值状态。所以为什么我觉得现在反而可以很平静、很淡定、很欣喜去面对这个市场，虽然在这个过程当中，之前我们伤痕累累，受了一定的伤害，但是没有关系，请相信我们这个行情很多时候是三年不开张，开张吃三年，甚至开张吃你一辈子，所以千万别倒下，让自己活着，有实力的话，让自己在这个低位区域准备更多的子弹，随时扩大你布局底部区域的筹码，一旦行情飞跃的时候，我们一定要在其中。最怕的是什么？最怕的是行情飞跃起来的时候，你已经离这个市场远去了，那就非常可悲了。好，我们温故知新一下：

操盘特训班体系介绍

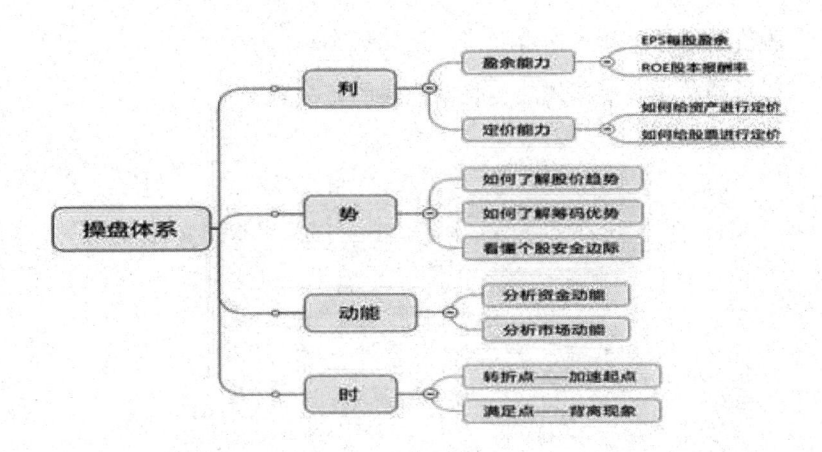

```
操盘体系 ─┬─ 利 ─┬─ 盈余能力 ─┬─ EPS每股盈余
         │      │            └─ ROE股本报酬率
         │      └─ 定价能力 ─┬─ 如何给资产进行定价
         │                   └─ 如何给股票进行定价
         ├─ 势 ─┬─ 如何了解股价趋势
         │      ├─ 如何了解筹码优势
         │      └─ 看懂个股安全边际
         ├─ 动能 ─┬─ 分析资金动能
         │        └─ 分析市场动能
         └─ 时 ─┬─ 转折点——加速起点
                └─ 满足点——背离现象
```

前面，我讲了利，后面要讲势、动能和时。利就是盈余能力和定价能力，盈余能力就是讲了 EPS 和 ROE，定价能力就是讲了估值，大家有空要回去温习一下，当你温习的时候，再结合市场当下具体的案例、具体的个股，你去看的时候就可以更清晰。这一堂课，我们就要开始讲势了。

势，更多的是指趋势，也包括技术上细节的知识，当大家懂得估值，再结合势去把握，慢慢就会如鱼得水。

股价趋势

○ 股价趋势的研究意义；

○ 股价趋势线是什么；

○ 趋势的级别；

○ 趋势的特性。

1. 股价趋势的研究意义

○ 股价趋势与转折：中继形态、反转形态；

○ 股价趋势中，短期均线、长期均线的实战意义。

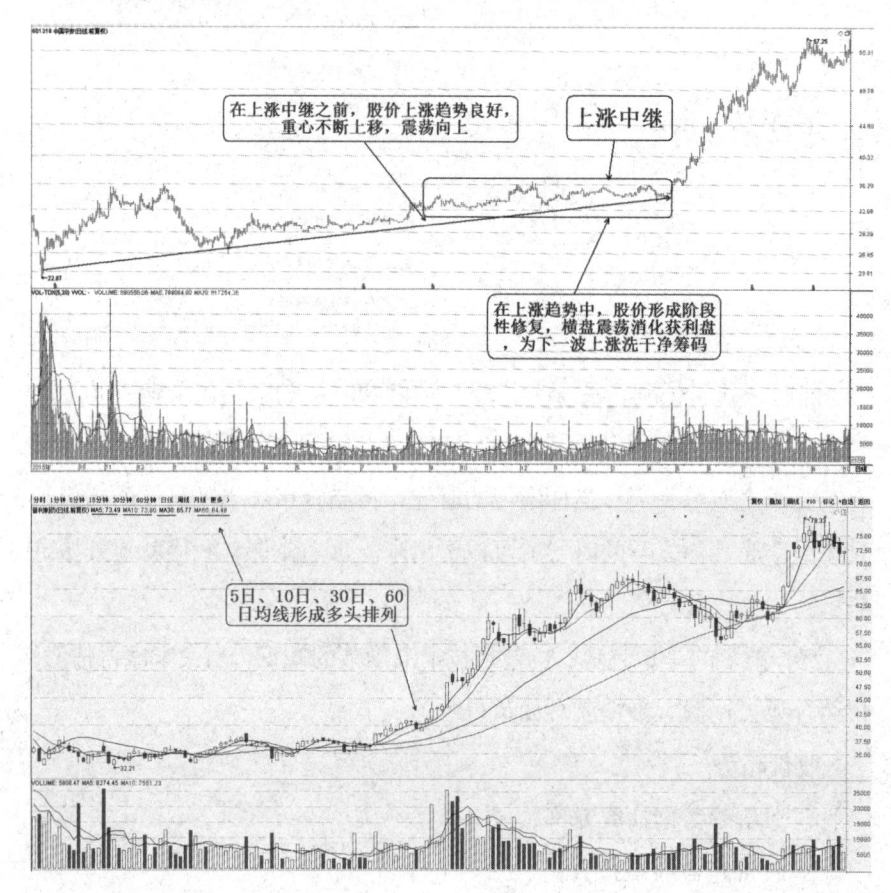

上面两张图有上涨中继的形态，均线的排列等，我们翻开一只股票，我们除了要看它估值、基本面外，我们还要看形态，因为形态多变，不同的形态反映的是不同的趋势，不同的趋势也反映了不同的状况，透过不同的状况，然后做出相应的一种策略。

○ 终极意义——市场趋势指导交易策略；

○ 在开始交易之前，不是一味地强调基本面，也不是固执的执行自已旧有交易习惯；

○ **正确的做法是，先研究你的股票到底处在什么趋势中，由趋势来指导你的长、中、短的操作。**

所以当我们研究好估值之后，再看看它的趋势，是处于底部阶段的初期上涨趋势，还是顶部阶段下跌趋势，或者是其他趋势。不同的状态，我们要做不同的一种策略。如果股票是底部，跌透了，其角度线已经从下跌的75度变成横向整理的时候，这往往意味着机会的展现。超跌低价股都有共同的特点，就是由之前崩盘式的下跌转变为横盘区间动荡的趋势，很多超跌低价股都属于相对低位，比如三元到四元，反反复复区间动荡。如果这个区间动荡构筑成功，那么这里就是底部。那能否构筑成功，要研判大势（市）。你认为2638点区域是不是一个类似曾经千点的区域？如果你认为是，那这个横盘区间动荡，你就可以理解为底部区域了，这时你可以考虑逢低吸纳。

我们结合大势去判断股票是不是底部区域时，大势到底属于什么状态，怎么去判断顶部和底部呢？以下分为三点阐述，第一是情绪。底部往往伴随着悲观、崩盘、迷茫等等一系列的负面情绪，不论在哪里，你都能看到这种情绪的体现，这个体现就往往伴随这个底部的状况的；第二是底部相对量能。在相对底部的时候，一些股票往往会出现一些地量，它们极度缩量，这些股票很容易砸盘，一两百万就有可能砸到跌停，为什么？因为它极度缩量，没人成交，没人交易，一两百万可以砸到跌停，反过来几万万也可以拉到涨停，这就是极度缩量的波动格局；第三是趋势，即形态。底部一定有底部的形态，例如超跌低价股，因为它的角度线从75度下跌，在下跌之后，变成了横盘区间动荡，形成反复的头肩底的形态，或者是圆弧底的形态等类型的相对低位的反反复复的波动。这三点组合起来，往往就是一个很重要的底部的信号，那顶部就反过来就行了，大家的思路就会比较清晰了。

理解了顶部和底部之后，了解做股票要迎合趋势，知晓不同的趋势，那我们就要知道股价的趋势线。

2. 股价趋势线是什么

○ 连接上升趋势中两个明显的回调的低点，形成上升趋势线；
○ 连接下跌趋势中两个明显的反弹的高点，形成下跌趋势线。

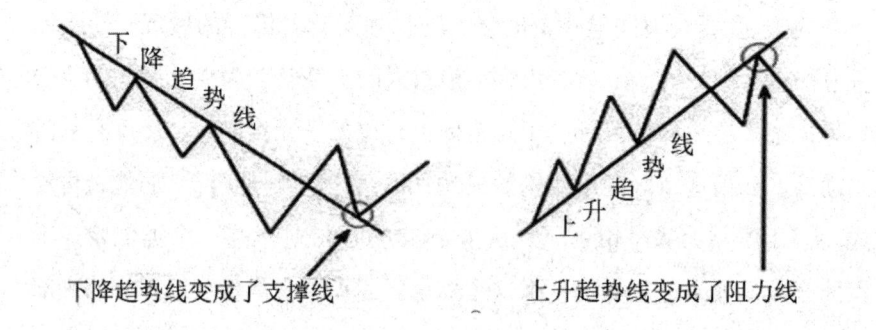

下降趋势线变成了支撑线　　　　上升趋势线变成了阻力线

两点连成一条直线，既是支撑，也是阻力。在下跌过程当中，每次反弹下跌趋势线的时候，就是阻力，冲上去之后再回调，就变成了支撑。

2.1 趋势线的作用

○ 对股价的变化起到支撑或者阻力作用，使股价保持在趋势线的上方或者下方运行；
○ 形象地说，趋势线的作用类似风向标，我们可以借助风向标来识别趋势的方向。

趋势线的作用是指明方向，两点形成一线告诉你未来的方向是什么。所以当区间动荡的时候，两点连成一条直线，趋势线处于横盘，此时股价是横向运动的，它会慢慢地转向。当开始反弹时，方向变成30度角上涨的趋势线；而再反弹多一些，方向变成了45度角的上涨趋势线；继续激烈一点连续涨停，就是75度角的上涨趋势。所以你会发现，趋势在不断的变化当中，我们主要做什么趋势呢？当然是处于一个45度角上涨的趋势，这是最理想的，顺势而为。有些人说我能不能做左侧交易，还没有形成上涨趋势的时候，在它横盘震荡的时候，能不能布局进去？这也是一种方法，方法有很多，有些人说我不喜欢提前潜伏，也不喜欢45度角上涨不够刺激，我喜欢75度角很刺激的，追涨停的这种方式，当然也可以。每个人有自己适应的方式，只要你这个方式验证下来是有效的，是能让你存活的，而且活得很精彩，那就行了，适合你自己才是最好的。

但是记住一点，你要明白不同的趋势，每个不同的趋势代表的意义，它背后会迎来的风险和机会，你清楚这些了，并且在接下来做好策略，比如75度角你进去的话，你就要很清楚的知道，随时都有可能见高点，这个时候你要做的事情是快进快出，这就考验你的勇气、魄力、速度。那左侧交易在横盘震荡布局进去，不用考验你的速度，勇气也不用太大，但需要魄力，为什么？魄力就是在别人还没有看好的时候，你敢不敢大胆地进场，这还是需要考验的，速度不需要是因为横盘震荡需要点时间，不是今天买明天就涨的，它可能需要一段时间慢慢走出来，这个时候更需要的是耐心，平和的心态。为什么很多人在不同的趋势里面会被市场三震出局呢，因为在不同的趋势里面，他们都没有办法很好地面对。比如底部区域横盘震荡的时候，他们没有耐心，他们就选择了45度、甚至70度快速运动的，但他们又太过于患得患失，心态太过于浮躁，也抓不了这样的机会，因为他们的心态输不起了，所以在剧烈动荡的过程当中，他们一定也是会被三震出局的。股市啊，就是考验人性的地方，很多人的人性、黑暗的一面，会在这里表现得淋漓尽致，放大得淋漓尽致，你人性的弱点会在这里被充分地放大，所以认识自己，一个很好的方式就是股市里面去认识自己，你就知道亏钱的时候你是怎样的心态，赚钱的时候你是怎样的心态等等，能看透很多东西。

正如我们要看透股票的波动，不是看表面的东西，最终看透背后的人心，人们心态的变化，它们当时处于什么阶段，接下来可能会出现什么情绪，然后它们会采取什么行动，最终会出现什么样的结果。所以把握那个精准的点，就是感知那个阶段的人心，这个是关键的。

2.2 趋势线的角度

○ 是指趋势线与水平线夹角的大小；
○ 在上涨趋势和下跌趋势中，都存在趋势线的角度特征。

2.3 趋势线角度的实战意义

○ 无论上涨或者下跌趋势，趋势线角度的大小，代表的是资金情绪强弱；
○ 在股票处于上涨趋势中后段时，如果上涨趋势线角度越来越陡时，意味调整可能即将到来；
○ 在股票处于下跌趋势尾声时，如果下跌趋势线角度越来越平缓时，意味着反弹可能即将到来。

75度也好，45度也好，30度也好，各自代表的是一种情绪，人心高胀、低迷、淡定等等，都能够在这个角度里面，表现得淋漓尽致。你看：

上涨趋势线 – 中国平安

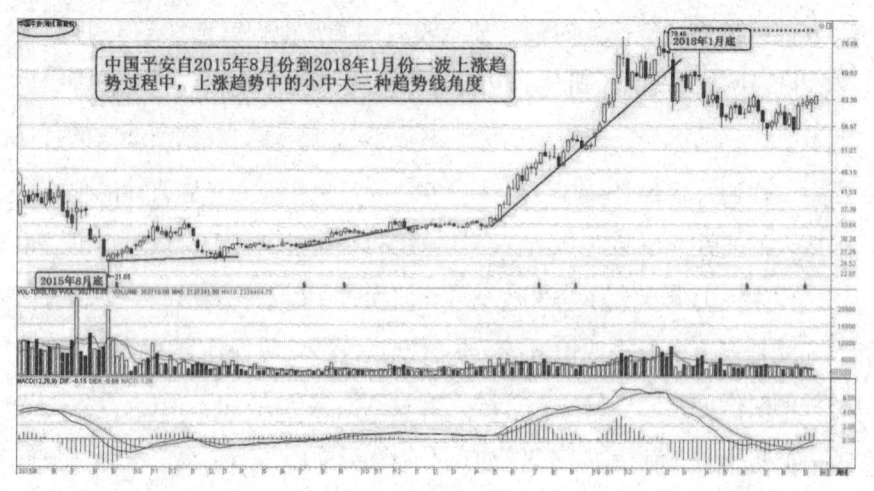

当它一波趋势形成的时候，中国平安 2015 年 8 月到 2018 年 1 月份的上涨趋势从一开始春江水暖鸭先知的小荷才露尖尖角，慢慢涨，上涨角度慢慢变大，变成 45 度，最后变成 70 度急涨，整个角度不断的变陡，由缓变到陡，这就是一个股价的演绎过程，由初涨到急涨，到了急涨往往就意味着阶段性的尾声了，你就要注意大波段的一个风险。接着看：

下跌趋势线 – 中国石化

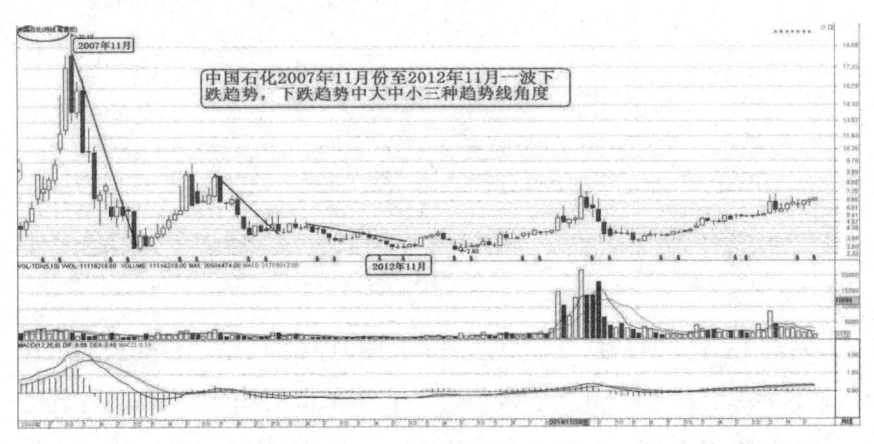

很明显，大的下跌之后，每反弹一波就又进入下跌趋势，它则是由陡变缓慢。到了 2012 年 11 月之后，整个区域基本上就是区间动荡了，基本也就只有 30 度角反弹，反反复复。但是很多人说，这个票在低位老是这样区间动荡，是不是一个底部区域啊？它到底什么时候才能抬起头来啊？到底怎么去判断啊？是不是出现了底部区域就一定涨啊？肯定不是！所以为什么我们要研究成长为王，其实很多类似这样的一个走势，中国石化它也相对低估，为什么横了那么多年，都没有真正意义上的抬起头？这就跟它的基本面有很大的关系。所以任何公司最终能不能从 35 度角，变成 45 度角到 75 度角，表面上看一波上涨是股价递进式的一种表现，但是背后的根源是什么？根源是它基本面的逐步的提升，归咎于它的成长性，如果你认为这家公司，现在预期很悲观，它现在才处于底部阶段，横盘震荡，但是它未来有扭转的预期，甚至是急速爆发的预期，这个形态是符合刚才所说的，能够从 35 度角变成 45 度甚至 75 度的这种可能性的。比如之前提及的中国软件就是这样的一个状态，从一度非常悲观，到慢慢地改变悲观，开始乐观到极度乐观，你会发现它整个流程是非常的有意思的。你看：

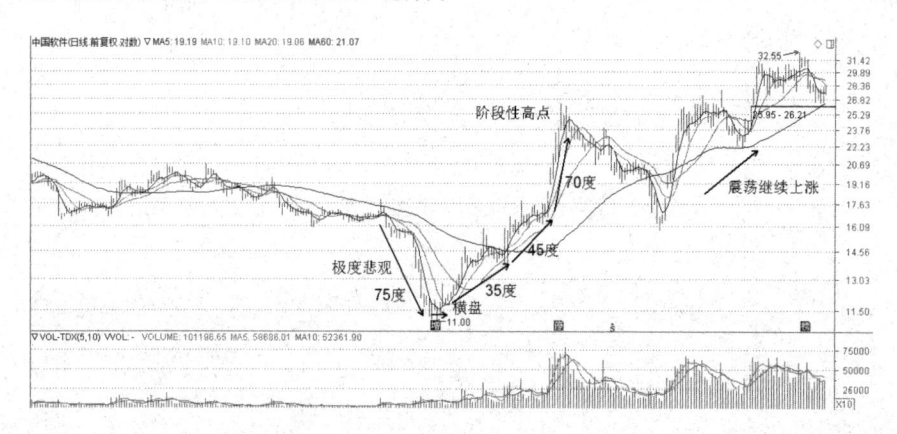

到 2018 年 2 月份都是极度悲观的，当时大家对这个行业很悲观，但是如果你当时能够提前预知到这个行业未来依然是有前景的，你就会发现，预期慢慢就会改变的，改变的话，它就符合角度线的变化，从 75 度角慢慢转变横盘，然后慢慢 35 度，接着 45 度，最后 70 度，就会往这个方向去变化。为什么中国软件 70 度回落之后，又慢慢上涨？整体大方向沿着 45 度角在震荡上扬。当它大的趋势已经形成的时候，它会围绕趋势线去变化，虽然它的区间稍微陡了点，但还是围绕中轴 45 度角在变化的，因为还有更好的预期在，如果真的哪一天到了 75 度角的时候，那慢慢可能就要见高点了，在小阶段的时候已经是有 70 度角了，所以 70 度角的阶段性就是一个小高点。趋势的力量很可怕，不知不觉已经从 11 元最高涨到 32 元，涨了两倍多，而且是在熊市的背景下，所以一旦趋势形成了，趋势的力量也是蛮可怕的。

中国软件能够走出这种趋势性的行情的关键是什么？是它未来的预期。所以大家翻一下这些跌得很惨的、低估很久的超跌低价股，未来的预期如何，行业如何这是关键，如果它的未来行业不错，预期未来有改观的可能性，而且非常大的可能性的话，请放心，行情稳定，它一定会飞起来，只是什么时候飞的问题。这个具体什时候飞，盘面的变化，短线怎么跟，那就结合一些底部的涨停板战法，量价配合等等，再做具体问题具体分析啦。但是要记住，真正的股市里面玩的就是预期。我为什么说接下来行情可能会越来越好，就哪怕中国还击美国，很多人就觉得这个一出来肯定又要跌了，那不是啊！这些预期早就有的了，美国一出招，那我们中国一定要还招，越早这样你来我往的话，所有的石头就落地了，落地的话，原来预期负面的东西，都已经得到反应了，剩下的是好的东西了，就没什么招了，剩下的就是在这里微调了，或者是有其他的动作了，或者是有更大的、超预期的政策出台了，超预期是什么？例如，两国抗衡，双方肯定会相互有压力，尤其对国内也会有压力，那么政策是不是会对某些行业有优惠政策的倾斜，如自主创新的行业、出口退税、减税等，这些政策可能会超预期。原来是没有这种政策的，因为两国的博弈出现超预期的这种政策，这个超预期的政策一定会给相关的企业带来极大的利好推动，超预期一旦来的时候会让股价蹭蹭往上涨，所以我们要看到这一点，不要只是看当下，要看未来。

角度线记住，75度角就是风险区域了，但并不代表75度角你就马上要卖，只是说你要随时有一个止盈的思路，你看：

上涨角度线陡峭到极致，是卖出离场信号 --- 风华高科

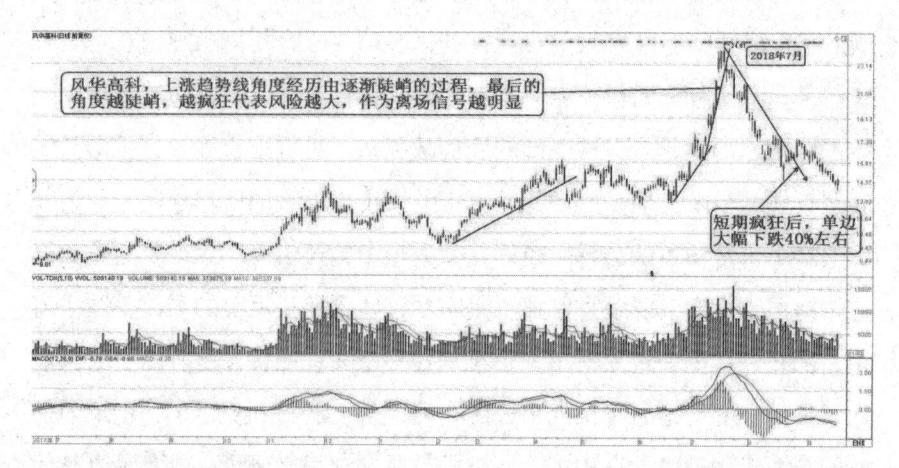

风华高科，上涨趋势线角度经历由逐渐陡峭的过程，最后的角度越陡峭，越疯狂代表风险越大，作为离场信号越明显

2018年7月

短期疯狂后，单边大幅下跌40%左右

我记得很清楚，这个股处于 75 度角的时候，曾有人来问我，这里是不是要复制方大碳素（过去我挖出来的牛股），当时风华高科突破的时候，很多人就拿方大炭素来类比，我当时就很明确地说，这个可能性不大，为什么呢？因为环境不一样，虽然它们炒的题材有相似性，但是很明显，这波主力就是想复制类似方大炭素的图形来引诱更多的资金进场，然后来一波诱多行情，从技术上怎么去判断它的顶部呢？如果在相对高位，这个 75 度角一旦出来的时候，你要警惕了，但是相对高位一定出现中大阴线的时候，就是形态上有中大阴线的时候，你就要提醒自己了，如果风华高科第一根中大阴线你没出来，那第二根你就一定要出来了，两根基本上就可以确认信号了，顶部和底部都一定是必然的。顶部和底部的三个要素，一情绪，二量能，三形态。那顶部形态、底部形态是什么呢？顶部和底部，它的形态变化，最终的形态要确认的话，一定是伴随着那种极度的阳线或阴线，中大阳线或中大阴线，因为你必须要有剧烈波动的阳线或阴线才能最终完成形态（我们叫做完全体）。例如底部头肩底形态，也是需要有一个完全体出来，即有一个中大阳线或者是涨停板，所以在底部的时候，越多中阳线，越多涨停板，我告诉你

这种形态完成的概率会非常大，若出现两三根以上，我觉得这个概率就非常大了，反过来，顶部出现两三根以上中大阴线，形成顶部的概率也非常大，你就要警惕了。

我再进一步跟大家解释，为什么中大阳线或中大阴线出现两三根，形态确定的概率会比较大，逻辑在哪里？大家思考一下，中大阳线或涨停或跌停，是靠什么形成的，是散户抛压形成的吗，或者是散户买进去的吗，都不是，一定是主力资金，一定是大资金所为，一次有些时候可能是偶然因素，两次就接近必然了，三次就绝对必然了，三次都不必然的是小概率事件，所以如果底部有三四次中大阳线崛起涨停的话，我告诉你，一定是有主力资金在所为，主力概率非常大，所以底部形成的概率会很大，这里面肯定是有主力的，只是实力强不强的问题，那最终为什么可能会夭折？那也只有一种可能性，系统性风险。某个股票明明出现主力一个非常好的形态了，最终还是破位下行，那是什么系统性风险啊？有可能这家公司出现黑天鹅了，没办法，主力也阵亡了，谁能预料的到；或者是市场的系统性风险，市场遇到什么黑天鹅了，市场直接跳水，那没办法也跟着下，但并不代表它没有主力，它有而且很明显。若成功排除这些因素，底部大概率是要形成的。反过来顶部也是如此，顶部为什么出现中大阴线呢？因为一次偶然是可以的，有些时候洗一洗盘是很正常的，那两次就不太正常了，说明里面肯定是有分歧了，有松动了，那三次就成了必然了，顶部为什么出现两次的时候你就要小心了，至少你要开始减仓了，因为出现两次我刚才说了，就已经出现分歧的概率非常大了，而且又在高位的话，这时候人的心态容易动荡，很容易改变人的预期，所以你这个时候不跑，什么时候跑啊？跑掉一些，让自己安全一点。就像风华高科一样，第一次第二次你跑掉一些，这个第三次至少你的心态就好很多了，比如你剩下三分之一仓位，第三次你看到不行了，剩下三分之一砍掉了，后面就一江春水向东流，但如果你这里第一次不走，第二次也不走，到第三次你还不走，此时你又不敢砍了，因为你砍起来很痛了，后面结果更痛，所以第一次的时候不一定要砍，砍错的概率很大，虽然第二次出现的可能比第一次更低一些，但是这个时候开始砍的话，至少会让你接下来受伤的概率会小很多，让你全身而退的概率就会大很多。

记住，底部和顶部的三点：情绪、量能、形态。情绪可以通过股吧、交流群、朋友他们的说话知晓，这样可以知道市场目前存在怎么的情绪，包括市场的研判等等。接着看：

下跌趋势线角度线越平缓，大概率是结束下跌趋势信号——方大炭素

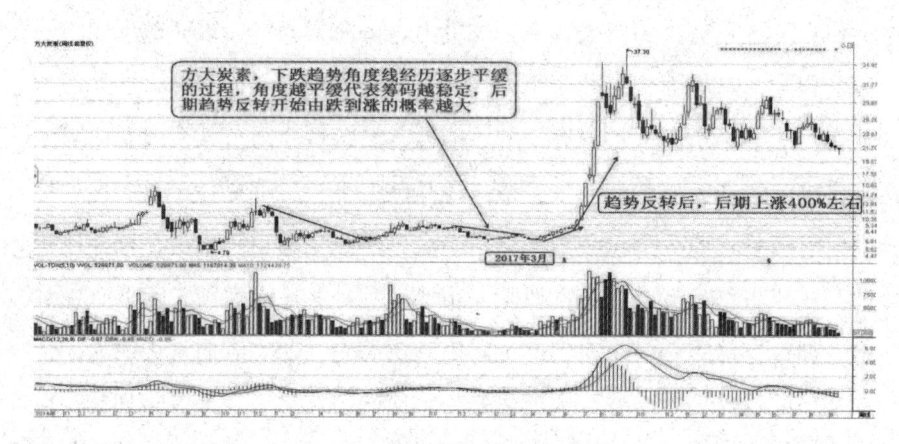

这是曾经的经典品种，方大炭素。过去我看好方大炭素就是因为它的底部形态已经出现了，同时其下跌平缓，区间动荡，而且还出现了背离信号。

【学习温馨细节延伸】

○ 背离信号是指在股价、成交量、均线、指标等多元因素不断运行变化过程中，这些因素中的任意两种因素产生不同的运行方向就形成背离信号。背离有很多种，比如量价背离、指标背离，股价和指标背离等，其中股价和指标背离信号是最常用的，而具有实际应用价值的就是顶背离和底背离；

○ 顶背离：顶背离就是股价创出新高，而指标没有创出新高，一般情况下给出卖出信号；

○ 底背离：与顶背离相反，当股价创出新低，而指标不再创新低，此时给出买入信号。

当时股指不断下跌，虽然这只个股也跌了，但是跌幅相对较小，甚至还有一段时间逆势还涨了，这就叫背离，就是股价的波动跟市场的波动形成相反的运动格局，市场跌，它反而稳定甚至向上，这种背离信号，又在底部区域，是值得我们重点关注的。正常来说对于底部阶段的股票，大盘跌它就应该跌，大盘创新低，它应该也创新低，这才是合理的，但是大盘创新低了，它既然不跌，只有一种可能，说明有一些资金在吃，在往上买，否则它应该跟市场同步，所以这个为什么买的逻辑就清楚了。有人说买的逻辑就是图形好，但是这样的图形有很多啊，为什么只有方大炭素涨上去了呢，我能告诉你一点，就是基本面！你要看看它做什么的，当时石墨烯又涨价了，基本面跟它的技术面形成共振了，那你的逻辑就开始清晰了，然后是不是底部区域呢？我当时问过很多人方大炭素的看法，他们告诉我这只个股是僵尸股啦，死股啦，没什么好看的了，几年都没行情了，这只股票肯定不会有行情的了，说明什么？说明情绪极度悲观，就是底部区域情绪上相互验证的信号，所以技术上我认为是底部区域，情绪上没人看好，而且还贬低它，就算强势也是小反弹，当时大部分人是这个观点的，所以我更加坚定了，还有量能，在当时的时候是极度缩量了，后面才开始慢慢涨起来了。注意，这里是周线图，不是日线图，周线这里有那么多连阳，日线里面的话是有中大阳的，也就吻合了我刚才讲的，形态的一种量变到质变的过程，后面猛烈上涨的时候就更加相互验证了。

【学习温馨小总结】

○ 趋势线角度大小的变化，是资金情绪转化过程的体现；

○ 无论是上涨趋势线还是下跌趋势线，遵循趋势的物极必反的规律。

所以个股角度线开始往上涨的时候，为什么很多人可能卖得早，那是因为他们不懂角度线，不懂的渐变式的过程，刚刚到45度他们就以为见顶了，其实还有可能75度、还要疯狂，这个时候你为什么不能再稍微地顺应一下它的趋势呢？为什么有人说顺势而为，就是这个道理。这个顺势的过程当中，你需要忍耐，要有一点时间，当刚调到45度时，多空还在这里博弈，角度线不是马上就变75度了，而是在45度这个阶段磨一磨，很多人就受不了，大盘今天涨，它也不涨，很有可能的，但并不代表它有问题，这只能证明它到45度的时候，它要消化，你要允许它的消化，只要趋势没有改变，你就顺势而为，等它蜕变。说到蜕变你要研究清楚基本面，接下来后面有没有引起蜕变的因子，如果你研究越透，发现有！那你等就是了，趋势没改变就等到75度，就好像当时的方大炭素一样，它的基本面的因子就是涨价，等这个信息，等市场慢慢的认知，慢慢地了解之后好了，后面开始蜕变，开始很少人知道，慢慢越来越多的人知道，最后羊群效应来了，全部都涌进去了，你就可以想象股价75度就透支它的未来了，迈入一个疯狂的状态，那市场的情绪也就弥漫着一个非常乐观的一种状态，大家一致性地看多，到高位的时候慢慢演变出顶部的特征了。

当然45度到75度往往这个阶段是个难点，因为很多人一到75度就想say goodbye了，那也是错的，因为有些时候，股价最疯狂的阶段，就是在75度这个阶段，20元涨到30元短期50%其实很有可能都是在75度这个阶段完成的。所以到75度这个阶段，你的心脏需要强大一点，我们当初持有方大炭素的时候，行情也不是很好，后面75度不断涨，股价提拉升的时候心脏要承受非常大的压力，所以股价边拉我也边卖，虽然也没有卖在最高位，但是因为这个跟我们承受的上涨动荡的压力有关系，已经到75度了，这个过程当中，哪怕我没有看到一根中阴线、大阴线，我们也选择考虑先出来了，怕它第二天就中阴线、大阴线，这个过程当中是一个复杂的过程，是练心脏的，仓位轻没有关系，特别是你当时仓位有点重的话，因为它75度角上涨波动非常剧烈的，可能上午拉7个点，下午可能就跌回来了，那你怎么办？是出还是不出呢？假设你这里面有一千万的话，上午就赚100万，下午一回来又少了100万，这个心态的起伏是很大的，所以经历市场的这种波动，职业操盘手会造就他一个强大的心。到了最后你会发现，经历过风风雨雨的职业操盘手为什么看破红尘？就是因为经历了这些巨幅的波动，财富剧烈起伏，不看破也要看破了，对不对？所以你如果经历过，希望你要做一些总结，去提升，然后让自己可以更好地往前走，这是最重要的。

3. 趋势的级别

○ **按照时间级别，趋势可以分时超长期趋势、长期趋势、中期趋势、短期趋势。**

这个趋势，超长期包含了长期，长期又包含了中期，中期又包含了短期，周期一个包着一个。你看趋势线，这个趋势线没问题，45度角，但是有时候为什么可以做波段呢，比如我三层仓位想做差价，那这个时候你不是看中期的趋势线，你要看短期的趋势，短期你发现它有点向下了，那你可以拿出一些仓位做差价。为什么市场研究起来乐此不疲呢？因为这里面大中小的趋势线，再结合一些不同的策略，你会组合成很多的变化，这个是可以乐此不疲的。但是这个过程需要遵循中线，比如有五层仓位，底仓要遵循中线，其他五层到三层你可以做一个短线趋势的波动，就是说我们要有固定的东西，也要有灵活的东西，灵活的东西在于短期的趋势，固定的东西在于中期和长期的趋势。现在标的是属于什么趋势的状态，假设现在是一个底部，底部你配置多少仓位放在里面，有些仓位你可以做一些机动，这样去做一个组合，这样灵活得去调动，那有人说这样搞来搞去我头都晕了，那很简单你就干脆遵循中线，就把短线的波动忽略掉，因为短期你要把握住每次的高低点也很难，有时候搞来搞去搞不赢还不如拿着做一个中线的趋势。很多做投资的精英经理最终都跑不赢指数的涨幅，为什么？这就是拼命短线去折腾，最终敌不过中线趋势的一个实际的案例。所以你要短线真的做的很好的话，其实你要付出很多，看似容易，做好真的很难，当然包括中线也是如此，这里面会面临很多很多的考验，我相信经历过几波牛熊的朋友们，应该就深有体会。

○ 下面通过举例来说明：

1）超长期趋势

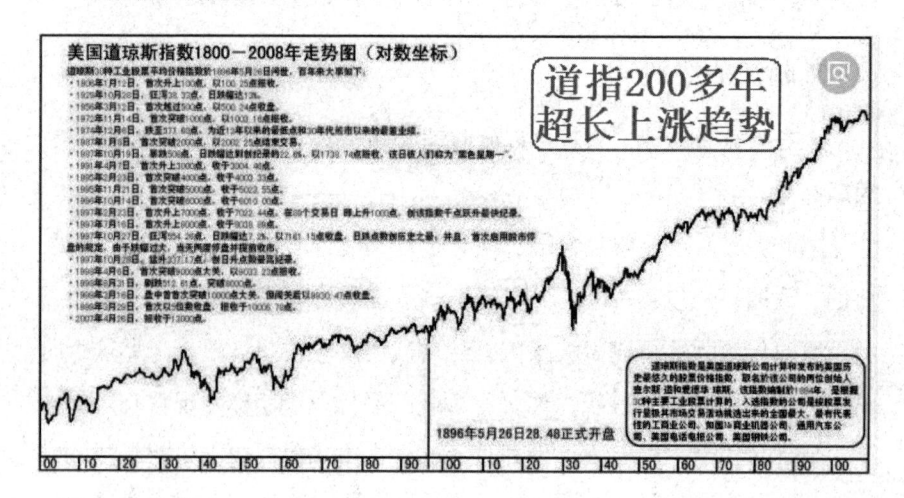

道琼斯指数一直上涨200多年，是超长上涨趋势。来看上证指数：

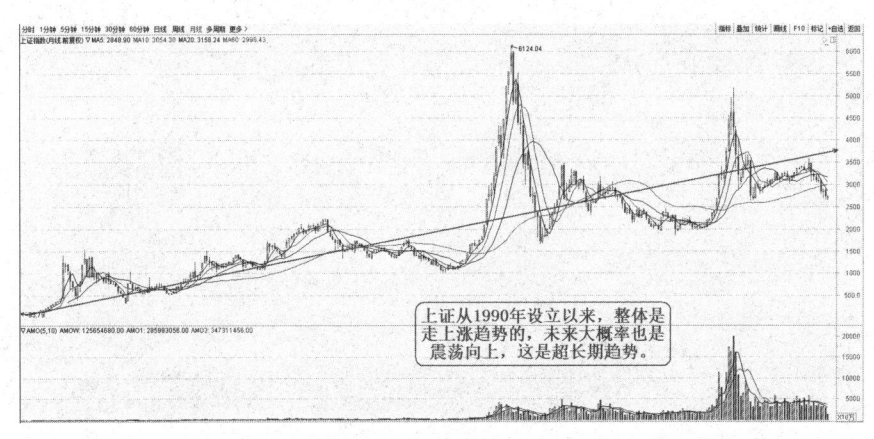

[图：上证指数月线图，标注"上证从1990年设立以来，整体是走上涨趋势的，未来大概率也是震荡向上，这是超长期趋势。"]

从长期来看，上证指数到现在，其实也是上涨的，这是超长期的趋势。接着看：

2）长期趋势，即是牛熊趋势

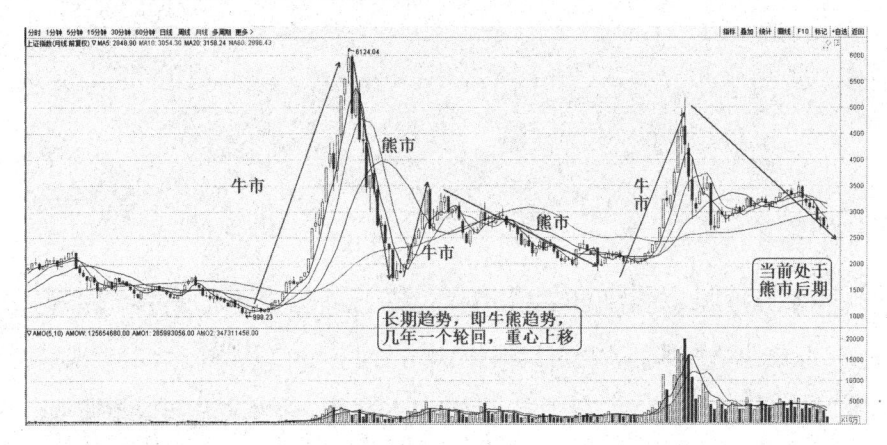

[图：上证指数月线图，标注牛市、熊市阶段，"长期趋势，即牛熊趋势，几年一个轮回，重心上移"，"当前处于熊市后期"]

3）中期趋势——几个月到一两年的走势

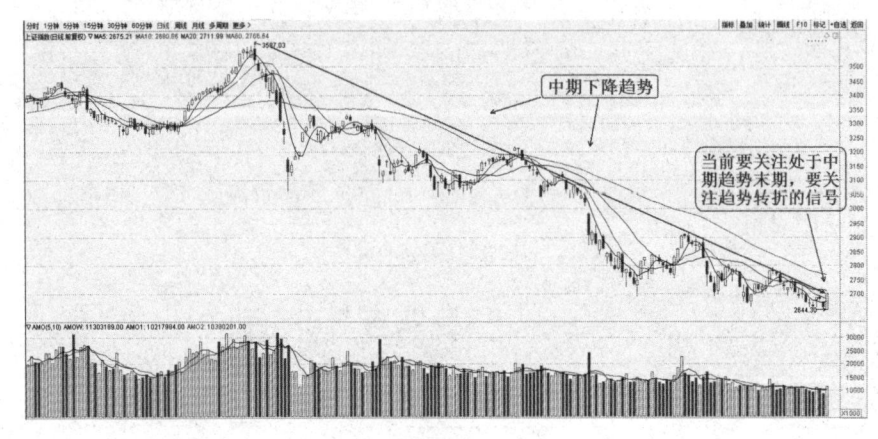

4）短期趋势——几周以内的趋势

日线也是短期的，再可以细分 60 分钟图、30 分钟图，尤其做期货，有时候看 5 分钟图、一分钟图，这个叫超短线。我曾经做过股指期货，为什么我不太喜欢做超短线呢，因为做超短线有时候真的可以做到你虚脱，一天交易下来 50 笔到 100 笔，但是我就看一分钟线，甚至一分钟之内就可能交易一两次，能不虚脱吗！一天下来赚了钱都感觉，这个钱赚的真的是太辛苦了。不过刚才有人说，怎么去训练自己的盘感，那你有时间可以去做做期货，你可以不做股指期货，因为股指期货资金门槛比较高一点，你可以做商品期货，比如拿几万块强迫自己一天交易 20

笔或30笔，是看分钟线去交易的，不过要找活跃的品种哦，不要不活跃的品种，这样去做至少一天20笔，那你的目标很简单，只要一天交易下来不亏钱，这个就成功了，如果你能保持10天有七八天都是不亏钱的，那很不错，你的盘感等各方面慢慢就得到了极大的锻炼，最好能再有一次你虚脱的经验，那个阶段你可能就蜕变了。

人经历了极限的考验之后，会慢慢变得强大起来，我们要突破极限。盘感等方面的训练，也需要这样的极限考验，因为日线的交易还不算极限，极限是什么？分钟图，一天拼命交易，但前提是不要亏钱，甚至还有赚钱。我从那次做股指期货虚脱之后，我最后统计了一下，一天下来50～100笔我是赚钱的，亏钱的没几笔，但是长期这样搞也不行，人都虚脱了，身体熬不住。但透过这些东西，做分钟超短期对我来说是小菜，只是我不想做而已，因为会做虚脱的，所以你要做一个取舍，我觉得做一个平衡就好，不要太痴迷于短线，但是也不要太痴迷于中线，做一个平衡，两者找到自己的一个平衡点。

过去一千点到六千点，为什么很多人没赚到钱，是因为他们在一千点左右的时候下车了，然后一千二阶段性高点的时候又上车了，上车之后回撤一千一它又下车了，然后又上涨至阶段性高点又上车了，回调又下车了，如此往复，周而复始，这样想要赚钱很难呀，他们自以为洞悉了市场的一切，认为市场可能还没跌透，或者逼空不可持续等等，但是他们忽略了一点，整个市场现在处于这个区域，自己的逻辑还是不清晰的，如果你认为这个市场还是相对高位的话，还是很大风险的话，那就别看股市了。你要看，又要玩，那你就要考虑这里是不是值得投资的区域，如果值得投资你就一定要有一部分仓位是不变应万变的，哪怕大盘明天大跌也是不变的，因为市场有可能出现逼空，这个不变的仓位在市场机会来的时候，你不会失之交臂。有些人会失去人生的机遇，是因为他们认为，当机遇来临的时候，他们可以马上上车，但事实上有几个人做的到呢？那你只能做什么？当机遇还没来的时候，你提前占好坑，机会一来的时候就直接带你飞起来了，很多人认为自己有那个本事，但事实上认为有那个本事的人却是没有那个本事的，他们有的只是追涨杀跌的本事。顶级的人都不会说自己的是顶级的，有能力上车的人，他也不会说自己有能力。我傻傻地在这里等着，守着，有一部分仓放着，就这么简单，但是并不代表没有能力，它的成长需要一个等的过程，一旦机会来的时候，可以把握得淋漓尽致。

【趋势的级别小结】

○ 大趋势中，包含小趋势，因此在判断上涨趋势还是下跌趋势之时，要先明确所处的时间级别；

○ 小趋势要服从大趋势。

4. 趋势的特性

4.1 稳定性

○ 趋势一旦形成，股价会沿着原有的趋势运行。除非有强大的外力出来改变趋势；

○ 趋势具有自我强化功能，产生赚钱效应来吸引更多资金，进一步助长趋势；

○ 索罗斯的"反身性"也是这个原理。

中国软件，它整个趋势 45 度角一旦形成，会自我强化，现在这段时间市场风风雨雨跟它来说，有影响，但影响不大，因为它的趋势已经形成了，自我强化，但是很多人是很难把握得住这个股票的，为什么？因为不是说大盘涨它就一定涨，也不是大盘跌它就一定跌，它自我强化的过程中，走自我的路线我行我素，除非你是真的看好这只个股，这个人才能赚到钱，很多人持有中国软件为什么赚不了钱？很简单，他们并不是真的看好中国软件，只是想投机一把，买它明天涨，是在赌这个概率，那他们就未必赚得了钱啦，因为你不是买它的未来的，你对它基本面没有深入研究的，当然我也并不说中国软件基本面有多好，说真的，我对它的研究不深，我只是说真的能赚钱的人，一定是研究了它基本面的人，我在它身上也赚不了什么钱，因为我对它研究不深，所以我买进去的话也会患得患失，今天一跌我就担心是不是见顶了，明天一涨我又担心是不是涨多了，我先出来，因为对它研究不深嘛。只有研究深的人，真的是买中国软件本身未来的人，它才能够在里面赚到这个趋势的钱。

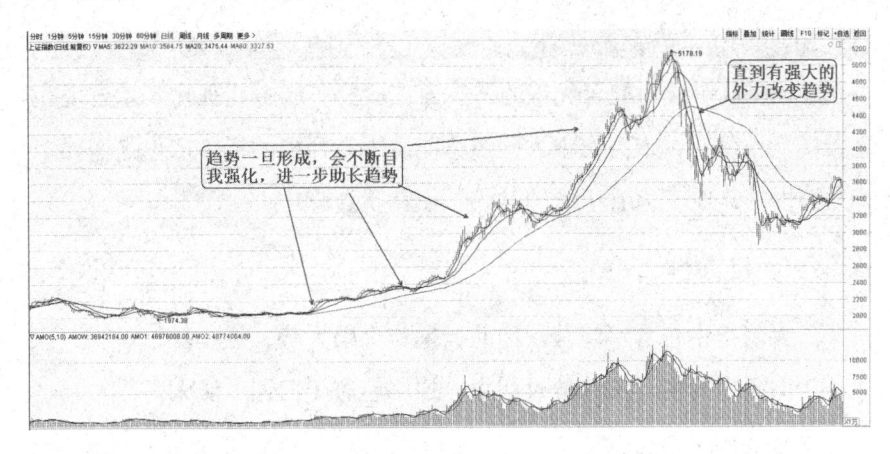

趋势一旦形成，会不断自我强化，进一步助长趋势，直到有强大的外力改变趋势。外力的改变其实在形态里面是能够看得出来的，我刚才说了顶部的形态。

接着看茅台：

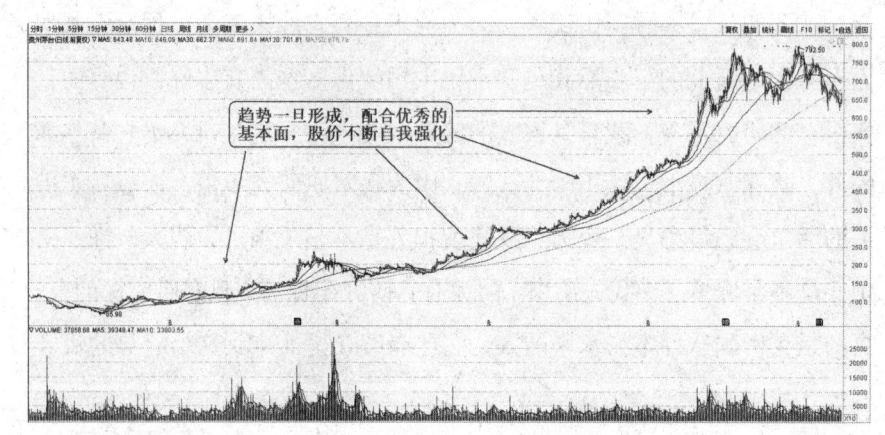

[图：贵州茅台日线走势图，标注"趋势一旦形成，配合优秀的基本面，股价不断自我强化"]

趋势一旦形成，配合优秀的基本面，股价不断自我强化。茅台现在进入反复动荡了，在高位中大阴线你能发现有几根的话，那你是需要多一点警惕的，或者你看不懂的时候，你就欣赏嘛！

4.2 小反向性

○ 大趋势中包含小趋势。因此，操作上顺大势、逆小势；
○ 即是在大的上涨趋势过程中，逆小趋势（回调）买入。

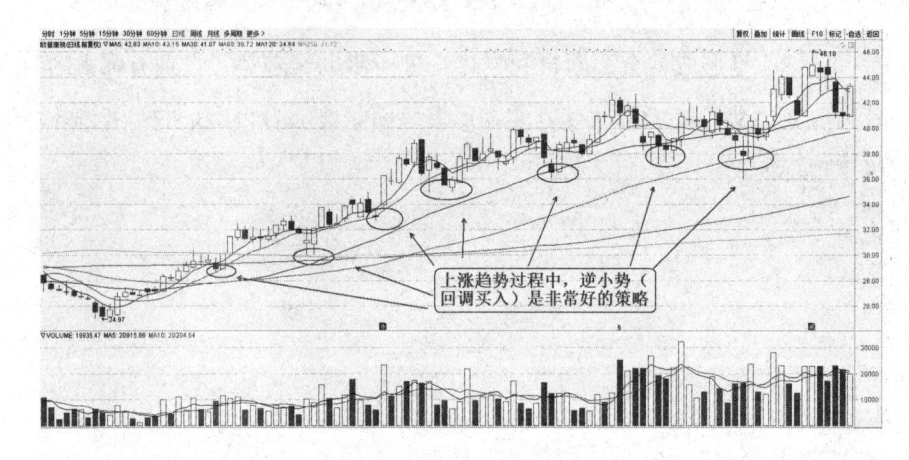

[图：日线走势图，标注"上涨趋势过程中，逆小势（回调买入）是非常好的策略"]

趋势线形成，基本上都是回调买入。科技股就是因为中线行情，它的买入不是上涨的时候买，而应该是下跌的时候买，逻辑就在于大趋势包含小趋势，小趋势下跌就意味着买入的机会，所以它的核心的原理就来自这里，所以科技板块的买点，一定是跌的时候，而不是涨的时候，因为它进入45度的通道上涨的时候，一涨可能就碰到上轨线了，之后就要调整，所以你一追进去它就调。所以追涨杀跌的人，在这种45度角趋势形成通道里面占不了什么便宜，往往是吃苦的，所以往往哪怕买中了牛股，他们也赚不到钱，他们根本没有耐心，就想着今天追进去，明天就涨的，但往往这类个股不是这样的，因为它是走中线行情，今天涨了明天可能调，调到低点你又砍了，砍了之后它又涨，搞来搞去你根本看不懂，但是简单来说它就是一条线，就是一条45度角的线。

【学习温馨小结】

○ 趋势一旦形成，会自我强化，直到转势信号出现；

○ 趋势具有小反向性，大趋势包含小趋势，因此操作上要顺大势、逆小势。

【课后思考和作业】

☆ 利用本节趋势知识，以个股为案例，优化自己的买卖点。

第六堂课：如何了解筹码优势

学前须知

1.本堂课介绍的是筹码，分别阐述筹码的定义、筹码的控制力度、筹码在股价不同阶段的体现，并且讲解如何利用筹码峰识别筹码；

2.本课堂的内容在牛散大学堂股威宇宙的等级为：中学，讲解实战分享的内容是大学级别。内容级别结合自身状况采取是否学习或者阅读的策略。

【课前操盘回顾与感悟】

2018 年 9 月 25 日

今天是 2018 年 9 月 25 日周二，也是中秋节后的第一个交易日，很多人对中秋节前的突袭来的有点突然，节后的动荡也同样让很多人感觉突兀。当然整体来看，我觉得依然还是趋势不改，那么这个突兀的动荡当然有一些消息面的影响，但是碰到消息面的影响，我跟大家普及一下的是之前技术上的一些东西，比如今天就很明显留下了一个缺口：

可以肯定地告诉大家，这上涨当中的缺口基本上大部分都是一个普遍性的缺口，就是说短期之内迅速回补的概率是非常大的。迅速回补的时间，快则几个交易日，慢则一两个星期，那我个人是倾向于未来几个交易日之内就有可能把它回补掉的，当然也不排除它再往下适当地压一压，然后再迅速地回补，整体一个格局依然还是保持一个突袭的状态，行情一定是犹豫当中发展的，越是犹豫当中发展而来的行情越是值得期待；相反，越是大家坚定信心的行情，越是值得怀疑的，所以现在的行情是有几个犹豫的点：一个是2638点没破，是行情发展的一个犹豫点，很多人心里还是有点半信半疑的；另外一点就是，上涨过程中总是伴随着反复，这也是行情的犹豫点；第三个就是盘面上来看，始终没有出现一个让大家目前能够持续走强的行业板块，但是有没有一些集体的区域板块呢？有，之前已经反复说了，超跌低价股，这也是现在春江水暖鸭先知的鸭。大家看一下今天的乐视，不经意地又涨停了：

第六堂课：如何了解筹码优势

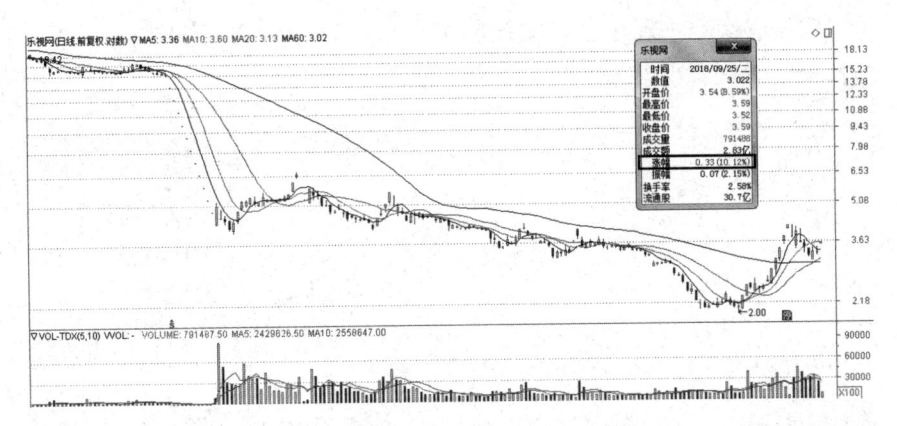

我拿乐视作例子想是告诉大家，这个是之前率先翻倍的超跌低价股，这只股有特殊性，它要退市的概率还是很大。哪怕今天出了这个消息，它依然还是有非常大的退市概率的，这个也是短期刺激，但是今天这个涨停也从侧面告诉大家，超跌低价股依然还是一个目前行情的主线，我们做这个主线并不是说我们要去抓这种（乐视有退市风险）的个股，我们要抓的是什么呢？一定是跌的够惨的，比如天润数娱：

149

跌得够惨吧，现在也有几个涨停了，还有今天的江苏索普：

它们都是类似这样的一种状态，而这里我们可以精挑细选没有退市风险的、未来行业有可能预期发生变化的、业绩有可能迎来拐点的、成长性的公司，或者说是拐点型的公司，它们是我们接下来研究的重点。如果是有一个行业性的板块，它又符合超跌低价股崛起的话，那就非常漂亮了，如果真的出现这种行情的话，到那个时候参与其中的话，有一部分肯定是抢先行情了，当然现在还没有展现出来。

很多时候行情没有展现出来，很多人就是半信半疑的啦！这是肯定的，就好像中国软件一样：

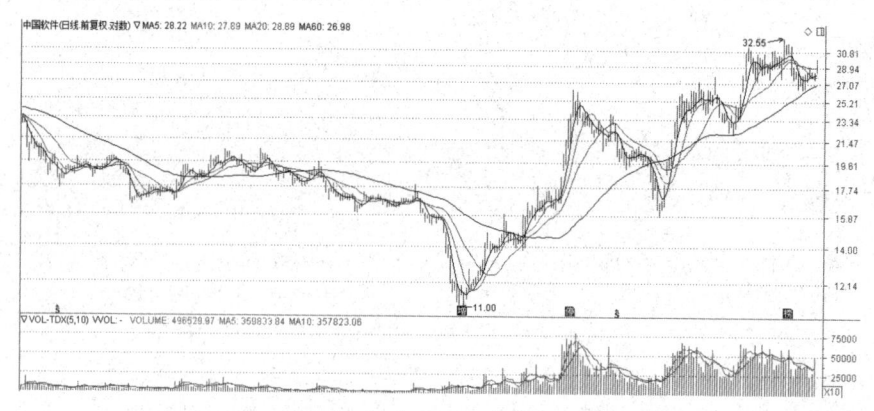

可以看到它之前是跌得很惨，谁能想得到它跌到11元钱的时候，在今天行情那么低迷的背景下，最高已经到32元，快翻两倍了？那一

定是提前先知先觉的、坚定信念的人，这些人能够想到这个行业本身确确实实也在发生微妙的变化，包括政策的扶持等等，所以导致了走出这样的一个行情。在弱势的格局背景里面，我们依然是能发现一些亮点的，但是这个亮点是星星之火，我相信星星之火最终能够燎原。我们现在要做的事情并不复杂，我们要做的事情就是不断地提升自我，然后等到机会来临的时候，我们才能把握住那样的机遇。我们现在是属于在山的谷底，虽然这个谷底要上去的话需要有点曲折，但是这个曲折是值得的，我们是要有信念的，要敢于去付出，然后最终登到山顶。从谷底到山顶的整个过程你能经历过来的话，我告诉你，你就真的蜕变了，人生就是要有几次从山谷到山顶这样的过程。人并不是你在山顶上面有多厉害，而是说你在山谷的时候，你能够展现你强大的生命力，这个才是最厉害的，而不是只是看到山顶。一个人辉煌的时候，就不用你再去锦上添花了，但是一个人在山谷的时候，这个时候你雪中送炭，尤为珍贵，在山谷的时候你能够慧眼拾金，把握机会的话，那么这个机会自然未来会给你丰厚的回报。就好像中国软件一样，曾经跌到11块，等于是我所说的山谷，那现在是山顶吗？那我认为也不是，未来可能还有更高，但是它已经在这过程当中，享受到了丰厚的回报，所以回报是回馈给那些敢于在山谷里面，坚定信心向上爬的这部分人群，所以我们要相信此时此刻，一定是处于山谷的这个区域，提升自我，才能把握机遇。好，回归主题。

  这一堂课重点是跟大家分享筹码。首先市场博弈中筹码内容是我的特长、我的优势，所以这次的课程可能会有一些衍生性的知识点，会有很多发挥的地方，会有很多横纵向梳理的地方，这个是最精彩的。

  很多人在思考什么是筹码？控制力度达到多少才算真正的控制，这里讲了30%左右才谈得上真正控制住，筹码在股价不同的阶段会有不同的体现，还有一些技术方法运用筹码峰识别筹码。好，我们具体来说说。

筹码优势

○ 筹码的定义；
○ 筹码在股价不同阶段中成交量异动的体现；
○ 运用筹码峰识别筹码。

1. 筹码的定义

1.1 定义

○ 在二级市场中，实际流通股票的持仓成本分布和持仓数量分布；
○ 特别强调：实际流通股本不是交易软件上显示的流通股本，而是流通股本减掉控股股东及其一致行动人所持有的流通股本。

筹码的定义大家要特别注意的是，这个筹码一定是实际流通的股票，指明股票到底是一个什么持仓成本和持仓的数量，这是筹码基本的定义。这里强调的是实际流通，因为很多个股所谓的流通不是真正的实际流通。举个例子，中国软件，大家可以看到：

【1. 股本结构】

单位(万股)	2018-06-30	2017-12-31	2016-12-31	2015-12-31
总股本	49456.28	49456.28	49456.28	49456.28
有限售条件股份	-	-	-	985.05
国有法人股	-	-	-	985.05
无限售条件股份	49456.28	49456.28	49456.28	48471.22
流通A股	49456.28	49456.28	49456.28	48471.22
实际流通A股	49456.28	49456.28	49456.28	48471.22

它是全流通了，4.95亿是全流通的，但是我问大家一个问题了，它实际流通多少？有的人说实际流通不就是那里写的4.95亿吗，玩什么文字游戏嘛？不，这不叫文字游戏，我是有深意的，再看一下：

【1. 控股股东与实际控制人】

控股股东	中国电子信息产业集团公司(45.13%)
实际控制人	国务院国有资产监督管理委员会(控股比例(上市公司)：45.13%)

中国电子信息产业集团公司,它持有了整个流通股的45.13%,也就是说接近一半是它持有的,那这里又问大家一个问题了,这个大股东会不会像我们一般投资者一样,天天在二级市场高抛低吸呢?明确地告诉大家,不会!就算它要做这个动作,它也一定要提前公告,减持增持,因为它是大股东,所以它不是一般意义上的流通股东,虽然名义上这45%其实也是可流通的,但事实上,它的45%流通股是不可流通的,或者说是锁定的流通股。只是这些股不是实际上我们平时可以交易的筹码,所以我们在研究筹码的时候,一定要先把实际上不能流通的这部分筹码去掉,在博弈的阶段,即我们二级市场交易的过程当中,它的意义、影响不大,所以中国软件的45%流通股可以很果断地去掉,然后同时还要去掉一个什么呢?我们再看:

截至日期:2018-06-30 十大流通股东情况 A股户数:43198 户均流通股:11449
累计持有:27609.18万股,累计占流通股比例:55.83%,较上期变化:1289.77万股↑

股东名称(单位:万股)	持股数	占流通股比(%)	股东性质	增减情况
中国电子信息产业集团有限公司	22319.02	45.13 A股	其他	未变
香港中央结算有限公司	967.61	1.96 A股	其他	↑800.26
中央汇金资产管理有限责任公司	889.44	1.80 A股	其他	未变
中国人民人寿保险股份有限公司-分红-个险分红	722.28	1.46 A股	-	未变
中国人民财产保险股份公司-传统-普通保险产品-008C-CT001沪	714.30	1.44 A股	-	未变
中国人民人寿保险股份有限公司-万能-个险万能	639.69	1.29 A股	-	未变
俞慧军	450.00	0.91 A股	个人	新进
中国工商银行股份有限公司-嘉实新机遇灵活配置混合型发起式证券投资基金	334.65	0.68 A股	基金	未变
中国工商银行股份有限公司-汇添富移动互联股票型证券投资基金	302.78	0.61 A股	基金	新进
闫立辉	269.40	0.54 A股	个人	↑56.90

香港中央结算有限公司，这个很明显，这样的公司一般也不是说天天高抛低吸的，你也可以把它归类于沉淀筹码，就是不怎么轻易动的筹码。香港中央结算有限公司也是不怎么动的，至于说人寿、财产保险，相对来说比前面那两个机构要活跃一点，不会像它们一样一两年、两三年都不动，可能隔几个月、半个月也会动一下，它也会做一些配置，高抛低吸。所以你在看筹码的时候，你把第一大股东看成是一个锁定的，肯定不会动的，否则是要先通知你的，第二、第三是一般情况下不会动的，它们可以不通知你，但是一般情况下，它们的持股时间也往往是以年为单位的，那后面的基金公司，它一般正常情况下不会经常动，它们的持股时间周期往往是以月为单位的，或者几个月。除了这些以外，其他都是非常积极可以流通的筹码。我们计算的就是那些非常积极可以流通的筹码。中国软件前三的股东都属于不经常流通的，我们一定要先排除它的，所以中国软件就是 45.13%+1.96%+1.8%=48.89%，接近 50%，所以中国软件的实际筹码，你粗略一算，4.95 亿砍一半，粗略就知道是 2.5 亿左右，所以中国软件实际的可流通筹码，就是 2.5 亿。

　　那么 2.5 亿可流通筹码在不同的时间，不同的价格，它有不同的意义。例如，2.5 亿股在 11 元左右的时候，你大概需要多少资金，才能够有一定控制的可能性？11×2.5=27.5 亿，27.5 亿就是它实际流通的市值，若需要 30% 的筹码，那在 27.5 亿筹码里你要 30% 的控制筹码，必须要投入多少呢？必须要投入 8.25 亿，你才能对这家公司有相当的话语权，或者说控盘，这样你筹码衍生出来的思路就慢慢出来了，当然这个价格是波动的；又例如，现在价格波动到 30 块，它的市值已经到达 30×2.5=75 亿，你要 30% 的 75 亿筹码，你至少投入 22.5 亿，你才有话语权。所以就和买房子一样，原来当它一万元一平方米的时候，你可能是买的起的，你是能入户的，但是不好意思，现在是三万元一平方米了，很多人就买不起了，也就没法入户了，这个时候它的买家也不一样了，三五六万就变成豪宅了,所以参与它的投资者就是升级了,要更大的机构投资者才能去参与这种上市公司,所以当它市值比较小的时候,散户机构都可以参与,但当它比较大的时候,要控盘的话,那肯定是要更大的机构才能去参与其中。再看一个中国石化:

截至日期:2018-06-30 十大流通股东情况 A股户数:452051 户均流通股:211387
累计持有:11526223.87万股,累计占流通股比例:95.20%,较上期变化:47890.39万股↑

股东名称(单位:万股)	持股数	占流通股比(%)	股东性质	增减情况
中国石油化工集团有限公司	8579267.11	89.78	A股	其他	未变
香港中央结算(代理人)有限公司	2538995.71	99.52	H股	其他	↑700.47
中国证券金融股份有限公司	253676.75	2.65	A股	其他	↑13090.27
香港中央结算有限公司	62869.58	0.66	A股	其他	↑27766.04
中央汇金资产管理有限责任公司	32203.79	0.34	A股	其他	未变
中国人寿保险股份有限公司-分红-个人分红-005L-FH002沪	20103.40	0.21	A股	-	↑7795.51
全国社保基金———组合	10500.01	0.11	A股	全国社保基金	↓-116.27
长江证券股份有限公司	10408.87	0.11	A股	证券公司	未变
中国人寿保险股份有限公司-传统-普通保险产品-005L-CT001沪	10260.37	0.11	A股	-	新进
中国工商银行-上证50交易型开放式指数证券投资基金	7938.29	0.08	A股	基金	新进

中国石化就更加极端了,中国石化的第一大股东叫中国石油化工集团有限公司,其占A股89.78%,香港的H股占了99.52%,所以你会发现很有意思,中国石化占了90%左右,剩下的证金占了2.65%,香港中央占了0.66%,中央汇金占了0.34%,也就是说占了90%多的筹码,其实是不怎么交易的,要么属于沉淀筹码,要么属于年为单位的交易筹码,剩下以月为单位的交易筹码,或者以日为单位的交易筹码,其实充其量加起来不会超过10%,不会超过10%流通股的概念是什么?你看:

实战操盘技法

单位(万股)	2018-06-30	2017-12-31	2016-12-31	2015-12-31
总股本	12107120.96	12107120.96	12107120.96	12107120.96
无限售条件股份	12107120.96	12107120.96	12107120.96	12107120.96
流通A股	9555777.10	9555777.10	9555777.10	9555777.10
实际流通A股	9555777.10	9555777.10	9555777.10	9555777.10
H股	2551343.86	2551343.86	2551343.86	2551343.86

中国石化的流通股是956亿，90%多都可以说是沉淀的，那我们就粗略地算90%吧，那剩下10%是可以交易的，那你就大概算出来实际流通筹码，956*10%=95.6亿；再粗略一点，你就算它100亿吧，100亿就是可以经常交易的，比较活跃的。那好了，现在中国石化的价格是不到7块，我就算它7块，那也就是说它实际的流通的市值，大概是700亿，你若控制30%的话，则只要有210亿，就可以在这里面兴风作浪了，或者是说阶段性可以控盘这家上市公司。

所以你会发现，中国石化和中国石油是非常好的杠杆股票，可以用来杠杆指数，就是说做指数的这部分资金一定会是对这些股票做一个高度的控制，或者是高度的关注，它并不一定要30%的筹码，但是它会不时地用资金的优势去影响它，或者是用筹码的优势去影响它。比如，我有一定的筹码了，我要砸盘，那就拼命地卖这两只股票，砸下来可能就带动了一批的股票下跌，那指数就掉头了，因为它可以起到一个非常好的四两拨千斤的效果，因为这两只股票在市场的权重是按照总市值来算的，你等于是至少一比十的杠杆，你就这样撬动了指数，撬动了它对股指的影响。所以它这里肯定是存在市场资金，尤其是博弈股指的资金，是兵家必争之地，简单来说，未来股指如何，其实很多时候你观察这两桶油，大概也能得出一些结论：

第六堂课：如何了解筹码优势

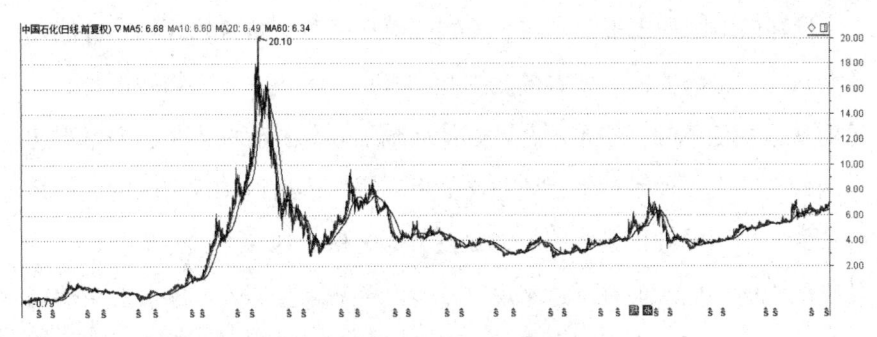

未来股指如何，你看两桶油长期的底部横盘。

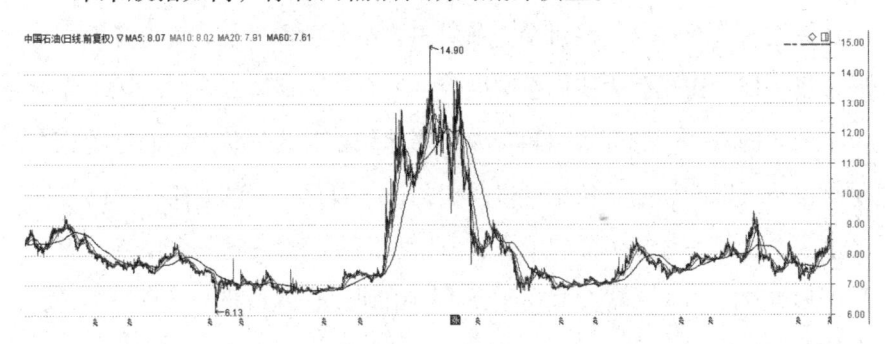

这两个股长期地反反复复震荡。很多人会说，两桶油那么长时间都没有行情了，未来会有行情吗？我告诉大家，它们的行情，是属于不来则已，一来肯定是一鸣惊人的。很多人说那它基本面在哪里？中国两桶油都是亏损的，它们怎么会有机会？很简单，穷则思变！它们的机会不在于本身未来发展的机遇，比如未来石油蓬勃发展，迎来大的机遇。我并不认为会这样子，它们的机会是什么？改革机会，混改的机会，自身和外在压力带来下的改革的机会，这个未来有可能会带来蜕变。举例，我们可以做个遐想，它们拥有那么多加油站，现在汽车都是加油的，那以后就算变成新能源汽车的天下，那它们摇身一变就变成加电站，它们是具备这个基础的，然而这不就是升级了吗？这样升级的加电站是不是要跟很多新能源厂家合作，渗透这个细分行业，它们有这个实力，也有这个财力，所以它们的未来不在于本身石油行业的发展，而在于整个行业的变革突破，所以我们要看到这一点。

实战操盘技法

就好像中国的未来，不在于美国，而在于我们自身，我们自身能否认清自己，最终突围。我看的是这些积极点，所以一个事物两面看，我看的是这些变革的一些东西，就好像两桶油一样；有些人是看的悲观的东西，有些人说油不行啦，效益又低下；很多人就讽刺说美国的油厂是赚钱的，中国的油厂是亏钱的，效益又那么低，这样下去肯定不行，这就是悲观的一面。但是反过来说这不也酝酿着新生吗，酝酿着变革的机会吗？如果它不是现在这样子，它股价早就不是这样啦，哪会有现在这个低迷的阶段给你这样的机会。所以事物都是两面看的，就好像现在A股市场一样，正是因为我们在制度上，还有过去遗留的一些问题，包括上市公司的一些问题等等因素合力，才导致现在这种状态，而这种状态不是说不可以改变的，还是可以改变的，并且是往好的方向在走的，现在事实上也是在往这个方向上去，所以我们要相信是这一个山谷，而不是山顶，这个山谷一定会慢慢重新走向山顶，这就是我们未来的机遇之所在。

了解了流通筹码，大家有深刻印象之后，再看几个案例：

盛和资源的实际流通股本需要减掉控股股东持有的 2.46 亿股

估算实际流通筹码的方式也是一样的,主要考虑前面几个大股东,能上十大流通股东的人,它们的流通股往往至少是以月为单位的,前一大前二大就可能是以年为单位的,甚至是十年为单位的,都有可能。了解到它们到底是什么单位为主,你就知道它到底是沉淀筹码,还是一般的流通筹码,或者非常流通的筹码,这样一目了然,加加减减你会很清晰。你看:

欧菲科技实际流通股本需要减掉控股股东的 5.24 亿及一致行动人持有的 3.11 亿。

2、香港裕高

香港裕高成立于 2000 年 4 月 10 日,法定股本 10,000 港元,注册地址:香港中环德辅道中 21-23 号欧陆贸易中心 20 楼,持有登记号为 3112946300004098 的《商业登记证》。股东蔡高校持有香港裕高 100%的股权,与本公司董事长蔡荣军系兄弟关系。

欧菲科技的实际流通股本需要减掉控股股东的 5.24 亿及一致行动人持有的 3.11 亿。一致行动人顾名思义,你是我的一致行动人,哪怕只有 100 股,一致行动人表示不卖,你这 100 股也不会卖,这就叫一致行动人。一致行动人是有签协议的，是有法律效应的，所以一个大股东提出要整合下面的几个小股东，成为一致行动人，那就可以联合一致行动人，增强自己的话语权，那么一人没说卖，其他人都不会卖。这个时候你就要看大股东是属于什么级别了，它是以年为单位的级别，那好了，我们就把它排除在外；如果它是以月为单位的，那我们要关注它一下；如果它们是以日为单位的，那尴尬了，小散联合成的一致行动人没有意义，这个还是流通筹码。

1.2 持有多少比例筹码的有利于股价的掌控

○ 对于一般的中盘股来说，30%的比例会比较合适；注意30%只是一个大概的区间约数，不必太过于纠结具体的数字；

○ 较大盘子或者过小盘子的标的，则需要具体问题具体分析。

那么30%的控制筹码到底是不是固定的？不是的，不同的阶段有不同的效应，比如在熊市阶段，跌得很惨的时候，就不需要30%，20%左右都已经OK了，你能拿到20%的筹码都已经有相当的话语权，因为这个时候你拿到的筹码推动股价稍微地往上走一走，其实很容易推动上去，因为就算大部分的筹码是流通的，但都是上面套死的沉淀下来的，所以你在往上走突围的时候，你不需要收集太多的筹码就可以往上走。

前面所说的超跌低价股从筹码的角度来说，大家都知道它很多筹码是分散的，而且分散的时候是套在高位的，它跌到极致的时候，下面低位的筹码，哪怕你拿一点点，都有一定的话语权，而且往上拉的过程当中会阻力很比较小，因为上面都是套牢盘，低位扫掉一些割肉盘的筹码，在往上拉涨的时候，没有割肉盘了，那你是不是一身轻，因为上方都是高位套牢盘，你涨的过程当中，只要能形成合力，其实是很轻松的。

所以为什么我一直说超跌低价股，一定会有黑马、有牛股！从筹码运作的角度来说，低位吃到的筹码在未来预期发生改变时，涨起来翻个一两倍轻轻松松，因为翻个一两倍，对于低位来说，最低位进去的人当然获利很丰厚，但是对于高位置套牢的人来说，获利并不多，甚至没获利，所以它们出的欲望不会很强烈，不会构成低位的筹码巨大的冲击，所以这也是超跌低价股能起来的一个很重要的因素。就好像乐视一样，为什么随随便便可以翻一倍呢？大家都知道，它都跌了90%多，那当然可以随随便便翻一倍了，因为跌得深，稍微一小反弹就是一倍了，参照物不一样。

顺鑫农业：

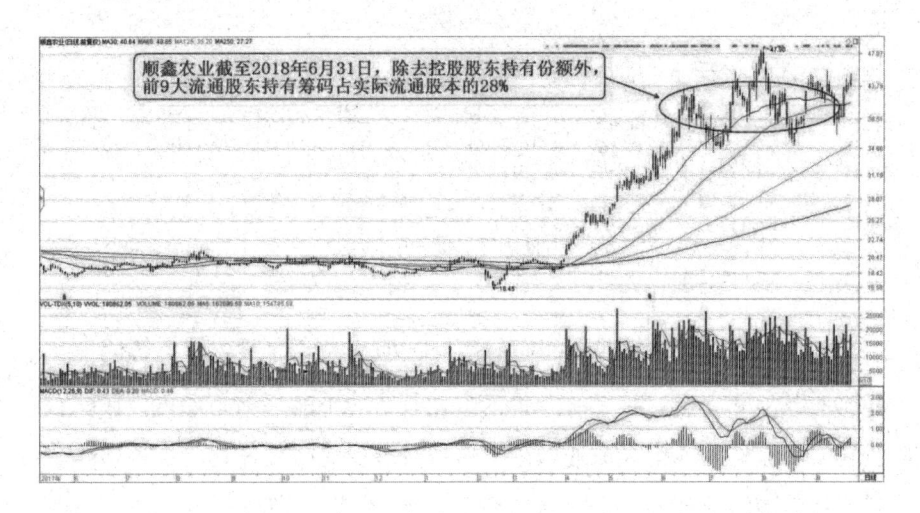

顺鑫农业——实际流通股本是 5.71-2.19=3.52 亿，前十大流通股东中的机构资金合计持有 3.19-2.19=1 亿，则控制实际流通盘 28% 左右。

000860 顺鑫农业			
卖五	43.68		22
卖四	43.66		302
卖三	43.65		47
卖二	43.64		71
卖一	43.63		58
买一	43.62		283
买二	43.61		210
买三	43.60		230
买四	43.59		12
买五	43.58		67
现价	43.62	今开	43.07
涨跌	0.83	最高	44.45
涨幅	1.94%	最低	42.65
总量	180862	量比	1.16
外盘	96577	内盘	84285
资产	183.2亿	市值	248.9亿
换手	3.17%	股本	5.71亿
净资	11.33	流通	5.71亿
收益(一)	0.844	PE[动]	25.9

【3.股东变化】 十大流通股东排名 A股户数：40477，户均流通股：14097
截至日期：2018-06-30
累计持有：31899.80万股，累计占流通股比例：55.91%，较上期变化+1771.4万股↑
股东名称（单位：万股） 持股数 占流通股比(%) 股东性质 增减情况

北京顺鑫控股集团有限公司	21939.21	38.45 A股	其他	↑150.17
中国农业银行股份有限公司—易方达消费行业股票型证券投资基金	1962.11	3.44 A股	基金	新进
深圳大禾投资管理有限公司—大禾投资-掘金5号私募投资基金	1956.48	3.43 A股	其他	↑578.28
泰康人寿保险有限责任公司—投连-创新动力	1529.63	2.68 A股	保险理财	↑540.11
全国社保基金—零八组合	1099.95	1.93 A股	全国社保基金	新进
上海高毅资产管理合伙企业（有限合伙）-高毅邻山1号远望基金	850.00	1.49 A股	其他	↑120.00
中央汇金资产管理有限责任公司	776.44	1.36 A股	其他	未变
中国银行股份有限公司—招商中证白酒指数分级证券投资基金	652.30	1.14 A股	基金	↓-263.04
招商银行股份有限公司—中欧恒利三年定期开放混合型证券投资基金	618.05	1.08 A股	基金	↓-357.71
中国建设银行股份有限公司—中欧价值发现股票型证券投资基金	515.54	0.90 A股	基金	↓-534.73

顺鑫农业除去控股股东持有份额外，前 9 大流通股东持有筹码占实际流通股本的 28%，这已经很惊人啦，其实能不能高不高控盘，你就看看它实际流通的前十大流通股东大概持有多少筹码，你就能大概估算。就像我们前面提及的一个经典品种叫新经典，我们都知道它的股东人数是非常少的，看十大流通股东一目了然，很多机构都是买了不少筹码，所以它在上涨过程当中为什么有时候涨起来很轻松呢？就是因为它筹码集中，如果没有压力，如果不是股市跌那么惨，它就可以天空无限高了，后面开始下跌的原因很简单：筹码松动了。因为大部分都是获利盘，40元涨到 100 元，很多都是获利盘，跌到五十、六十很正常，跌下来反反复复震荡极其正常啊，这都是筹码之间的博弈的结果。

2. 筹码在股价不同阶段中成交量异动的体现

○ 成交量的异动，是关注筹码交换的线索；

○ 相对低位大周期形态构筑过程中，成交量的持续异动，是资金低吸筹码的直观反映；

○ 股价放量滞涨，是筹码派发中比较有迷惑性的手法，识别起来有一定的难度。

成交量也要密切关注，对于筹码来说，低位放量堆出来的量是非常有意义的。因为低位充分换手至少可以说明筹码在不断地集中，同时如果未来个股轻松、缩量地拉升，那是非常好的，哪怕放量的拉升也是好事，说明什么？说明重心上移，因为其低位合力形成了一个筹码，然后上移的过程当中，改变了趋势，这就是一个开始蜕变的很好的体现。而在高位的时候放量，就要警惕了，那什么叫高位？有人说像乐视刚刚翻了一倍，或者有些低价股刚刚翻了一倍算不算高位？对于最低价来说这里或许是高位，但对于最高价来说，这里依然是低位，参照物不一样。所以判断它是高还是低，你要跟行情本身结合起来，股指处于山谷，在这个位置哪怕你的股价现在翻了一倍，其实也未必是高位，因为大环境是山谷啊，所以你的高放到山谷里面来说，其实就不高了，也就变成谷了，所以要看行情来定夺，我们更需要看参照过去历史的一个波动的状况，比如它现在就逼近历史高点，或创出历史新高了，那么这个时候放巨量，那你是要警惕的，逼近历史新高、创出历史新高的情况说明它解放了所有的套牢盘，没有什么筹码的压力，那么放巨量，只有一种可能性，说明有资金要套现了，同时也有新资金要进入。在这个过程当中，就像前面所说的角度线一样，角度线已经很陡了，它有可能巨量换手之后，因为买进去资金实力很强劲，会继续让它陡一段时间，这是有可能的，这个情况可以结合我前面顶部的方法去做一个具体操作，因为放量并不一定就是最终的高点，它可能20元放量到30元才见高点，这都有可能，所以具体什么时候去卖，就结合前面章节所说的顶部见大阴、形态等等，记得温故知新，接着看。

安图生物周线图：

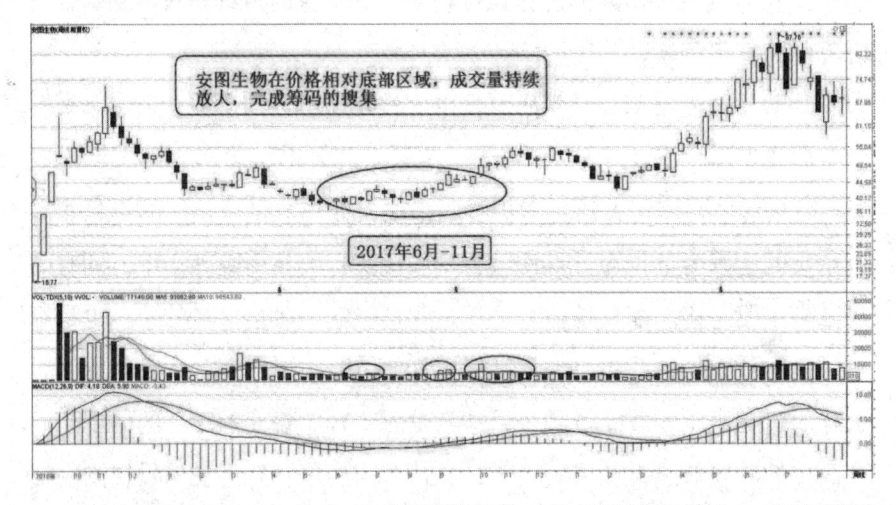

[图：安图生物周线图，标注"安图生物在价格相对底部区域，成交量持续放大，完成筹码的搜集"，时间为2017年6月-11月]

2017年6月～11月在相对底部区域，成交量持续放大，完成筹码的收集。然后后面往上涨到2018年的时候，就开始滞涨了，结合顶部形态，周线都有两根大阴线下来，反反复复地下跌，后面就危险了，一路下跌。

老百姓也是一样的：

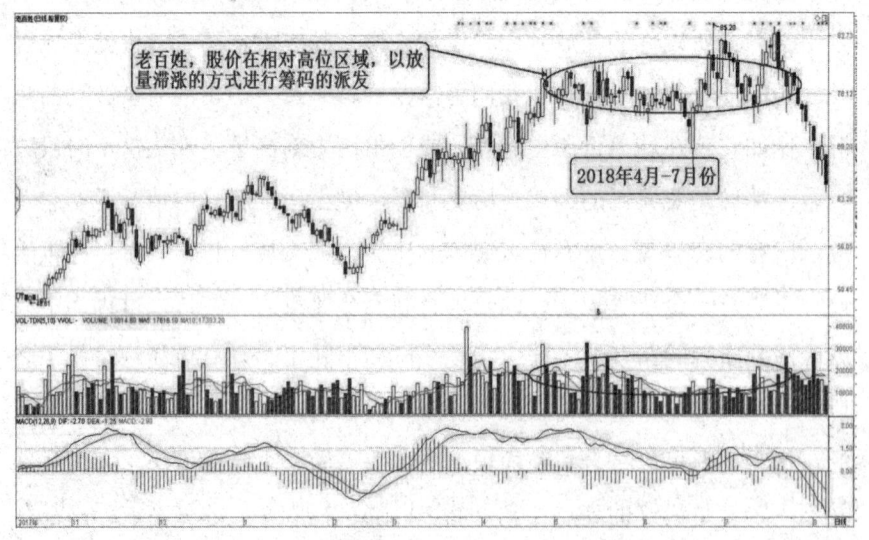

[图：老百姓周线图，标注"老百姓，股价在相对高位区域，以放量滞涨的方式进行筹码的派发"，时间为2018年4月-7月份]

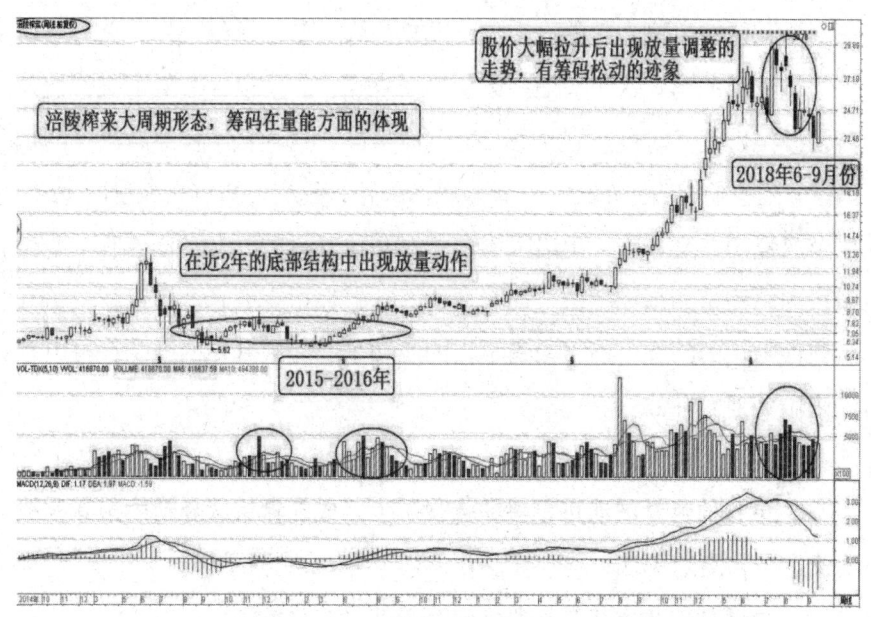

相对高位，放量滞涨的方式进行筹码的派发。

涪陵榨菜：

2015年到2016年两年涪陵榨菜在底部结构中出现放量动作，然后角度线非常漂亮地一直往上走，涨到很高位置的时候，涪陵榨菜又放量了，配合一些明显筹码松动。2015、2016年是一个低位筹码收集阶段，即山谷，2018年6～9月份则是阶段性的山顶，我为什么说是阶段性的山顶呢？因为未来还有可能随着行情的回暖，它又再创新高的。虽然涪陵榨菜前段时间刚刚创新高，创了历史的新高，但并不代表这只个股，未来就一点戏也没有了，因为如果行情一回暖，像这种已经能创出历史新高的个股，稍微修正之后，它有可能再次刷新历史高点，因为牛市一来，会有轮番给到各个板块一个表现的机会，所以你现在看上去它好像是山顶了，但是当牛市一来的时候，它有可能把这个山顶攻克掉，又变成阶段性的山谷。记住的我话，咀嚼一下，因为它这段时间能创历史新高，是在市场山谷下面完成的，这个本身就说明它已经是牛股了，那牛股的一个特点就是什么呢？当然它阶段性会迎来调整，我们回避一下，或者欣赏一下，但牛股毕竟它有它的牛气，只要市场再次真正走牛，风口又轮到它的时候，它就很容易再次攀高峰。就像茅台一样，茅台不就是这样演绎的吗？这叫长期牛市，反反复复，它阶段性会低下头，但是行情慢慢恢复的时候，它又有可能创出新高，这种就叫做穿越市场的牛股。但是我们在看盘的时候，看筹码的时候，我们要知道它高位的意义，以及放量的意义，你一定要很明白相对高位放量的意义，你要有一个做波段的思路，如果你特别长期非常看好它，你留点底仓就可以解决了其阶段性下跌的问题，不用太纠结它的波动了，但是其他的仓位你可以拿出来做其他的标的。

【学习温馨小总结】

○ 单日的巨量波动可参考的意义不大，成交量持续异动才最有实战意义，值得重点关注；

○ 博弈利益最大化是筹码低吸高派的最终目的。

单日的巨量波动可参考的意义不大，成交量持续异动才最有实战意义，持续性！就是说相对高位持续异动。相对高位只是一根大阴线，你也不用太在意，但是你要有警惕了，但是相对高位有几根的话，不管如何你就要先把仓位降下来，你要小心它可能有阶段性杀伤力比较大的回调，反过来底部也是如此，低位几根反复的大阳线，那你要特别重视。这都是我们在筹码波动的过程当中可能会体现出来的外在表现，相对高位它有几根大阴线就说明筹码这个时候反复松动了，一次松动是可以理解的，市场可以消化掉；二次松动有些时候市场就不是那么容易消化了；三次松动就不好意思了，有可能就是彻底击垮了里面多头的信心，K线急转直下。反过来底部也是如此，有些时候底部的构筑，只是靠一个涨停板、一根大阳线是不行的，因为这个时候对信心的刺激不够，就好像上证指数，现在如果是说要走出这个区域的话，只是靠周五的突袭那很

第六堂课：如何了解筹码优势

显然是不够的，虽然是对大盘有刺激效应，但是还不足以对空方形成毁灭性的打击。

那怎么样形成毁灭性的打击呢？一次不够，来两次，两次不够来三次，量变会促成质变。就像攻城战一样，打一炮过去还没有攻下来没有关系，再放一炮已经摇摇欲坠了，再放第三炮彻底摧毁，然后攻下这个山头。一样的道理，股市的博弈也是一样，是多方跟空方的博弈。筹码的变化，是松还是紧，跟多空双方的反复博弈有非常大的关系，做商品期货、期权也一样，也是充分市场博弈的，多空的博弈，你要看穿里面的多方跟空方。在博弈里面特别是在期货、期权市场，一旦发生逆转，请记住置之死地，它不会说大家保持一个平衡握手的状态，一定有一方是死的，死得很惨烈的，按照期货、期权专业术语讲，就是一定要让一方输光为止，爆仓，因为有杠杆，赢者一定要这样，这样才能取得最后的胜利。

要取得最后的胜利，一定是反复攻。假设你是多头，遇到阻力突破一次，空方会反扑压下来，你没攻下来没关系，第二次一突，空方可能还会抵抗一下，但是这个时候它的力量已经弱了，因为它第一次压你的时候，已经消耗了不少的兵力了，第二次压你，这个时候要看对方的力度，发现兵力越弱了，不好意思，第三次就彻底击垮。更重要的是，现在的空方就是未来最大的多头，当空方彻底击垮的时候，它被动地把自己的空单平掉变成了多单，变成多头，接下来又会从一开始被动，可能转为主动，它可能又掉转旗帜继续向上拓展空间，股票的博弈也是如此，在低位的时候，大家预期很悲观，很激动，甚至会破口大骂，什么话都骂得出来，很正常，因为预期悲观，筹码在不断地松动，而松动的过程当中，伴随着个股的是负面的能量。而当标的个股有一个涨停、两个涨停、三个涨停的时候，能量慢慢就开始释放了。这个释放不是说股票本身在释放，而是里面的情绪在释放，里面的人群在释放，乐观的人进去了，而悲观的人出来了，出在了山谷，因为他们已经失去信心，失去希望了，乐观的人可能刚刚进来的也有，也有本身在里面作战坚守到最后的，甚至还加仓的，各种类型人物都有，这个时候战歌慢慢地就响起来了，人心的本性就是如此，所以大家一定要看到这种情绪的变化。正如前面章节谈到的，顶部和底部，情绪也是一个非常重要的变量，这个情绪大家充分地去理解，情绪对筹码的影响是巨大的。所以为什么我说懂得运作股票的、真正能把握好股票的，一定是能看透人的情绪变化的，他们透过人情绪波动的变化而去把握其中的一些规律，掌握一些机会。洞察情绪非常之重要。

3. 筹码峰

筹码峰是我们软件里面一个交易工具，我们来看其妙用。

3.1 筹码峰是什么

○ 筹码峰——流通股票的持仓成本分布，在行情软件上，显示为筹码峰；

○ 学习筹码能够更好地指导我们的操作。

软件的好处就是，它已经帮你梳理了，做好了数据上的统计，不用自己拼命地去算，你拼命要去手算数据大概是涨了多少，跌了多少，而软件一显示就告诉你涨了 67.5 元，跌了 37.8 元，再比如在三元钱的价格，从开始到现在一共成交了 19.8 亿，一目了然，不用你拼命在那里算。软件就是在你交易上、数据上精确的一种支持，更精准，更精确，那自然对你的判断成功的概率也会更强，因为你的判断上面，精度更精了。所以我们要让软件好好辅助自己交易，它会让我们在把握高低点也好，在把握的度上可能会更精准一些，把握起来会更加得心应手。你看，筹码峰以新经典为例：

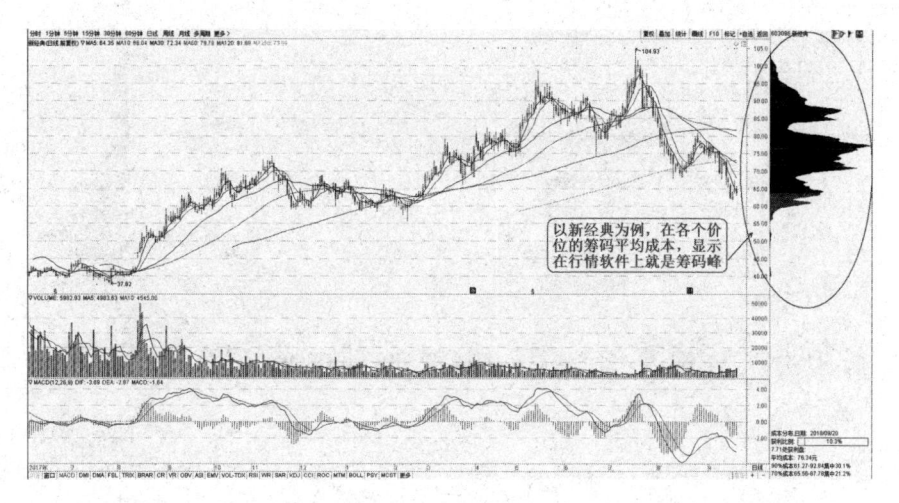

从筹码峰，你就知道在多少的成交是比较高峰的，75元到80元之间的这个筹码峰是比较高的，所以很多人的成本可能是集中在这个区域，大部分的成交量都在这里，一目了然。

3.2 如何在行情软件上查看筹码峰

○ 以通达信为例：进入K线界面，在屏幕的右下角点击【筹】，再把鼠标移动到K线部位，用鼠标移动光标，就可以看到筹码随交易日的进行而出现的各种形态变化；

○ 以同花顺为例：进入K线界面，在屏幕的右下角点击【筹】或【焰】（一般显示是"筹"），再把鼠标移动到K线部位，用鼠标移动光标，就可以看到筹码随交易日的进行而出现的各种形态变化。

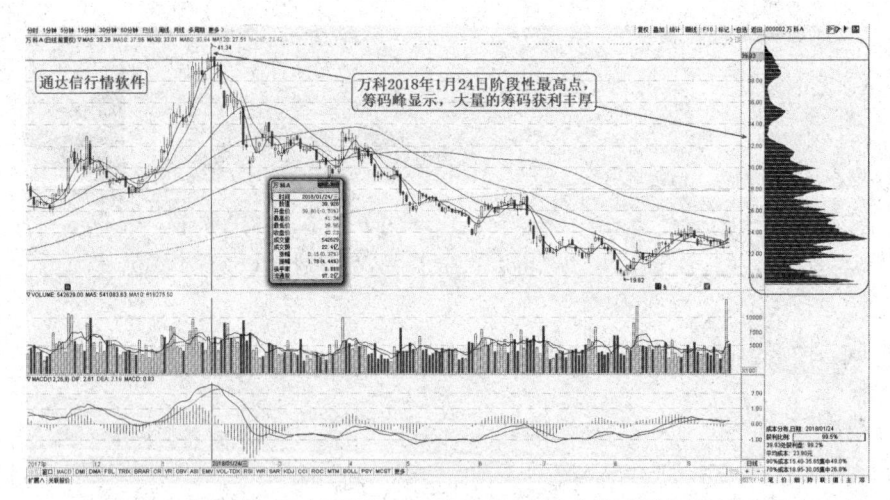

这是通达信软件显示图例，万科阶段性最高点的筹码峰显示，大量筹码获利丰厚，底部筹码也很多。

3.3 筹码峰的几种妙用

第一种：筹码峰的爆发性机会；

第二种：筹码峰的支撑作用；

第三种：筹码峰的阻力作用。

3.3.1 第一种妙用：筹码峰的爆发性机会

○ 股价长时间横盘，筹码峰形成细长的形态；股价跟筹码峰基本重合；

○ 股价跟筹码峰基本重合，预示着市场的平均成本都在当前价位，这是筹码意志高度集中的标志，一旦启动，就是大机会；

○ 最好是低位，其次是上涨中继的位置。横盘的时间越长越好；

○ 历史上很多的大牛股都是这样走出来的。

配合图形来理解一下:

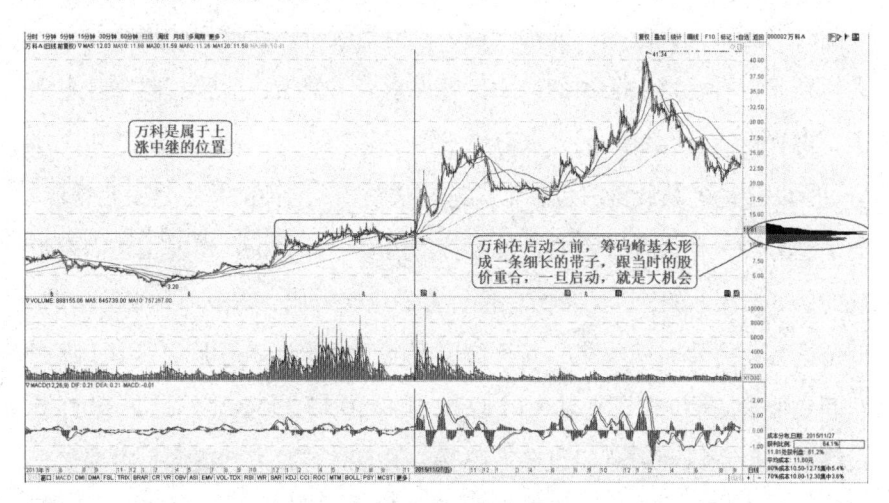

万科中继形态,在启动前,筹码峰基本形成一条细长的带子,跟当时股价重合,启动之后就是大机会。接着看经典案例,新经典:

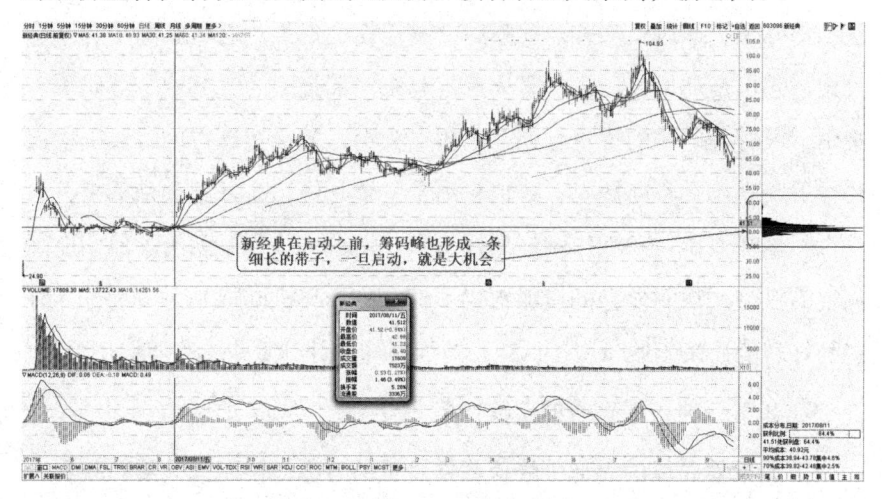

你看新经典横盘震荡的时候,筹码峰显示量能集中,这里成交越多,沉淀筹码越多,那么接下来火山爆发力应该越大。一个火山要爆发的时候,它一定是一个积蓄的过程,能量积蓄的一个过程,它在一个相对区间,比如40元到60元的这个20元波动的区域,波动有一段时间,同时量能也不错,那么一旦释放的话,这个位置就爆发了。在40至60元的区间里面不断地换手，有人进有人出，经过几个月，长达半年甚至一年的时间之后，该看空的人都走完了，但是股价还在这里，说明剩下的人都是非常看好这家公司的，一旦导火索来了的话，股价就蹭蹭往上涨了，再有行情一配合的话，那就更不得了。

所以有些超跌低价股也在低位这样横横横，这种横并不是说它很弱，而是它需要一种换筹，需要一种蓄势，需要一种契机，爆发也是需要契机的，不是硬上的，因为本身低位进去的这些筹码，在前面是很分散的，低位进去也需要时间收集，而且这里面也不可能收集得非常集中，那么它们要上去的话，我只有10%的筹码，让我10%硬上很显然是有压力的，最终只能借东风啊，草船也要借箭啊，很多时候股市的博弈，也要借东风，就好像新经典，当时在那个位置横了那么长时间，突然之间爆发，借了什么东风啊？借了中报高增长的风，就是中报业绩突破超预期的增长。那好了，东风一来，点火喷射噌噌地往上走了。这就解释了有一些公司，它也是高增长，为什么火点不起来？那是因为它的这个筹码不够集中，没有筹码峰的堆量，还有很多空头啊，就是在低位的时候很多人还很看空，还在不断地卖，哪怕它出了一个利好，高开又会杀下来，为什么？很多人说："哦！刚好利好出来，卖啦。"刚好就给了他们逢高抛空的机会，很明显它的量能蓄得不够，这个契机同样是一个利好，有些利好就能让一家股价飞上天，有的利好却没什么效果，道理就在于此。

3.3.2 第二种：筹码峰的支撑作用

○ 如果筹码峰的大部分峰值都在股价的下方，说明当前筹码获利丰厚，要小心市场的获利回吐；

○ 当股价下跌到筹码峰的密集成交区时，对股价有较强的支撑作用。

第六堂课：如何了解筹码优势

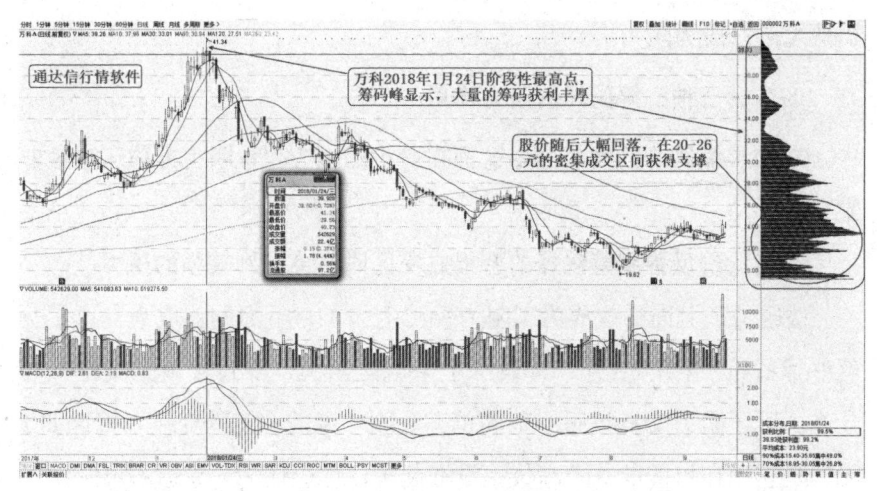

你看图中万科这里就到了持仓成本区域比较集中的地方，所以为什么它跌到这里能够止跌呢？不好意思，这里的筹码峰比较大，很多人都是这个成本，所以它很难跌了，有些人就觉得这个位置是一个价值区域了，敢于买或者是敢于持有了，逻辑就在于此。接着看：

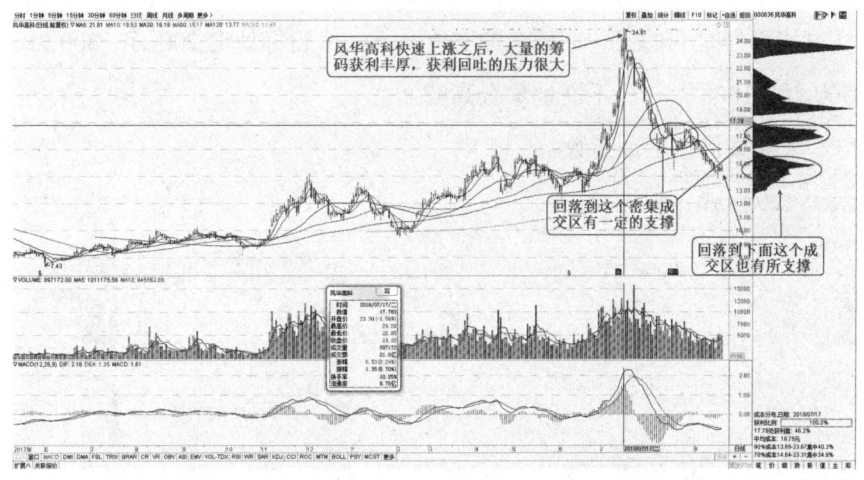

有时候结合筹码峰你就知道，它可能会回落到哪个位置，可能会迎来一点支持，因为这里是成交密集区域，曾经堆过量，到这里就至少要抵抗一下了，这个抵抗不了，那就只有在下一个筹码峰获得支撑了。

反过来，这个就好像股票的价格一样，筹码峰既然可以成为支撑，

173

当然也可以成为阻力。

3.3.3 第三种：筹码峰的阻力作用

○ 如果筹码峰的大部分峰值都在股价的上方，说明上方的套牢盘非常多；

○ 当股价反弹到筹码峰的密集成交区时，会受到较强的阻力。

跌透了，上面的就成为了阻力，涨上去了，下面的就成为支撑了。就好像股价一样，13元，你没涨上来就是阻力，涨过了就是支撑，为什么一下子阻力变支撑呢？很简单，我刚才说的心态的变化。就比如5元钱是它现在目前的一个高位，没涨起来，你会认为5元遥不可及，不可突破，但是一旦站上5元的时候，你就会觉得一身轻松，5元终于站上来了，信心满满，这就是踩在脚下，未来要追求更高的目标。就像人生的攀登一样，当你没赚到100万的时候，你会觉得100万有点遥不可及，很难，但是你突然赚到100万了，你就突然会发现，100万已经到手了，实打实已经是我的了，你信念的支撑，下一个目标就会200万、300万、500万、1000万……不断地攀登高峰。

来看案例，上证指数：

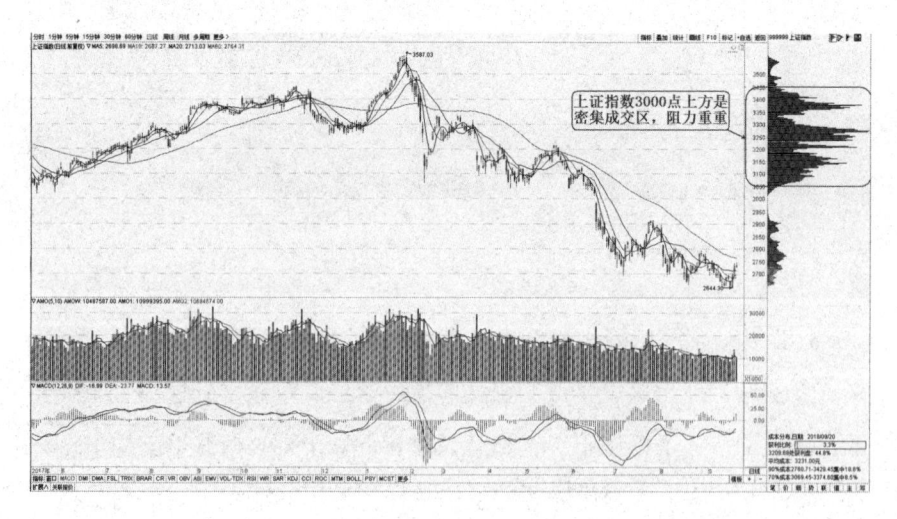

上证指数 3000 点上方是密集成交区，阻力重重。所以 3000 点我们进一步反攻的话，肯定是会剧烈动荡，因为那里筹码峰比较集中，那你肯定会遇到重重的阻力，这是我们必须要思考到的一点，但是如果一旦把 3000 点踩在脚下的时候，那你的心态就会往更高的方向去走了，一步一步往上攀登。

为什么我说现在这个区域是一个山谷、是一个底部区域呢？那这个位置本身来说，也是沉淀了很多筹码，不容易往下跌下去。有些技术分析说，如果真的跌破 2600 点，又到会到 2300 点、2200 点啊，不得不防，因为一下子就把这部分套着，这部分人又崩溃了，那当然就会形成新的恶性循环。但是这个恶性循环到哪是个头呢？那我们就要看市场的一个力量，但是你要相信，任何东西都会有个头的，它不会无休止的跌下去的，你这个时候又要对市场本身，还有公司本身做一个清晰的估值，心中要有个数。我记得当时在 1000 点的时候，很多人都觉得要破 1000 点要到 900 点、800 点、700 点……这个时候，你就要对市场做一个估值了，你认为这个公司还有没有可能跌的那么惨，它本身还有没有价值。

股票是有价值的，就好像现在一样，也是有价值的，不要一跌就无限度的放大它的悲观，缩小它的价值，没有必要。它本身还是有它应有的价值的，所以我可以很明确的告诉大家，我个人认为，如果人生当中还有新的机遇，未来股市一定是我们可以看到的一个机遇，人生当中一个大的机遇，某种意义上来说，我认为甚至它会超越昔日 1000 点到 6000 点的这个机遇的。因为现在市场留给人生的机遇，其实很多行业都已经很成熟了，但是我们这个行业，能够回到现在，很不容易，很不简单，反过来说也是蕴含着无限的生机，所以我们现在要做的很简单，看透未来，然后充实自己，加强子弹，等待新的机遇来临。因为这个新的机遇来临，人生要把握住的话，其实可以创造很多奇迹，过去是房地产行业创造了一批奇迹，未来我相信，未来十年、二十年一定是资本市

实战操盘技法

场，会创造很多很多的奇迹，这个一定是留给那些有准备的、坚定的、有信念走下去的人，而不是留给那些犹豫的、半途而废的、很容易被市场所清洗的人。当然赢者一定是少数人，不会很多人，这是必然，因为这也是人性使然。

【学习温馨小总结】

○ 筹码是实际流通股票的持仓成本分布和持仓数量分布；

○ 通过辩证分析成交量指标，理解筹码低吸和派发的特征；

○ 筹码峰的三大妙用：爆发性机会、支撑作用、阻力作用。

所以我们了解了筹码，也了解了筹码峰，也了解了筹码峰基本运用的一些价值，爆发性机会、支撑作用、阻力作用。那么我相信大家对这个市场，就会有一个更清晰的思考跟认识，而且大家一定要记住，博弈的本质，其实也是筹码争夺的一个本质，在这个争夺、博弈的过程当中，就是你死我活的一个过程，虽然这是一个没有硝烟的战场，但是远比有硝烟的战场更加残酷，我们要在这里胜出，说真的，只有强大自己，没有其他的途径，或者是相信你认为强大的人，坚定的跟随，坚持走下去。我自己认为，我在这个市场一定是非常强大的人，所以我有信念，有信心能够带领更多的人，最终走向胜利的彼岸。这需要个过程，甚至在这山谷的阶段里面，是需要很大的付出，但是我相信如果面对未来的胜利来说，这些一切都是值得的。我分享了那么多东西给大家，一方面需要大家梳理一个系统性的体系，另外一方面，就是我为什么要创办牛散大学堂的初衷一样，对我自己也是一个梳理，同时也是一个分享，甚至也是情绪的一种释放，而这种释放对于我们的这个未来的把握，还有对未来思路的梳理，我认为都是有非常大的帮助的。在这个过程当中，肯定有时候会走的比较曲折，但这曲折并不会妨碍我们最终的方向。

所以这一堂课，我更多的是从筹码的角度，带领大家认识这个资本市场，这一块很多人是不理解的，很多人也没有这方面的经验，毕竟从我操盘至今，我有丰富的实战经验，大资金把控的经验，这些很多人是不具备的。这个经验是非常宝贵的，也是付出了很多的代价，才能够总结出来的一些经验，而这些经验很多人可能一下子没办法很好的去感知、吸收，但是没有关系，你先听进去，然后在实战的过程当中，把我给你讲的东西慢慢一点一点融入进去，慢慢你就会发现它的威力。记住，多去温故知新，因为我讲的很多东西都是相互呼应、连贯的，不是脱节的，这样大家就能更清晰地认识我们的资本市场，把握资本市场。因为我们的这个资本市场新的一个精彩的轮回只是刚刚拉开一个序幕，我们要去更好地把握这些精彩，运用其他的一些工具，期权、期货等等，包括我们自己也在不断强大，壮大，提升的一个过程，那么我相信在接下来分享的过程当中，我希望跟随着我们步伐的朋友们，一起把握接下来难得的机会和机遇。此时此刻我们能做的就是在这行情过程当中多充电，作业也要多做，特别是热衷学习的人来说，多付出一点汗水是没有关系的，你想一想现在多学习一点，多吸收一点，多复习一点，以后真的机会来了，你跟别人貌似区别不大，可能会区别非常大。比如就选股票而言，股票池里面十只股票，可能就因为你过去的积累和学习，你选的个股可能就远远跑赢其他人选的标的，这个远远跑赢不是几十个点的问题哦，可能是几倍的问题，就是说这个差距，会在未来实战博弈当中，逐渐显现出来，现在可能显现不大，因为现在行情本身低迷，英雄用武之地貌似发挥不大，但是一旦行情逐步恢复的过程当中，未来开始热闹起来的时候，你要相信，英雄就会有用武之地而且会发出巨大的光芒。

就好像昔日 1000 点到 6000 点的过程当中，我不否认不学习的人，没有系统的人，也能够赚钱，只是赚多赚少的问题，闭着眼睛买只要不拼命追涨杀跌，一年赚两三倍都有可能，但是你说它有没有可能赚十倍、几十倍？那就凤毛麟角了。但是我们做到啦，就是靠自己系统的体系，就是靠对市场的理解，对一些工具的把握，但是不是有权证嘛，还有对市场的认知程度，以及区别于他人的方法、判断，抓住了一些特别大的升浪，那这个升浪的话，对于一般人来说就不是多出几十个点的问题了，就有几倍、十几、二十倍的问题。所以此时不是见胜负的时候，见胜负的时候是在新的机遇来临的时候，我相信很快了。所以我现在就在积极的准备当中，我希望大家也有这样的心态，保持这样的心态。

好，布置一下这次的作业：

【课后思考和作业】

☆ 利用本节筹码知识，以个股为案例，分析关注个股的机会与风险。

第七堂课：认识安全边际

学前须知

　　本堂课介绍的是对安全边际的认识，通过其由来、定义、运用等逐步加深对安全边际的理解，又从性价比的角度思考和运用安全边际，懂得选择什么时机进行买入操作，以此帮助读者有更好的操盘思路；

　　本课堂的内容在牛散大学堂股威宇宙的等级为：小学，讲解实战分享的内容是大学级别。内容级别结合自身状况采取是否学习或者阅读的策略。

【课前操盘回顾与感悟】

2018 年 10 月 9 日

　　这堂课是讲一讲安全边际的问题。在讲安全边际之前，其实跟当下市场的博弈状况啊，也挺应景的。因为现在市场恰恰是到了一个比较微妙的阶段，微妙在于我们的市场现在到了一个随时有可能迎来变盘的一种状态。我今天的文章也很清晰地跟大家描述了一下，这里稍微是动荡，小阴小阳，或者是十字星，稍微再动荡一下的话，有可能迎来收复失地的走势。

　　我刚才说应景，来源于我们在选股的时候，在这个阶段尤其重要，要聊到一些安全边际的一些个股，就好像为什么今天盘面上科技板块出现一种杀跌、动荡，很重要的一个原因就是跌到这个份上，有一些资金认为它的安全边际不高，为什么有些个股要补跌呢？因为现在这个阶段投资进去，它的回报跟风险不成正比，就是可能回报不知道，但是风险很大，所以为什么市场持续低迷，有些强势股会往下杀，就是因为这个性价比越来越低了，安全边际越来越下降了，同时从另一个角度来说，可能会有一些其他的品种，可能会呈现一个安全边际上升的一种状态。这个时候市场动荡啊，你会发现有一些连续板的或者是突然之间涨停的个股，你会发现它们很多都有共性。这个共性在哪里呢？就是跌得非常厉害，而且很多是昨天才创了新低的，今天就来个涨停，往往是这样，为什么会这样呢？因为跌到让一些资金认为它有足够的安全边际了，那你买、我买、大家买，不小心就把它买在涨停了，就是呈现这样一种状态，当然我待会会进一步地跟大家分享什么是安全边际，会从基本面和技术面等几个角度去看。掌握安全边际，对我们更清晰地认识当下的市场，更有利于在操作上面，对有些个股出击的时点上的把握，是有帮助的。我们都知道这阶段，我刚才为什么说市场首先会有回落，另外一点，很多个股跌得都很诱惑人了，说一千道一万，就是现在具有相对的安全边际了，就是放在过去跟现在做一个大的对比的话，你就会发现，凡是跌到足够厉害的，而它的市盈率足够诱惑、足够低的时候，并且未来成长依然保持不错的话，你这个时候买进去，其实无非就是输一点时间而已，剩下的更多的是机会。

温故知新一下：

操盘特训班体系介绍

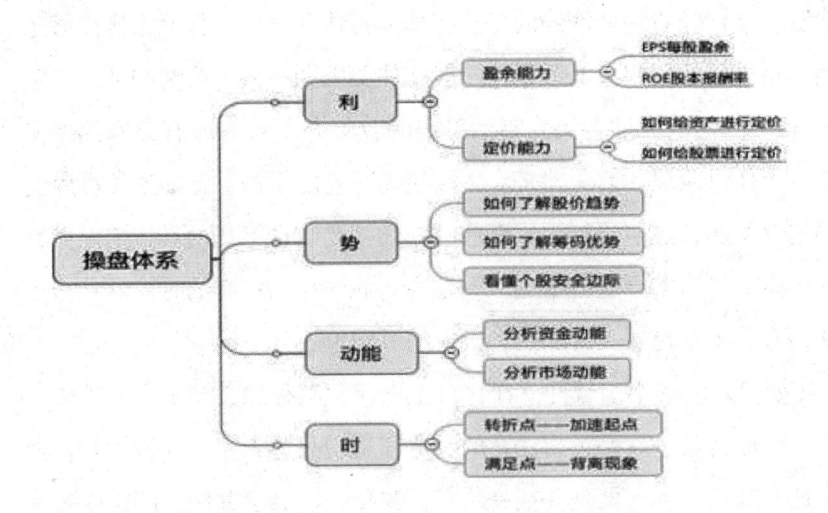

```
                            ┌─ 盈余能力 ─┬─ EPS每股盈余
                    ┌─ 利 ──┤           └─ ROE股本报酬率
                    │       └─ 定价能力 ─┬─ 如何给资产进行定价
                    │                    └─ 如何给股票进行定价
                    │
                    │       ┌─ 如何了解股价趋势
                    ├─ 势 ──┼─ 如何了解筹码优势
        操盘体系 ───┤       └─ 看懂个股安全边际
                    │
                    │       ┌─ 分析资金动能
                    ├─ 动能─┤
                    │       └─ 分析市场动能
                    │
                    │       ┌─ 转折点——加速起点
                    └─ 时 ──┤
                            └─ 满足点——背离现象
```

我之前更多的是讲了一些EPS、ROE，如何给资产定价，还有股价的一个趋势，筹码的一些状况。大家有空要多温故知新，把核心的知识点融入你的操盘体系里面来，不要学一堂课，忘一堂课，这样的话，对你构建你的体系是不利的，我希望在学新知识之前，能温故知新一下，然后课后整个体系再稍微的梳理一下，有些时候温故知新并不代表你一字不落的温习一遍，有些时候你看看一些重点并且感受一下，你就能唤醒你的记忆，然后再去对比市场，做一些思考，做一些总结，那这样突破起来就会很快。

上一堂课我们更多是谈筹码，我当时曾经谈到一般控制多少流通筹码，这个主力才是有相对的话语权的，还记得吗？没错，30%，这是一个很重要的分界线，也就是说有些时候我们看一只个股，它现在具不具备发动一波大行情呢，其实就要了解一下，它有没有主力资金达到这样的一个度(30%的度)，当然这个主力资金，是不是特指一家机构？不是！这个主力资金是一个合力的机构，我们看十大流通股东，估算一下，那么多机构差不多也有百分之十几、二十了，然后再算一下底部的这个区域换手率有多少，换手率达到了百分之几百，甚至百分之一两千，又没怎么涨，又伴随着一些涨停的走势，那你再估算一下，你就大概能够感知到，这里面筹码收集的数量，一般往往要发动一波大行情的话，肯定是要 30% 以上的流通筹码。当然筹码的收集并不代表所有的底部都要构筑一个横盘阶段，有一些是会直接拉高建仓的手法，比如连续涨停的这种建仓手法，也是可行的，有些时候你就要结合市场的具体情况做具体的分析，然后结合它的主题，就是说它炒的什么？有的时候炒什么很重要，有的主题足够大，那这个行情的级别也不会小。

比如像之前的中国软件一样，自主创新，某种意义上来说它跌透了之后，后面就有一些是拉高建仓的，这样集中火力大家一起炒炒炒，现在也还是高高在上，但是现在高高在上为什么也会补跌呢？那也因为它现在的性价比，它现在的安全边际，对比很多其他跌的很惨的一些标的来说，很显然，这样的优势不是特别突出了。但是从一个更长期的周期来看，从中长期、半年甚至更长一两年的周期来看，或许它还有一定的优势，但这个优势是建立在它本身接下来，能够保持持续成长的基本面情况，如果可以，那它跌透了，后面还是会涨上去甚至再创新高。很多成长性的个股，很多长期的牛股都是这样，它并不代表阶段性不会调整，阶段性一定也会调整，你看大牛股茅台，曾几何时最大的回撤都超过 60%，这个回撤、阶段性的动荡，哪怕是好股票，有些时候幅度也是会很大的，很大的原因是在于很多时候受到市场的影响，比如市场天天跌，跌到里面的资金都没信心了，或者是它被动的防御一下，事实上现在就是属于这种状态，你看今天盘中创业板创了新低，所以对于有一些高位的个股筹码，肯定是会带来一种冲击的，它会松动的，一松动盘面就会有反应，一反应就会对市场其他个股带来一些冲击，但是它们的这种松动，你要看到另外一种情况，就是说对于一些有安全边际的个股，它们目前这个阶段，反过来说，是不是有利于它们筹码的进一步收集，这个观点赞不赞同？因为强势股一下跌之后，对于那些低位的或者是现在需要收集筹码的一些个股，它们有诱惑的时候，有些资金可以加速地去收集，因为这些低位的个股也会因为市场的动荡而丧失信心的，因为很多散户（一般的投资者），它们往往是看着市场的涨跌，而去采取它们的操作策略，哪怕这只个股跌得很低了，它也依然还是如此的，所以很多主力资金就会利用这样的一种心态，去做一种博弈。

好了，回归主题。

认识安全边际

○ 安全边际的基本理解；

○ 从性价比的角度分析。

1. 安全边际的基本理解

1.1 由来

由格雷厄姆最早提出；由巴菲特等发扬光大。

1949 年，巴菲特 19 岁时，读到了格雷厄姆的《聪明的投资者》巴菲特选择就读格雷厄姆执教的哥伦比亚商学院，见到了格雷厄姆本人，学到了其价值投资的准则：安全边际出现买入，价值回归卖出。

巴菲特投资股票，很多时候就是强调安全边际，强调所谓的护城河，研究基本面的人，这本《聪明的投资者》也是要去好好研读一下的，对你理解价值投资是有帮助的，因为巴菲特很多理念就是来源于此。

1.2 定义

格雷厄姆："面临着相同的挑战，我大胆地将成功投资的秘密精练成四个字的座右铭：安全边际。"

格雷厄姆的座右铭就是四个字：安全边际。这个东西当然是仁者见仁智者见智了，就好像我告诉大家，股票交易根本的法则就是低买高卖，但是这就是仁者见仁，智者见智，说起来容易，做起来难，对吧。就好像巴菲特说价值投资，听起来好像很容易一样，但是事实上你做起来非常难，而且在做的过程中你也会遇到很多变量，很多时候就好像我们股市博弈一样，进入的门槛很低，几千块钱你都可以进入股市博弈，但是你要成就一番伟业，你要有一个非常好的收益，长期的话很难。所以为什么从长期研究来看，曾经国外的数据我们就可以看得出来，长期数据一看，所有的这些市场博弈大部分的投资者，最终会输给股指，股指年化平均可能就十几二十个点，但是长期来看，没有多少人能做得到，为什么呢？原因就是我刚才所说的，看起来容易，做起来难呐！所以，有一种投资是相对稳健的，长期来说大概率是能够赚钱的，那就是定投股指，因为股指不会退市啊，或者说退市的概率很低，长期来看，股指还是螺旋式上涨这样的一个格局的，所以越跌的时候多投点，涨的时候也投，不断地定投，长期平均收益是相对比较稳定的，这也是一种稳健性投资的方法。

1.3 科学运用"安全边际"理论的三个方面

○ 首先，正确评价企业的内在价值，选择估值合理的优质公司。格雷厄姆认为，如果挑选的公司前景不好，那么投资者宁可避开这类股票，无论它们价格有多低，安全边际适用于其特有的意图，即本身具有高内在价值的优质企业外在价格被低估的时候；

○ 其次，留有足够的安全边际。只有价值显著高于价格才有足够的安全边际；

○ 第三，适度分散投资，不要把"鸡蛋都放在一个篮子里"。格雷厄姆认为，即使个股具有一定的安全边际，一个单独的证券也可能操作得很坏，因此，这个边际仅能保证投资者获利的机会比损失的机会更多，而不可避免损失，投资者需要拥有良好的大类资产配置概念。

第七堂课：认识安全边际

巴菲特认为，经济护城河的实质就是安全边际。如果某股票不具备安全边际，这样的投资就是不安全的，也是不值得投资的。而要做到这一点，就需要具备极好的耐心，善于等待机会的出现。

企业的内在价值，就跟我的《操盘论道五部曲》里面讲价值的时候一样，我着重谈到的有一个价值是相似的，就是本身的价值。如果是传统的企业，那很好判断，就是重置成本，比如宝钢：

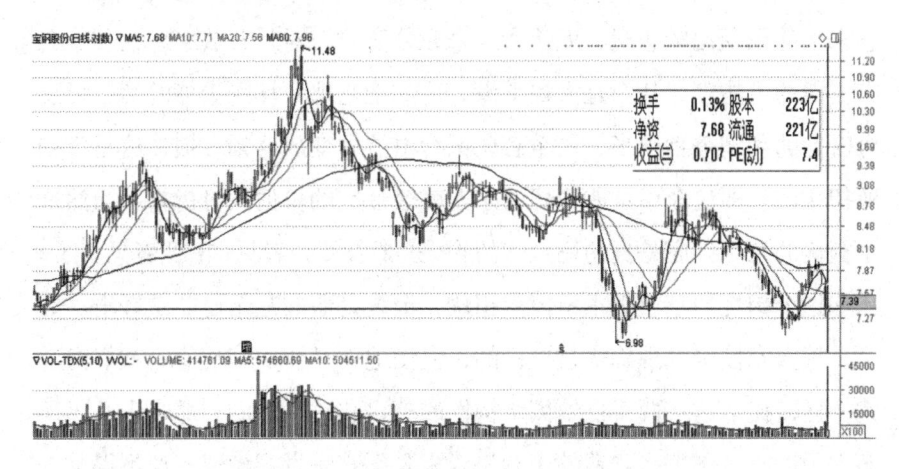

总股本是两百多个亿，股价 7.38 元，那宝钢的话，现在一千多个亿，不到两千亿，这是它现在目前的价值，这个价值有没有内在价值呢？它的价值是不是很突出呢？怎么去评估呢？很简单，看一下它的净资产多少，7.6763 元，刚好在净资产上下浮动，某种意义上来说，也是有相当的价值体现了。但是我要谈的是重置成本！什么叫重置成本？就是说你把宝钢炸掉，重新建设一个宝钢，请问一千多个亿能不能建设起宝钢？这就是一个很简单的逻辑，那我告诉你，可能光是地皮你都不一定能够买的回来，所以某种意义上来说，重置成本像这种传统型企业是比较高的，可能不止三千亿，甚至更高都有可能，像这种企业很显然，如果从长期的角度来看，从内在价值角度来看，我个人认为这些传统型的公司，从重置成本的角度来说很显然是低估的，但是为什么低估了它不涨呢？

很多人就不理解，净资产都跌破很多了，为什么很低估了，它就是不涨呢？不涨有两个原因，第一个原因是大家对它未来的预期悲观，它虽然现在重置成本很高，但是这家企业很有可能未来是不赚钱的甚至亏损的，会把它亏空了，这个是很可怕的，所以为什么银行很赚钱，市盈率也很低，五倍、六倍、七倍，也就是七八年就能够再造一个银行的，但为什么它涨不起来呢？它重置成本也很高啊！核心的原因就是大家对它未来的预期比较悲观，就认为未来充分竞争，对外开放之后，利润会有下滑的可能性，甚至是大幅下滑，比如把它那个坏账去掉的话，可能会对它的利润蚕食很多，甚至有些银行由盈利变成巨幅亏损，这是市场所担忧的，那这个市场所担忧的东西就会让它的价值大打折扣，当然这个担忧的东西到底是真的还是假的呢，这个就要仁者见仁，智者见智了，比如这个担忧的东西根本不值得担忧，最终是假的甚至可能是好事。好了，等大家慢慢发现确实是这样的，慢慢地就又会回归价值。就好像宝钢一样，比如这一两年供给侧结构性改革，它是赚钱的，那未来几年很多人预期它是不怎么赚钱的，如果未来几年它一直很赚钱，那不得了，它的走势就会慢慢涨起来了。所以第一个就是预期的问题。

　　第二个原因就是市场本身的原因，有些时候为什么股价会低于它的价值呢？就是因为股价本身是由交易者交易所形成的一个价格，那交易者的交易行为是受到情绪的影响的，情绪的影响又受到市场所影响，市场现在属于熊市。熊市阶段，有一些人急着用钱，又根本不把股票当做企业，就当做了一个买卖做差价虚拟的工具，它就不管那么多，哪怕低了很便宜了也要卖，因为他卖出去要买东西，做些别的事，他就不认为现在这个位置拿着它就有价值，这很正常，这就是市场原因，明白吗？所以当市场原因引起的时候，也会出现远远低于它价值的这种状态，那么为什么巴菲特能成功呢？他的成功就是做价值投资，第一个他特别有耐心，跌到低于本身的价值的时候，他买进去就敢于长期持有，这是很重要的原因；第二个是他生活在美国，美国有一个长期的大牛市，这个也很重要，市场长期是大牛市，熊市也是很短暂的。熊市的时候，它会低于本身的价值，但是牛市的时候，恰恰相反，有些甚至涨上天，可能你本身价值3元被炒到30元，完全有可能，因为有一帮人根本不把你当企业来看，就当做是交易虚拟的东西。就好像曾几何时的全通教育、乐视网等等都是如此，炒的就是一个情绪。这就回到我的五部曲价值里面来了，我们定义为交易的价值，有时候说白了交易的就是情绪，但是我告诉你，往往最暴利的就是在交易的价值里面去寻找。

所以为什么我们要学会博弈的思维去看待市场呢？不是说它本身的价值足够诱惑，你去投资它就一定能赚钱，未必，哪怕你很有耐心，你也未必能赚钱，因为你的耐心能守两年三年吗？有些人可能连两个月都守不了，它也很有可能两三年都在低位徘徊，还记得中石油、中石化在低位徘徊多久了吗！中石化都差不多10年了，十年如一日啊，你受得了吗？没几个人能受得了，就算它本身的价值很诱人，中石油、中石化它们本身的价值也是很突出的，因为它们本身的重置成本也非常高，它的这个网点就很值钱，但是并不代表市场就会买它的账，这就又和上一节课筹码的问题联系起来了，就是里面的机构有没有拿到30%以上的筹码，有没有动力去做它的。动力不足啊，很多散户拿着，又没有引爆点啊，说白了性价比不高，或许有一定的安全边际，但是性价比不高或者是博弈的价值不大，有其他的一些更值得博弈的品种，才导致了它们现在的这种状态。

所以学了这堂课，千万不要有个误区，我们买股票就一定要买绝对安全边际高的品种，不是这样！只是让你在认识，什么叫安全边际，我们更客观地去看待一只个股，它有一定的安全边际，又有非常大的交易的价值，又有相当筹码已经在主力机构手里，那这个赢的概率是非常非常大的，其实说白了，最终要有一个体系啊，你不能只究一点啊。如果只究一点的话,你一定要在一个历史的特定阶段才会成功,就是大牛市,那是一定能成功的,安全边际这种方式在大牛市里面你绝对是能成功的,但不在大牛市的话,那你就要融合成一个整体。其实安全边际这种方法,哪怕就在大牛市你也要融合其他的体系,这样把握起来才能够让利益最大化,否则的话,你的利益也是相对有限的。

所谓安全边际是指,如果全部集中投资,机会大,风险也大,所以你要强调安全,适度分散的投资也是不可避免的。巴菲特认为,经济护城河的实质就是安全边际。什么是护城河?护城河其实也不难理解,比如茅台它有没有它的护城河?有!它的这个酒,它的这个文化,就是它的护城河,就是说它有足够强的定价权,人家夺不走,而且它的这个护城河很厚,不是一般的企业能够构筑成它的这个护城河的。好,我们接着看:

1.4 内在价值—价值投资的基础和核心

○ 巴菲特:一个企业的价值等于这个企业在剩余寿命下创造的自由现金流折现值;

○ DCF折现法的三个要素:企业剩余寿命、企业的未来增长率、折现率;

○ 巴菲特本人对于内在价值的计算最为详细的叙述出现在1996年致巴克夏公司股东的信中:"内在价值是估计值,而不是精确值,而且它还是在利率变化或者对未来现金流的预测修正时必须相应改变的估计值。此外,两个人根据完全相同的事实进行估值,几乎总是不可避免地得出至少是略有不同的内在价值估计值,即使对于我和查理来说也是如此,这正是我们从不对外公布我们对内在价值估计值的一个原因。"

虽然我们讲内在价值,我们没法做到精确,但是我们可以做一个估计,就是大概估计。所以我刚才说的宝钢的重置成本,我们就是目测,大概感知，你就知道它可能至少值两三千亿、三四千亿，从它的地产还有其他东西，你大概就能感知到，它这个价值是不菲的。就好像为什么有一些民营企业很愿意去收购一些国有企业，它虽然效益不好，但是它的重置成本非常高，就是看中它的内在价值。例如这个煤矿效益很差，每年亏损上千万，但是我会想，这个煤矿我拿下它，我改善它的管理，引进好的技术，我可能就能把它从亏损变成盈利了，那就是因为看中它亏损，我就可以压价，如果它盈利，那我十个亿都买不过来，但是因为是亏损的，它想急速甩包袱，可能五千万、一个亿就卖了。其实光是那个矿山就不止五千万、一个亿的问题，所以我举这个例子，就是要告诉你，现在为什么强调混改，就是因为它本身的效益不高，那就要提高它的效益，但是并不代表它本身没有价值，国企很多企业它们本身都是一块金子，只是这块金子没有很好地绽放它的光芒，蒙了一层灰，那一旦绽放它的光芒，甚至加点润滑剂的话，那这个金子的价值就会蹭蹭地涨。

现在行情起不来，其实有很多种因素。有个因素就是混改的进程效果不是很好，如果混改能够有一个更大的突破的话，我相信对市场积极的刺激，也是会带来非常大的变量，这是我值得期待的地方。但是不管如何，为什么我说现在这个区域很有价值，就犹如昔日2005年的千点区域，就是相当多的公司我认为都跌到安全边际了，就是说它就值这个钱了。就比如从市值的角度来说，很多公司的总市值现在是不足30亿的，20亿左右的一大把，那你想一想一家公司为了上市，它本身做的事情，付出的，其实在它心目当中，它图的不是十几、二三十个亿，它图的是五十亿、百亿，所以现在已经跌到了二三十亿，其实跟不上市没有太大差别的时候，甚至比不上市还要差的时候，说真的，这里难道不就是一些金子吗，不就是一些性价比非常好的标的涌现出来了吗？也就是我们所说的安全边际就浮现出来了。

1.5 安全边际与市场波动

○ "市场从来不是一台根据证券的内在品质而精确地客观地记录其价值的计量器，而是汇集了无数人部分出于理性（事实）部分出于感性（理念和观点）的选择的投票器。"这就是市场波动的由来；

○ 巴菲特告诫我们：要把市场波动看做你的朋友而不是敌人。

所以当我们理解了一家公司本身的价值、安全边际之后，你在投资的时候是不是心中更有数，然后你再结合市场，你就知道现在是属于一个怎么样的状况，是不是值得长期地去买。当一只个股有安全边际的时候，如果你认为它长期没有什么系统性风险，不会退市的话，作为一个稳健型的投资者来说（尤其适合一些大资金），你就可以使用定投的方式了。因为像巴菲特这种级别的资金，它不追求每年年化一倍两倍的收益，它只追求每年年化十几二十个点就很不错了，这个时候就做定投，甚至最终控股，所以你会发现，巴菲特它买的一些公司，买到最后往往会成为第一大股东（当然他不直接干涉公司的管理）。为什么会成为第一大股东，就是因为它的资金量比较大，慢慢买、慢慢买……没办法就成了第一大股东，就有很大的话语权了，因为买的是未来啊，买的是长期啊，资金也足够大啊，如果公司经营的好的话，那第一大股东赚的也最多啊。所以某种意义上来说，这是一种分散到集中的过程。我们接着来看：

1.6 举例：巴菲特旗下的巴克夏公司的股价

○ 在 1973—1974 年的经济衰退期间，它的股票价格从每股 90 美元跌至每股 40 美元；

○ 在 1987 年的股灾中，股票价格从每股大约 4000 美元跌至 3000 美元；

○ 在 1990—1991 年的海湾战争期间，股票价格从每股 8900 美元急剧跌至 5500 美元；

○ 在 1998—2000 年期间，巴克夏公司宣布收购通用再保险公司之后，它的股价也从 1998 年中期的每股大约 80000 美元跌至 2000 年初的 40800 美元。

巴菲特旗下的巴克夏公司的股价，现在在美国已经到了 31 万美金（我没记错的话），当然你看了上面的实例，你会发现这么好的公司，每一个时间点都经历了起起伏伏，所以起起伏伏是不可避免的，所以历史长河里面，放在一个长期的历史来说，这种巨幅的动荡其实是常态，巴菲特这样的公司也是如此。你看它初始几十美金，最终涨到现在 31 万美金，大家感觉好像很爽，好厉害，但是这个过程当中是很曲折的，它不可能天天涨，天天涨涨到 31 万，不可能，没有这样的涨法，它一定是历经艰辛波动，然后最终才到达 31 万美金。所以从巴菲特公司的股价波动来看，你也可以知道，任何股票，它都会受到，或者是市场的因素，或者是公司本身经营的状况等等，一定会经历反反复复，大幅度的这种波动的，这是必然。但是波动不重要，重要的是你能不能透过这种波动，看清楚它背后的本质，你能不能知道它的内在价值几何，它现在是属于什么状况，有没有交易价值，未来会如何，这些是你更需要去关注的，关注、了解清楚了，你才懂得当下是什么状况。就好像当下一样，我就认为当下是要等吃肥肉的时候，哪怕现在情绪很悲观，哪怕现在很多股价跌的很惨，也是如此，越是如此越要坚信一定会来，就好像股价的波动一样，反反复复，或者市场的波动一样，螺旋式上涨，它会遵循这样的一种规律的，进进出出，最终达到平衡。好，我们接着看：

安全边际与经济护城河：A 公司 9 年的经营情况及股价走势与 B 公司 11 年经营情况及股价走势作对比

	A 公司 9 年	B 公司 11 年
收入增速	542%	436%
收入复合增速	22.95%	16.48%
净利润增速	157%	2359%
净利润复合增速	11.83%	33.79%
股价累计涨幅	66%	4151%
年化收益率	6.54%	40.62%
估值变化	-37.00%	72.00%

一对比大家就会很惊叹了，你看 A 公司 9 年的过程中收入增速 542%，收入复合增速 22.95%，B 公司复合增速 16.48%，很显然 A 公司是要比 B 公司占据优势的，再看看净利润的增速，你会发现，A 公司净利润增速 157%，B 公司净利润增速 2359%，净利润复合增速 A 公司 11.83%，B 公司 33.79%，很显然 B 公司占据了优势，然后你再看看股价的涨幅，你会发现，股价累计的涨幅 A 公司 9 年 66%，B 公司 11 年 4151%，你看收入增速是 A 公司大于 B 公司，利润增速 B 公司大于 A 公司，结果股价很显然最终看的是 B 公司，B 公司远超 A 公司。年化收益就会发现 A 公司是 6.54%，B 公司是 40.62%，估值 A 公司负 37%，B 公司 72%，所以你就会发现一个很有意思的现象。

其实我们有些时候看一家公司的经营的话，除了看它的收入增速以外，更重要的是看它的利润增速，利润增速保持持续稳定的增长，而且是势头比较猛的话，你就会发现它的股价就会很精彩。再看看 A、B 两公司的股价走势：

第七堂课：认识安全边际

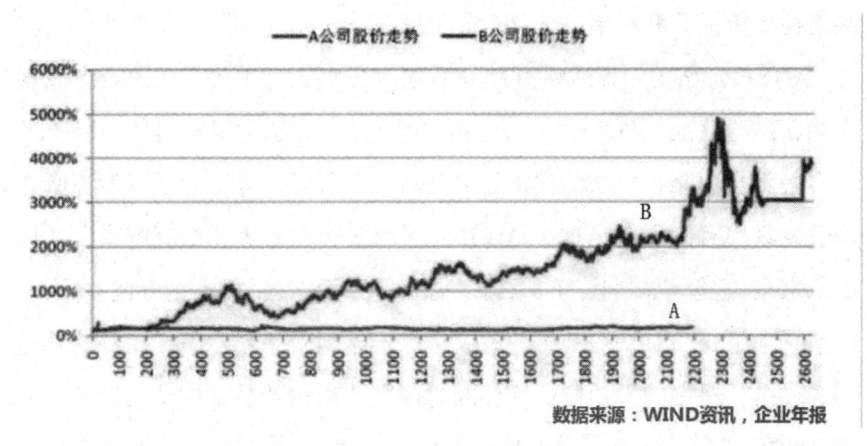

[图表：A公司股价走势 与 B公司股价走势 对比图，纵轴0%–6000%，横轴0–2600；数据来源：WIND资讯，企业年报]

A公司基本上就是反复反复，没怎么涨，很明显B公司是不断的涨。

○ A公司所处的是一个新兴行业，收入增速明显快于B公司的收入增速，但是盈利增速却差很多，主要原因就是在于行业没有太高的进入壁垒，因此不停地有新进入者，行业持续价格战，从而拉低了其毛利率和净利润率，纵使收入增速更快，但是投资回报率却持续下行，其股价的走势也非常一般；

○ 而B公司虽然收入增长慢一些（16%的收入复合增速即便在目前经济低增长时代也不会被人当做成长企业），但是由于龙头企业之间座次已经排定，竞争格局稳定，少有恶性价格竞争，其产品单价是持续提升的，使得毛利率和净利率双双提升，从而创造了比收入快速增长的A公司高得多的回报率。

所以我们有些时候分析新兴产业的时候，除了分析它的收入增速以外，还要分析它的利润增速，这是非常重要的。有利润还能够保持增速，说明它的核心竞争力是比较强的。

○ A公司是1997年—2005年的格力电器，这个阶段空调行业是群雄并起，价格战；

○ B公司是2005年—2016年的格力电器，这个阶段空调行业已经完成了洗牌，龙头公司格力美的拥有显著的竞争优势，龙头公司通过产

193

品结构持续提升利润率。

　　A 公司是格力电器刚刚开始的时候，很多人就杀进去了，有点像现在的新能源电池、新能源车一样，群雄并起，大家都觉得是精华，拼命干，这慢慢就会引来价格战的。B 公司就是成熟阶段，剩下的是王者。所有你会发现很有意思，从这个 A、B 公司的案例啊，为什么有些景象，比如像京东，它创业初期烧了那么多的钱，亏了那么多钱，还是有钱去投它，哪怕它上市……京东一开始的时候也是价格战，恶性竞争，一开始是猛烈的攻击，慢慢的占领行业地位的时候，才通过产品结构持续提升，才提升它的利润的，所以有些风投看中的是 B 阶段，就是说 A 阶段我帮你做，我看好你，我认为你会在这洗牌当中最终走出来，到了 B 阶段的时候，我们就来收获了。所以现在很多创业型的公司，为什么它初期，很多风投还是愿意投钱给它，哪怕不怎么赚钱，甚至亏钱还愿意去投呢，就是因为希望它能够慢慢成长为 B 公司这个阶段，因为你一旦到 B 这个阶段的时候，最终就是赚多少钱的问题了，最终能剩下来的都是有上市的潜力的，那未来利润从哪里来？就是慢慢等它优化持续提升它的产品结构，你放心一定会在某个阶段爆发它的力量出来的，那这个之前靠谁来撑着？靠风投，撑到它赚钱为止，或资本市场给它们丰厚的回报。

　　这些案例很有启发性。包括做股票也是一样，为什么有些股票一开始你看不明白，好像它也不怎么赚钱，有点像 A 公司一样，但是股价却也不怎么跌，为什么呢？那是因为认为这家公司，很有可能慢慢会进入到 B 这个阶段，到 B 阶段的时候，它就提前预支它的未来了，等真的到 B 阶段的时候，就要看它的持续性了，如果真的持续很好的话，它就变成长牛股了，如果持续不是很好，就是昙花一现，或者是再冲一下，慢慢开始长期的回归，所以这个案例是非常具有启发性的。

○ 经济护城河——企业抵御竞争对手对其攻击的可持续竞争优势；
○ 经济护城河是对安全边际的升级理解。

【学习温馨小总结】

○ 安全边际强调的是对企业竞争优势的理解；

○ 安全边际强调的是耐心：耐心等待买点，耐心持股。

安全边际强调的是对企业竞争优势的理解，我们怎么去理解它，它有什么竞争的优势？没有人能再做像宝钢那么大的企业，再造一个很难了，它有它独特的竞争优势，你怎么去理解它，它能活多久，怎么活，这个仁者见仁智者见智，你认为它未来还能活很久，未来还利润很高，那你现在就是像巴菲特一样，投入潜伏，剩下的就是耐心了，买好之后耐心持有，然后等待，或者是持续不断地买入等等。做这些投资本身，特别是对安全边际这种方式去做博弈的话，这个耐心是必不可少的，因为它并不是说依赖于我们的涨停板战法一样，期盼今天买进去，明天就要赚钱的。安全边际的买入逻辑是什么？我认为这个区域是很有价值的，假如我认为现在四元到五元就是一个非常好的安全边际，但至于说买进去之后什么时候涨，我不知道，我只知道它不应该只值四到五元，它应该值八元、甚至十元，这就是对安全边际投资方法的简单逻辑的理解，那核心的一点是我认为它应该值八到十元，那现在四到五元，我就不管了，买入放着，等等等，涨到六元我也继续拿着，只有等到八到十元的时候，我才考虑卖出。

这种方法有个弊端是什么呢？你一定要看看我写的价值那本书，这本书里面我讲了交易的价值，当它回归到你认为本身的价值的时候，四到五元开始涨到十元钱的时候，你认为它已经符合目前的价值了，但是我告诉你，有些时候真正的上涨才刚刚开始，什么意思呢？就很有可能它十元钱会涨到三十元，因为我曾经就做过这样的案例，我在2005年、2006年的一个经典战役就是国投中鲁，做苹果汁的，我很有前瞻性，我很早就预料到当时橙汁已经是市场的主流果汁，苹果汁还不是，现在有天地壹号第五道菜，其实就是苹果汁加醋，那时候大家没有这个概念，不过我无意看到了，我觉得国投中鲁这个卖苹果汁的中长期应该是很有前景的，但是我还没有现在那么有系统，但是我就是觉得它很有价值，也有一定的未来，当时最便宜的时候只有三四元，我就买买买，后面涨到 10 元，当时我认为应该是要 10 元钱左右甚至以上，等涨到 10 元钱左右的时候，到了 11、12 的时候，我大部分筹码就开始出货了，陆陆续续走了，就是我认为三四元是低估的，到了十一二元是已经到了价值了，到了我的目标位了，我就落袋为安了，这样合情合理，但是结果就是它再从 10 元继续涨到近 40 元，就直接马不停蹄的慢慢继续涨，公募基金接盘然后飞速拉抬涨到 40 元，就等于是最疯狂的那个阶段我没有吃到，我就吃到了那一个我认为的本身的价值，但是我没有吃到交易的价值疯狂的时候。

所以我想强调的一点，在博弈实战交易的过程当中，你可以吃交易本身的价值这个阶段，但是你一定要记住还有一个交易的价值，如果市场行情好的时候，你要遵循一些技术的方式去博弈交易的价值，因为有些交易的价值的涨幅可能远远超出你的想象。但是交易的价值很关键的一点是，在相对高位的时候，你一定要学会落袋止盈，因为你心中有一个本身的价值，如果这个时候安全边际，或者是估值这元太深入理解，也会对你有障碍，会有什么障碍？因为从 10 元涨到 40 元就会觉得太疯狂了，你拿不拿得住都是个问题，能不能拿得住就按我刚才说的止盈的方式，这是另外一种方法了，但是说在这个时候你要两者达到一个平衡，不能走极端。走第一个本身价值极端，你能赚到钱但是并不一定能赚特别大的钱，另一个极端只是做交易的价值，也能赚到钱，但有些时候你会对一家企业的状况，忽略的话，里面又会隐藏了很多的风险。所以最好是达到一个平衡，所以基本面跟技术面要达到一个平衡的道理，也在于此，你有技术，没有基本，那有可能会踩雷，长春生物这个雷也许就踩到了，那有基本，没有技术，那有些疯狂的阶段你根本吃不到，所以，这两者是要达到一个平衡。

2. 从性价比的角度分析

○ 实战操作中，一笔操作是否划算，要考虑安全边际；

○ 如果买入后上涨，那自然很好，赚多赚少的问题；

○ 但如果买入后不如意，如何控制自己的损失、让损失尽可能少？

○ 如果失败的成本很小，成功的获益较大，我们就称之为安全边际较高的操作；

○ 反之，就是安全边际低的操作。

所以操作方面，我们也有安全边际的操作方法，怎么理解安全边际比较高的操作？

具体分为两点：

○ 为什么强调要回调买入？这是安全边际较高的操作手法；

○ 为什么强调不过度追高？这是安全边际较低的操作手法。

有些时候，我们为什么要强调回调才买入，某种意义来说就是安全边际比较高，因为风险释放了，比如调整了 30 个点你再去买，其实某种意义讲，比起 30 个点之前买入的人风险是不是小很多，你的风险已经很小了，所以有些时候为什么强调不要过度追高，也是为了安全边际操作。

2.1 为什么强调要回调买入

2.1.1 安全边际较高的操作手法

○ 当股价形成上涨趋势之后，比较理想的买点在哪里？

○ 在回调到支撑位附近。支撑位包括上涨趋势线、重要均线、密集成交区等等。

○ 为什么？因为在支撑位附近买入，风险是最小的：成功的话股价短期就连续上涨；只要跌破支撑位，马上就可以止损，损失控制在几个点之内。

你看中国平安：

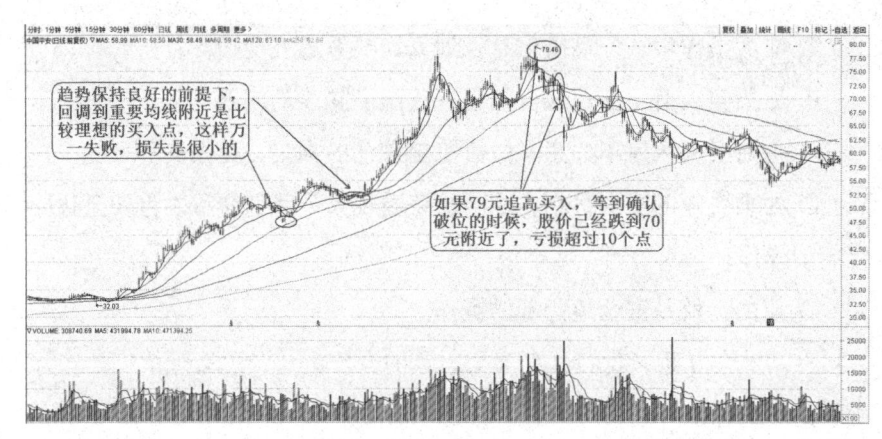

趋势良好的时候，回调重要均线附近是比较理想的买入点，如果没有成功，那损失也比较小。但是你追高进去的话，比如79元追高买入，等到确认破位的时候，可能已经亏损十几个点了，你这个损失就比较大了。所以回调到支撑位附近去买的话，其实你操作起来安全边际是相对比较高的，失败的话也就几个点的损失。

所以也是和现在的大盘一样：

现在回撤，又回撤到一个均价线附近了，支撑位附近买不就安全边际比较高，哪怕跌破均线，也就损失几个点嘛，但如果追高买的话，到现在的止损位，那亏损的幅度就有点大了。

第七堂课：认识安全边际

我们接着看，海天味业：

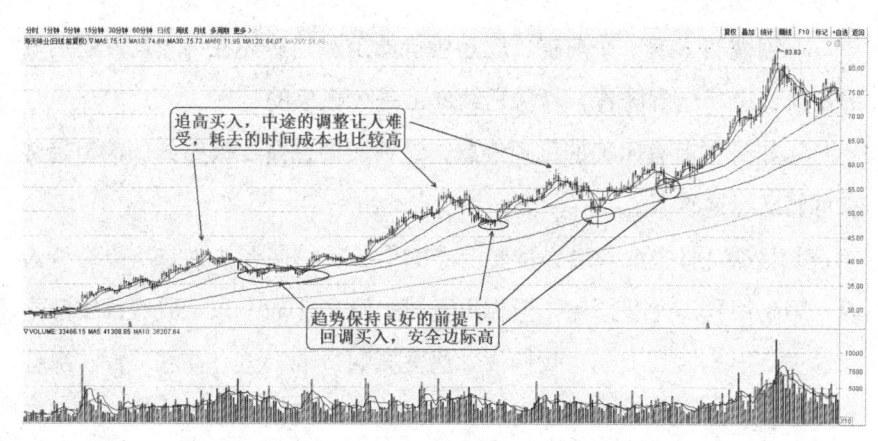

图表标注：追高买入，中途的调整让人难受，耗去的时间成本也比较高

图表标注：趋势保持良好的前提下，回调买入，安全边际高

追高买入之后，中途的调整让人难受，耗去的时间成本也比较高，虽然最终也是涨了，但是调整的过程当中很有可能就把你三震出局。但是你在回调的过程中买进去的话，第一个你不用忍受这个调整，一买阶段性很快就涨了，有浮盈你的心态也好很多，而且获益也比较大，安全边际就更高了。

这就是操作上的安全边际，我们继续看，三超新材：

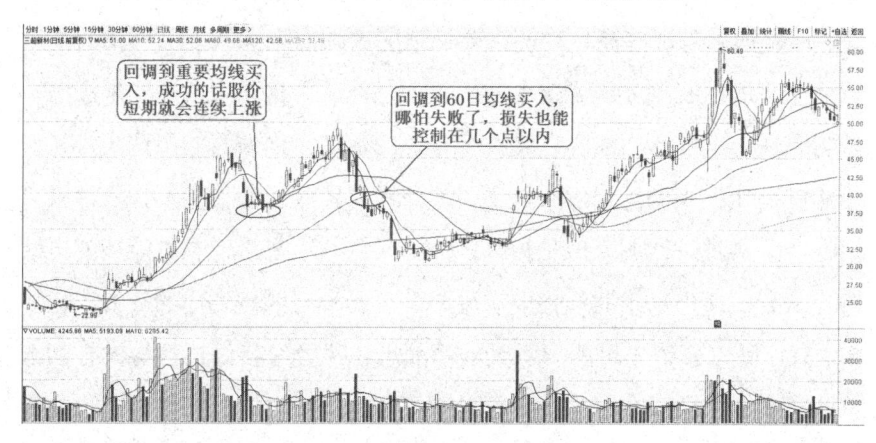

图表标注：回调到重要均线买入，成功的话股价短期就会连续上涨

图表标注：回调到60日均线买入，哪怕失败了，损失也能控制在几个点以内

你看回调买入成功的话，短期连续上涨。后面同样买入，失败了，最终也就几个点的损失。但如果你追高买入，再到这里止损，那就可能亏二三十个点了。

2.1.2 前提

○ 回调买入有一个前提，就是股价的上涨趋势还在，之前没有明确的见顶迹象。这意味着，趋势延续向上是大概率的；

○ 如果之前有明确的见顶迹象，这种回调也是要慎重的。因为趋势有可能已经逆转了。

我们要找那些大概趋势是要上涨的个股，用回调买入。所以有些人说，第一浪我没办法抓住，但你可做第二浪，比如一只个股底部突然之间暴涨，很多人就会说，我们没办法去抓啊，谁知道它暴涨。好，那你不知道它暴涨，那你能不能等它暴涨完之后，调整到重要均线的时候，比如调整到 20 日均线的时候，你再重新买入，买入之后等它第二次暴涨啊，很多人就是靠这种方法也能赚大钱。就是等！比如这个主题很好，涨的时候不买，等它调整到 20 日均线买进去，再往下跌，跌破 30 日均线，砍！如果涨，那可能就又是一个大升浪，就是赌它还有一个浪，回调买风险也低，就是买入那些大概率还要涨的个股，你回调买入就是非常好的，安全边际非常高的买入手法。

但是如果是那些高位动荡，要见顶的这种回调买入，那你的风险就很大了，所以我刚才说了这个前提，就是你认为这只个股还要上涨的，或者是还有上涨潜力的，这是一个重要的前提，你这时候回调买入，安全边际是比较高的。当然买进去，你同样需要些耐心，它不像涨停板买入法，一买进去，明天就见分晓，你在回调买入之后，它可能还要再磨你三五天，所以这个时候你要有耐心，只要没有触碰到你的底线，比如 5 个点，随它，等！可能第六天就暴涨了，我曾经就做过这样的标的，一买进去我就希望它马上涨，但是它不涨，磨了三五天，幸好还是在我的忍受范围之内，等到第七天的时候迎来了涨停，好开心，所以前面这五六天，是值得的。所以回调买入法本身前面已经调整了，你运气好，可能一买进去就涨，运气不好你要有点耐心，再等它三五天，五六天都没有关系，只要在你的忍受范围之内，没有跌破，设一个止损位，设好之后没有跌破就继续持有。你看，新和成：

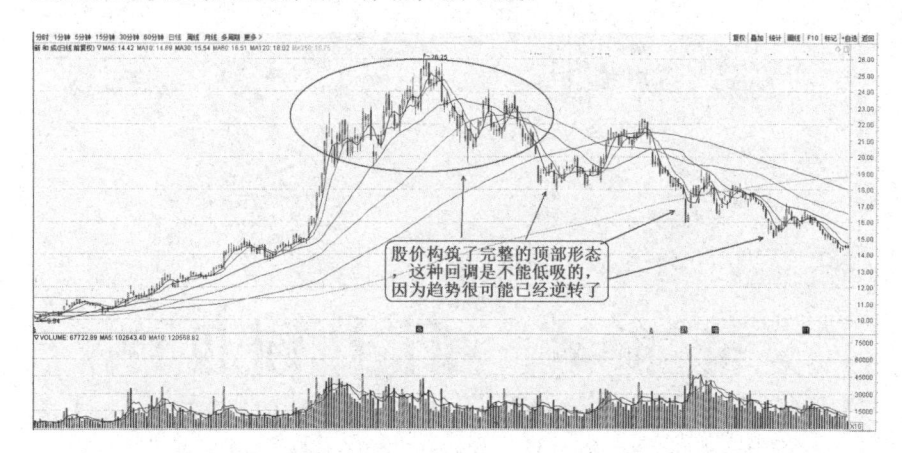

股价构筑了完整的顶部形态，这种回调是不能低吸的，因为趋势很可能已经逆转了

这里顶部形成了，趋势形成往下走，我们是不能买的。

2.2 为什么强调不过度追高？

2.2.1 安全边际较低的操作手法

○ 追高买入，如果成功了，那自然好；

○ 但哪怕是中途的正常调整，一下子浮亏七八个点，心态也会受影响，很容易受不住卖出，一卖结果又创新高，因为趋势延续；

○ 但如果失败了，等破位的时候，亏损幅度可能少则十几个点，多则20%、30%了；

○ 过度追高这种操作的安全边际就很小了。

这样一梳理，大家逻辑就很清晰了，你看，万兴科技：

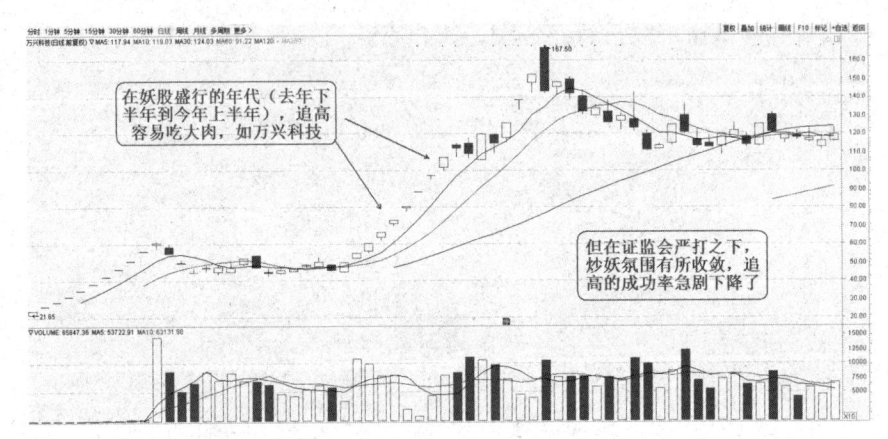

[图中标注：在妖股盛行的年代（去年下半年到今年上半年），追高容易吃大肉，如万兴科技]

[图中标注：但在证监会严打之下，炒妖氛围有所收敛，追高的成功率急剧下降了]

妖股盛行年代，你追高买进去，上涨了还好，但动荡起来一般人是受不了的，肯定是 say goodbye 了。

你看，华锋股份：

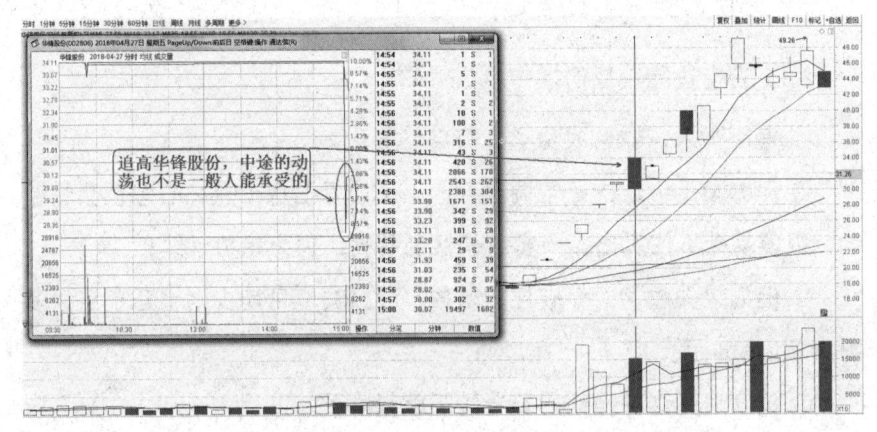

[图中标注：追高华锋股份，中途的动荡也不是一般人能承受的]

你看，涨了一段时间，出现了动荡，涨停直接打到跌停了，这种动荡谁受得了啊，虽然后面继续涨了，但是这种动荡谁受得了。这就需要艺高人胆大，这是一种博弈，我们这堂课谈的是安全边际，这里属于交易的价值，这些属于涨停战法，这是另外一个世界，所以这也是一般人不能够承受的，既然你不是吃这个饭的，你就不如选择安全边际的操作手法去操作，就行了。

你看，永新光学：

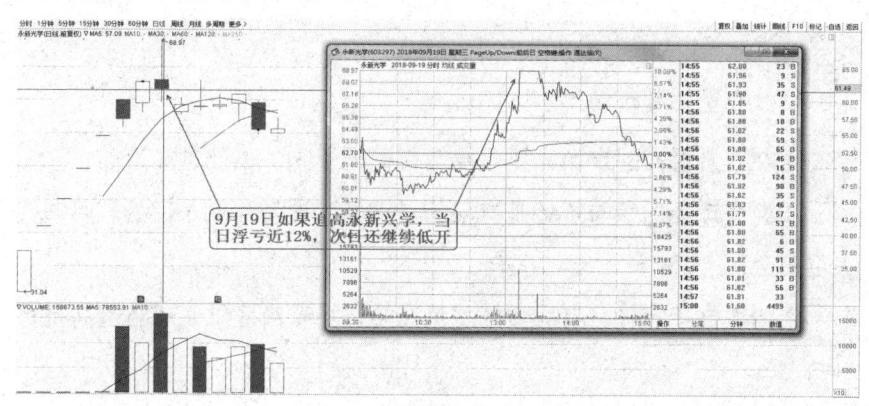

像这种如果你是追高买入，如果涨停追进去的话，当天浮亏12个点，甚至第二天低开，谁受得了啊，虽然追高有追高的好处，它的坏处也很明显。安全边际更多的是强调风险，而不是机会，它不见得马上就能暴涨，但是它会让你知道怎么有效地控制你的风险，技术上来说，回调到支撑位的时候买进去，这是有效控制你风险的一种技术的方法，安全边际操作法，基本面方面就是要看得透它的价值，本身的价值跟交易的价值，重置成本有多少，A跟B的比较啊，成长型企业跟已经成熟型企业的特点等等，这些我们要看清楚。

你看，密尔克卫：

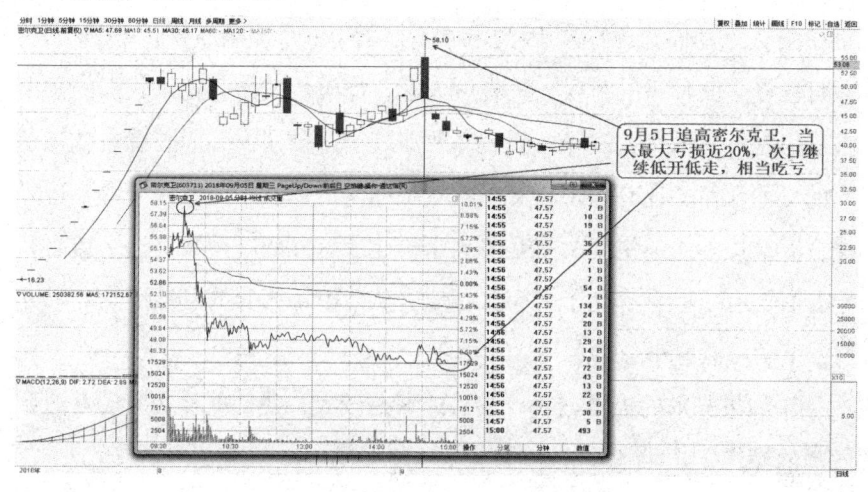

这个就是追高买入的风险啦，一突破就给你挖坑暴跌，当天亏损就是 20 个点，谁受的了？

2.2.2 存量博弈市场 VS 牛市

○ **在存量博弈的市场，更是要考虑回调买入，不能过度追高；**

○ **因为市场的参与资金是有限的，涨高了没有太多人接盘，回调买入更安全；**

○ **但牛市不一样，有大量的增量资金进场推高股价，适当追高是可以的。**

我们为什么要谈安全边际，因为现在比较应景，现在是存量博弈，也是熊市末期，这个时候我们更多的是强调防守反击，在防守反击的过程当中，就是回调买入法，如果反过来是牛市，那你追高一点问题不大，你看前面那几个妖股，是在什么时候？是在前期次新股牛市的时候，你是可以这样玩的，但是现在次新股也没牛市啦，所以你这样玩风险就很大了，除非再等到次新股牛市的时候你可以去玩。所以我们要遵循整个大市（大势），先看势，势头在哪里，势头看清了，你再结合你的方法，是用安全边际的操作手法呢，还是用更加疯狂的博弈手法呢，或交易价值的手法呢？你要做一个平衡。现在我觉得就应该从安全边际着手，但是往交易价值靠拢的手法，因为市场就是属于一个熊渐渐要转牛的状态，一旦慢慢全面转牛的时候，我告诉大家，那时候就是会超出我们的预期啦。但是不管怎么去演绎，我们都要清楚一家公司，你一眼看去就知道它的价值几何，还有它现在交易的状况如何，你心中要有一个数，这堂课讲安全边际，最主要的就是要大家构建成这样的一个数，这个数心目中要有，有了，会有利于大家更好地去认清市场博弈的点点滴滴。

【学习温馨小总结】

○ **如果失败的成本很小，成功的获益较大，我们就称之为安全边际较高的操作；**

○ 回调到重要支撑位买入，这种操作的安全边际高；

○ 过度追高买入，这种操作的安全边际低；

这几句话，大家在操作过程当中，要反复牢记。牢记之后，再运用起来就会比较清晰了。这堂课谈了谈安全边际，估值也谈了安全边际，怎么去看护城河等等，说白了就是教大家一招回调买入法的核心逻辑，其实是从安全边际去评估。所以我们讲买卖股票一定是要有逻辑的。

这个逻辑表现在：一是看它基本面的逻辑；二是看你买入技术面的逻辑。

你心中有逻辑之后再去买，你才胸有成竹，这个时候哪怕面对失败，你也知道败在什么地方，成功在哪里，赚要赚多少钱，亏可以亏多少能忍受，这样的话，你去搏杀这个市场，当你慢慢建立出盈利系统之后，获利越来越多的时候，你的自信慢慢体现出来的时候，你的收益就进入了一个正循环状态了，你再看股票市场就不仅仅是看股票的波动了，你看的就是，安全边际、估值、价值、技术等等，看的是背后的东西，不要只是看价格，要看背后的东西！当我们用构建的这个体系，国平成长理论这个体系，看透这背后的东西，那我们再把握未来的时候，就越来越有味道了。

最后，希望大家要保持积极的心态，面对未来，因为现在目前确实是属于一个艰难时期，我相信这个艰难时期随着时间的推移很快会过去，就好像曾经的千点区域，那时候我刚出来创业，我很有信心（源自我的底气，对市场当时的判断还有能力积累的自信），后面确实市场是走出来了。机会永远是留给有准备的人，当你有充分准备的时候，机会真正来的时候，请放心它不会跟你失之交臂的，你的获利一定能远远超越其他人。有些人在 2005 年、2006 年那时候可能也赚钱了，可能有两三倍、四五倍，这个对于我们来说根本不算什么，因为我们是几十倍、上百倍，所以这是留给有准备的人的，因为我们一直在努力，现在也是，而且现在是一个新的轮回，我们也比当时的自己更加强大，那我相信未来一旦这波行情崛起的话，这个级别也好，机会也好，我觉得都不会比过去逊色，应该是要远超过去的。当然它的体现方式会不一样，历史不会完全重演，但是一定会有相似的地方。如果现在真的是千点区域的话，那我们要做的事情就非常之简单，就是用心把准备功夫做足，然后等待未来，我们要吃肥肉，这肥肉只是开始，最终吃的绝对不是一块肥肉，而是无数块的肥肉，我是这样想的。

好，布置下作业：

【课后思考和作业】

☆ 从估值和技术的角度，分析关注个股的安全边际。

第八堂课：分析资金动能

学前须知

　　本堂课介绍的是资金动能，其中资金动能的类型分为价值投资、情绪投机、庄股运作三种，同时又从成交量和股价低、中、高三个位置分析资金动能，帮助读者理解资金动能如何聚散；

　　本课堂的内容在牛散大学堂股威宇宙的等级为：小学，讲解实战分享的内容是大学级别。内容级别结合自身状况采取是否学习或者阅读的策略。

【课前操盘回顾与感悟】

2018 年 10 月 16 日

　　大家晚上好，今天是 2018 年 10 月 16 日，我们的市场继续考验大家的底线，今天创业板跌得很惨，上证也跌近一个点，这种磨人的走势确实是挺让人郁闷的，我们也非常郁闷。现在就好像弹簧一样，压一下，你就有点不舒服了，再压一下，你就挺不舒服了，再压一压，就到了非常不舒服的一种状态，而且我今天文章中也谈了接近临界点，就是说你再怎么压，跌也是会有极限的，也就是说你弹簧压到极致的时候，也就无法再压下去了，说白了，从市场博弈的角度来说，空方它们没有太多的力量，衰竭了，多方被反复压压压到最后的时候，最终一次性释放，这一弹起来的话，那这个力量可能就会比较大。所以，我们现在静心等待的就是这个反弹，就是在等这个契机。

那有人说会不会跌破2000点啊？我觉得这应该是小概率事件，因为指数离跌到2000点至少还要跌20%多。这个位置我就有一种感觉，为什么我说这个位置有种过去的998点呢？因为我很清楚在2005年千点附近，那个阶段很多人都是绝望的，别说900点了，800点、700点、600点都有人看，最终就只到了998点，后面就展开了一波反复震荡上扬的，有史以来A股市场最大的行情，998到6124点，短短一年左右时间就完成这个疯狂，这个疯狂造就了很多人，说真的也是在那个阶段造就了我们，很感谢那个时代，现在有类似这样的感觉，虽然指数对比998点来说还涨一倍多，那有人说指数还涨那么多，是不是还有很大的下跌空间啊。不是这样！因为在这过程当中，我们市场进行了巨大的扩容，这种扩容整个权重的计算方式已经跟以前不一样了，不是曾经一千点只有几百只、近千只的股票，现在都几千只的股票了，数量上已经是突破了一个飞跃的状态，盘子那么大，指数自然就水涨船高，它也允许权重计算的方式跟以前不一样了，很多权重股是以前没有的，所以现在的整个低点跟过去的低点，肯定是不可同日而语。

而且归根结底，我们看最终指数能否飞起来，或者能否跌到位，其实也是要看市场，上市公司未来本身由两个因素决定，一个是市场环境，当然很多人现在很担心，美股崩盘了会不会对A股带来反压，其实我们前期的数据已经跟大家分析过了，历史上大概有十几次的美股暴跌对A股的影响，肯定会带来影响，这个影响冲击肯定是会有的，但是不同的阶段，有不同的结果，就是说在我们历史相对低位的时候，初期会有很大的影响，但是后期会渐渐地递减，最终慢慢我们会走出独立行情，先于美股走出一个底部，这是历史的规律告诉我们的，所以这一次面对美股有可能（做最坏打算）还要继续往下杀的话，大家也不用太担心，它无非就是我们的低点再往下压一压，在压到极致的时候，一定会迎来一个反攻，一旦反攻的时候，那我们可能就到了2500点附近，一来反攻涨到 2700 点、2800 点，假设美股继续跌的话，它跌可能就会导致我们反复一下，但是不至于说美股拼命跌的时候，我们也拼命击穿新低，现在缺的就是一个有一点力度的反攻走势，从我的一个技术层面的分析来看，大家可以看到：

我们的指数现在这段时间是有很多缺口的，创业板也是：

创业板很明显是加速下滑的走势，带有崩溃的性质，就一定要碰 1200 点，甚至要破 1200 点，这是一种赶底的状态。回到我们之前讲的角度线，大家可以看到创板现在是 70 度下跌，很明显吧，来看下之前中国软件走势：

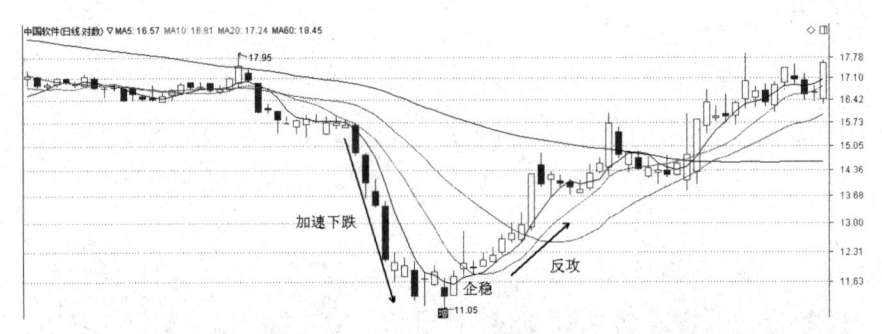

当时也是 70 度，崩溃式下跌，创业板就类似这里拼命跌，后来中国软件企稳了，慢慢就走出了一个反攻的走势，涨到 30 多。其实逆转就在于一线天，阴至极则阳。所以我觉得现在跌到这个附近从阴阳平衡的角度，和过去的历史规律来看，我并不觉得还有很大的下跌空间，当然个股现在杀伤力是有点大的，像科大讯飞：

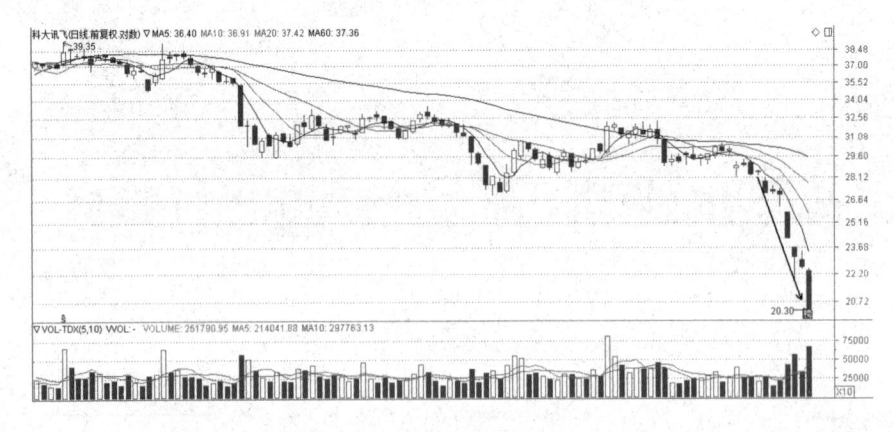

科大讯飞这样的股票，我觉得这家公司其实是还蛮有潜力的一家公司，但是在现在这样的背景之下，也是泥沙俱下，天天跌停。导致了市

第八堂课：分析资金动能

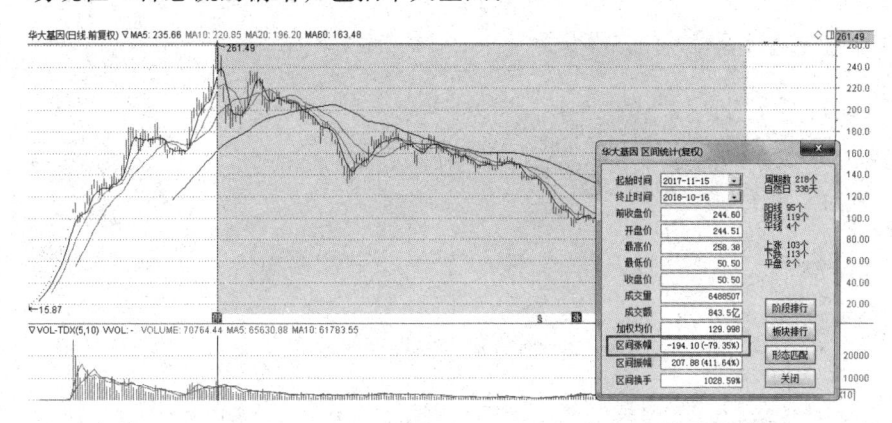

场现在一种恐慌的情绪，包括华大基因：

已经吃掉了80%了，短短不到一年的时间。我们看这些个股的走势，你会发现很吓人，但是我们倒过来看，不就是一波牛市的演绎，不也是如此嘛。熊市跌没跌过头？现在很多个股我认为是跌过头了，反过来说，涨的时候也会涨过头，但是牛跟熊之间转换也很快。像华大基因牛转熊，其实也不到一年的时候，2017年12月份还高高在上，现在已经惨不忍睹了。有些时候人生也是如此，可能你刚刚很辉煌，特别是我们国企的一些领导，这两天的新闻，恒天财富之类很多董事长，前期还非常辉煌，一下子就被抓进去了，所以人生的这种转变，有的时候很感慨，包括股价的波动我也非常的感慨，但是不管如何，我觉得我们都需要积极的心态去面对一切，因为只有积极的心态去面对一切，我们才有未来，否则就不可能出现，所谓的绝地大逆转的走势。

我曾经分享过一张图，这张图也非常的励志，就是现在的亚马逊，我们可以再来看一下这张图：

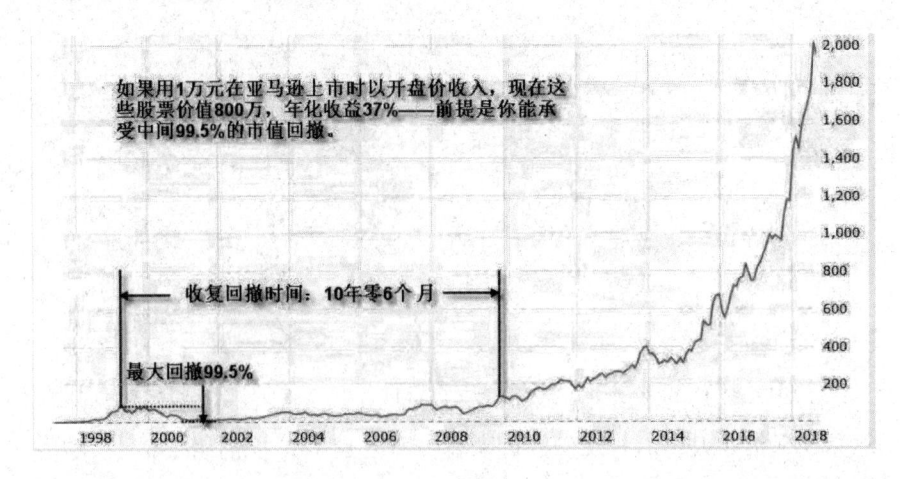

如果用1万元在亚马逊上市时以开盘价收入，现在这些股票价值800万，年化收益37%——前提是你能承受中间99.5%的市值回撤。

收复回撤时间：10年零6个月

最大回撤99.5%

亚马逊上市以来最大的回撤是99.5%，比刚才的华大基因还要恐怖，但是最终也是一个非常伟大的公司，成为了现在全球最瞩目的上市公司。所以它的变化，也反映了人生的一种征程，在最低点的时候你要坚持，或者是你要懂得积极的心态去面对未来，不断地前行，你只有前行才能创造奇迹啊。如果亚马逊在它最惨的时候放弃自我，那结果可想而知，现在就不会有亚马逊了，所以这个跟我们现在A股目前的状态，在最悲观的时候相反，我们要看到未来。当然很多人有很多负面的因子，如果当真的涨上去的时候，这些都是过眼云烟了，我们是经历过几波牛市的人，我们的感触非常深，包括现在又经历了熊市，你说对我们有没有很大的冲击？当然会有很大的冲击，我们现在整个行业也是处在一个冬天，现在很多相关数据都很清楚，但是我们为什么继续坚持呢？因为我们相信春天一定会来，我们也坚信能够一直往前走，我们一直都是保持积极的心态去面对未来，如果有一直听我课的人就很清楚，我个人骨子里是有非常积极的心态的，有句话说得好，时势造英雄，998点到6124点那波行情，说真的造就了我，我很感谢，那个时势造就了很多人，那未来我相信未来还会有这样的机会，所以我现在要做的事情很简单，强大自己，坚持，然后不断地提升自己，一旦机会来临的时候，我们不至于失之交臂，甚至我们能更好地把握未来这次机遇，我们一直就是在做这样的工作。

我们再深层次想资金动能，资金背后是谁啊？资金背后是人嘛！什么样的人就会建立一种怎么样的动机，慢慢地就会产生动能。就比如现在这个阶段，资金的动能，各路资金，它们都会有自己的动能，会有自己的想法；就比如像我这种预期未来很有可能来新牛市的，有大机遇的，那我们的资金动能就是着眼于未来，把握未来积极的布局；那有一些人可能很悲观的，那它的资金动能就很简单，逃命，不管价格，有价就卖，这就是它们的动能。这样就形成了多空博弈的盘面状况，所以现在阶段性空方是胜利的，现在空方占据了整个大趋势的优势，它稍微压一压，就把多方打得溃不成军了，这是目前的状态。但是这种博弈啊，有些时候就像下围棋一样，你会发现会很有意思，在黑白两个布局，有些时候看看形势对黑方非常地有利，把白棋团团围住，但是大家要清楚，你围住白棋的时候，事实上白棋也在反围你，最终就是看谁能够在关键时刻，最终给对方致命一击。现在空方是很嚣张的，不断地收拢着多方，但并不代表多方就没有反手之力，它需要等待一个契机，等待一个关键时刻，在关键时刻给对方一个猛攻，如果有效果，整个局势就会发生逆转，最终反过来把对方消灭掉，逆转。

所以未来局势的演变，如果未来有反弹，它一定会在某一个时间点，出现明显的企稳，或者是中阳线，然后慢慢透过这个点，慢慢延伸，最终就成了更大反弹的格局，甚至成为逆转。所以我们只能透过这种博弈，去看这种变化。

好，回到我们的课程吧。这堂课主要就是分析资金的动能。动能怎么理解呢？从三个角度来看。

资金动能

○ 从资金属性角度看资金动能；

○ 从成交量角度看资金动能；

○ 从股价位置看资金动能。

1. 资金动能

○ 资金动能的核心是建立在对资金属性和运作手法的理解的基础之上；

○ 一般分为价值投资、情绪投机、庄股运作等。

1.1 价值投资（成长股）

○ 选股标准：基于企业基本面价值变化；

○ 持股周期：一般超过1年，3~5年甚至更长；

○ 常见代表：公募基金、社保基金、大型私募、产业资本等。

○ 案例：1）需求替代：如电动汽车对传统燃油汽车的替代；2）消费方式的改变：电商模式对传统百货连锁的改变。

价值投资做成长股，也是我们成长为王很核心的理念，你的眼光要超过一年甚至更长。有很多主流派别，有各自的手法，虽然都是做成长，但是在做的时候，大家选股的标的，可能会参差不齐的，就是百家争鸣的。那这个成长的话，资金的着眼点就是它的未来，有一些成长就是所谓的需求题材、消费方式的改变等，它们买的是这些未来。你看比亚迪：

需求替代：比亚迪

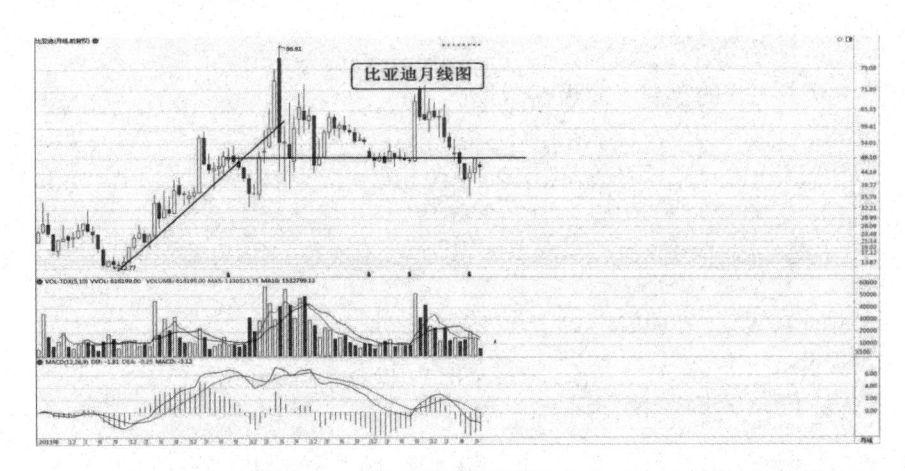

比亚迪就是这种状态，燃油车转变成电动车，至少它目前还是电动车龙头之一，所以有些人就买电动车的未来，就对比亚迪做出了配置的动作，当然最终配置多还是少，还是要看比亚迪推出的车的销量，还有本身目前拥有的技术，做出综合评估。继续看华友钴业：

需求替代：华友钴业

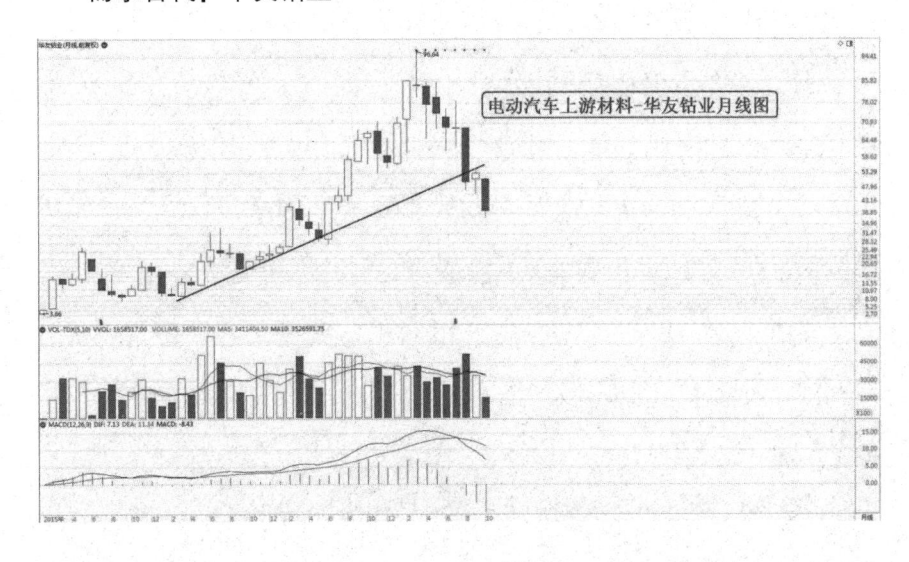

华友钴业是电动车上游材料，所以曾经也走出一波非常不错的上涨

行情，也是这样一个资金去推动的，它的主导思想就是做它的成长。

你看南极电商：

消费方式的改变：南极电商

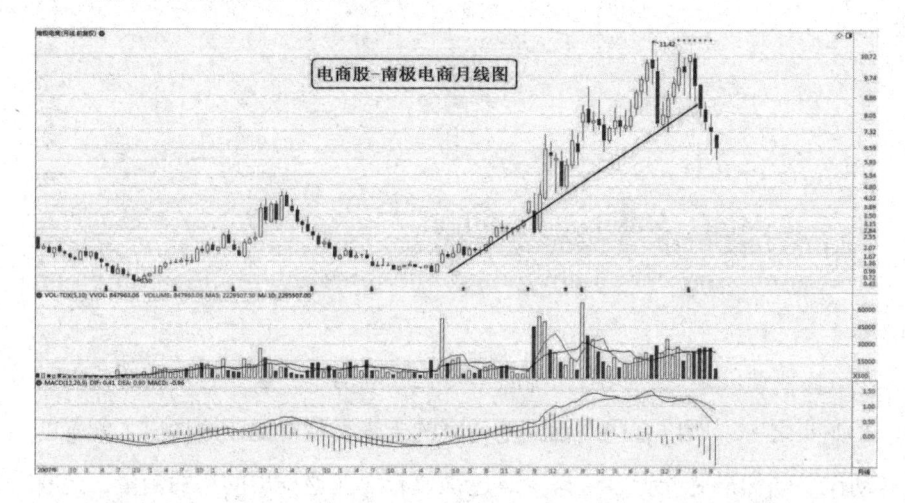

南极电商就是销售改变，从传统连锁变成了电商，是改变了传统销售模式的，这种公司也是一种成长类型的特点。

接着看广百股份：

消费方式的改变：广百股份

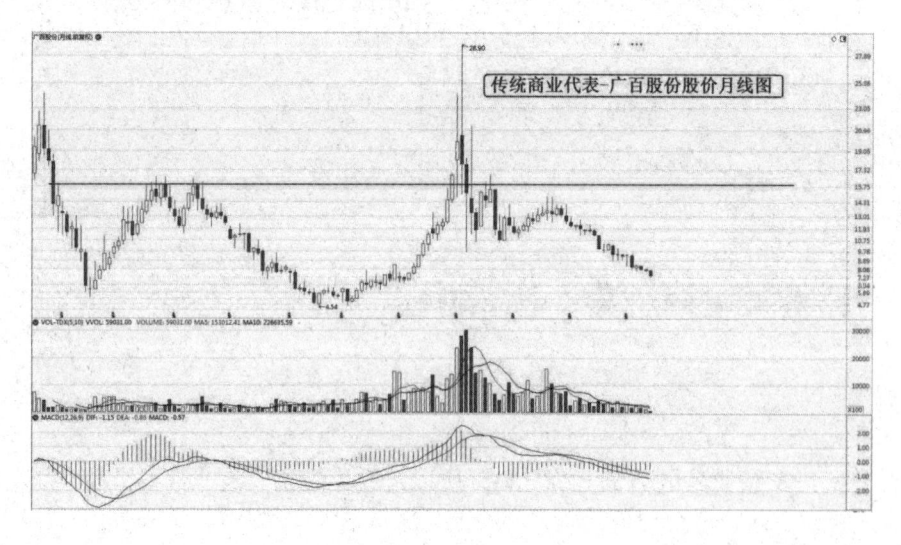

此起彼伏，成长的资金慢慢扎堆，传统的资金把它抛弃，所以你会发现，一些传统的板块公司曾经出现了非常低迷的状态，但是传统板块它并不代表没有翻身的机会啊，到一定阶段，它可以和电商结合，又带来新的机遇，事物的发展就是这样平衡当中去推动的，不是说这些行业就不行了，到一定阶段它穷则会思变，思变当中又会迎来新的一些机遇，我是这样理解的。

价值投资的资金就是玩成长，持股的时间会比较长。再来看下情绪投机。

1.2 情绪投机

○ **持股周期**：可长可短，主要以对市场情绪的判断为主要依据；可以是几天、也可以是几周、几个月；

○ **常见代表**：公募、私募、游资等都有参与，没有具体的类别特征等；

○ **事件性投机为主**：政策事件投机、产品涨价投机；

○ **核心要求**：趋势技术、严格止损；

○ **案例**：1）雄安新区政策；2）几类产品涨价。

情绪投机说白了就是做超短线，这个周期一般都不会很长，几天或几周，极少会有几个月的，因为它做的是一个阶段性的波段，一种情绪的投机。比如这段时间，上海本地股非常好，整个趋势走出来了，那可能做这种趋势。一般是结合事件，或者是产品涨价投机，例如石墨烯涨得很厉害，大家就去做石墨烯电极板块，整个板块做一波，石墨烯继续涨，就一直做下去，这个跨度就可以跨到几个月，是一个这样的结合当下的事件去展开博弈的技术行为；又例如现在原油涨了，那很多资金就在做一些原油相关的上市公司，所以你会发现这段时间，两桶油明显是比大盘强的，当然两桶油比大盘强，我也曾经做过思考，现在比大盘强，毕竟它曾经若干多年都没有任何起色，换句话说，现在市场持续杀跌，它现在比大盘强，某种意义上来说，是对过去极端低迷的一种平衡，因为曾经非常低迷，无人问津，那么现在它也到了一个有人开始逐步吸纳的状态。那它背后的基本面呢？当然有它的基本面，但是更多的是情绪投机，就是投机原油价格这段时间的水涨船高，推动了相关产业上市公司的股价上涨，所以更多的是做这一点。如果原油是暴跌的话，那可能两桶油也就顶不住了。因为现在原油整体趋势还是向上的，所以它反反复复走出了相对独立的行情，这是它目前能够走出独立行情的根源。

那做情绪投机有一个严格的要求，趋势技术、严格止损！就是纯技术面去做啦，你看曾几何时政策事件雄安新区：

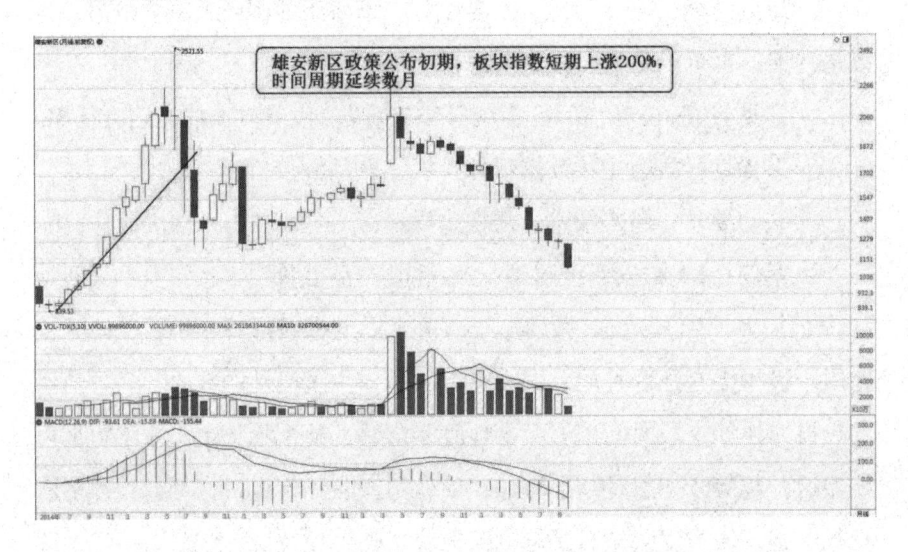

重大政策事件：雄安新区

涨的时候确实很精彩，但是后面没有炒作的时候，一地鸡毛。现在很多雄安股是跌得非常非常惨的，简直惨不忍睹。

接着看曾经的明星股，方大炭素：

产品涨价刺激石墨电极涨价：方大炭素

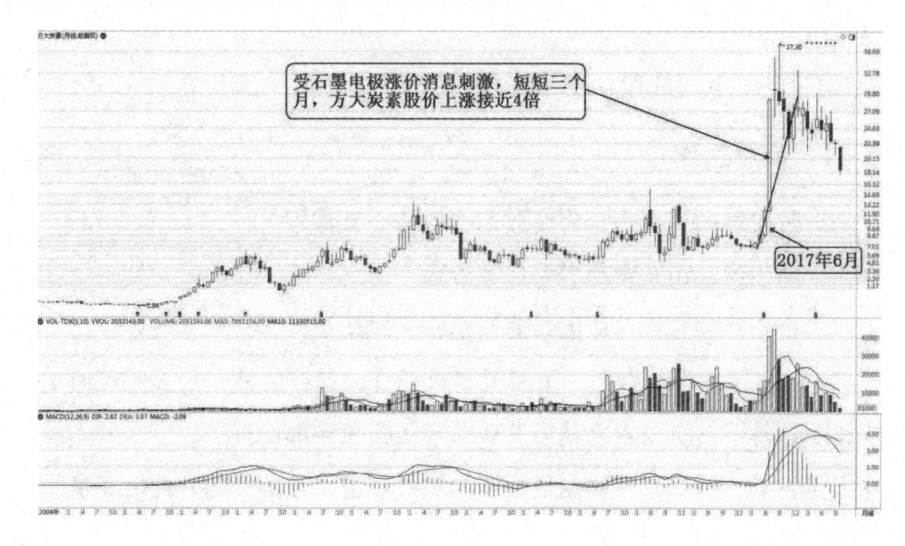

受石墨电极涨价消息刺激，短短三月上涨近4倍。但是当这波风吹过了之后，也就慢慢趋于平凡了，没有人再积极的去把握它了。

接着看攀钢钒钛：

产品涨价刺激钛白粉涨价：攀钢钒钛

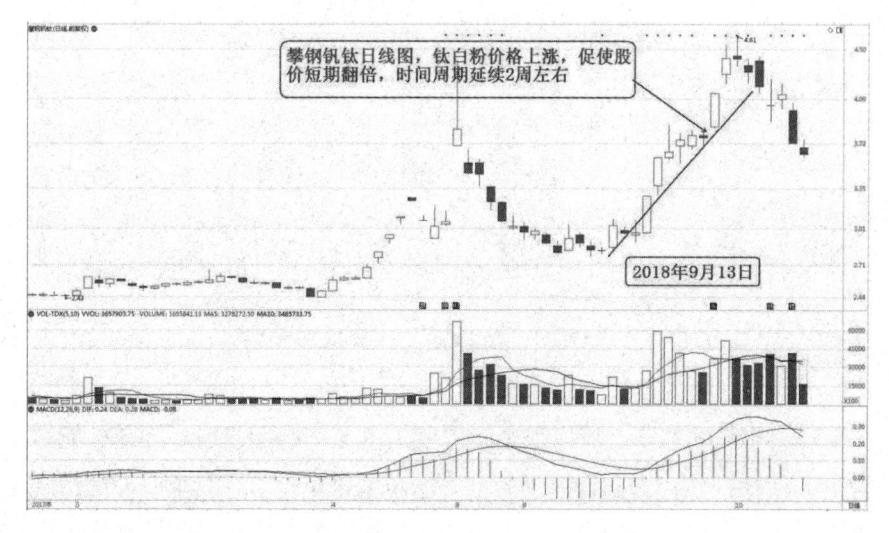

攀钢钒钛就是近期的钛白粉涨价。它在逆势当中，也走出了一波行情。但是随着钛白粉的价格趋于稳定甚至下滑的话，那这样的行情也会戛然而止。

还有一种就是庄股，来看一下。

1.3 庄股运作

○ 阶段性的资金优势为庄股运作的核心支撑；

○ 温州帮、山东帮等各路庄家资金；

○ 由于行业整顿等原因，庄股运作模式逐渐减少。

行业监管动不动就两三个板就要查一查，这样的话，很多庄股的土壤就不具备了，所以大家就会发现，现在庄股大都崩掉了，已经基本没什么庄股了，偶尔有一些也是所谓的短线行情，像游资的一种短庄了。来看看案例，张家港行：

山东帮的成名作：张家港行

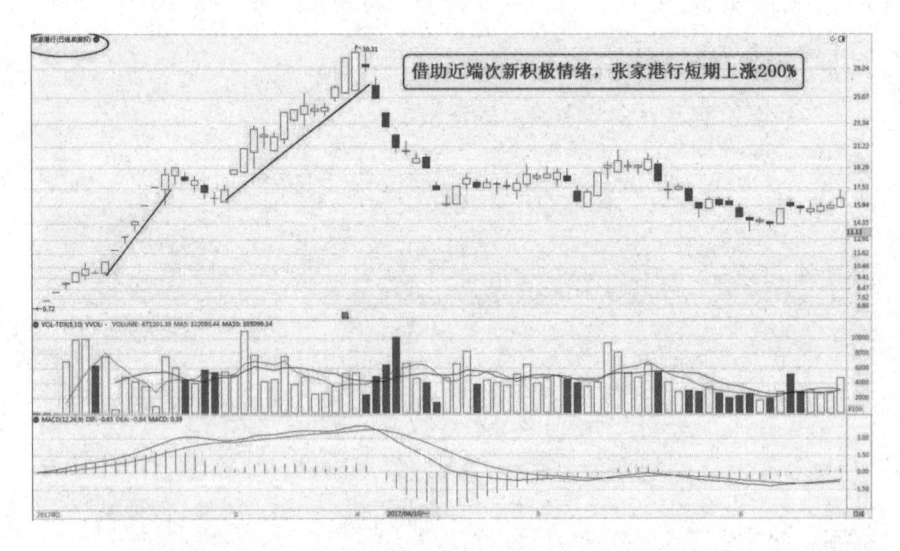

曾经非常的疯狂，所以那个时代就造就了一些明星股，为什么能造就？情绪使然。现在回过头来看，觉得很不可思议，但是那时候的情绪是能够造就这些明星的。就像华大基因一样，你现在回过头来看很不可思议，怎么以前能涨那么厉害呢？那是因为那时候特殊环境之下，造就了那种情绪推动，因为当时大家都对基因、生物医药非常地热衷，所以那个阶段造就了华大基因。就好像之前的独角兽一样，你看当时包括管理层都在吹暖风，拼命吹，但是你现在回过头来看独角兽概念，这阵风吹来之后，情绪炒作完之后，包括富士康一上市也炒作了一下，现在全部一地鸡毛，斩半了，包括在香港上市的小米也是一样。所以这些阶段性成为热点的这种板块，往往带有很多带有事件性的，往往都是属于情绪推动的，短则几天几周，多则几个月，可能就戛然而止。所以我们对这些炒作啊，骨子里要有非常清晰的认识，当你有比较清晰的认识时，当它们渐渐光环退去，渐渐沉静时，你就能够学会离场，就能够慢慢地全身而退。你看过去的庄股，亚振家具：

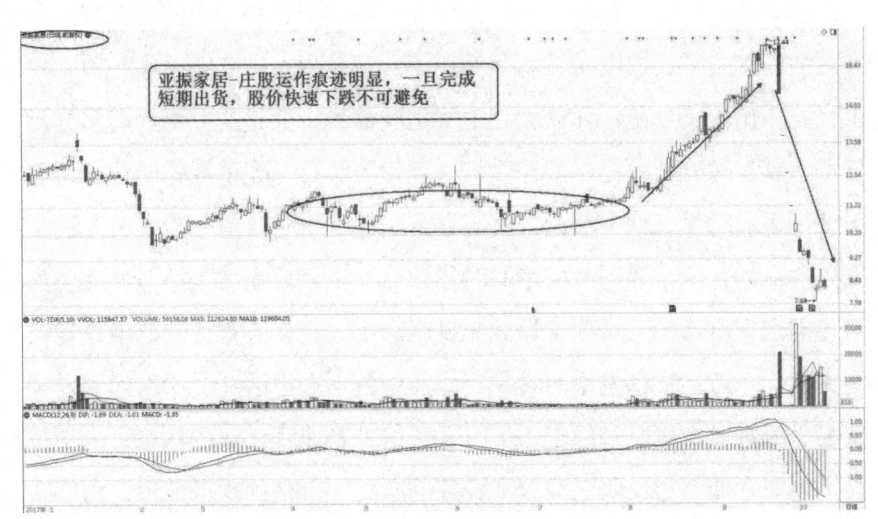

涨起来喜人，跌下去杀人：亚振家居

你看涨起来是很舒服，但是跌起来吓死人。

所以从资金的动能，我就能够发现有几种类型，成长，做游资，还有庄股，无非就这三种类型，你首先要看清楚资金背后动能的属性，看清楚了，你知道你现在属于什么类型的，然后你用什么类型的方式去面对它，比如成长股，有些时候可以坚守；投机股，你要知道可进可退；庄股，你就更加要知道是纯投机一把。所以看清楚它的本质，看清楚它的规律，你就能够在实质性的博弈当中，就更加知道怎么去面对它。

【学习温馨小总结】

○ 理解资金的属性和手法，再来看资金的动能，才能看得更清晰；

○ 从资金动能角度出发，抓机会的同时，也要注意规避风险。

2. 从成交量的角度看资金动能

○ 量能温和放大，是资金动能较强的表现；

○ 如果量能急剧放大，容易导致资金动能过快外泄，容易提早见顶（极少数妖股除外）。

我们发现股价的波动，离不开成交量，成交量大或小，都能够反映出里面资金博弈的一种状态。你看现在市场的资金博弈，就是多方被空方杀的没脾气了，成交量就非常低迷了，就是说人家空方砍你一刀，你都只挡不出击，就是任你砍，大不了把我砍死，但是这并不代表多方不反击，就好像打架一样，就让你打，被你连续打，先消耗你的体力，看得差不多的时候，袖中藏剑，就等它露出破绽给它致命一击。就是让空方先拼命的宣泄，等到时机来的时候致命一击，现在就是类似如此，如果多空双方拼命相互对砍，那成交量就会变大，就会很活跃，但是现在空方砍你一刀，你都懒得回它一刀，所以就不会很活跃，所以你会发现很多个股日成交量已经低于一千万了，这种是非常低迷的状态，成交量换手率非常低，这说明已经到了极致的状态，价格到跌得极致，角度线又到70度左右，这就意味着一个变盘的临界点。不是说到了这个极致马上变盘，但是这一定是临界点，离底部区域不会太遥远，就意味着空方已经耗得差不多了，就等多方砍过去。但砍过去的话需要有一个导火索,需要有一个力量去引导。

就好像现在的创业板一样,为什么现在跌跌不休,就是因为现在没有力量,传媒股也不行(因为某明星事件雪上加霜,让大家对它未来的盈利极其悲观),当然这个背后也是有问题的,过度悲观了,因为行业依然在发展啊,有些还很规范啊,只是大家现在只看到负面的东西,把负面的无限放大,现在的科技股也在释放风险,科大讯飞都跌停了,所以大家都无心恋战,你让我怎么去反击你?就比如科大讯飞天天跌停,科技股是很难发动行情的,因为科大讯飞至少要稳定啊,它都跌停就没劲了。所以等到这些该跌都跌完了,接下来找到一个机会,找到一个突破口,哪怕科大讯飞,哪怕文化传媒,里面有号召力的个股涨停,比如文化传媒里的光线传媒能不能突然之间哪一天涨停,哪怕科技板块的,或者就科大讯飞突然间也涨停了,中兴通讯也涨停了,类似这些个股,如果出现一种这样的走势的话,那整个逆转的号角就吹响了,包括次新股刚刚上市的,有些个股能出现明显的炒作上攻,还有些低价股等等,就是说市场现在要止血,市场要恢复生机,这是以点带面慢慢扩展开来。

其实如果我是国家队的话,要救市并不复杂,就好像前段时间崩盘一样,一开始国家队救错了方向,就拼命去拉抬银行股,我看现在也是这种感觉,银行股好像很稳定,但是其他个股跌到失血,那是因为银行股这些权重类个股不需要去救它已经是OK的,它本来身体就很健康,不需要你去施救的,真正要施救需要止血的就是这些中小创的个股,那中小创这些个股你要找到还有未来的公司啊,所以你会发现深圳先出手,它看到了七寸。七寸在哪里?就是中小创这些已经岌岌可危的上市公司,并不代表它们没有未来,它们有未来但要度过了这个危机阶段,它们就有未来,你这个时候雪中送炭,是真的能救活人的,而那本来人家就大鱼大肉,你还送子弹给它,对它来说无非就是锦上添花,而对整个市场而言没什么太大的意义,最大的意义就是雪中送炭,这才是最关键的。

所以我们现在观察的就是中小创，就是由深圳发起的突破点。能不能蔓延开来？如果能蔓延，那多方的力量就会越来越强大了，那更多的多方就会加入做多的阵容，自然资金的动能，这个成交量就会慢慢地放大起来，说白了这个时候就群起而起了，敢于在空头的砍击之下还手了，你砍我一刀，我砍你十刀甚至重拳一击，重拳一击就是涨停啦，那涨停的话，整个市场慢慢放量出来，企稳了，人气起来了，那自然就进入到了一个良性循环。我个人觉得，如果我是国家队，来救市的话，我就打这个七寸，打一些关键性的品种，创业板一些关键性的风向标，还有中小创的一些关键性的品种。因为这些上市公司本身来说也不会太差，它们都是细分行业相对的龙头，你把它们支持一下，雪中送炭，说真的，能起到稳定全市场的军心的效果，这样最终就可以达到四两拨千斤的效果，但想是这样想，毕竟国家队又不是听我的嘛，那也没办法啊，可能前线的人很清楚现在整个局势的状况，但是未必上方管理层能够看明白，它可能觉得银行股，还有很多股票挺健康的，看着感觉良好，这是最可怕的，后面就不多说了。我的意思，就是我们要从成交量去看，看临界点的变化，我相信临界点慢慢会展现出来。

你看，三超新材：

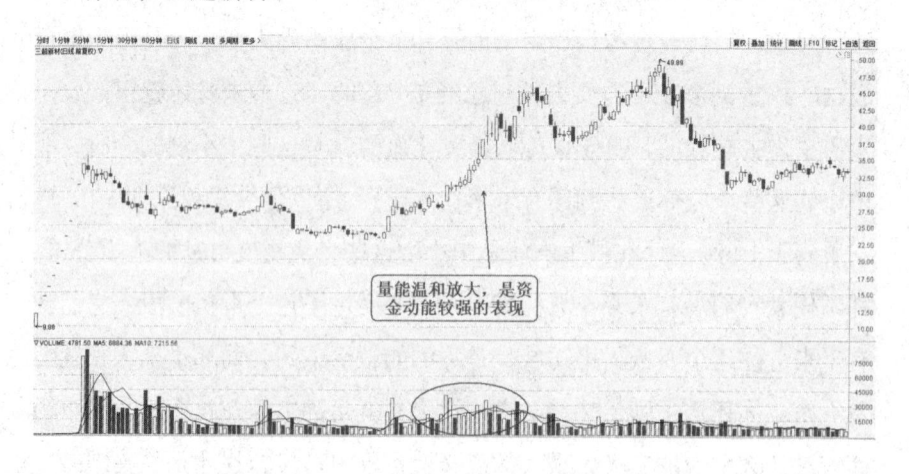

量能温和放大，是资金动能较强的表现

它的量能温和放大，是资金动能较强的表现。

只要量能慢慢放大，就说明我们这个资金的动能开始增强了，活力就来了，如果股价慢慢涨上去的话，那就慢慢形成了一个良性循环。不过有些时候过犹不及，放太大也不行，所谓阴至极则阳，阳至极则阴，量能也是如此啊，温和放量很不错，但是突然一天爆量，而且价钱已经涨了一波的时候，你就要警惕，因为一定有人卖了，充分地换手。

你看，路通视信：

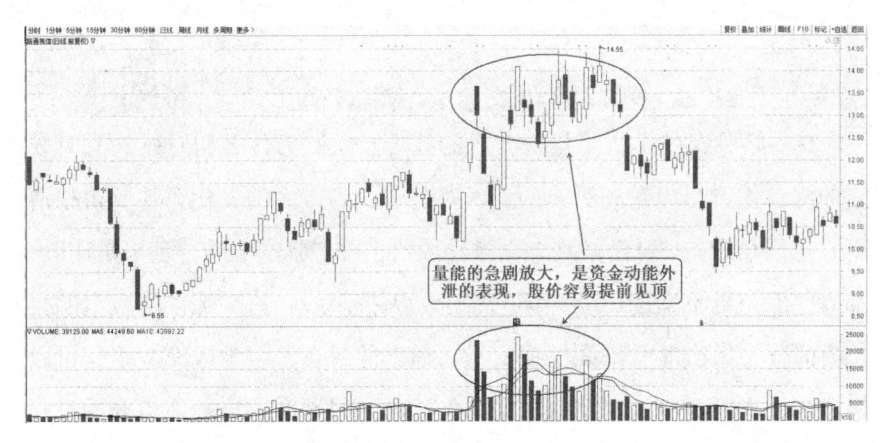

量能的急剧放大，是资金动能外泄的表现，股价容易提前见顶

所以有人说什么时候见顶，我之前课程谈过，见顶三要素，其中有一个重要的要素就是成交量，相对高位要放大，因为它在相对高位的时候，如何辨别它的筹码会松动，就是成交量的放大，如果筹码不松动的话，它成交量可能还放不大，所以操盘厉害的，一定在天价区域放巨量，能放出巨量，说明他成功了，至少阶段性成功派发了，也吸引了人去接盘了，这是非常棒的。爆量，又有形态，再加上情绪，各方面的事件，最终就导致了这样一个顶部，底部反过来就是这样去看。

实战操盘技法

再看一个妖股，德新交运：

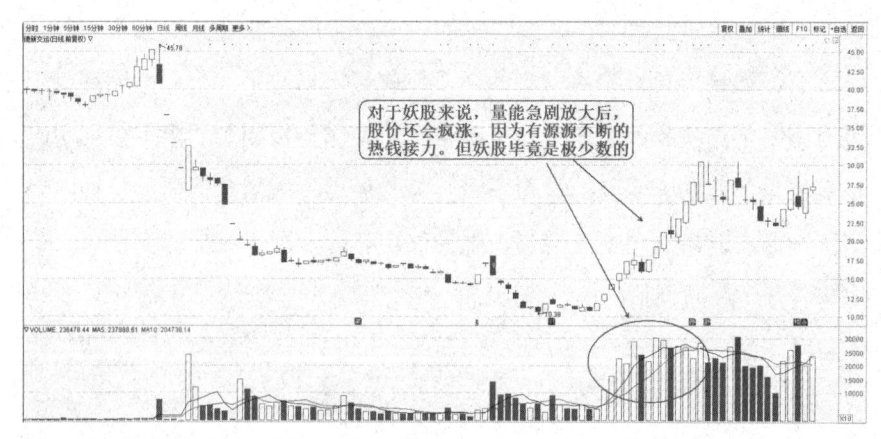

[图：德新交运日K线图，标注"对于妖股来说，量能急剧放大后，股价还会疯涨，因为有源源不断的热钱接力。但妖股毕竟是极少数的"]

有些妖股，就学会了量价齐升的技巧。妖股为什么叫它妖？有时候它的涨，你看得出它的逻辑的话，对基本面各方面的变化，你看得很清晰它是成长股，一看就是基本面推动股价上涨，那这个股一定不是庄股，那有些股是看不懂的，就纯粹的股价天天拉阳线，这种纯粹的资金的拉抬有时候会做出非常漂亮的成交量、递增的状态，因为成交量也是可以做出来的，对倒嘛！对倒量放出来可以做得很漂亮，这种你就要透过它本身的状态，如果是庄股的话，你怎么去面对它，庄股并不代表没有机会，与庄共舞嘛，你也可以跟它做一把升浪，但是你要非常清晰的是，它是一个庄股，一旦有掉头的形势，你要及时全身而退就是了。但是不管怎么样，庄股都是少数的，我们也不建议大家去博弈庄股。

【学习温馨小总结】

〇 量能温和放大，是资金动能较强的表现；

〇 如果量能急剧放大，容易导致资金动能过快外泄，容易提早见顶（极少数妖股除外）。

假若接下来市场如果放量的话，如果是急剧放量呢？底部急剧放量不用太担心，因为低点嘛。底部多方还敢派那么多兵厮杀的话，说明它是有备而来，虽然空方也压了很多东西进来，但是至少来说多方看到了希望。这是底部爆量，不过高位爆量你就要警惕了，但是现在底部区域如果爆量的话，说明筹码收集得更加充分了；温和放量也是一样，天天涨，慢慢涨，等到某个阶段再爆量一下，但是这个爆量的时候它可能意味着动荡，因为前面有获利盘，这个爆量也是好事，它把整个持股成本抬升了，大家在这里博弈，博弈到一个阶段再分胜负，多方还是空方，如果多方再赢的话，那就慢慢往逆转的方向走了，所以到时候走一步看一步，就是这样的状态。

3. 从股价的位置看资金动能

3.1 低位区域，看是否构筑大周期底部形态。形态越大，资金动能越强；

3.2 中位区域，看是否走势流畅，张弛有度；上涨角度45度到60度比较理想；

3.3 高位区域，滞涨、大级别顶部分形态都是动能外泄的表现。

其实资金的动能，刚才讲了资金的属性，就是它背后是谁，它的目的是什么，做成长的还是做投机的，还是做庄股的。成交量刚才也谈了，现在再从位置这个角度来谈谈。越低位堆积的成交量越多，那么这个资金的动能，未来一旦突围的话，上涨空间是比较大的，为什么？因为在下面沉淀了很多的做多的力量，一旦向上，大家就群起而起啊，大家的心就很容易形成庞大的合力；反过来说高位堆了很多量，一旦向下，那这个杀伤力也很大，为什么？因为对于高位囤积的量，大家本来预期向上的，但是趋势突然之间不上反下，希望破灭了，这个反杀力也是非常大的，所以高位的时候一旦出现滞涨，越堆了很多量的时候，你是要高度警惕的；那中间阶段的话，这个时候就是要看角度了，角度只要不要太陡，45度左右，我觉得顺势而为就好了。

3.1 低位区域

○ 低位区域，看是否构筑大周期底部形态；
○ 形态越大，资金动能越强；
○ 如果没有构筑完整的底部形态，容易形成下跌中继，资金动能无法积聚。

这个时候就要结合形态了，低位成交量越多，形态越是比较靠谱的形态，那这样完整的形态一旦形成，向上的空间是非常值得期待。你看，新经典：

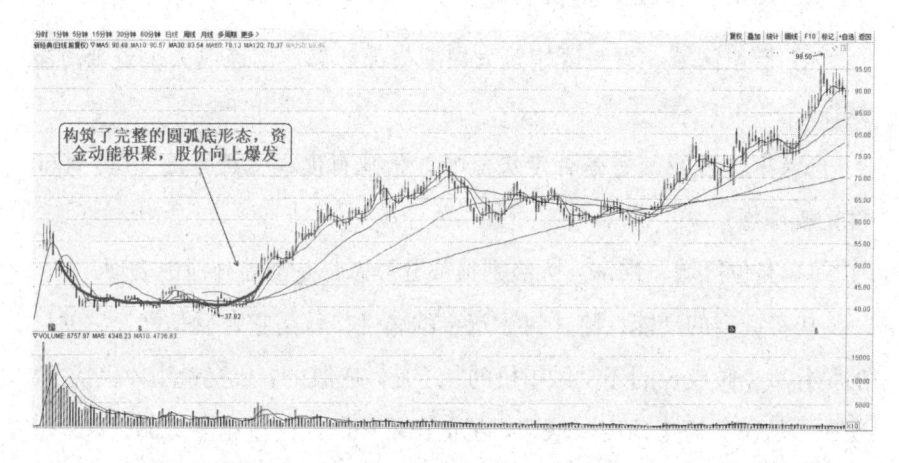

（图中标注：构筑了完整的圆弧底形态，资金动能积聚，股价向上爆发）

它就构筑了漂亮的、完整的圆弧底形态，那股价一旦向上爆发，后面的空间就非常值得我们期待。所以现在我们很多个股，其实也是属于构筑阶段性底部的一种形态，这个时候会耗尽很多量能，哪怕大盘也是，你看创业板、上证指数都是 45 度到 70 度之间的角度下跌，一旦转为平衡、横盘的时候，甚至向上的时候，你会发现一个漂亮的底部形态就阶段性形成了，当然这个需要点时间，所以底部一定是在反复当中构筑成的，我们要有个心理准备。一旦角度开始平缓的时候，可能就是阶段性底部的构筑阶段，指数进入构筑底部阶段的时候，那么有一些个股一定是先知先觉的，它会提前反映出来。就是说现在有一些个股它是拒绝下跌的，特别是底部阶段，现在超跌股分两类，一类是低位横盘一段时间又往下；还有一类就是一直在横盘，或者是反弹一下又下来一点点，这种就是构筑底部的形态，一旦市场底部横盘慢慢形态走出来的时候，这类盘现在拒绝下跌，而后可能先上，或者这些崩盘继续下跌的，可能慢慢跟着上，这是一种属于它们的规律，先稳住的，带动后面一个一个的进阶。当然这过程当中我们要观察这期间这里低位沉淀了多少成交量，同时虽然这里成交量沉淀了很多，当股价在低位的时候，你会觉得是压力，甚至很压抑，但是股价一旦冲上去的时候，它这里就变成了牢不可破的防守区域了，很难跌穿了，反而变成了庞大的支撑。

所以我曾经说过一句话，现在的空头很有可能就会成为未来最大的多头，因为它们现在是拼命做空，就好像做股指期货一样，你做空单、挂了一个空单，接下来一涨的时候，你不会止损，因为还没到你的止损线，涨到你快要受不了的时候，你要平仓的时候，你就变成多单了。所以现在这个位置已经布满了很多的空军，很好，这个时候多方要做的就是顶住这个压力，等到临界点反攻，反攻慢慢再往上，最终把这部分空军击溃。就像围棋一样，本来是你围我，现在我反围你，全吃，而且吃得很舒服。当然这个博弈就是看个人的研判和感觉啦。所以我的感觉，从现在的量能，从很多个股资金动能的表现，我个人认为，就算跌到极致的话，至少指数层面不会有太大的空间，剩下就是说它怎么去演绎的问题了，从今天的盘感来看，我是觉得随时有可能会迎来一个反攻的局面的，一旦迎来反攻的局面，当然力度越大就越好啦，就越有利于后面进一步蚕食空方的阵营，记住！多空双方的博弈，一定都会是置之对方于死地的。这一次空方干得很精彩，把2638点干掉了之后，把多方基本上置于死地了，现在多方已经溃不成军了，所以这就是导致为什么现在跌了还要跌的原因，就是因为很多多方是举手投降变成了空方了，被动地变成空方了，没办法。但是空尽多来嘛，自然就会来，看看前期的

实战操盘技法

中国软件就知道了。

低位的时候个股会积蓄成交量，堆积成交量，最终等待一个爆发。你看曾几何时的三圣股份：

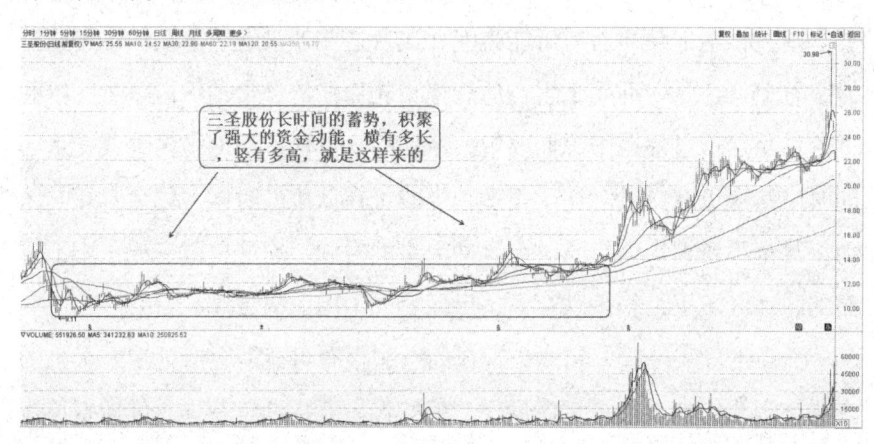

它很完美地演绎了"横有多长竖有多高"的谚语。你看它在低位反反复复，它的下跌角度早就从70度角变成了横盘震荡，甚至30度角上涨的一个走势，甚至局部有45度这样的走势，整个低位区间动荡的格局就构筑得非常漂亮，后面量能再放大，图形就进入了新的一个升浪，然后不断地往上涨，完美演绎了横有多长竖有多高的精彩表现。再看富煌钢构：

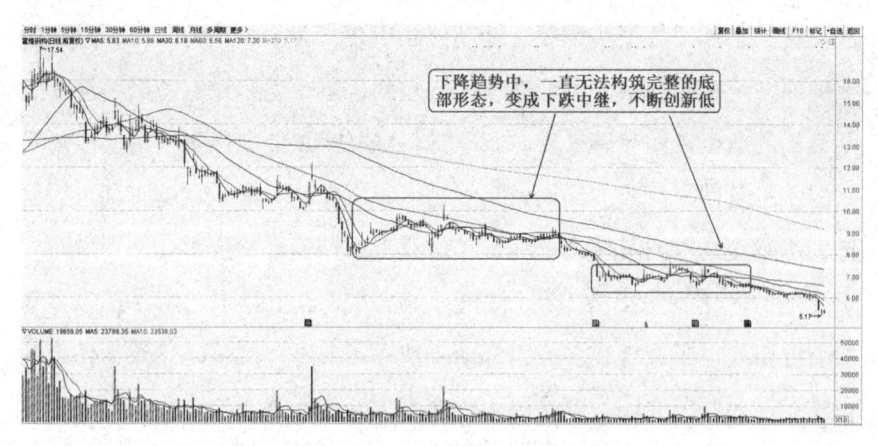

这是在下降趋势当中，现在我们的指数就是类似于这样，跌下来抵

抗衡一段时间，不行了，后面又往下，所以我们也不排除像我们的股指横横横，横到最后再向下的情况，但有人说到底最终向上还是向下？其实很简单，走到最后的时候，你要看方向性的选择，它一定会选择一个方向的，你到最后的方向选择出来的时候，不好意思向下了，那你相应的减点仓，如果真的向上了，那你大胆加仓啦。底部横盘阶段是给到你试探性建仓的很好的时机，那有些人说，我是擅长左侧交易的，而且底部阶段我想重仓参与，那当然也行，当然这个时候你要对这只个股有充足的研判，就是你要忍受它的极端情况，如果它再跌二三十个点，你能不能忍受？能，那没问题，乐观情况这个位置就是底部，就可以直接上去了。就像以前我对新经典的运作一样，跌到40元，我觉得极端可以再忍受20个点左右，不过后面没有那么极端直接涨了。那如果真的出现了极端情况，我不是说我不要操作，可能是被动减仓，没办法，需要保留点子弹，怕它再跌，如果自己没有子弹的话就很难反击，但是你留有子弹，一旦它反攻的时候，你可以加入多方的阵营。现在说白了，市场的多方是缺子弹的，所以它需要卖出一些股票来储蓄能量，然后等风口来，子弹狙击最终就形成了逆转的走势。所以我们现在很多时候是在演绎下跌中继，但是下跌中继变成上涨，我们需要观察这个临界点，一旦临界点出来，有明显的图形变化，那非常好的扭转局势的格局就展现在我们眼前了。我们接着看：

3.2 中位区域

○ 中位区域，看是否走势流畅，张弛有度；

○ 走势流畅的个股，是资金动能较强的标志；

○ 走势杂乱的个股，是弱势的表现；

○ 上涨角度45度到60度比较理想；

○ 上涨角度太缓，是资金动能较弱的表现；

实战操盘技法

○ 上涨角度太陡，如 60 度以上，资金动能会过快消耗掉，不利于中期上涨。

中位区域就是上涨过程中途当中，我们来看一看，贵州茅台：

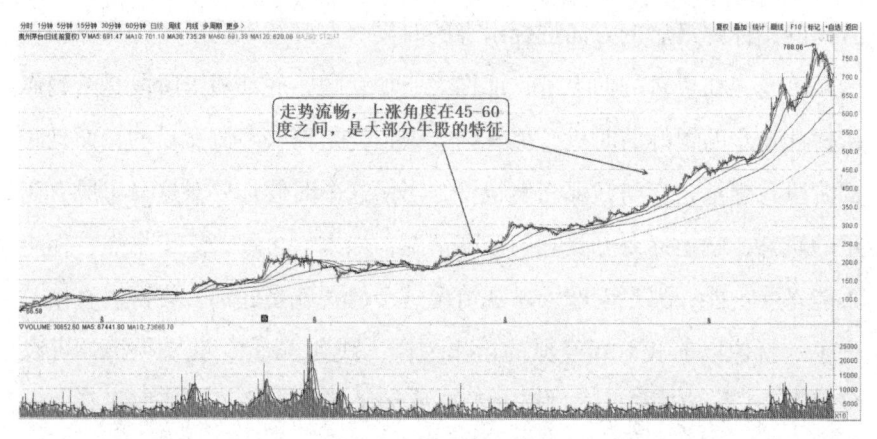

走势流畅，上涨角度在45-60度之间，是大部分牛股的特征

上涨中期不要太陡，太陡有可能提前消耗完，变成后期了，就可能见阶段性的高点，往往会迎来回调，你看茅台每一次陡之后就回调，但是 45 度的走得比较持久，一旦陡的时候，阴阳平衡来说，博弈就会加剧。很简单嘛，你多方把对方逼得太急了，狗急跳墙就不好了，而你温水煮青蛙、45 度慢慢涨，人家不觉得怎么样。就好像我们的股指一样，一刀直接干下来，痛啊！如个股一下子几个跌停板下来，说真的谁受得了啊！那国家不救市都要救市，但现在 2638 点都击穿啦，国家有没有救市啊？没有吧。那为什么大家感觉好像没有以前那样痛一样，事实上比以前还要痛，有些个股跌的更厉害，那是因为它是 45 度跌跌跌，温水煮青蛙，就是这样一种状态，让你麻木了，但是这种杀伤力比之前的杀伤力更大。比如三根连续跌停板，顶住了我就再反攻，会有激烈的博弈。但现在不是啊，三个点跌下来，反弹一下又三个点，反弹一下又三个点……过了几个月之后累计都跌了五十个点了，比三个跌停板更惨，但是这个时候国家队还没有出手，为什么？因为没有出手的理由啊，大盘连续暴跌三天又反弹，那可能没办法被动出手。

第八堂课：分析资金动能

所以为什么前段时间有个大家不太认可的一个官方调查，说80%左右的股民对当下非常满意，因为大家都麻木了，所以就说满意的人少数就代表多数了，变成这样的状态。当时这句话说出来之后，市场就真的崩掉了，国庆之后一路下杀的走势，这样一杀，就有点痛了，我们官方就马上释放暖意了，你会发现春天要来了，大家就会看到点希望，陆陆续续政策慢慢也会出来，但这也是需要时间的。我们其实特别希望现在真的就是来春天，因为这个行业从2015年到现在，已经熊了三年多了，已经接近熊市的极限了，从我们之前谈到的牛熊的周期来看，熊市确实是接近极限了，只是不知道这个极限是要到明年初，还是就是现在。我们当然希望是现在，但是也要看接下来阴至极则阳的这个阳的状况，说真的，我是哪怕再熊一会，我也会坚定到底。因为我相信在博弈到最后的时候，胜利一定是属于多方的，这个时候要做的还是认清博弈的规律，别看有些时候，做多头的博弈或看盘的博弈好像现在用不上，但是书到用时方恨少，别到用的时候才后悔当时没有很好地去提升自己。

我们接着看，京新药业：

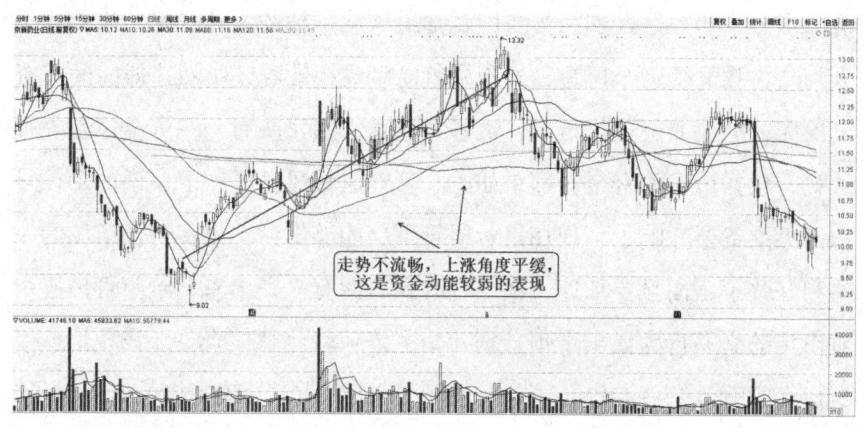

走势不流畅，上涨角度平缓，这是资金动能较弱的表现

我刚才已经谈了，45度是非常好的温水煮青蛙的模式，多头也是，空头也是。所以当空头开始加速的时候，痛感来了，这个时候人就一定会反抗的，所以现在空方打的多方那么惨，你放心好了，反抗一来，一

定是报复性的反弹，因为狗急了都会跳墙。刚才原理，还有多空博弈都已经说过了，规律就是本质。只不过是有没有触到这个临界点，就好像每个人都有自己的底线，比如有人骂我，好，骂我可以，但是别骂我的爹妈，骂我爹妈那可能就是底线，听到就可能冲动了。每个人都有自己的底线，股东博弈也是到了底线的这个临界点，这个底线是不是底线，其实看得出来的嘛，比如对你出言不逊，你还表现很淡然，说明还没到你的临界点，但是一直侮辱……你表情开始出现微妙的变化，拳头开始抓紧了，那就表示临界点快到了，一旦临界点到了，拳头一出来的话，就爆发了。

　　所以现在就是这样的临界点，从盘面上来看，很多种盘面状态就能体现，科大讯飞跌停，华大基因跌停，还有文化股的华谊兄弟也溃不成军了，光线传媒也是面目全非了，还有很多都是属于这样的状态，这就说明市场已经崩掉了，多方已经握紧拳头，就等市场一旦一个信号来了，反攻的号角就吹响。那这个拳头到底有多重，就看多方资金的动能了，是游资做短线的，还是做未来长期成长的。在接下来的反攻当中，我们可以窥探一些东西，到时候我们就知道这波行情的大致状况。当然我个人判断，我觉得这个位置，外资早就已经虎视眈眈，虽然这段时间有资金出离，但无非就是打下来，更好地建仓，国家队有一些资金也是虎视眈眈，包括市场的资金，都是如此。管理层暖风已经吹了，说白了，号角已经准备要吹响了，现在是希望管理层能够出台，更多符合市场的一些利好政策，而且要加速。我当时看到新闻有人提出来，希望管理层少对市场的交易行为做出干预，别几个涨停板就停牌核查……我相信这主要代表的就是一些游资，这个生态啊，我个人看法，确实搞的有点过了，只要合理合法，有何妨呢？本来买股致富就有风险，这个大家都已经非常清楚的了，跌停你不停，涨停你就停牌核查，这本身来说不对称的方式是有问题，必须要改变。那改变了之后，有些游资才敢撸起袖子大胆干啊，这个市场必须要有这些活跃性的资金，不管怎样，股价会有市场规律，不用担心它们迷失方向。

所以我们现在看这个股价的走势，你其实应该可以感知一二的，往下最后一跌的时候确实很痛，我们也确实能感觉到痛，但同时也要反过来想，要感到欣喜，因为这个痛背后就是要大反攻了，如果没有这个痛，而是温水煮青蛙，跌跌不休，你都不知道跌到什么时候是尽头，反倒是这样痛一下，至少阶段性的尽头要来了。这就是我的一个感悟。

3.3 高位区域

○ 高位区域，滞涨、大级别顶部分形态都是动能外泄的表现；
○ 如果有资金动能外泄的迹象，则要小心见顶杀跌；
○ 如果股价处于高位，资金动能没有外泄（比如走势仍比较流畅、没有滞胀、顶部形态等），则有可能是上涨中继，后市还有新高。

怎么见顶？你看新和成：

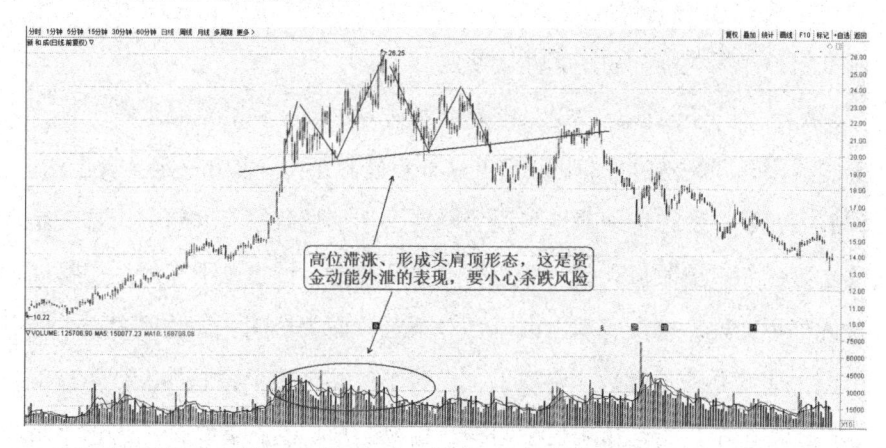

高位滞涨、形成头肩顶形态，这是资金动能外泄的表现，要小心杀跌风险

怎么见顶我之前已经说过了，情绪还有滞涨放量，股价有标志性的大阴线等等，这些都是组成顶部形态的重要因素，顶部动能的形成，也不是一天形成的。所以很多人现在很担心，美国股指见顶了。但是请放心好了，就算真的要见顶，也不会是一天跌下来，然后就见顶了，这不

可能，它一定是有反复的。你看新和成见顶一样，多次杀跌反复，还构筑了头肩顶形态，最终才杀下来，它有大把的时间让你在高位继续搏杀。因为美国的牛市不是说才牛一年，它牛了十几年了，它怎么可能随便几天杀两下就见顶了，就算见顶它也是要反复的。所以有些人说什么美股要崩盘啦，这个东西说白了，从期货博弈的角度来说，就是忽悠一下那些空头，就是让你们拼命建空单，然后先把你们干掉，然后反反复复，干的空头最终怀疑人生的时候，好了，最终才来真正的杀跌。一般真正空的时候，往往是在你觉得不太可能空的时候，空才会来，现在看美国见顶的这种声音，请大家感受一下，是非常多的，所以这个时候这个位置马上就真的见顶，我觉得不靠谱，甚至还有可能创新高，就算不创新高，它这个位置也不可能一蹴而就直接跌下去，它一定会反反复复的，所以这个对我们A股的筑底是有利的，因为美国的筑顶是要反复的，对A股的筑底就提供了一个很好的机会了，如果真的是一泻千里这样跌下来，那对于我们A股的筑底是非常不利的，我刚才也说了这是小概率，不用太担心，因为资金的博弈性质使然。

　　我刚才已经谈了，多空双方要杀死对方，最有利的是温水煮青蛙，美国这段时间突然这样急跌，空方这样重磅打下来，多方一定会反击的，你放心好了。所以特朗普点名说美联署这个加息政策有问题啊，这就是反击嘛；如果美股每天跌一个点，零点几个点，慢慢跌下来的话，特朗普说都不会说，也没有理由说啊，对不对！而突然间一天跌三个点，四个点，那没办法了就必须要说了，点名了说甚至找个替罪羊也行，这就是多方的一个反击，市场也会组织反击啊。所以这种急跌并不可怕，最怕的是温水煮青蛙，杀伤力非常大。你看新和成后面进入绵绵下跌，最大杀伤力的时候，就是温水煮青蛙，而它还在高位的时候，波动很剧烈，反倒是迎来多方不时的反攻，但是后面进入绵绵下跌，特别是从20元跌到12元的时候，真的就是温水煮青蛙，杀伤力非常非常大，不知不觉当中把你消耗了，这是最可怕的。

你看格力电器：

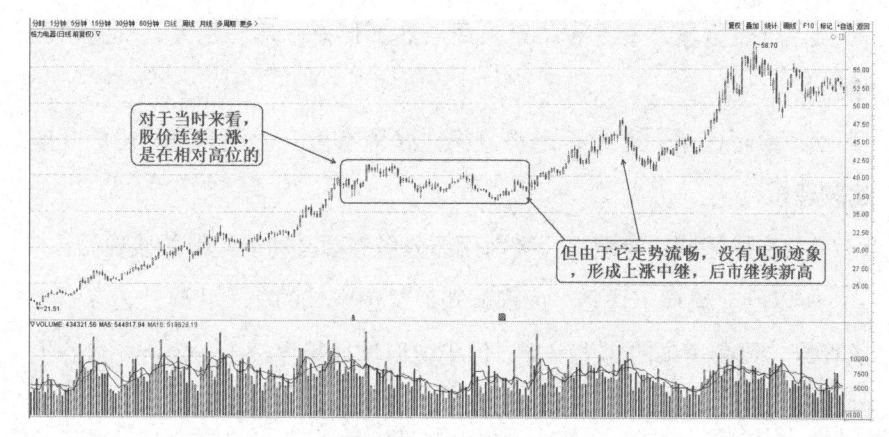

[图：格力电器K线图，标注"对于当时来看，股价连续上涨，是在相对高位的"及"但由于它走势流畅，没有见顶迹象，形成上涨中继，后市继续新高"]

整体基本沿着45度角慢慢上涨，虽然出现过一点滞涨，但是相对没有那么剧烈，形成了上涨中继，慢慢的再向上，继续创新高。

所以有些时候，一旦趋势形成的时候，沿着45度角上，或者是45度角下，这是最可怕的。就好像有些成长股上涨的时候，它们慢慢涨，会涨得更好，就是这个道理！慢慢涨，你没感觉，空方死都不知道怎么死的，50元悄悄地涨到90元，都涨了一倍，你都不知道是怎么死的，这是最可怕的；所以跌也是一样，慢慢跌、慢慢跌，都跌一半了，你都不知道怎么回事，这过程当中没有一个跌停板，50元涨到90元也没有一个涨停板，这杀伤力都是最厉害的，置人死地于无形，这是最可怕的。反倒是粗暴的方式，你不见得能够一招致命，反而人家会奋起反抗，不论是做多还是做空也是如此。所以现在我能看到市场有点粗暴地往下走，就是一个奋起反抗即将到来的盘面征兆，我个人是经历了很多的多空博弈，所以我对这种博弈还是有点感觉的，但是有些时候也会出现判断失误，但是整体来说，还能够在这个市场生存，在操作过程中还是能够给到很大的参考价值。

【学习温馨小总结】

1、低位区域，看是否构筑大周期底部形态。形态越大，资金动能越强；

2、中位区域，看是否走势流畅，张弛有度；上涨角度45到60度比较理想；

3、高位区域，滞涨、大级别顶部分形态都是动能外泄的表现。

所以刚才梳理了这些，大家就知道位置区域的相关状况，还有温水煮青蛙、致命一击的变化等等，像中位区域如果保持了一个不要太急迫的角度，就是一个杀人于无形的方式，这个动能也是最充沛的，因为你能把盘面控制的非常漂亮，不急不躁，就像打太极一样，你这个平衡感非常好，这才是高手。

所以这堂课主要就是讲了资金的动能，从几个方面梳理了一些知识点，从中我衍生出了一些博弈的理论，尤其是结合了当下，我也谈了一些我的思考，以及杀人于无形的方法，还有暴涨暴跌的模式，归根结底就是围绕资金的动能，去感知一些东西，不论它的目的，它的属性，还有演变过程当中遇到的各种状况，我们都有了一个初步的认识，认识了这个之后，我希望大家做作业的时候，能够分析一下你自己看的一些标的，用资金动能这个角度去思考，结合我刚才所说一些博弈的思路，我相信对你分析当下市场的状态是有帮助的。这就是这堂课布置的作业：

【课后思考和作业】

☆ 从资金动能角度，分析对自己跟踪标的的理解。

第九堂课：分析市场动能

学前须知

　　本堂课介绍的是市场动能，主要从估值面、政策面、资金面三个方面来阐述市场动能，同时又对 2005、2008、2013、2016 这几个年回顾和分析当时的市场动能，以此对比当前状况和其他条件；

　　本课堂的内容在牛散大学堂股威宇宙的等级为：中学，讲解实战分享的内容是大学级别。内容级别结合自身状况采取是否学习或者阅读的策略。

【课前操盘回顾与感悟】

2018 年 10 月 23 日

　　今天是一个市场冲高回落的日子，我们都知道昨天市场经历了一个大涨，而今天的市场就经历了一个明显的回调：

昨天涨了四个点，今天跌了两个点，基本上就跌去了一半，那么市场很多人又会重归一种悲观的情绪。今天我文字中写了一些思考，大家要好好看一下。尤其谈到一个点：性价比，这三个字。那我们来看一下今天的贵州茅台：

今天就收在了641.74，这个位置刚好是个大阴线，刚好把前期两个阳线吃掉了，很明显类似这样的个股补跌，还有洋河股份，是接近跌停的。

还有五粮液等等，这些都是基金重仓的公司，阶段性出现补跌的效果，那为什么会出现补跌呢？我谈到了三个关键字叫，性价比。与此同时，补跌的过程当中，我们可以发现有一些低价股，比如绿庭投资：

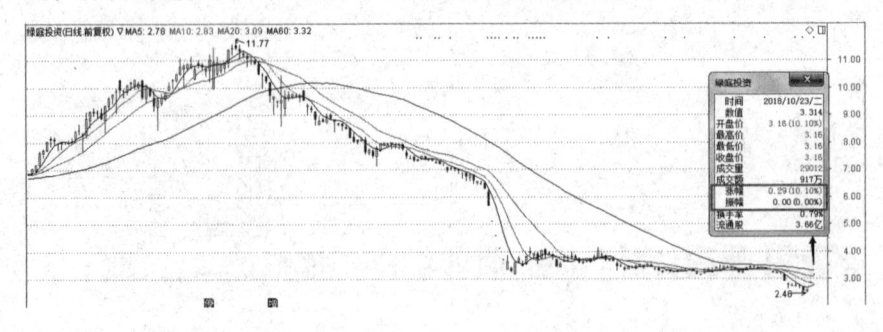

原本都是跌得很惨的，昨天封板，今天继续封板。还有香梨股份：

宁波精达：

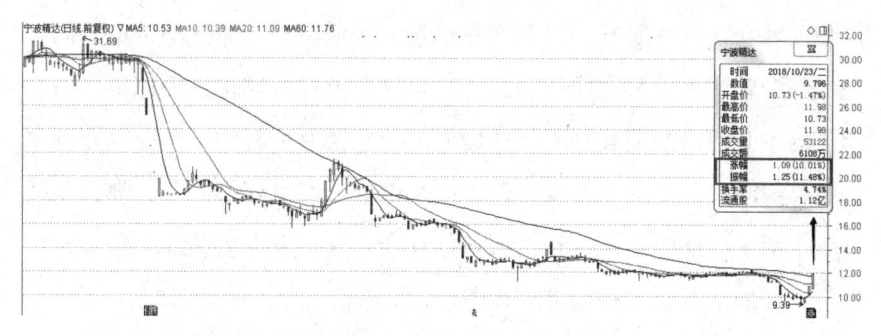

宁波精达等，一批的都是从低位反弹上来的，而且反弹幅度超过20%，也就是说昨天活跃，今天持续活跃。

这个就很有意思了，跷跷板，高高在上的突然跌下来了，低低在下的突然出现了急剧的反攻，而且没有受到今天市场动荡的影响。我就在思考一个问题，原来市场是跌得很惨、继续下探，这里是让整个市场不断地失血，让大家看不到底，就不知道底在何处，那现在跌得最惨的群体，出现了稳定的走势，也就是说有人已经看到底了，2449点就算不是最终的底，也是接近最终的底。那么在这样的背景之下，资金的心态会发生一些变化，对着眼于中长期博弈的资金来说，尤其是扎堆在那些优质的白马蓝筹股身上的机构，会有想法，他的想法会转移，他会转移部分仓位到更具有性价比的个股上去，因为这些跌得很惨的标的，它们本身有一些个股还是有看点的，它有业绩啊，有未来啊，还有的错杀啊等等，那这样的背景之下，跌得多与少一对比，性价比一看很明显，如果未来真的有行情，那么跌得最多的可能弹得也会越厉害，现在没怎么跌的，它可能会经历一段滞涨的过程，并不代表它不会涨，它也会涨，只是初期它不怎么会涨，而这些超跌可能会先涨起来，所以有一部分资金就会松动，一松动就会出现乾坤大挪移。我认为今天的盘面博弈，有点像乾坤大挪移，但是乾坤大挪移对市场初期的冲击是比较大的，因为前期的强势一补跌，又会对股指带来负面的影响，所以你会发现今天的市场，是呈现逐级下滑的走势的，让人看起来有点怕。但是这种打压可以暗度陈仓，有些筹码、资金就在承接一些低位的、廉价的带血筹码，完成一个乾坤大挪移这样的动作。一旦这个乾坤大挪移慢慢完毕之后，真正的主升浪可能就展开了，所以底部一定会有反复的，至少也要反复一两月的时间，等到储备好弹药了，全部都已经拿好筹码了，那该干活的就干活了，所以未来的行情，我估计会往这个方向去演绎，现在市场出现这样的情况是一种合理的现象。

上节课谈资金的动能的时候，更多的是从个股的角度出发，每一只个股背后都有一个金主，他们的手法、意义是不一样的，所以他们整个的运行逻辑也是不一样的。比如刚才谈到的茅台这些的，把持他们的资金一定是中长线的资金，他们会有松动，并不代表他们不看好中长线，而是有一部分的做一个转换，或者是有一部分他们觉得，找到了更具有诱惑的标的，他才做出这样的一个动作的。我们要去理解这种动能，而且相对高位出现这种松动的博弈，我们也要警惕它阶段性可能会进入休整的状态，这也是资金的动能博弈带来的结果。反过来说底部，上一堂课谈到了，底部的话需要很多成交量的堆积，最终才能够爆发出一个非常可观的行情，所以现在很多跌得惨的标的为什么反复低位震荡，甚至在反复下杀，其实都是在堆量的过程，是积蓄动能的一个过程，而这个动能背后的主导资金在暗流涌动的盘面表现，我们会慢慢的观察得到，这个会有很多盘面的外在表现。

而这堂课主要是讲市场本身的动能，刚好很贴合我们现在市场博弈的状态。那么我们一起来看一看。

分析市场动能
○ 市场动能的定义；
○ 市场动能分析的三个角度；
○ 2005年从998点展开大牛行情；
○ 2008年从1664点展开小牛市；
○ 2013年从1849点展开的行情；
○ 2016年从2638点展开的行情；

1. 市场动能的定义

○ 所谓的市场动能，指的是市场的内在驱动力；
○ 市场之所以会牛熊不断轮回，背后是有内在的动能在主导的；
○ 内在的动能积聚充分了，才能走出牛市行情；
○ 如果内在动能积聚得不够充分，最多只能有结构性行情；
○ 如果内在动能是负的，那市场将面临较大的调整风险。

我们理解了这个内在驱动力，我们就知道这波行情能走多远。为什么我说现在有一些资金，它一定会着眼于中长期？因为不可否认的是，我们最高领导层已经在公开场合喊话了，而且这个话说的很明白，说直白一点：跌到这个位置附近，已经非常具有价值了，接下来我们会出台很多的政策，让这个市场越来越好，健康起来。说通俗一点就是这个意思，这个意思最终的表现形式就是一定要涨，那怎么涨呢？那么接下来就需要合力使然。也就是说我们能够知道，这个未来市场一个很重要的驱动力，我们不能够忽视这个政策的驱动力，我们一定要清楚。为什么之前跌跌不休，就是因为整个政策上面对市场的驱动力不足，或者是说有反效果，当有些个股连续涨停，他就要打压你，停牌核查，有一些险资进场的话，就定义为妖精，他就要你们退出。现在风向转变了，打压得不是很明显了，险资也欢迎进来了（当然是要合法合规合理的进来），就是说现在整个风向发生了一个微妙的变化，这个是我们能看得到的，或者可以说是一张明牌，各路资金也能看得、到，一旦看到这个机会的话，一定会吸引很多的资金参与其中。

不瞒大家说，我有个朋友，掌控几十个亿的哥们，之前仓位很轻，就在昨天开始进场了。我说你为什么这个时候要开始大规模地进场了？很简单，就是看好未来，就是未来政策的驱动力，这个是大家都形成共识，基本上是确定的。虽然已经喊话了，但是未来会有很多落实的东西。所以现在跌下来或者是反复的过程当中，正是大资金开始布局的时候，有一些资金它们早就已经开始布局了，这样的人群不是少数，就我目前身边的感知来看，越来越多，那这样又会形成一股合力，而这个合力一定又会让这个市场，一定会走出一波超出我们预期的行情出来，所以我们要分析现在市场本身的动能。刚才已经谈到，市场内在动能积聚充分了，自然就会走出牛市行情，就好像底部量堆得够大，最终一旦有合力，这个行情一定会横有多长竖有多高，现在我们就是属于横的过程，积聚能量的过程。在这个过程一定是伴随着反复的，因为积聚能量说明这里的观点还是有分歧的，这里面会有搏杀、多空博弈，等到某个节点，量变促成质变的时候，那它才进入一个持续逼空突围的走势。但是现在开始就是要进场的时候了，或者是加大进场力度的时候了，因为未来新的机遇一定是会摆在我们面前的。

反过来如果内在动能是负的，那市场将面临较大的调整风险。所以我们要吸引更多的资金进来啊，所以管理层已经意识到了，我们现在必须要吸引更多的资金进来。你看前段时间质押风险，为什么对市场造成反效应，因为质押跌破平仓线，那要不断卖卖卖，所以场内的做多的动能根本抵不过卖出的动能，负面效应就出来了，就是说白了，这个市场动能不足甚至是负数的，就是卖压比买压大，哪怕跌得很便宜了，他还拼命卖，这种卖不是主动卖而是被动卖，是强制卖，他必须要平仓，这是很悲壮的。就好像有个新闻也谈到了，杭州一位操盘手因为平仓风险，导致卖别墅。卖车等，全部变现为了还证券公司的融资融券，也是一种去杠杆，所以在熊市末期阶段，是非常惨烈的，这样的案例是非常多的。至于为什么我提出剩者为王这个观点，因为只要我们能剩下来，哪怕之前有不少的损失，只要现在能坚守下来，请相信！接下来机会一旦来的时候，会加倍地夺回来。为什么呢？因为每一次新的行情，必然会诞生很多的牛股，而这个牛股是以倍数做为单位的，不是一倍两倍哦，可能是十倍二十倍哦，就像曾经2005年的千点行情，到6124点，短短一年时间股指涨了六倍！这还是股指喔，那如果你有水平的话，不就是赚几十上百倍嘛，对不对。当然这样的机遇啊，如果只是用在我们股票市场上，未来的话不是那么容易实现，但是我们要懂得股票结合期权、期货这些衍生工具，你的仓位合理配置，九成股票、一成期权、期货，类似这样的比例，股票为主导，衍生工具少一点，这样做一个组合，我相信未来把握机会的时候，是有可能创造奇迹的。

所以我们牛散大学堂未来的课程也是在不断地升级的，包括我们的理念，投资的方向，也是在不断地融合最新的各种工具或者各种思路，整合起来，让大家更好地看清楚未来大的方向，我们一起去把握这个未来。因为一旦未来来临，就看谁准备得越充足，准备得越充足，他就一定能把握住未来真正的一个机会。我们正是这样去做的，所以我们未来会专门讲博弈，大家都知道，我在博弈这块还是蛮有心得的，不论是期货还是期权，包括股票，所以未来会有专门讲博弈的课程，资金之间的博弈，主力之间的博弈，他们背后到底是怎么思考的？怎么去搏杀的？最终结果如何，我们怎么去看待啊？看穿了这些，是非常有利于我们在机会来临的时候，抓住这背后的底牌，这个底牌是非常之重要的。博弈也是我个人的核心竞争力之一，我的十二字箴言：成长为王、引爆为辅，博弈融合，这个博弈是非常重要的，涉及面也非常地广，所以先梳理，让大家了解一下。我们基础要打好，基础打好之后再听博弈论的话，听起来，学起来也会非常有意思，再学以致用的过程当中，就会觉得越来越有乐趣了。好，我们接着看。

2. 市场动能分析的三个角度

2.1 估值

○ 估值足够低，是市场动能积聚、走牛的核心条件之一；

2.2 政策

○ A股是典型的政策市。每轮大行情，背后必有大的政策推动；

2.3 资金

○ 每轮大行情，资金面会相对宽松，助推市场动能。

市场的动能一般是从这三个点展开。刚才讲了政策，我们A股本身也是政策市，大家要看清楚，这是一个很重要的市场动能关键因素，如果没有政策，这个动能就会显得很苍白。

另外一点估值，个股本身已经跌得足够惨，它的估值是不是具有诱惑力，就像为什么会提出性价比这三个字，就是因为很多个股跌得够惨了，它足够诱惑你，你看资金宁愿舍弃茅台，舍弃其他的优质股，去选择那些股票，就是因为它们跌得实在太惨了。比如正常市场上，它们没跌之前，对比茅台没有优势，价格、估值各当面都没有优势，现在它们跌得非常惨的时候，人家拦腰斩半了，而茅台还没有怎么跌，再对比一下，资金是不是就会出现微妙的变化！水往低处流嘛！资金发现低的地方确实是洼地，就会慢慢地往这里流，等水满上来的时候，它又会去寻找一个低位的价值洼地,简单理解就是价值投资,成长为王的一个过程。找到一个成长潜力的个股,到相对高位之后卖掉又去寻找低的,反复反复,做了几次之后,如果你每次都做对的话,每次都赚一倍的话,几次之后你的复利增长是很恐怖的。你想一想,假设你有100万,你做一次翻倍个股成功变200万,第二次做对一次翻倍个股400万,第三次就是800万,第四次1600万,第五次3200万……第七次就能上亿了,后面的数字增长是非常恐怖的。当然这是算每次都成功的情况,稍微降低一点这个倍数依然很厉害,所以我想告诉大家的是,水往低处流,找到这个性价比高的,实现高收益,然后再寻找一波,在股市正好有个术语就叫做板块轮动,所以资金一定是这样去波动的,板块会反复地轮动。所以为什么高的往低的走,像茅台流出来的资金流向了低价股、低估值,或者是性价比高的,更有潜力的标的,把他们炒一波之后,其他没怎么涨或滞涨的,又去炒他们,这样一轮又一轮,全部炒高了之后,行情差不多就结束了,这就是一个从熊到牛的演示过程。所以有些时候我们要有这个逻辑,然后又懂这个轮动的逻辑、资金的博弈,再懂得怎么去出击,怎么去看个股的一些东西,那最终机会来临的时候,你是能够赚的盆满钵满的。

  所以我们现在为什么要不断提升自己啊,因为只有提升自己,做好准备工作之后,一旦来行情的时候,就差一个东风,你就可以创造奇迹,因为如果没有大环境的话,你这样的轮动也没有用武之地啊,很难施展,但是请放心,一旦有行情,你就可以充分地施展,否则就算有行情,你又没提升自己,用过去的方法就算赚到钱也只是小钱,或者只是跟随市场的钱,这个我认为就算是没抓住什么机会。我们要抓住的机会,这个机会是远远超越市场的机会,这就需要你的功底了,所以不要担心你们的学习是无用功,是有用的,是为未来的行情做准备的,等你顿悟了,行情来了,你就跟你身边的人差距就拉开了。

第三点，资金。市场的动能一定也会涉及到资金面，就是要有资金，如果没有资金，是起不了风浪的，那资金在哪里？我们可以从各个方面去剖析，比如房地产来的资金，场外观望的资金，韭菜重新长起来的资金，国外的资金等等，其实这个东西又跟我们的政策是息息相关的，只要政策引导得好，那这个资金肯定就源源不绝。就好像2015年的杠杆牛市一样，就是因为政策的引导，可以疯狂地加杠杆，本来一个亿的资金就变成了两个亿，甚至四个亿，那这样股票自然就会有巨大的溢价，本来值5元钱的东西，变成20元钱也有很多人抢着去买，就是这样的一个逻辑，供不应求嘛，自然就轰上去了。所以为什么有些时候，行情低迷跟IPO持续扩容有很大的关系，就是因为它供大于求了，水就那么点，你拼命扩容，水自然就往下降了，自然是这样子。

那回过头看下我成名战役行情，就是2005年千点行情。

2005年从998点展开大牛行情

3.1 从估值上看，998点之时，上证和深成指的平均市盈率都在20倍以下

○ 上证平均市盈率：最低16.05倍；

○ 深成指平均市盈率：最低16.19倍；

○ 两者都是历史估值低位，如下图：

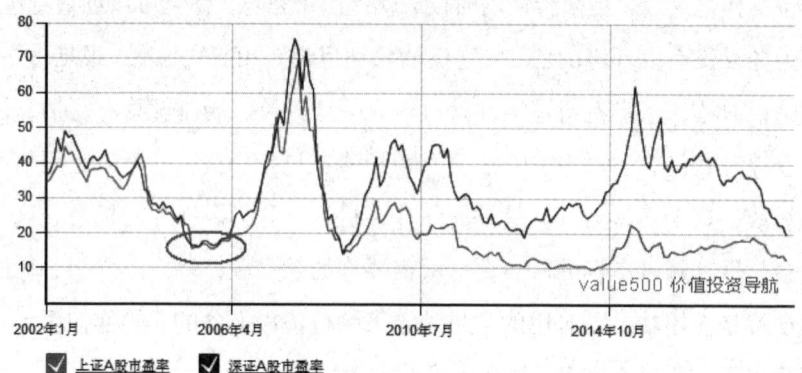

998 那个时候整个市盈率平均都是在 20 倍以下。你看上图，可以看到，当时市盈率的水平是属于相对历史低位的，到目前也是到了一个相对历史低位，所以它本身是有一个规律在的，当时也是从高位慢慢回落下来，相对历史地位不去抓，难道还等回到高位再去抓么？所以我们当时是看到了这个机会的，再结合政策的东风：

3.2 政策——股权分置改革

- **2005.06.06—2007.10.16**

市场	涨跌区间	涨幅
上证综指	998.23-6124.04	513.5%
深成指	2590.53-19600.03	656.6%

❖ 行情特点
❖ 05年5月股权分置改革启动展开
❖ 开放式基金大量发行
❖ 人民币升值预期
❖ 境内资金流动性过剩，资金全面杀入市场
❖ 之后基金疯狂发行和市场乐观情绪

当时的上市公司也没有现在这么多，供不应求，两年间，指数都涨了五六倍，那个时候真的是很疯狂的年代。

3.3 资金面

○ 从银行利率的角度来看，2003 年到 2006 年，利率是在逐步降低的，如下图；

○ 此外，开放式基金大量发行；人民币升值预期也吸引大量资金从国外流入国内，境内资金流动性充分，资金全面杀入市场。

银行三个月定期存款利率走势图

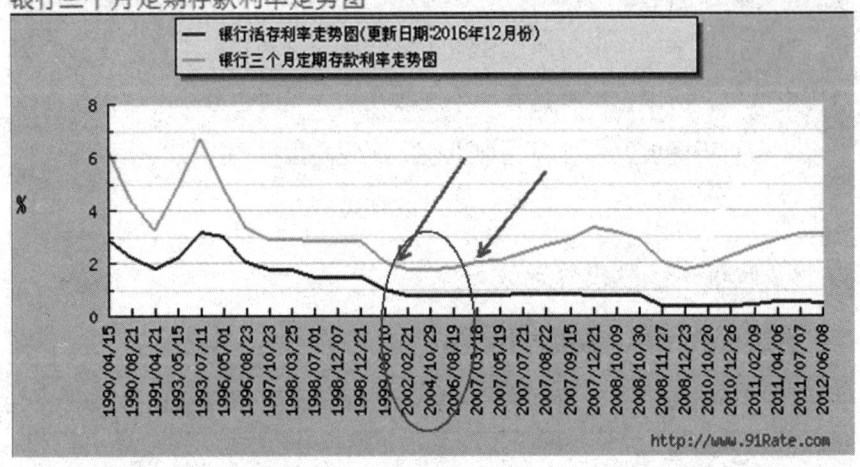

再来看下一个小牛市。

2008 年从 1664 点展开小牛市。

4.1 从估值上看，1664 点之时，上证和深成指的平均市盈率都在 20 倍以下

○ 上证平均市盈率：最低 14.09 倍；

○ 深成指平均市盈率：最低 14.31 倍；

○ 两者都是历史估值低位，如下图：

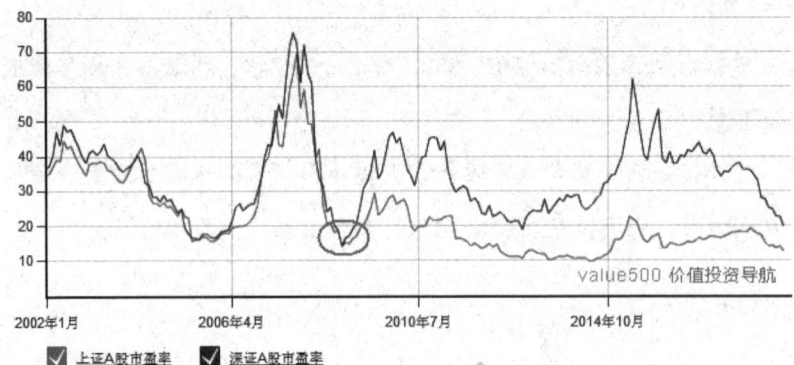

第九堂课：分析市场动能

你看图中圆圈处，是大牛市之后跌得很惨的、超跌反弹的小牛市，后面跌到低位也是触发反弹，每次都是如此，就是跌到了20倍以下，就是一个挖坑的行情了，就是一个值得我们去高度关注的行情啦，所以你不要担心这只个股很低估啦，为什么市场还不涨起来，不用担心，为什么？因为等它行情一来的时候，它的弹性会非常大。你看图中市盈率的表现就知道了，不到20倍的市盈率，行情一来直接干到70倍，光是这个平均市盈率都涨了几倍，你发现没有，每一波行情市盈率都至少能达到翻倍的效果，这就是牛熊对市场产生的一个基本涨幅的保障。说白了，一旦牛市一来的时候，翻倍是最基本的，大盘股都翻倍了，有些小盘股能翻三到五倍，所以为什么一旦牛市来，我坚决支持大家去抓那些中小盘个股（中小创）。这一次我们管理层积极地去拯救民营企业，就是为未来的疯狂埋下了一个因子，而且这一波行情可能比过去任何一波行情，来的更猛烈一些，为什么呢？因为这波中小创的话，有些民营企业已经被深深烙下国有资本的烙印，就是国资参股，虽然有些国资参股不是控股，但是从筹码的角度来说，在低位它有了一个做多的动能，这个资金的性质发生了改变，原来只是散兵游勇，不是国有的，只是各个民营资本，这个资金就好像个股资金动能里的游资一样，游资成不了大气候，它能掀起局部的波浪，局部战役没有问题，但是大级别的行情他掀不起来，为什么？这是资金性质决定的。那么大的行情必须要什么？国家队！国字头的话，渗透到民营资本，也就注定他在低位收集了非常多的筹码，而这个筹码一旦上涨的时候，政策的这个导向可想而知，那一定是涨得目瞪口呆的。

就好像为什么房地产老是调不下来，因为房地产背后的这个主力资金，资金是谁？谁最受益？大家想一想，你就知道了，国家队、政府嘛，土地嘛。所以现在管理层也很清晰，不是要打压房价，而是要稳定房价，就是说十万的房子，不是说跌到五万，跌到八九万就差不多了，稳住就行了，然后成交。这样是一个健康的市场，这样对各个利益方是最大化的，大家都能接受，所以我们要清楚这波市场行情资金的性质，跟以往是不太一样的。就好像前面谈到的股权分置改革，这是 998 行情引爆的一个政策导向，说白了这改革两个字，就代表着国字的背景在里面，那现在也是如此，有个国字的背景，一旦筹码收集完毕的时候，这波行情肯定是波澜壮阔的。所以为什么管理层敢于有底气要喊呢，也必须要喊呢？因为有很多都有国有的背景，那么它没有理由不坚定地在未来把它们做好，扶持上去，然后把它变成优质的上市公司。真的能够把这些公司变成一个优质的上市公司的话，那整个市场生态也可以变得更加清爽、干净、健康，这是我们所期待的，那这波行情自然就能够走得更远。

回来看下 2008 年这波小牛市的政策状况。

4.2 政策——4 万亿救市

- 2008.10.28—2009.08.04

市场	涨跌区间	涨幅
上证综指	1664.93-3478.01	108.9%
深成指	5577.23-13943.44	150%

❖ 行情特点
❖ 四万亿投资政策
❖ 十大产业振兴规划

你看当时的股指，也是翻了一倍啊。资金一来，推动一下，那也不得了。这个就是当时行情的特点。

4.3 资金面

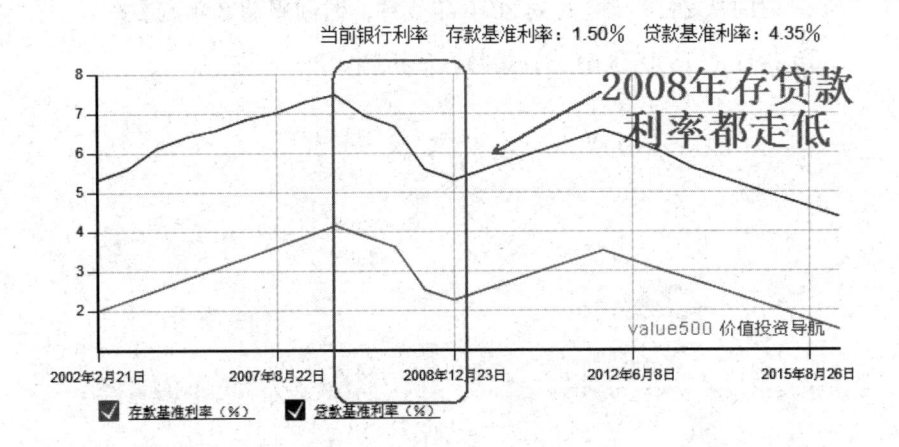

2008年到2009年的银行存款利率也很低。和2005年都是一样的，存款利率都不会很高。

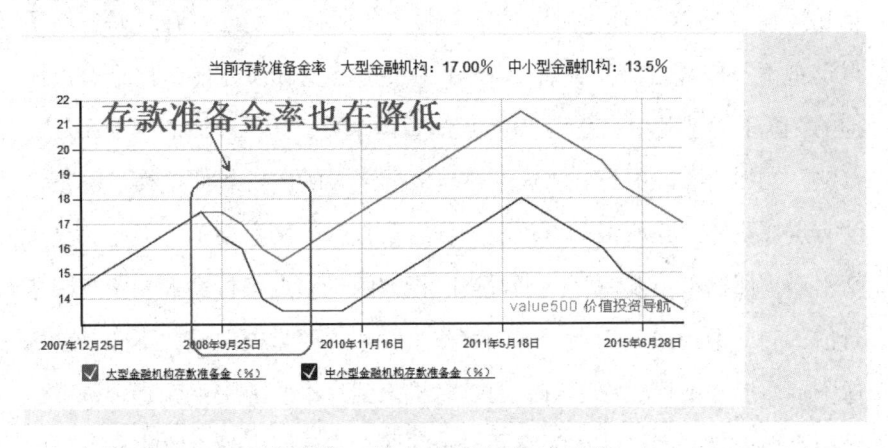

存款准备金率也在降低，给整个行情推波助澜。

5.2013 年从 1849 点展开的行情

○ 时间从 2013 年 6 月到 2015 年 6 月,时间周期 2 年左右;
○ 指数从 1849 到 5178,指数区间涨幅 180% 左右。

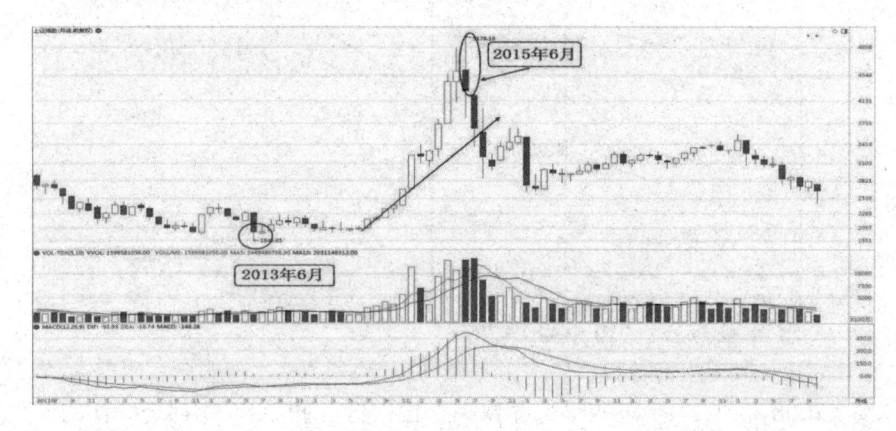

这是 2015 年的杠杆牛市,1849 点到 5178 点,涨幅接近两倍。2013 年 6 月到 2015 年 6 月,时间周期两年。所以你会发现,有时候行情来得迅雷不及掩耳之势,你看 2015 年牛市这波主升浪之前,都是有点压抑的,真正的主升浪,就是 2015 年短暂的半年,其他前面的都是布局、蓄势,2013 年到 2014 年这阶段都是蛮折磨人的,反复低位横盘动荡,就有点像我们现在所谓的低价股一样,反复低位横盘震荡,但是一旦行情引爆,那迅雷不及掩耳。别看当时指数两千多点很折磨人,一旦来了行情,一下干到四五千点。就是有些个股你不要觉得它现在不涨,就好像不行,但并不代表它不行,而是时机未到,本质上来说就是跟资金的动能有很大的关系,就比如筹码这个问题,它筹码有没有收集充分,就是说有可能有些老的机构、老的基金已经被市场洗礼掉了,比如去杠杆的时候被干掉了,那现在换人,换新的人进去的话,它筹码有没有收集充分,它有没有充分的换手。

什么叫收集充分?我原来讲过的,至少要 30% 的流通筹码,那才算是比较充分的,没有 30% 以上的流通筹码,那这个资金的动能是不足的。就是说你只买了整个流通筹码的 1%，那你有什么拉升的动能？没有。你只有坐轿子的动能，就希望市场把它抬上去，但是它没有主动去拉升的动能，但是如果它有 30% 以上的流通筹码的话，那它非常有主动性，甚至会直接渗透到上市公司，就好像现在的所谓的让很多民营资金也好，或国有资金也好，去拯救上市公司，其实就是让他们成为里面主要的主力军，就让他一下子收集到足够多的筹码，转让 20% 给到你，最便宜的位置给你了，兄弟你可以干活了。是啊，假设我是产业基金的话，过完户拿到这些廉价筹码，我马上就想办法干好啊，业绩提升啊，价格上去啊，到相对位置想办法减持一部分啊，做差价嘛，对不对，自然会有这种想法嘛！但是如果我只拿了 1% 的流通筹码，我根本就没有这种想法了，也没有这个动能，我就放在那里，等行情来，等真正的主力军去抬轿，我就不操那份心了，就不去做这个资本运作了。所以这就需要等，但有时候等是挺折磨人的，很多人在等的过程当中会被市场彻底淘汰，就像 2013、2014 年指数一样，差不多得等一年，有几个人能守的了？很多人都可能在这横盘震荡当中，忍受不了三震出局，最终错失后面的主升浪。

所以我一直强调，低位的时候不管如何，哪怕明天大盘继续跌，你都需要有一定的仓位，因为有仓位就能够让你避免一旦有行情的时候，踏空。虽然我们没有办法买到最低点，但是你不要担心这种浮亏，浮亏是阶段性的，就好像有些人说，我现在亏十几二十个点，我觉得在底部区域你不用太担心，因为一旦行情来的时候，这些都不是事，三两下就把你的损失弥补回来，同时还有利润，接下来你的利润就要往倍数上增长了。但反过来说，你这里没有筹码的话，一旦涨上去，你会观望，观望，观望，一直观望到最后，从头观望到尾，完全有可能，但是你这里有筹码，现在哪怕套了 30%，甚至更多，一旦你的损失减少，或者回到你的成本区域，你就有勇气去加仓，因为你知道、你是经历了，在加仓的过程中，后面的利润你能吃得盆满钵满，否则你没有跟市场亲密建立这种联系的话，你吃不到一个这样的机会。

所以不要担心，觉得熊市下跌是无止境的情况是不可能的，任何事情都有个度。为什么长期定投指数而言，九层以上是赢面的概率？很简单，就是因为市场本身它不可能无止境的跌，它总会跌到一定阶段会涨，而且不论国内还是国外，整个市场演绎的规律，只是时间会拉长，长期而言指数都是慢慢向上的，所以你投资的个股，只要没有退市的系统性风险，我告诉你，在这个区域就是给你机会了，一旦牛市行情来的时候，这个区域都是相对的低点。因为板块是会轮动的，现在满街的都是低价股，两三块钱的股票很多，我告诉你，一旦牛市来临的时候，到某个阶段，一定会来一波消灭低价股行动，就是有些资金把这些低价的股票都推上去了，只要你不退市就把你推上去，至少中后期就会这样子，就好像现在下跌的时候，凡是业绩稍微有点亏损，都把你打下来，这也是熊市的一种特征，因为它不管你的未来，就看你的现在，那未来一旦牛市的时候也是一样，它也不看你未来，就看现在，现在你价格便宜先干上去再说，就是如此。所以我们对比历史，可以得出一个很清晰的结论。

5.1 2013年1849点的行情估值特点

○ 从估值上看，1849点之时，上证和深成指的平均市盈率维持在较低区间；

○ 上证平均市盈率：最低10倍左右；

○ 深成指平均市盈率：最低20倍左右；

○ 两者都是历史估值低位，如下图：

第九堂课：分析市场动能

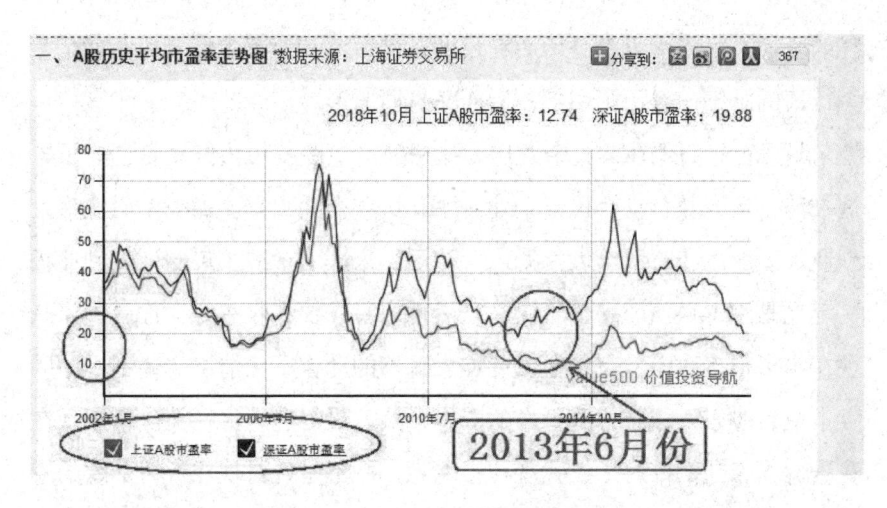

一、A股历史平均市盈率走势图 数据来源：上海证券交易所

2018年10月 上证A股市盈率：12.74　深证A股市盈率：19.88

2013年6月份

2013年6月份也是到了20倍以下的区域。换句话说，这个区域是能够给到你未来至少一倍空间的区域了，虽然我们不知道这个平均市盈率还要往下跌跌到多少，或许还往下压多少个点，这些都不重要，重要的是你要知道它不是一个常态，它一定会涨起来的，一旦涨起来的时候，至少都是有一倍的。好，我们再梳理一下。

5.2 具体行情演绎脉络

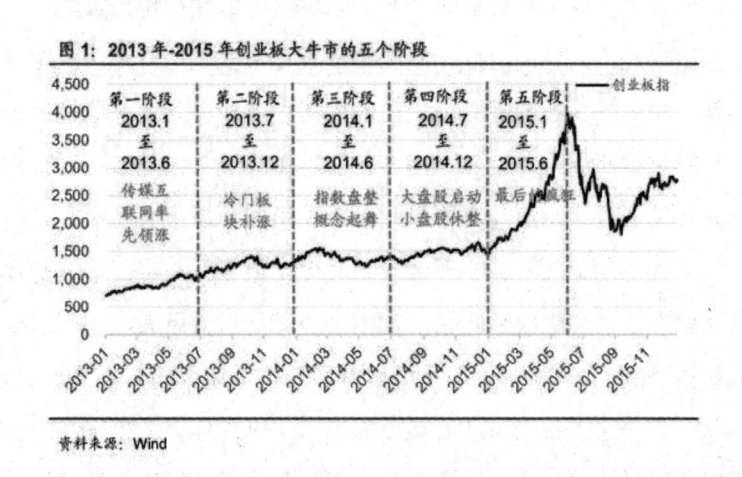

图1：2013年-2015年创业板大牛市的五个阶段

第一阶段	第二阶段	第三阶段	第四阶段	第五阶段
2013.1至2013.6	2013.7至2013.12	2014.1至2014.6	2014.7至2014.12	2015.1至2015.6
传媒互联网率先领涨	冷门板块补涨	指数盘整概念起舞	大盘股启动小盘股休整	最后的疯狂

资料来源：Wind

2013—2015年的创业板走的是比较清晰，比较壮观的，当时最后疯

狂的全通教育，大家都是历历在目的，涨得不知道有多疯。上图就是整个行情的脉络，经历了两年，后面又打回原形。

那回看我们现在，我个人认为这一波行情跌得最惨的就是创业板，这一波行情拯救行动，民营企业着手，民营企业很重要的一个版块就是创业板，所以我可以给大家抛出一句话，未来下一波牛市的话，创业板一定也是跑得很疯的一个版块，当然现在筹码要先收集好，你看国家队现在出了很多政策，就是在做乾坤大挪移的动作了，清出一些不干净的资本或者股东，进驻一些干净的资本，然后最终启动大行情。所以现在我告诉大家是倒计时了，我现在很着急，并不是说对现在行情下跌的着急，而是对未来行情一旦展开的时候，我怕我们还没有这种准备充分的着急，虽然我们一直在准备，但是我们还怕准备不充分，所以希望大家要跟随我们的思路，哪怕现在跌得最悲观的时候，你依然要对未来充满积极的心态。

跟大家分享一个小插曲，我有一个朋友做商品期货，买的螺纹钢，那时候螺纹钢跌得非常惨，他从一个亿跌到一千万，跌得很惨了，甚至家庭都要崩坏了，这个很现实嘛，生活当中就是如此，哪个家庭一旦到柴米油盐出现经济问题的时候，闹离婚都很正常，生活肯定会受影响。那我问他那时候怎么办的呢？他说虽然跌得很惨损失巨大，但是因为如此反而对螺纹钢研究得非常深，很多东西看得很透，很坚信这不是常态（就比如坚信低位平均市盈率不是常态），虽然跌得很惨反而心是更清醒了。很多人都劝他放弃，不要再玩了。但是他依旧坚定，继续坚守，但是后面爆发了一个螺纹钢行情。正因为他经历过大风大浪，所以后面的上涨就很淡然，淡然处之。但是像没有经历过暴风雨的人去投资股票、期货，赚个百分之二三十可能心跳就加速了，因为你会觉得很多了；但是对于经历过暴风雨的人，涨个几倍、十倍都是很淡定的。他最后就是从不到一千万，干到了10个多亿，当然他就可以舒心了，因为就生活而言，也不会再受到影响了。这个案例有些极端，不是所有人能够承受的，但是我想告诉大家的一点是，这个市场很多时候就是如此，希望大家在跌到这个阶段，你要对未来更加得清晰，因为我个人对未来是非常清晰的，我很坚定接下来新的机会一定会比我们昔日起家的机会要大的多，所以我现在着急啊，当然我也希望大家能够认可我们的理念，然后跟随我们的步伐，这个时候知行合一，人一辈子没几次大的机遇的，只要我们真的抓住了，我们就很舒心，笑傲江湖，成为最后真正的赢家，胜者为王。

现在的创业板已经是跌到一千多点了，昨天收盘 1314.94 点，你可以想象从 4037.96 点到现在的一千多点，斩的非常厉害了，泡沫该挤的都已经挤得非常多了，而且从 2013 年到 2018 年经历了五年，五年本身很多企业也会成长，有些企业从当时几百点涨到现在一千多点，也很合理，换句话说很低估了，接下来就需要导火索了，导火索就是政策、市场的动能，政策先行，所以我们能看到政策，这次打的就是七寸，很多时候如果救市依然是大盘股的话就没有效果，一定要救中小创，因为他们才是缺资金的，最需要拯救的，但是并不代表他们未来是悲观的，他们度过了这道坎，未来依然会很精彩，因为中国经济这个体量够大，世界也很大，足以让中国很多企业能够飞翔得更久，这点我是坚信的，这也是未来我们行情能够再腾飞的、很核心的一个根本原因。那政策先行，资金也不用担心，陆陆续续会有，但也是需要点时间，包括政策先行也并不代表马上就会落地的，不过我们这次总理谈到了，接下来要看政策的落实，强调了抓紧落实，所以为什么我说我有点焦急呢，如果他不是急匆匆落实的话，那行情可能会来得晚一点，但是他急匆匆落实，那可能行情来得会相对更早一些，所以我们抓紧要去布局啊，就是主力资金还没收集完 30% 的这些个股，要抓紧去收集。等到收集完毕的时候，波澜壮阔的行情就展开了，一定是这样。好，回来看 2013 年时候的政策。

实战操盘技法

5.3 政策：新股IPO暂停+"大众创业、万众创新"

人民网 >> 财经 >> 股票频道

新股暂停 IPO审核断档53天

2012年12月03日08:25　来源：东方早报　手机看新闻

打印　网摘　纠错　商城　分享　推荐　人民微博　　字号＋－

本周继续无新股发行，这已是A股连续第六周无新股可打。

事实上，自10月10日证监会发审委审核2家企业IPO（首次公开募股）申请之后，至今还未有新股上会，IPO审核的空窗期已长达53天。此前，监管层多次公开表示，不会停发新股来救市，但今年10月和11月，A股仅有浙江世宝一笔IPO，且规模极小，总募资3870万元，几乎可以忽略不计，也就是说IPO从事实上已经暂停。

可查的资料显示，进入四季度以来，证监会发审委仅在10月10日审理了2家企业的IPO申请，其中深圳市崇达电路技术股份有限公司未通过，重庆燃气集团股份有限公司暂缓表决。截至昨日，发审委没有再审核任何公司的上市申请；而从交易所公布的信息看，未来三周内也没有新股网上发行。

李克强达沃斯论坛重提"大众创业 万众创新"

发布时间：2015-09-10 11:22:00　来源：中国网财经　作者：佚名　责任编辑：张少雷

中国网财经9月10日讯 国务院总理李克强在今天大连达沃斯开幕式致辞中再次聚焦"大众创业、万众创新"，这是总理在达沃斯论坛上第二次提出这个话题。

在去年9月召开的夏季达沃斯论坛开幕式上，李克强总理首次提出，要借改革创新的"东风"，在960万平方公里土地上掀起"大众创业"、"草根创业"的浪潮，形成"万众创新"、"人人创新"的新态势。

过去的行情都是有IPO暂停的。这就是昔日2015年的情况，再加上降准降息等等。

260

5.4 流动性：融资融券 + 降准降息

交易介绍

融资融券交易，又称信用交易，分为融资交易和融券交易。

通俗的说，融资交易就是投资者以资金或证券作为质押，向证券公司借入资金用于证券买入，并在约定的期限内偿还借款本金和利息；投资者向证券公司融资买进证券称为"买多"；

融券交易是投资者以资金或证券作为质押，向证券公司借入证券卖出，在约定的期限内，买入相同数量和品种的证券归还券商并支付相应的融券费用；投资者向证券公司融券卖出称为"卖空"。

总体来说，融资融券交易关键在于一个"融"字，有"融"投资者就必须提供一定的担保和支付一定的费用，并在约定期限内归还借贷的资金或证券。

2008年4月23日国务院颁布的《证券公司监督管理条例》对融资融券做了如下定义：融资融券业务，是指在证券交易所或者国务院批准的其他证券交易场所进行的证券交易中，证券公司向客户出借资金供其买入证券或者出借证券供其卖出，并由客户交存相应担保物的经营活动。

2013年4月，多家券商将两融最新门槛调整为客户资产达10万元、开户满6个月。业内人士表示，券商大幅降低两融门槛，将提高这一市场交易活跃度。

2014年央行共两次定向降准一次降息

2015年02月27日 09:56 来源：证券时报网 +关注 编辑：东方财富网

央行网站2月26日发布2014年中国货币政策大事记。2014年，央行共实施两次定向下调存款准备金率，实施一次非对称下调金融机构人民币贷款和存款基准利率。

具体内容如下：

1月7日，中国人民银行联合科技部、银监会、证监会、保监会和国家知识产权局等六部门发布《关于大力推进体制机制创新扎实做好科技金融服务的意见》（银发〔2014〕9号），从鼓励和引导金融机构大力培育和发展服务科技创新的金融组织体系、加快推进科技信贷产品和服务模式创新、拓宽适合科技创新发展规律的多元化融资渠道等方面进行工作部署，要求金融机构推进体制机制创新，做好科技金融服务各项具体工作。

最终就造就了2015年一个疯狂的行情。

6.2016 年从 2638 点展开的行情

○ 时间从 2016 年 1 月到 2018 年 1 月,时间周期 2 年左右;

○ 沪指指数从 2638 点到 3587 点,指数区间涨幅 35% 左右;

○ 上证 50 指数从 1900 点涨到 3200 点附近,指数区间涨幅 68% 左右。

6.1 2016 年行情显著特点

○ 以金融股为代表的大蓝筹走出单边上涨的结构牛市,典型代表个股:中国平安、招商银行等;

○ 估值处于高位的创业板个股等中小创的公司不跟随大蓝筹的上涨,反而走出持续下跌的弱势调整走势。

这就是去年引导的结构行情。因为当时把妖精赶出去了,最后整个行情也消失了,所以大盘股一跌,创业板跌得更惨。你看:

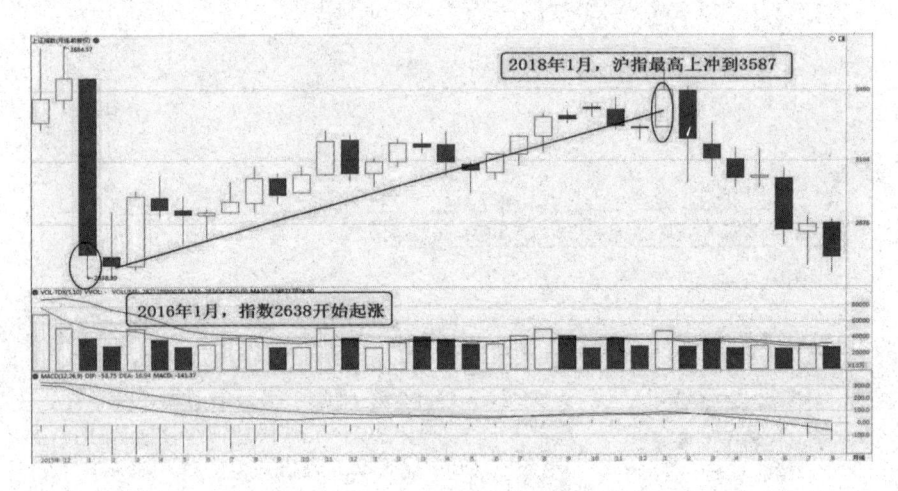

上证指数 2016 年 1 月 2638 上涨到 2018 年 1 月 3587 点，后面就崩溃式下跌，现在击穿 2638 点了，酝酿新的未来，酝酿新的行情。不过去年上证 50 是涨的很不错的：

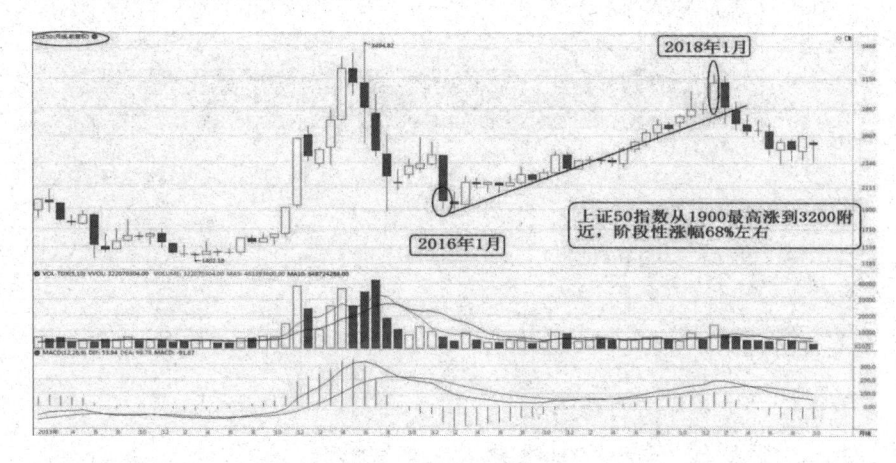

上证 50 指数从 1900 点最高涨到 3200 点附近，阶段性涨幅 68% 左右，一度涨得非常精彩。

6.2 2016 年行情估值特点

○ 从估值上看，2638 点之时，上证和深成指的平均市盈率相差明显；
○ 上证平均市盈率：最低 14 倍左右；
○ 深成指平均市盈率：维持在 40 倍左右。

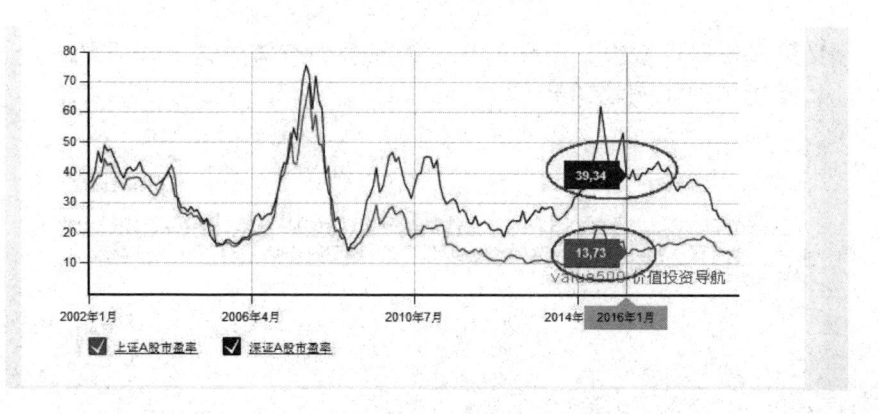

实战操盘技法

你看到现在这阶段的话，整个都跌下来了，都继续往下探。接着回看2015年当时相关的政策。

6.3 政策：供给侧改革

习近平九天三提"供给侧改革"

2015年11月10日

中央财经领导小组会议
"在适度扩大总需求的同时，着力加强供给侧结构性改革，着力提高供给体系质量和效率。"——习近平

6.4 流动性：股权质押、去杠杆系列政策

又见股权质押警报！要命的是，当前质押市值高达2.93万亿，45支股质押比例超50%

券商中国　2017-04-29 10:43:13

A股市场2016年共计发生股权质押1.06万次，同比增长39.44%；累计质押股数达3208.81亿股，同比增长54.26%；涉及质押市值4.4万亿元，同比增长6.55%；其中未解除质押的个股数量共有2249.89亿股，涉及市值达2.93万亿元。

去杠杆 – 已经做了哪些工作？

从2016年底开始，中国已经出台了一系列政策措施以防控债务相关风险：

货币政策：2016-17年，央行减少了银行间市场的流动性注入，并引导市场利率上升，从而促进债市去杠杆；同时央行还扩大了宏观审慎评估（MPA）的覆盖范围，将表外理财产品和可转让大额存单纳入其中，以控制银行影子信贷的扩张。

监管新规：从2016年起，各主要财经部门多项更严格的监管新规相继落地实施，以加强对信托贷款、委托贷款、同业存单、同业业务以及其他各种形式的影子信贷的监管。银监会也强化了对商业银行风险管理的要求和对现金贷业务的规定。此外，政府还设立了金融稳定发展委员会来统筹监管和提升金融体系的稳定性，并在今年4月发布了资管新规。

财政政策：继此前几年的促增长政策之后，政府从2017年春季开始收紧了对地方政府举债融资行为的约束，同时加强了对PPP项目的审核和清理（参见《中国：通过强化监管去杠杆？》）。财政部等部委发文禁止地方政府用公益性资产和储备土地帮助地方融资平台进行债务融资，严禁地方政府利用PPP变相举债。但我们估算显示直到最近，地方政府的隐性债务仍在增长。

这个我们应该记忆犹新，就是钢铁企业起死回生，周期类的煤炭企业都起死回生，这也造就了商品期货市场的疯狂，煤炭等等都涨得很厉害，所以我们有些时候视野要放大一点，也不要只是盯着股票，股票不需要全部，可以八成，另外两成可以博弈衍生工具期货或者期权，因为那里面也有相当多的一些机会。当然这个对大家就提出更高的要求了，就是要大家学习更多的东西了，但是我还是希望大家可以多学习一下，了解一下，因为有些商品期货也好，包括期权也好，有些时候也不一定要天天去搏杀，你也可以看准大波段的机会，和买股票一样，有些逻辑是相通的，K线可以是相通的，有些基本面的分析逻辑也是可以相通的，就是说，你分析透了就可以吃大的波段嘛，不一定天天吃那个差价，因为它们本身是带杠杆的，所以一旦行情来的话，那这个波段也是非常惊人的，就可能你投入不到一成的仓位，或许不会比你八成股票收益要差的，甚至可能超预期，自己要做一种组合投资。

好，看完了历史，我们来看一看当下。

6.5 当前状况

○ 从估值上看，当前上证和深成指的平均市盈率都在相对低位；

○ 上证平均市盈率：最低 12.74 倍；

○ 深成指平均市盈率：最低 19.88 倍；

○ 两者都是历史估值低位附近，如下图：

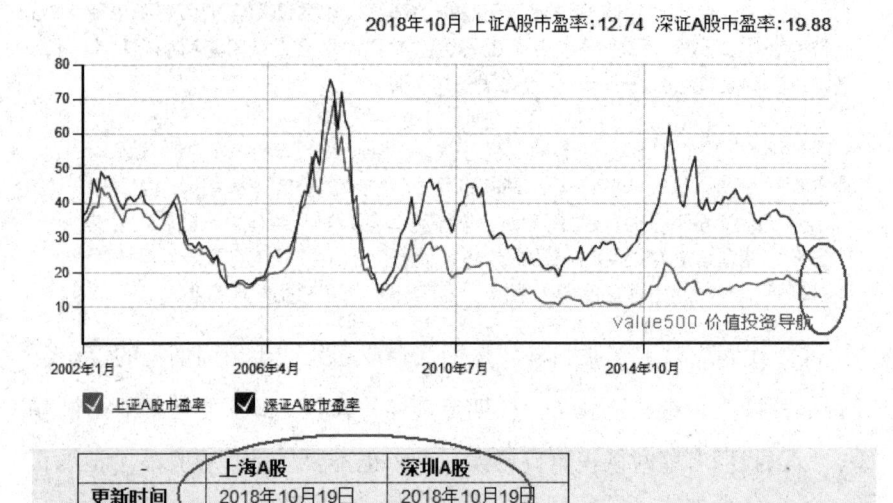

上证和深成指的平均市盈率现在都是在 20 倍以下，这个数据我们可以看得很清晰。我们前面谈到 20 倍以下就是一个空头陷阱。

6.6 其他条件

○ 估值方面是基本具备了走牛的市场动能；

○ 政策面也有种种利好，但目前更多的是缓解下跌，还不是为了推动股市走牛；

○ 资金面：去杠杆仍在进行，美国又持续加息，不算很宽松。

所以在估值方面是没有问题的，大家不用担心，就是市场的这个动能是具备的，政策已经有了，而且未来陆陆续续还会有，现在就是资金需要点时间，不可能说今天调动一千亿，明天就马上到账，那不太可能，特别是民间的资金哪有那么快。我曾经看到过一个图，就是讲老百姓怎么在买公募基金上亏钱的，一般老百姓是追涨杀跌的，跌的时候他会卖出赎回基金，涨的时候才会渐进式的进场，特别是最高峰的时候买得最多，所以现在资金你要让它一下子进来不现实，因为现在属于跌势，低的不敢买，人的心理就是那么奇怪。所以为什么只有少数人才能赢呢，只有逆势而行的人才能够把握住未来的机遇，反倒是人云亦云、羊群效应的人自然就会失去很多的机会，甚至踏错节奏。所以在博弈的过程当中，我们需要学会独立思考，就好像很多人他们现在都在说很多低价股没有基本面的支撑、业绩不好，这是一方面，我不否认这是事实，但是你再独立思考一下，这些不好的现象是暂时的还是长期的？如果你认为是长期的，那确实不能碰，但是你认为是暂时的话，那不就是给你捡便宜的机会嘛！因为它一旦变好的时候，它还值这个价吗？它不会只值这个价的，对吧。所以我们要学会雪中送炭，赢得了掌声还能赚到钱，当然这要看你的眼光，所以为什么现在很多地方政府包括国家已经有实质性措施去拯救这些民营企业，这是雪中送炭，实际上也是救自己，对不对！雪中送炭之后，拯救他们，他们活了，对整个经济难道不是好事吗？如果他们崩掉了，对整个经济不就是崩溃吗？想一想就能明白了，而这个时候会赢得掌声，一旦它们救活了，那它们的价格肯定不是现在这个价了。

所以雪中送炭不但能赢得掌声，未来还能赚到钱。就好像以前巴菲特在金融危机的时候，对高盛这家金融机构雪中送炭这样的行为，也是给他资金，拯救他的同时赢得了名声也赢得了收益。因为想一想就能想清楚，有些甚至是常理，说白了，几个常理你就能判断，第一个，中国未来经济会不会崩？你认为不会，这个很简单。第二个，这家公司接下来就是要破产了，你想一想？不可能嘛，只是阶段性流动性出现危机嘛。那这样一结合你就知道它接下来会怎么走了，对不对。逻辑一梳理，你就知道这家公司肯定是会起死回生的。就好像昔日很严峻的三聚氰胺事件，伊利股份打下来，这家企业崩掉了，那崩掉之后，你用常理去推敲，是不是因为三聚氰胺事件，我们老百姓就不喝牛奶了，想一想？不可能还是要喝。那因三聚氰胺事件伊利企业是不是就要破产了？也不可能。因为政府会拯救它，它本身是国有的嘛，有人会救伊利，老百姓还要喝牛奶，这个简单的逻辑，一推敲你就知道，跌下来就是机会，这个都不需要太多复杂的分析，常理一推都推得出来，那复杂的分析只是在时点上面你再去把握一下就行了。所以有些时候我们买股票，说简单点，现在赌的就是国运，中国的未来，现在本来资金去哪里都有风险，房地产没风险吗？一样有风险，而且风险更大，放在银行没有风险吗？也有风险啊，通胀的风险，买任何东西都有风险。那现在股市跌那么惨，有一句话说的好，最危险的地方往往是最安全的，从未来来看，也许这么惨的地方就是最安全的地方，真的就是如此。很多时候，你需要多深入思考，多点独立思考，很多东西、机会你就不经意地抓住了。

　　再分享一个我之前做商品期货的白糖案例、鸡蛋案例，在低位的时候，我布局了多单，期货研究所的那些人就找上我们了，因为我们是他们的服务客户，所以他们派人来辅助，而且他们也会派研究员去调研糖厂、农场等等，他们跟我交流，告诉我：我们一线的信息，包括我们很多席位都是做空为主，有很多数据表示它们可能还要下滑，说得挺心慌慌的。如果我完全采纳他们的意见，我就踏空了，因为前期低位到现在，尤其是鸡蛋，涨了接近20个点，20个点在期货市场意味着什么？翻两倍了。我当时还听了他们的，低位的时候我还真是减持了一些鸡蛋，幸亏没有全减光。不过透过这个案例，我想跟大家分享的是什么？一定要独立思考！还好我没有听他的，依然坚守自己的逻辑，坚守了自己的判断，国庆之后迎来了一波行情，获利。所以这个获利的根源，是在于自己要有一个独立的思考，千万不要人云亦云，哪怕有些券商的分析，有些时候就是反向指标，哪怕是研究所的，都是如此。所以我想告诉大家，我们面对很多公司的时候，也是一样，有些时候看这些报告也好，不要只是看结论，要看逻辑，看逻辑合不合理，不合理就思考一下，还有博弈的状况，我最终为什么坚守自己呢？就是因为从我的博弈论里面去思考的，就是市场的博弈。比如现在市场悲观情绪弥漫，大家觉得还要跌跌跌，说没戏……其实你想一想，为什么，它有戏的逻辑在哪里，或者是它现在横在这里的逻辑在哪里，如果你想透了就知道，这不是风险真的就是机会。

博弈的本质，就是你死我活，没有第三者，不是空赢就是多赢，一定是如此，而且对手一定会把你打死为止，就好像这一次为什么要跌破2638点，也就是要把空方彻底地干掉，不破2368点不罢休，直接接近2300点，就是要让你受不了，打到极致的时候，你自然会多翻空，翻空的时候，他就马上空翻多，这样一对冲，马上新的行情就演绎出来了，后面就不多说了，以后会开始课程给大家继续分享博弈论，是非常精彩的。

市场的动能就是政策面、估值面、资金面。我们现在资金面还需要点时间，现在还不是很宽松，慢慢会宽松下来，之后资金越来越多，看到财富效应，资金就更多，自然就水涨船高了，当然我们还要看管理层接下来积极的预期管理。这几天在管理层喊话的前一天，我写了一篇文章，新浪首页都推出来了，就是我给管理层的三大建议，其中有一个就是积极的预期管理，这非常重要，一年IPO多少额度，你要给到市场一个相对明确的数字，可以融资，但是熊市的时候，是不是可以给大家多一点乐观的预期呢，这是非常重要的。少一点行政干预，积极提升场内上市公司的质量，这三大块是我觉得解决当下很多问题的关键所在。后面喊话的时候，你就会发现，积极的预期给到了，市场低估之类的，这非常好，让大家知道了，上面的人看到了这种状况跌得很惨了，有价值了。这就是非常好的积极预期，千万不要涨两下打下来，这个预期就不好了，大家觉得涨了不行。他还提出了拯救民营企业，也就是提升上市公司的质量嘛，上市公司质量提升了，自然股价就涨上去了，就好像业绩上去了，你股价还不涨吗？放心好了，市场会抬上去的。所以第一和第三已经喊话了，能有体现还要看行动，不过第二点我们还要再观察，就是少点行政干预，就刚才所说的别三个涨停板就停牌核查，连续跌停就不管了，就是说少一点正常交易的干预，牛市的时候别说三个板，二十个板也很正常，一个愿买一个愿卖，市场行为嘛，你没有必要干预嘛，大家都知道跌那么多，买者自负嘛，都是知道里面的风险。所以从现在我的感觉来看，喊话当中已经慢慢有一些积极的感觉，包括黄奇帆谈到的印花税辅助工具的推出，如果真的印花税下降了，这个对市场的刺激也是很大的，这是一个潜在的核弹，虽然减税金额来说貌似不是特别大，但是给到我们心里的震撼效果是很大的，券商收的佣金一旦减掉这一部分的话，我可以断定成交量会非常地活跃。所以为什么券商爆发行情，集体涨停，其实大家有这方面的预期，一旦来的话，那日常换手率会剧增。

我看到一个段子意思是要珍惜当下，就是说交易所领导去国外考察，因为很羡慕国外的交易所，说你们的成交量很健康，换手低，投资者很理想，非常好啊，我们要怎么学习一下。你猜对方怎么回答，我们才羡慕你们呢！我们千方百计希望他们多交易一点，活跃一下市场，他们就是不交易，我们羡慕你们中国的市场啊，换手率那么高，我们还想和你们学呢。其实真的，有些时候我们其实真的是挺好的，还要把这个优点继续发扬光大。所以我想说的一点是什么呢？我们现在的市场真的是很好的一个市场，有些时候是牌没打好，如果以后真的走出慢牛的话，以我们这种换手率，以我们这种成交量，慢慢走下去，会诞生很多很多奇迹的。为什么？因为中国人都很聪明，有很多中国人，有天赋的人，一旦行情一来的时候，慢慢走牛的时候，他会在这个市场发挥得淋漓尽致，而且我相信我肯定是其中一位。所以我希望学员们也要有信心，坚定地走下去，我相信如果新的行情来的时候，我们一定会赚得盆满钵满的，过去的损失全部都加倍地夺回来，我们一起努力，创造奇迹，大家保持积极的心态面对未来，正如我很多朋友一样，现在就是如此，四个字：剩者为王！不断充实自己，强大自己，一旦机会来的时候，我们把握住，一切就不是梦。

好，这堂课就讲了市场的动能，无非就是从政策、估值、流动性三个角度去看，我们要看清这个市场的本质，市场动能的导火索是什么，你就知道这个行情有多大，所以我已经跟大家简要地分析了一下市场的动能，来者不善，所以未来行情一定是超预期级别的。所以我很期待，我也很着急，因为我能感觉到这波行情会比998点那波行情，还要来得更猛烈一点，并不是说短期就结束了，而是长期而言会更猛烈，这其中的机会一定也是超出我们想象的。当然这需要我们慧眼，因为未来一定是风险很突出，机会也很突出的。在这样博弈的市场，未来大家要加强学习博弈这个东西，它也是我们接下来会展开的课程：博弈论，就是用博弈的思维去看待市场，看待未来，把握未来，这样我们才能长期活在这个市场，成为剩者为王。

好，布置这堂课的作业：

【课后思考和作业】

☆ 请从估值、政策、流动性的角度谈谈对当下市场动能要素的具体分析？

第十堂课：加速起涨点

学前须知

本堂课介绍的是加速起涨点，具体从其含义、特征两方面来清晰地认识加速起涨点，然后又对其战法要点进行总结，方便读者应用；

本课堂的内容在牛散大学堂股威宇宙的等级为：小白，讲解实战分享的内容是中学级别。内容级别结合自身状况采取是否学习或者阅读的策略。

【课前操盘回顾与感悟】

2018 年 10 月 30 日

今天是 2018 年 10 月 30 日，是蛮有意思的一天，在今天的文章中提出了一个重要的观点，就是中小创的春天应该要来啦。那中小创春天要来了跟什么有关系？跟我们证监会的声明有很大的关系。今天上午，证监会在看到股指跌跌不休往下压的过程当中，突然之间临时发出了三点声明，其中最重要的就是第二点：未来要减少对市场交易的一种行政干预，本质上就是这个意思。之前我们都知道，市场才出现两三个板，就出现大批量的特停，这就严重干扰了整个市场交易的活跃性。这个问题一直是被市场所抨击的，但是之前监管层是没有任何的改善，这一次明确的提出来这样一个声明的话，应该说是回应了市场对这个问题的一种质疑。在前期市场暴跌的时候，我提出三点观点，应该是遥相呼应了。

我今天还回看了一下，第一条我说的是预期管理，跟今天监管层第一点声明重点一样，也是讲预期管理的；第二条就讲减少行政干预，很巧，今天第二点声明也是说减少行政干预；第三条是提升上市公司质量，今天第三点声明引进更多的资金，无非也就是为了让市场的水更多，其实某种意义上也是跟提升上市公司质量密切相关的。这个跟之前我们的刘鹤副总理谈到，要大力解决民营企业的流动性问题，拯救当下的上市公司，也是遥相呼应的。

所以我觉得管理层已经抓到了问题的七寸，其实我梳理的那三点就是七寸之所在，只要这三点解决好，我觉得市场健康发展是没有什么问题的，至少我们现在看到管理层发出这些声音的话，应该是往这三点方向去解决的举措，当然最终要看落地执行。说到落地执行，今天晚上不免有一点让大家有一丝担忧的是什么？比如恒立实业七个涨停板，又发了一个停牌核查的公告，所以这个落地执行到底怎么去执行，这个大家就又心生疑问了，是不是以后七个板就是一个上限啊？当然这个市场还有待检验，我们不妨拭目以待，但是不管如何，今天监管层既然在第二点着重强调减少不必要的行政干预的话，我觉得接下来三四个板的这些个股，应该很难出现这种突然特停的举措了，这应该会减少，或甚至没有。我从国海证券这段时间的涨停，这种疯狂上涨多少是能感受到一个这样的力量的。我们都知道，这一波反弹其实跟券商板块集体躁动有很大的关系，国海证券是龙头股，短期涨了60%以上，那正常情况来说这个也要停牌核查，但是今天晚上暂时没有看到这样的消息，只是恒立实业有，恒立是纯粹炒壳的，相对来说质地更差一些，而且又七个板，停牌核查了，可能是管理层的容忍度需要调节，或者是因为声明是今天下午才发出来的，所以管理层在执行当中，政策跟下面部门的落实执行的衔接度可能需要点时间，这也有可能，比如管理层刚发出一个新的监管措施，下面还依照原来的方式运行，还没有传达到，也还没有反应过来，完全有这种可能性。

但是不管如何，今天既然敢于这样声明的话，至少是好事。应该会刺激很多资金的活跃度，因为以前涨的时候动不动停牌，跌又不停牌，这种不对称的行政干预，对市场有很大的冲击。今天也有很多段子，有一个就是说管理层要救股市，拼命想办法，突然间就挥挥手我不管了，反倒病人就苏醒了。就好像今天的反弹一样，其实跟今天这个减少行政干预是有很大关系的。但是我今天重点要跟大家分享的是什么呢？如果我是大资金，我现在一定思考的是什么？你既然放松了这个缺口，我不会放过你这个缺口带来的机会。接下来我一定会在中小创的标的里面，盘子较小、质地较好的个股，发动一波这种突袭，既然你已经放松了，那以后我就敢大胆干了，前面是有监管的压力施展不开，比如以前稍微涨一涨，两个板三个板监管函就来了，叫停了，那以后不会有这种干预的话，那我就可以大显身手了，那这个是一定的。记住！是一定的。所以接下来中小创的机会，应该会春天一般苏醒，当然并不代表市场也春天般苏醒了，因为市场还会有运行规律，现在蓝筹股的调整，或者是有一些大盘股的调整还在继续当中，像茅台的动荡依然在继续，就是因为他们的资金在流出，还需要有个惯性，还需要有个趋势，包括接下来市场的博弈当中，还会有它的复杂性。

我的看法就是上证指数、上证50不一定现在这个低点就是低点，如果未来还有反复的话，我们要有个心理准备，上证指数极限的位置，我明确的告诉大家，2300点附近，这个我们认为极限的位置，就是最大的新牛市起航的极限，但是也记住，分析了次新股的一些规律之后你就会发现，很多次新股，很多中小创的个股，一定是提前启动的，而且时间周期往往提前几个月，甚至更长时间。因为到时候真正大牛市行情指数的启动点可能在后面，但是很多个股在这个期间，已经实现了翻番，甚至更多，我特指是一些中小创的个股，然后再一起往前走，所以在这个阶段，哪怕股指（上证指数）还要往下，我们都要有心理准备，有一些指数是会见底的了，比如中小创的指数，或者是说有一些个股是一定会见底的了，说直白一点，比如维宏股份这只股票，它是不太可能再创新低了，除非有黑天鹅，否则可能性很小，它就是已经是构筑底部了，只是至于未来怎么走，那走一步看一步，我重点强调的是，这段时间起来的标的肯定是率先走出来的，只是说哪些标的还能走得更猛，我们还要再筛选，比如国海证券，你说他接下来再创新低，可能性几乎为零，他也是构筑底部成功了，见到最低点了，剩下是怎么去演绎的问题了，所以这个大家要有非常清晰的思路，那么很多的机构主力运作资金，他现在肯定是磨刀霍霍，重新积聚力量，就比如我们，我们也要加速地积聚力量去把握未来。

  我可以明确地告诉大家，接下来我们还要开启深入上市公司的调研活动，为什么？这是为我们在未来新牛市做准备，因为一定会到来，我们已经很确定了，时间周期的话最迟不会迟于明年的三月份，但是在此期间，我们要非常清晰的是，现在就要开始行动了，所以我们很忙啊，非常忙，我希望我们的学员，我们的合伙人，你们也要行动起来，千万不要对未来丧失信心，另外一点，积极行动储备子弹，形成合力，可以和我们一起洽谈，然后我们要干大的，一定要干大的，我们有这个实力，所以拭目以待，所以我们紧锣密鼓地去研究，特别是今天的这个声明，更加增添了我们的信心，以后个股涨的话，也不会有行政干预了，以前涨两下，我还很怕他会有很多举措出来，现在至少这种举措的概率会极度地降低，不仅是我们这样想，我相信其他大资金大机构一定也是这样想的，这是机构的一种逻辑啊。

  所以这个时候大家也要有个心理准备，因为在这个过程当中机构他一定会去加速收集筹码的，那怎么能够加速收集筹码？一定是剧烈地波动，这个波动就是暴涨暴跌，他一定要这样子，因为不这样子的话，很难把散户的筹码震出来，所以你会发现这段时间很多个股啊，哪怕见到低位的，也是暴涨暴跌的，必须要这样干。而且我原来跟大家讲过，机构主力要发动像样的上涨行情，筹码没有30%是不现实的，没有利益啊。比如现在调研企业，建仓，才拿到3%~5%的流通筹码，肯定是不够的，而且希望便宜一点，成本太高的话，以后赚的钱不就少很多了嘛，巴不得成本越低越好，所以未来伴随一定的反复也是必然的，大家要做好充分的心理准备，同时未来演绎模式要非常清晰。但是有些中小创的个股会从今天开始开启春天，因为有一些机构早就已经建好仓的标的啊，或者筹码充分的标的啊，就不管那么多了，开始干活了，春江水暖鸭先知，他们先行，这叫先行部队。所以从板块的角度来说，券商已经是一个先行部队了，但是一定会有更多的先行部队，有很多超跌低价的先行部队，所以我们今天的主题也蛮应景的，讲的就是加速起涨点，怎么去判别加速的起涨点。

因为未来一旦进入到一浪又一浪的上涨过程中，一定会面对这样的一个状况的，加速的起涨点在哪里，我们要很清晰。那我们一起来看。

加速起涨点

○ 何谓加速起涨点？

○ 特征总结；

○ 实战案例剖析；

1. 加速起涨点的含义

○ 大部分个股的主升浪，是有一个缓涨到急涨的过程（少数妖股除外），这就是加速起涨点；

○ 就像飞机一样，先在跑道上逐步加速，最终脱离地面、飞向天空；

○ 加速起涨点，就是股价加速的点。这个时候介入，是获利最快的，是很多人追求的最佳介入点。

加速起涨点就是由缓到急的过程，按照之前讲的角度线来说，就是从 45 度缓慢上涨，或者从 30 度缓慢上涨直接到 70 度，由缓到陡的一个过程，而这个表现形式往往伴随着涨停，那我们就要研究它起涨点的波动的规律了。因为这一定是有规律的，就好像飞机一样，逐步加速再起飞，所以规律就在于逐步加速的过程当中，我们找到这个逐步加速的特征，在逐步加速的过程中潜伏进去，或者直接跟上去。那好了，一飞上去的时候，就等于坐轿子了，上去了。这个大家一定要非常清楚，而且这个时候你介入进去，肯定是最爽的，你就避免了那种反复震荡了，这个适合一般投资者，看盘的时候，做一些短线波段是合适的。这个时候，主力资金也会做出这样的动作，让更多有心人一起形成合力，让这只个股助推向上。所以这也会留下一些痕迹给到市场的有心人。那好了，我们看一下，比如三超新材：

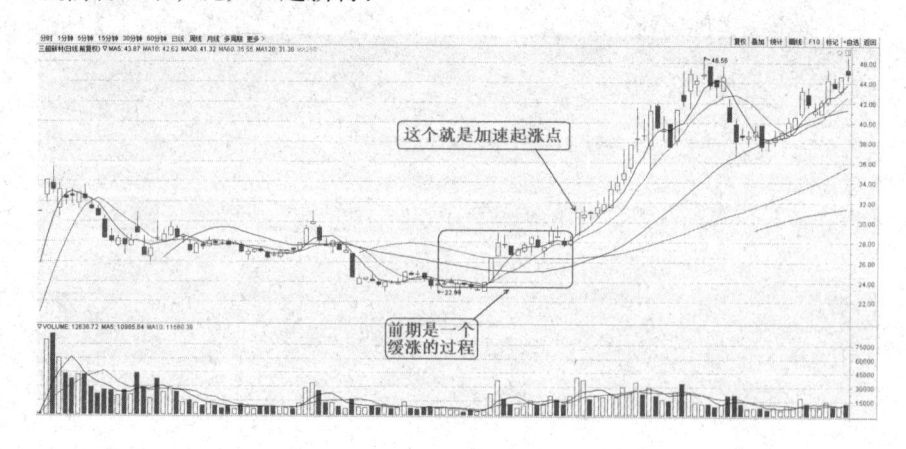

三超新材的这个走势，大家就可以看得很清楚了，方框中是一个缓涨的过程，之后加速。那缓慢上涨到加速的过程，它的临界点其实就在于这个涨停板。所以为什么我们一直都强调加速起涨很多时候就是说买在涨停时，这两者联系起来，因为加速，就好像飞机要起飞了，方向盘往上拉的动作，那就是大阳线，或就是涨停板。这一拉，一杆要拉到底，拉到底了，就确定他就飞了。而如果飞机方向盘只拉到一半，还不能起飞，需要调整一下，放下来了，飞机也就下来了。但是如果一下子拉到底的话，说明它很有把握了，而且拉到底，角度已经上去了，想放下来也很难了。所以我们这个起涨点的关键就是找到那个一拉到底的感觉，这个感觉如果从量化的角度来说，最理想的当然就是涨停板啦，对不对。一拉到底，冲到涨停板，突破前期阻力位，那么这个点就是一个加速点，当然有人说，七个点，八个点行不行？当然也行，但是这个你就要评估七个点、八个点，是不是真的飞，这个就需要一些其他的形态，基本面等等因素去辅助它。

所以这个加速点啊，就是你要多重因素去感觉，它到底是不是真的飞，还是假的飞。如果你评估下来它是真飞的话，哪怕涨5个点，也是加速点。但是对于一般投资者来说，为什么我教你们，就是因为你们很多人是没办法感知到这个度，感知到这个点，这个需要长期的盘感。像我们这些有丰富的实战经验的，懂得大资金运作，各种博弈思路的，我们找到这个点，是相对容易的；但是你们真的要去找这个点，我只能教一个笨方法，就是涨停这个点，你只能是找到涨停这个点，当然涨停这个点不是说就一定是，但是至少比起我刚才说的那几个点的成功概率要大很多，所以你就往涨停那个点去找就是了，明白吗？所以你要找的起涨点，就是涨停那个点，很简单，突破形态，涨停那个点，就是起涨点，那么这个时候你买进去的话，它就起涨了，飞上去了，至于飞上去能飞多高，飞多远，那就要看你对这只个股梳理的状况，还有市场的风向，市场的环境等等因素使然的，当然甚至还需要点运气，运气也还蛮重要的，操作的时候，你要抓到大机会，运气是不可或缺的，所以为什么有些时候要多做点平衡啊，就是让自己保持一个积极的状态，因为你积极的状态平衡好了，有些时候你的运气自然也会好，运气好那你抓起涨点的时候，同样三只个股，运气不好的人就会抓到那个失败的，运气好的人一抓就成功，多爽啊。往往能抓到机遇的人，往往他是正能量的，积极的，运气自然就好很多。所以我们现在保持积极的心态等待牛市，然后就抓到这个点，我们就会成为那部分幸运的人。

再看看，普利制药：

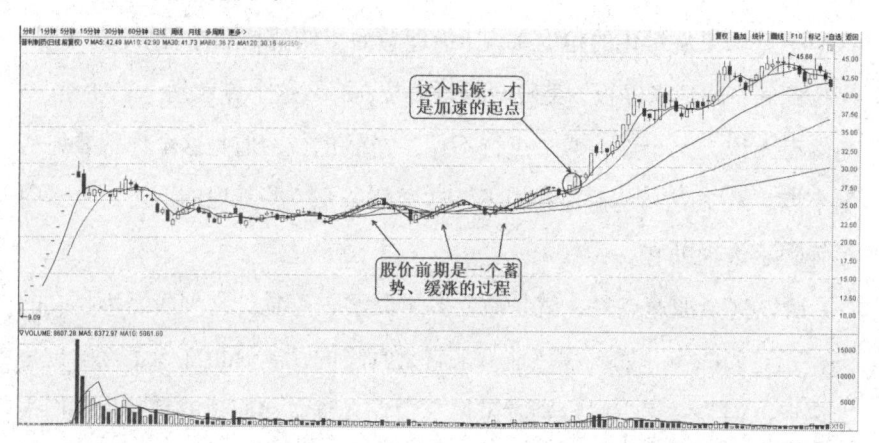

你看它前期是一个蓄势，反复动荡，缓涨的过程，后面加速的中阳线就是加速的点。像我们老司机是能够感知到那个点的，OK哦，像样啊，要飞咯。但是你们新手感知不到，或者确定性不大，可以等到涨停这个点，当然涨停这个点你确定了，你上去，你也依然能享受后面带你飞的乐趣，只是稍微少一点而已。那我们敏感的，图中加速点的阳线我们就已经上了，更敏感的就是在这个区间动荡的时候，你就知道要搞进去了。但是我着重强调的是加速起涨点，一般人以涨停为主要的买入点，而有盘感的人，在这里感知中阳线的时候，其实就能感觉到是一个加速点了，就已经知道他是要飞的了。

2. 加速起涨点的特征

1）前期缓涨，最好构筑大级别底部形态；

2）起涨当天，最好是涨停启动，这是最强势的。当然，中阳线也可以；

3）起涨点当天，量能要适度放大：最好是平时量能的 2~5 倍；

4）异常放量要小心，比如量能是平时的 5 倍甚至 10 倍以上。

那起涨点有哪些特征？前面要和飞机一样，要有蓄势的过程，而没有蓄势直接上，像直升飞机也有，或者火箭噌噌上去，超级大利好或者什么因素刺激，不是我们探讨的范围，我们探讨的是什么？飞机式的方式，就是要蓄势、缓涨、级别最好足够大，大级别，为什么要大级别呢？就等于它是大飞机嘛，大飞机真的飞起来的时候，是不是飞得更高更远啊，肯定啊。如果小飞机，那他构筑底部的级别就不会那么大，因为小飞机要飞起来就不用滑行很长时间了，滑行短距离就能飞了，但是只能飞几千米的高空；越是大飞机，往往他滑行的时间就要越长，构筑的底部也就越大，那么一旦飞起来，那就很壮观了，能飞到几万米的高空了。所以为什么前面蓄势的越充分，一旦找到那个临界点，介入进去的话，那后面的幅度是很可观的。

第二点着重也强调了，起涨当天最好是涨停启动。所以教了你们这个起涨点的一个量化特征，一般投资者你们记住涨停就行了。所以有些时候你们不要担心：哎！吴老师我们买在涨停有没有风险啊？没有风险。在这个起涨点里面就是没有风险，因为未来还能飞得更高，你要对比未来啊，未来要比这个涨停板高很多，你这个涨停板就是没有风险，或者是风险很小。中阳线的话，你要是老司机了，就是我说的盘感，你的经验各方面等等。所以初级者你从涨停入手，老司机则中阳也可以入手。这个特别强调千万不要在初级就想中阳开始，因为有些时候中阳的话，不是老司机这不好把控的，就好像飞机起飞拉杆，往上拉没拉到底又放下来，再洗洗盘，调整好之后，最终再正式起飞，所以不是老司机别贸然去做，不然你经常会被市场折腾得死去活来，往往就追高了，追涨杀跌往往就是这样子，有本事就追涨停嘛，又是追的那个中阳线，刚好力不够回来就杀跌了，追得好的直接追涨停，力也足够，那你追涨就不会杀跌，直接又做差价的空间。

第三点量能要放大，就是说一杆拉到底的话，像喷气式飞机一样，动力是最大的了，轰……就往后喷，那起飞的概率就更大了，确定他飞起来的概率就很大了。如果他虽然涨了，但是后面量没跟上，说明动力不足，有可能飞不起来哦。一旦飞不起来就要反复，所以这个时候配上比较大的量，那就完美了。但是量也不能太大，太大的话就是说还没准备好你就想急速飞上去，这也飞不起来，蓄势不充分只有量能他还是飞不起来要反复。所以只有循序渐进的那种放2～5倍这种量能就是OK的，那你就可以跟上去了。你看，万兴科技：

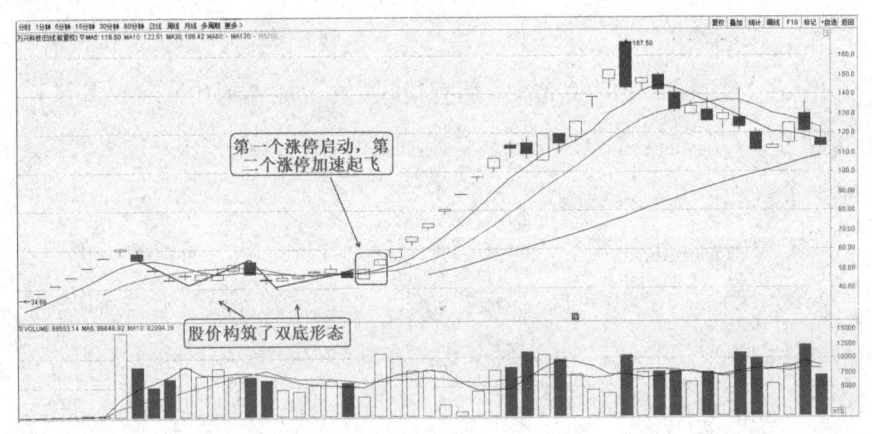

图中第一个涨停启动，第二个涨停加速起飞。之前反复动荡，构筑双底形态。老司机就知道这两天就开始飞了，涨停板确定了，直接飞到三万米高空。这时就有人问，蓄势没那么充分，为什么他能飞那么高呢？这是因为他这只飞机啊，质量不是很重，小盘股就飞的高嘛。所以这个也提醒了我们，要飞得越高，除了这个蓄势充分这个条件以外，还有一个更重要的条件，它本身的机身要比较轻，身体越轻，乘客越少，那你就飞得越高嘛；机身越重，乘客很多，那你会飞得没那么高。所以乘客要少，这个乘客你可以理解为散户，就是要多洗嘛，洗干净了散户，剩下的不多了，比如上面万兴科技经过两次洗礼，散户不多了，重量轻，一往上就飞得很高。所以为什么加速的时候一定要经历反复，我要给大家强调的是，虽然中小创春天要来了，但是请记住，有很多个股还是要经历这种反复的，因为反复就是让这些乘客减少的一个重要手段，让散户少一点，机构多一点，那好了，最终合力就大一点，然后飞得也就更高一点，所以一定会出现这种情况的，我的比喻很形象，所以大家要好好理解，应该就更容易消化了。

所以我们一般要抓大牛股的话，我们不会找太大的，大盘股一定是市场环境非常好的时候，我们才去做，因为风助火势，大环境好，大票就容易飞起来，飞得高一些，但是大环境还不是特别好的情况之下，你又要找到飞的高的票，你就要找那些小飞机就好了。那大环境好起来的时候，小飞机也更好，因为环境好，他可以火箭般冲上去了，这完全有可能，只要他后面动力充足的话，蹭……就飞到三万米高空，而且速度很快。所以万兴科技当时飞得那么厉害，也是跟当时市场环境有关，另外一点跟他飞机质量轻有关，前面两波洗礼把很多散户乘客洗礼掉了，一环扣一环。所以一个大牛股的背后啊，它是由几个环节紧密联系在一起的。你看，康泰生物：

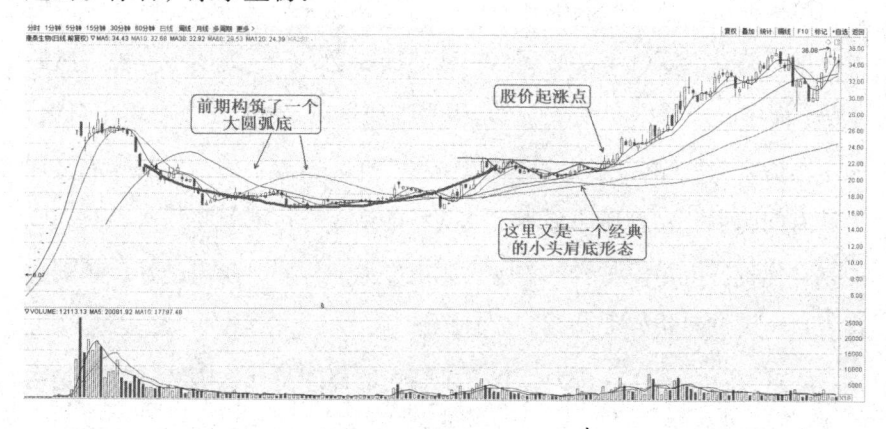

它前期开始构筑了一个大型的圆弧底，缓慢上涨，然后再蓄势，构筑小头肩底形态，到起涨点小阳线就开始飞了，后面大阳线就确定了，之后就一路向上。所以很多个股从反复到最终加速，其实盘面一定会留下痕迹给我们，放心！它一定是有痕迹的，所以盘感丰富的人，他一定是能感知到这个痕迹的，而且作为主力资金，他也一定会留下这些痕迹，因为真的好票，真的运作好的操盘手，他不会吃独食的，吃独食就变成庄股了，那样子是做不长久的，一定要懂得分享，留一点肉给点散户，或者其他机构，好形成合力，就是说里面没有一点散户也不行哦。为什么今天监管层谈到，少一点行政干预，其实他已经开始认识到我谈过的一句话：水至清则无鱼。要让这个市场活跃，你就不要想着把所有的游资都干掉，游资没有了，就没有人去做活跃市场的动作了，鱼都没有了，怎么去玩呢？玩不起来的！所以机构运作标的的时候，真正懂得运作的机构，他一定是清楚这一点：一定也要带上一些散户，我这只飞机可以带一千个散户，太多了，我要卸掉一部分，但是不能把他们全卸了，至少要留一百个放在里面，让这部分散户也要吃点肉，分享一点，如果全卸下去了，只剩下你吃，那是不行的，这个盘面就会变成庄股的走势，庄股为什么叫庄股，就是没有人去交易，那比如我剩下一两百个乘客，那好了，平时他们会在那里高抛低吸的，你放心好了，散户最喜欢折腾了，折腾的话就不会形成庄股那种很长时间没有办法交易一笔的状态，他们拼命地折腾，活跃气氛多好啊，一种健康的走势，这说明是一种自然的走势，而庄股之所以变成庄，就是因为唱独角戏，做K线图就很不自然，做个不恰当的比喻，就好像是人造美女一样，整过容的，你就知道这背后就有问题了，一旦还原你本来的面目的话，那可能就吓死人。我们要的是自然美，就是没整容的美女，她就能大放异彩，越走越好，越涨越高，这个大家要很好去理解，反复理解。

所以，同时还要有合力，我这个合力的概念是什么呢？虽然你是主导的，有30%的流通筹码，但是你还需要同盟，邀请其他机构兄弟一起干，或者感化里面在运作的机构或者跟他们形成一个合力，机构之间没有明确的协议，而且这也不允许，但是大家可以互通一下，比如你是公募的，打声招呼：兄弟，我很看好，你看好不？你不看好要不你就卖掉，我们接啊，你就不要在那里高抛低吸，影响整个市场的流畅性。因为机构的高抛低吸的波动就不是一般的波动，所以会影响流畅性，一般的博弈让一百个散户去玩就可以了，因为他们不会影响特别大的盘面波动。但是如果是机构之间不和睦的话，比如他有10%的流通筹码，他就认为这里是高点，他就硬要出做差价，那尴尬了，他可能砸个十几二十个点，而散户是不具备这个能量的，因为散户的操作逻辑也不敢这样子去做，他没有砸盘的概念也没有这样的实力，所以他们只能在几个点的波动里面去折腾。机构就不一样了，亿级别的资金，十几二十个点分分钟的事情，那这样打下来图形就变难看了，而他却做得不亦乐乎，整个形态就变得非常的复杂。所以这就是为什么有些个股涨起来的时候很不流畅，往往是里面的机构在回档，他们还没有形成合力；所以为什么有一些个股涨得好，一定是什么？首先质地要好，飞机要轻，然后形成合力，散户也不要太多等等，那么多因素组合起来，那就非常漂亮了，所以我们有些时候要充分地去研究这些点点滴滴，当然这所有问题我们都可以在起涨点里面能够感知一二。有些时候为什么我们强调起涨点就要涨停板呢，因为涨停板往往预示着这里面的合力是比较充分的，为什么有些时候七八个点就感觉不是那么妙呢，往往他可能合力不是很凝固嘛，所以才导致了这样的结果，虽然也是飞了，但是飞的过程当中可能很颠簸、反复，有可能是这样子。所以大家要清晰地认识到这博弈背后的本质，也就是资金博弈背后的本质，这是非常之关键的。

实战操盘技法

你看，有一些起飞很显然是失败的，飞科电器：

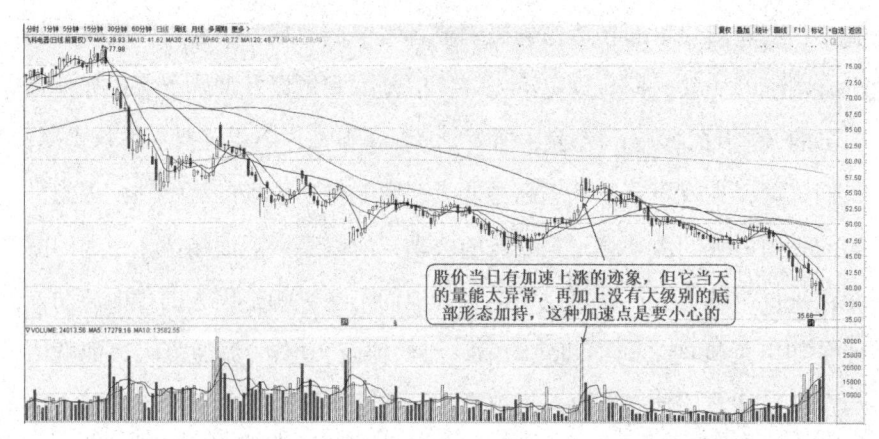

股价当日有加速上涨的迹象，但它当天的量能太异常，再加上没有大级别的底部形态加持，这种加速点是要小心的

所以为什么我说，不是老司机，不要轻易看到一根中阳线就拼命进去，老司机他能分辨出来，这些是忽悠你的，还是不忽悠你的。上图很明显，作为老司机一看，量能放得那么大，有点强行要飞，能量一下放光了，后面你怎么飞啊！飞不起来还不是要下降，搞不好就坠机了，他在反复的时候，没操纵好，很显然是有风险的，后面就持续下滑。所以有些时候他是有欲望想上去，但是很显然动能不足，这个动能不足从盘面当中就能发现蛛丝马迹，就是异常的放量，这很明显我们是要欣赏的，所以老司机一看就知道了。

那像这一种的，维宏股份：

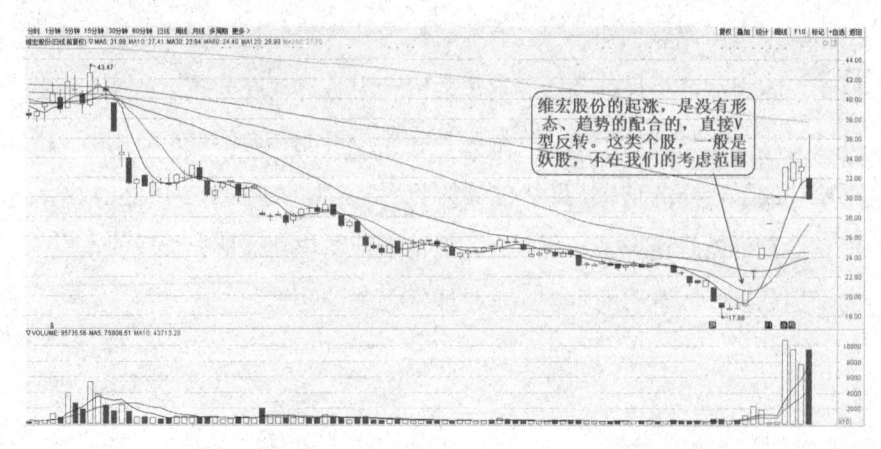

维宏股份的起涨，是没有形态、趋势的配合的，直接V型反转。这类个股，一般是妖股，不在我们的考虑范围

这段时间这样涨上去，有点妖。这种就是我刚才说的直升飞机了，直接上去了，上去之后呢？接下来就会展开剧烈动荡了。我在周末讲课也着重谈到这只个股，虽然一开始有点妖喔，这个等于是不让散户进场哦，就有点吃独食的味道哦，但是区间动荡之后你就会发现，有点分享的感觉，昨天动荡、冲高回落动荡，这里肯定已经分给一部分人了，有人在做差价就是也在博弈了，包括今天也是，低开高走，但是不管怎么样，散户上的上，机构出的出，开始呈现一种洗礼的状态，我认为像这种暴涨之后这种洗盘是好事。最怕不洗，然后马不停蹄又涨上去的话，那好了，这种就真的是想吃独食，最终演绎的方向就是变成庄股，这是很危险的，我们要欣赏，那现在他没有这样子走，反而是未来还隐藏深机，但是这种形态是另外一个探讨的范畴，是直升机或者火箭式上升的范畴，不属于我们重点探讨的范畴，重点探讨的是飞机上升的加速点这个范畴。你说怎么去判断维宏股份这个加速点呢？没法判断，你只能从涨停板里面博弈一把，纯粹是博弈了，没有前奏的。我们刚才说的飞机，是循序渐进、是有前奏的，我们抓起来是很有底气的，而这里你除非知道他的底牌，除非你对这个机构很熟悉，你知道他的运作思路，你才能够大胆地在这里出击；否则不是的话，你也只能轻仓地去博弈，博弈他超跌反弹，仅此而已。

【学习温馨小总结】

○ 股价加速起涨点，是获利最快的最佳买入点。如果在低位买入，虽然可以获利更多，但所耗的时间也更加漫长；

○ 加速起涨点要有形态、量能、K线的配合。

股价加速起涨点，是获利最快的最佳买入点。谁都希望一买就涨，这是最理想的，但是这个理想，有些时候我们是很难做到的，我们不能够所有资金都做到这一点，我们只能说有一部分资金做到这一点，但更多一份资金是属于左侧交易，可能是提前埋伏的，他还没涨，缓慢上涨的时候，就埋伏进去了，直接做到这个起涨点看似很容易，你要把握住这个度，其实要求是很高的，而且你要做好这个起涨点的工作，最好的方式就是循序渐进。如果之前你已经埋伏了一些底仓，你再抓这个起涨点的话，你才能更加果断，而且敢于最终仓位重一点，否则你突然到起涨点这个位置，你却想重仓去参与的话，有些时候你会有心理障碍，为什么呢？因为之前这个低位你都没参与，然后突然之间大涨前夕，特别是涨停板买进去，你是不敢重仓的，就算你轻仓，你玩的就是短线博弈，但是如果你之前研究透了，低位的时候你有参与，那么这个位置你敢于加仓，而且仓位重的话，后面获益就会非常丰厚。所以最好就是这样的组合才是王道，而不要只是抓到这个起涨点，只为了抓这个起涨点，你又会慢慢陷入到另外一个歧途，就是追涨杀跌。很有可能会这样，我不希望大家变成这样的人，我希望大家有这种本事，但是要有一些大波段的运作思路，要懂得怎么用策略去赚大钱的这种思路，而不是天天想着赚小钱的这种思路。

　　加速起涨点要有形态、量能、K线的配合。所以为什么我说盘感很重要，也就是说你要有一定的基本功，所以为什么我说学习我们的课程，你要融合去学习，这样融会贯通，这些基本功放进去的话，你再学习这些东西，你就能够学得更好，看得更远。好，接下来我们也帮大家再做了一些量化的标准。

3. 加速起涨点的战法要点总结

○ 买入标准：（技巧——从每天的涨停板中寻找机会）

1）前期形态横盘整理时间半年至1年左右；

2）放量中长阳（涨停板最好）突破平台，有时伴随向上缺口；

3）成交量是60日均量2倍以上最好，放量后股价不再深幅调整；

○ 卖出标准：一般来说，破10日线视为卖出信号，对于短期拉升

速度较快的标的，可以调整为破 5 日线为卖出信号；

买入标准像新手的话，从涨停板去找就行了，这样减少目标，如果中阳线都找就太多了，一般来说，我希望你们初学者选形态横盘时间长一点，半年到一年，这样的标的 A 股市场是有的，然后放量中长阳（涨停板最好）突破平台，最好伴随向上的缺口，大阳线放量涨停有缺口，这个确定性信号很强，成交量是两倍以上最好，接下来一旦涨停之后，不要深度地调整，就是涨停之后调整幅度最大不要超过涨停板的一半，只要不超过，你就淡定持有，超过了，你可能就预示着起飞失败的概率很大，所以这里就引入一个止损的概念，什么时候认定失败呢？就是当你涨停板买入了，或者其他点买进去了，回调幅度超过你买入价大概 5 个点幅度，你就要考虑这个可能是失败的操作案例了，很有可能飞不起来，那你就选择止损，尤其是做波段短线的时候，尤其是追涨停板这个起涨点的时候，我希望这一点大家要非常清晰的认识到，同时要严格执行，因为有些飞机一旦没飞起来他就坠毁了，而且下跌幅度还蛮大的，所以你一定要把握好这个度，该认错也要认错，我们这个买入标准并不是一个 100% 成功的标准，它只是一个概率，增强你赢面的概率，可能有 70%，但是你要达到 70% 长期赢家的话，一旦失败的时候，你还是选择卖出！

所以我们这里卖出标准，一般就是 10 日均线，跌破 10 日均线就要考虑卖出了，当然 10 日均线结合刚才的波幅 5 个点，这两者你可以灵活融合运用，大概把握好这个度就行了，一旦到了这个阶段，实在不行就只能卖出，选择下一个标的，其实跟它说再见再找一个起涨点，是划得来的，因为再找一个很有可能是成功的了，你这个已经失败了，再找一个有可能成功，如果再找一个还失败，那就再找一个，只要三次里面有一次成功，其实你也是成功的，为什么？因为一旦这个起涨点一来，往往幅度至少有 10% ~ 20% 的幅度嘛，你三次里面加起来顶多也就

10%嘛，对不对。所以只要三次有一次成功，你依然还是赢家，你看三分之一的概率你还是赢家，何乐不为。当然这个成功的前提是你要对这两个有可能失败的标的果断出局，如果你不出局、不再做一个起涨点的标的的话，你最终还是要失败。那如果三次都失败，那说明你要从根子上找原因了，你的手法，你的选择实在是太烂了，你还是要不断地提升自我；那如果三次两个甚至三个都成功，那你就顶呱呱了，迈向非常牛的高手了，有时候你的收益会超出你的想象。你看：

涨停启动——风华高科 2018 年 7 月 2 日

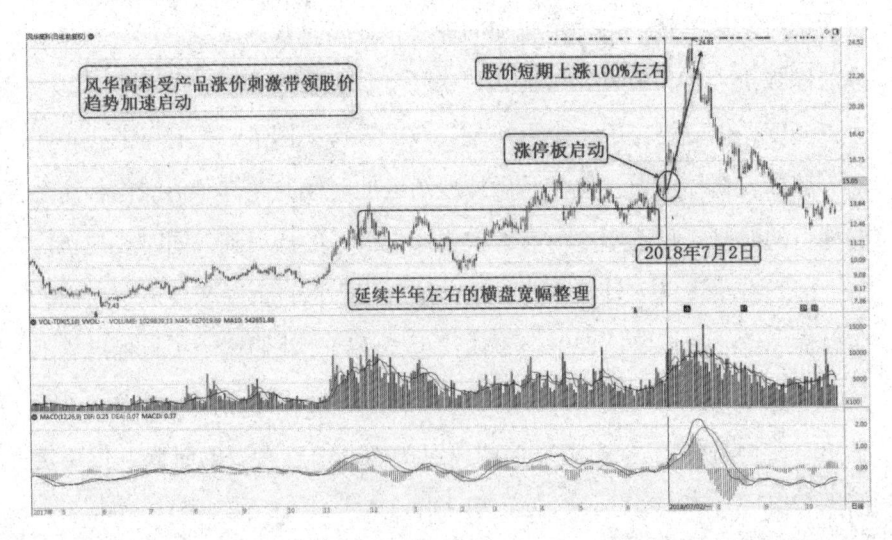

横盘了那么久，一根涨停启动，上去了非常爽，短期股价上涨100%，再看：

涨停启动——上峰水泥 2016 年 12 月 1 日

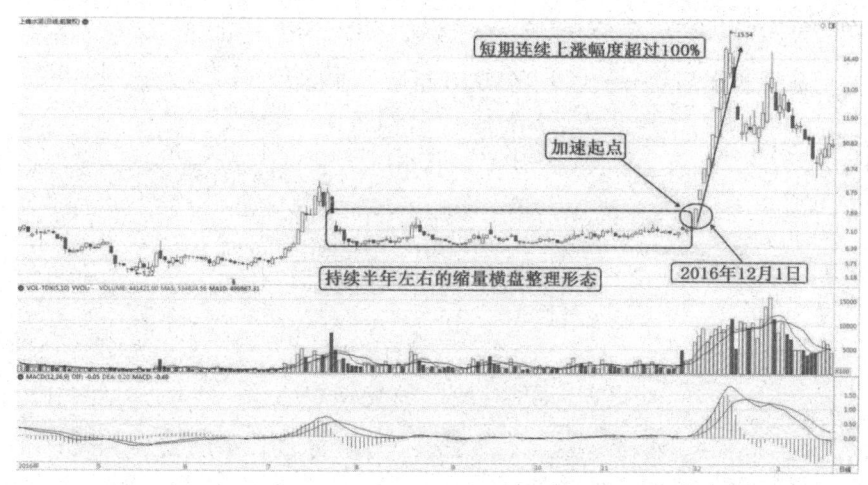

它也是有半年左右时间的横盘震荡整理形态，起涨点的时候也是一个涨停。所以说一千道一万，第一个，你要判断起涨点；第二个，这个量化的涨停融合市场，要确定大概率是会赢；第三个，你要敢于去买哦，很多时候你看到了，有时候不买也没用的，不买这个机会依然不是你的，明白吗。接着来看：

放量长阳突破——沪电股份 2018 年 8 月 9 日

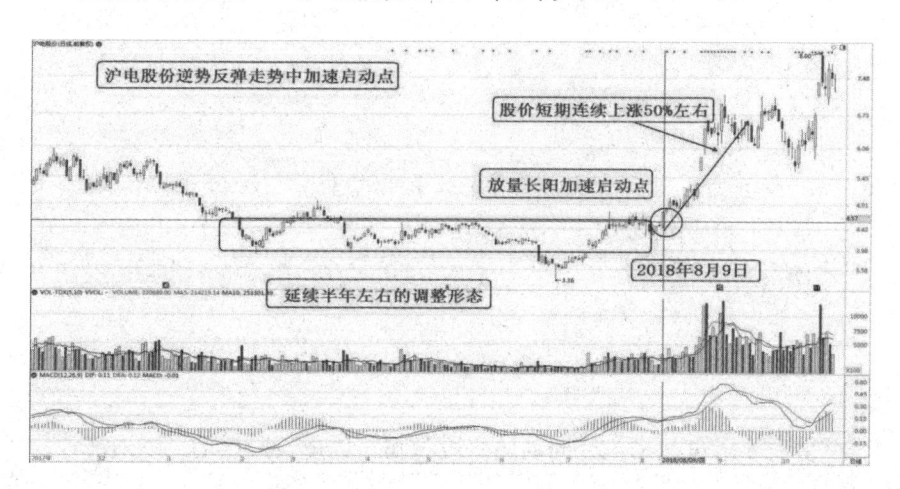

半年的调整形态，放量长阳加速启动，股价上涨 50% 左右。这里都有很鲜明的特点。接着看：

放量长阳启动——煌上煌 2016 年 6 月 14 日

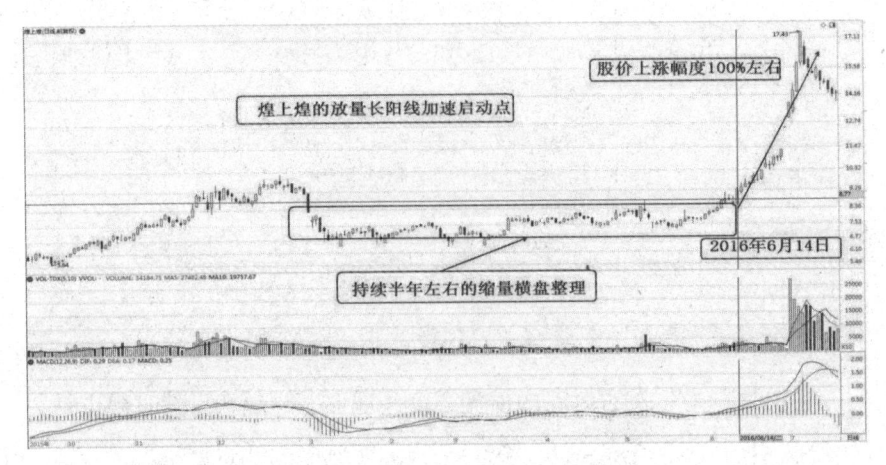

煌上煌横盘半年之久，来了一个涨停突破加速启动，涨幅 100%，非常精彩。接着看：

放量长阳启动——易尚展示 2015 年 11 月 2 日

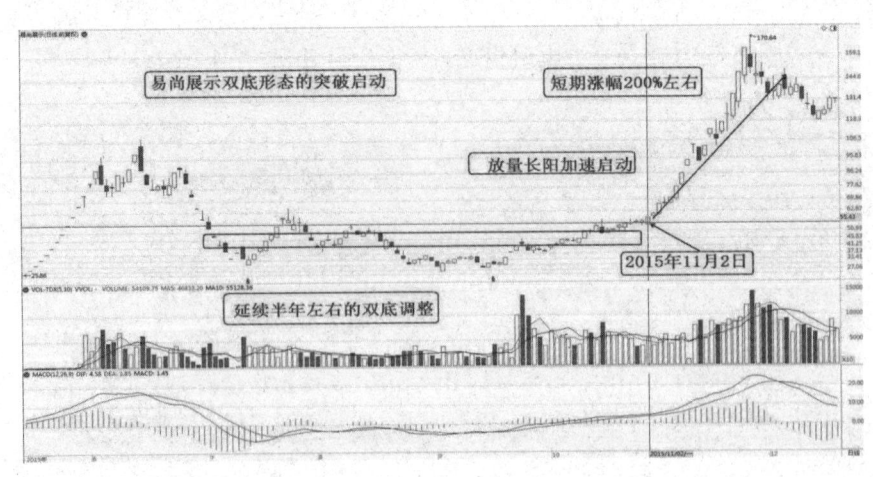

易尚展示也是横盘区间动荡一段时间，放量长阳启动，啪地涨停，一直涨，短期涨 200%，

继续看：

涨停板启动——四川双马 2016 年 9 月 5 日

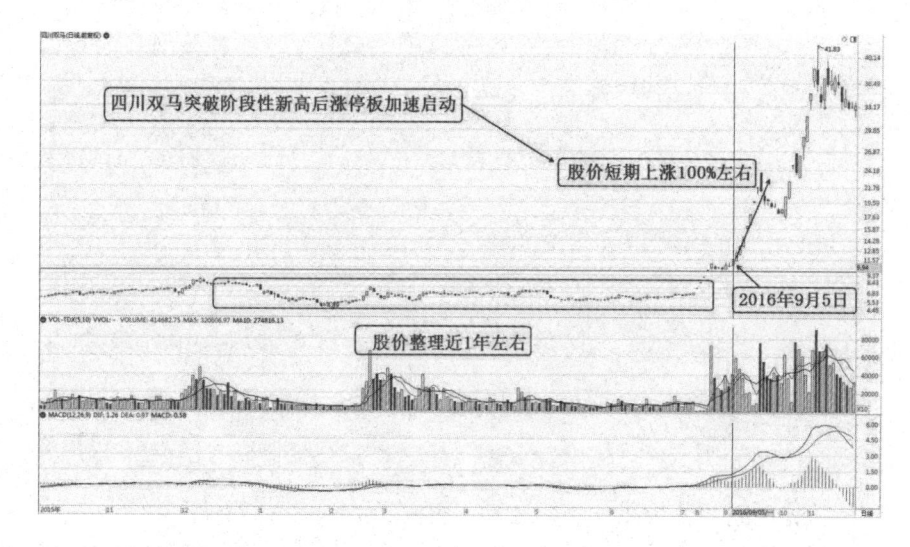

图中标注：
- 四川双马突破阶段性新高后涨停板加速启动
- 股价短期上涨100%左右
- 2016年9月5日
- 股价整理近1年左右

这个整理时间长达一年了。所以整理时间越长的，一旦面临一个涨停启动的话，真的可以大胆干。所以我们也在等啊，我说中小创的春天来了，有一些个股不一定完全是这种横盘，它可能在这过程也挖了一些坑，但不管怎么样，整体是个区间动荡，或者底部形态，那一旦出现这个涨停突破的时候，又符合我们这些标准的话，你就可以大胆地尝试，拿出一部分子弹去跟了，如果你运气好的话，那你赚得就是盆满钵满了。最后看：

强者恒强的加速启动——建新股份 2018 年 5 月 2 日

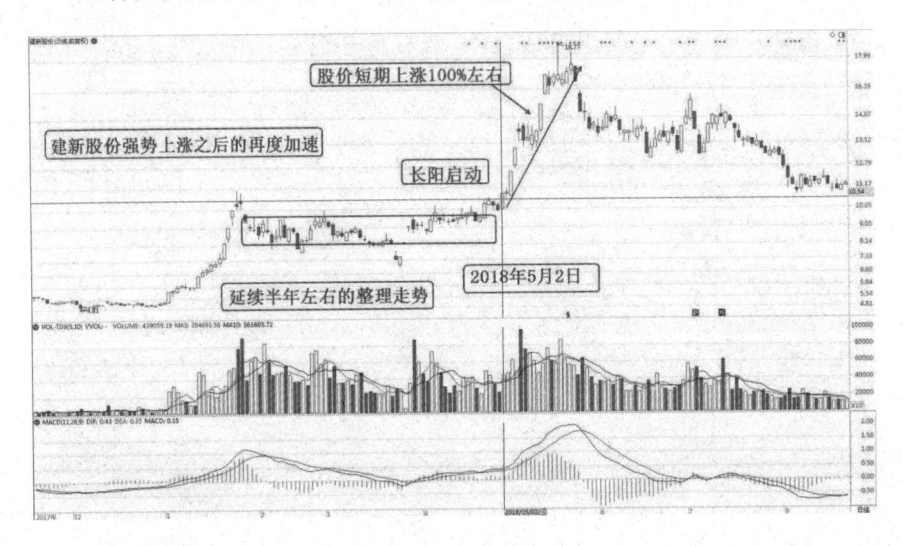

强势区间动荡半年，长阳启动，再涨 100%。

上涨启动点这个买点看得差不多了，我们来看一看卖点的把握：

卖点把握——跌停板破 5 日线

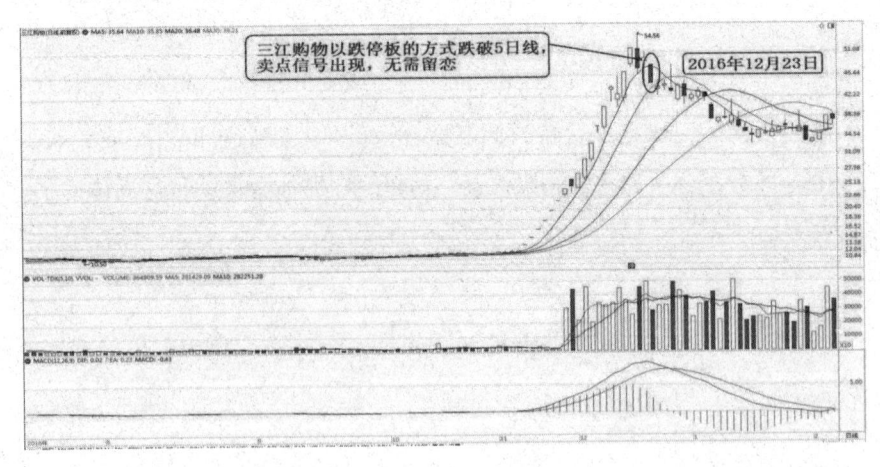

卖点我们之前也讲过了，一只个股卖出的法则，你看高位动荡的时候，有大阴线或者跌停板出现，这是一个很重要的点，趋势开始变缓，量能有所放大，这些都是我们要关注的，但是不管怎么样，我们如果去

做这些、短线去研判卖点，比如跌破短线趋势线就要高度警惕了，5日有些时候你还可以犹豫一下，10日那你就要高度、高度警惕了，20日那不管怎样基本都要先砍一半了，30日除非你是做中长线的，否则无条件卖出！你看：

卖点把握——股价有效跌破10日均线后，果断离场

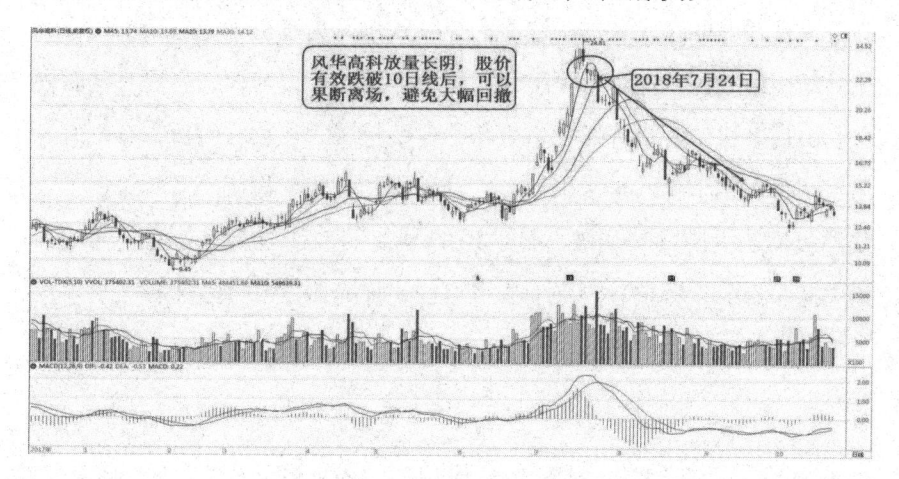

你看所有这些起涨点涨上去，飞起来之后，飞机飞到高空最终总是要降落的，不能一直飞啊，因为飞到没油的时候，总会有个极限，总会要准备降落的。你看茅台都会有阶段性下降，茅台飞到晴空万里的时候，高位一直飞，飞了很长时间，其他飞机都已经降落了，就它一架还在飞，这当然不行啊，你要归队啊，加满油才能展开新的一轮行情啊，才可以重新起飞啊。所以茅台现在也下降了，但是他是持续行情最长的，换句话说就是，手机续航能力杠杠的，但是续航能力再强，你最终要充电啊，还是会到没电的时候，一没电，就像这两天一样，跌停、暴跌，没办法，这就是规律。那规律对于卖出，就好像我们怎么去辨别起涨点一样，循序渐进找到这个临界点，卖出的时候也要找到这个临界点，就是什么时候你能知道它差不多没电了，即飞机差不多没油了，要下降了，这个时候你就要看，学会感知这种盘口，这都是有方法的。

简单来说就是你看它三万米高空突然降到两万米，很显然它想下降嘛，这是正常的逻辑嘛，对不对。当然有些飞机不是的，在三万米前面有架飞机，需要回避，可能往下下降一下，然后重新升上来，甚至到四万米也有可能。但是不管如何，既然它往下，特别是急速地下降，往往就是要降落的信号，何况剧烈地下降，剧烈下降更危险，所以为什么高位出现跌停的时候，你一定要警惕，跌停因为飞机可能遇到了什么气流，动荡很剧烈，这个就要引起高度警惕了。所以为什么高位有些时候也会出现坠机的，就好像长生生物一样坠机了，连续跌停板，有是有，但这是小概率事件。正常来说，它往下降的时候，你就要引起警惕了，跌停板啊，大阴线啊，破 5 日、10 日均线啊，你要引起警惕，你要开始先撤一部分，哪怕它再飞上去也再说，你先撤一部分。你看：

　　卖点把握——股价跌破 10 日均线后可以离场，避免陷入股价的调整阶段

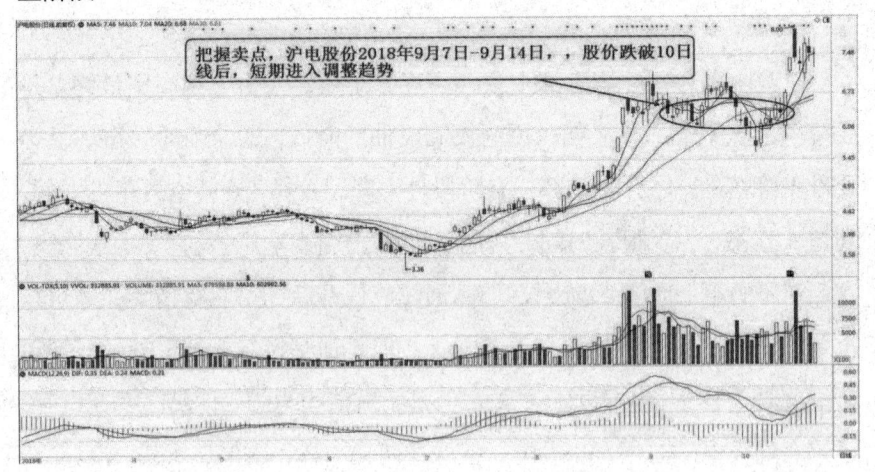

所以我们就提醒大家，要用 10 日均线、20 日均线这些方法，让你避免后面的盈利回吐甚至亏损，避免没有发现飞机要下降的信号，掉头就是一个明显下降的主要信号，所以没有明显的掉头，可能就是没有下降的信号，所以为什么 5 日均线强势震荡你就不用管它，说明他根本还

第十堂课：加速起涨点

没有考虑下降，但是破5日、破10日那就有可能咯，真的就是要没油咯，再结合成交量、形态，是不是滞涨、高位横的时间等等，像茅台就是因为在高位横的时间太长了，太长也没有继续往上走，那就说明一点，很有可能就只能往下了。所以这些都是我们能发现高位的时候，有没有续航能力，是不是要下降的一些蛛丝马迹，我们记住了这些，那是有助于我们判断高位的这个运行特征的，这样我们的思路就很清晰了。作为大资金、主力机构来说，他在高位的时候，他也一定会在出货、派发筹码的过程当中，一定也会留下一些痕迹给到我们，我们也只能透过这些痕迹，去感知他未来的一种趋势。假若十大流通股东，主力机构开始撤离了，股东人数、散户人数急剧地增加，这些都不是好的现象，高位剧烈动荡也不是好的现象，形成高位的形态也不是好的现象，这些都是因为主力资金在派发筹码过程当中，留下的一些痕迹，而这些痕迹也是有助于你去研判，它是否形成顶部的一个很重要的方法。

【学习温馨小总结】

○ 加速起点战法只抓主升浪；

○ 启动后，短线的拉升过程中，越有持续性较好；

○ 短期收益非常可观，出现战机后，短期收益往往可以超过100%；

○ 会买的是徒弟，会卖的是师傅，卖点的优化是把握股价加速起涨点的关键。

所以我们懂得起涨点的这个感觉，同时也要懂得飞机要下降的征兆，这两者一起一落，多做几个这样的来回，你的身价就噌噌噌地提升了。那这个时候，我们现在市场来到这个阶段，我觉得这种方法有一个很大的接地气的战法，就是非常适合中小创春天来的时候，应该是特别适合很多投资者去把握住阶段性暴利的机会的。所以我为什么一开始说监管层发布的这个声明，其实我觉得接下来起涨点，就是加速起涨点这个战法就会有非常大的运用空间。当然我们学习这个战法，你一定要记住，要学习到背后核心的思路、逻辑才是最重要的，而不是仅仅简简单单的形态差不多，有个涨停板买入就这么简单，但是你一定要考虑清楚它背后的逻辑啊。就好像我们有些时候做个股一样，我们一定要研究清楚他背后的上涨的核心逻辑是什么，你要搞清楚，你研究得越清楚，你接下来把握的机会就越大，而且你越知道你赚的到底是什么钱，否则你是把握不了什么机会的，而且你也不知道你赚的到底是什么钱。接下来你买了这个票，它凭什么在这个位置上面还要再涨一倍，你要思考清楚这一点，我刚才说的这些加速点是技术上面接下来可能会上涨一倍或两倍，但是它最终涨一倍两倍还是三倍，最终的决定因素是什么？就回到我们原来核心的一个主题了，成长为王！就是基本面这一块，一定是在基本面这块有些亮点的。这刚好符合了近期的热点，比如它是券商，比如新能源，比如5G等等，一定又回到这个点，涨得越猛的，一定是围绕它的一些基本面亮点，在市场被发酵而来的。

　　所以为什么我说，你要把握好这个起涨点战法，真的是需要反复演练，推敲这战法的关键细节，熟记，然后在实战当中，比如选票经常会选出七八个，但是你只有三十万资金，不可能全都配置，顶多配置两三个，甚至有些三十万资金（这个三十万是总资金的三成），有时候可能配置一个，这个又跟我刚才所说的呼应起来了，运气也很重要。例如这三个票里面有不同的主题：一个文化传媒、一个5G、一个新能源，那你到底出击哪一个？这个就要看你对当下市场的感知咯，你感知可能5G要跑出来，就配置5G，后面真的跑出来，运气杠杠的，不错。但是你配置了新能源，后面新能源整个市场炒作不明显，虽然也是起涨点但是后面的持续性很差，飞了一点点就开始想下降了，这个就要差不多的时候认输，或者赚一些看形势不对的时候，果断离场寻找下一个真正能够给你带来暴利的品种。所以在做这个起涨点战法的时候，我们也是对这个飞机的起飞，或飞行过程当中随时监控它接下来的状态，与此同时也要积极地去筛选新的起涨点品种，一旦发现有更好、有潜力的起涨点个股的时候，你要果断调用一部分资金去把握之，因为真正的大机会，有些时候是在反复出击当中，最终才能确定出来的，往往不是一击必中，一击必中这个概率太小了，往往要反复出击几次，可能才能击中那个市场的关键点，最终你才能把握住巨大的收获。

这堂课就讲到这里，留下个作业：

【课后思考和作业】

☆ 结合自己的实战案例，对加速起涨点的规律做出梳理。

第十一堂课：满足点——背离现象

学前须知

本堂课介绍的是背离现象，分别阐述个股与大盘指数、成交量两方面的背离现象类型，以此判断主力资金运作和趋势；

本课堂的内容在牛散大学堂股威宇宙的等级为：小白，讲解实战分享的内容是中学级别。内容级别结合自身状况采取是否学习或者阅读的策略。

【课前操盘回顾与感悟】

2018 年 11 月 6 日

今天是 2018 年 11 月 6 日，今天的市场依然是反复震荡的行情，这个反复震荡让大家很纠结，我觉得这个纠结不需要太担心，现在的一个行情其实是着眼于未来的一个底部，不管怎么反复，这里都是一个底部区域，而这个区域的话，未来哪怕破 2449 点，也是为了接下来的大行情。从时间周期上来说，关注明年的三月份是一个重要的节点，那在这之前，其实市场更多的也是呈现一个反复动荡筑底的一个过程。在这过程我们可以做的是什么呢？那就是这里面先选择一些局部的板块，在一些局部的机会做一个部署，有一些是春江水暖鸭先知，有些希望就是成为鸭，它们要配置好，一定会率先市场先走出行情的。一旦等到市场真正行情启动的时候，这些鸭就会呈现进一步向上疯狂的走势，但是在这之前，市场会给到我们一些局部的机会，我想告诉大家一点是对这几天的这种反复，要有心理准备，最坏的心理准备是未来动荡动荡再破2449点，然后见底，再上来，这是最坏的可能，但是要有心理准备，在这过程当中，一定会有些中小创个股，包括创业板的个股，率先走出来的，很多人说科创板起来之后可能对中小创是致命的打击，其实不是！大家还记不记得，创业板当时来了一波行情的时候，带动了很多个股，一开始的时候包括新三板也带动了，这次科创板新的一个版块一定会爆炒，只要它们平衡好两市之间的融资额度的话，也一定会率先带动一些中小创的个股，因为有一些个股估值可能会炒得很高，又会带动主板创业板的估值提升，这是未来一种演绎的格局，这是大家要想到的。

所以现在我们可以集中一个方向是什么呢？就是新兴产业！因为国家是大力支持科技的推动力，所以我们要在这块做好充分的准备，包括我们自己的战略也是很清晰的，这段时间到明年三月份就属于我们筹备大战略的时候，这个时候我们不求赚多少的钱，如果能赚到钱或赚很多钱，那是我们运气好，就是我们在做局部战役的时候还做得不错，如果赚不到适当亏一点，我觉得也是正常的，因为现在属于反复构筑底部的区域，所以大家做好这样充沛的心理准备，但是这个过程当中，我们要积极去做筹划工作，筹备更多的子弹，然后选择好更多好的标的，包括我们马上要启动的上市公司调研行动，就是为了寻找更多好的标的，所以有条件的朋友可以参与进来，我们会开放约十几个名额吧，毕竟人数是有限的。最终我们希望在调研的过程中，发现我们想要的标的，最终抓到这样未来大机遇给到我们的机会，机会、机遇一定是给有准备的人，我希望我们这群人就是有准备的人。大家跟着我们一起去准备未来，做好现在的准备工作，这一次机不可失失不再来，我必抓住！所以要努力。

那在努力的过程当中，我们要积极地提升自我，提升对市场的理解，所以我们一直在给大家分享各种知识点，其实大家不要担心吸收了很多知识点没有用武之地，一定会有，现在也会有，牛市的时候用武之地更大。所以回顾一下：

操盘特训班体系介绍

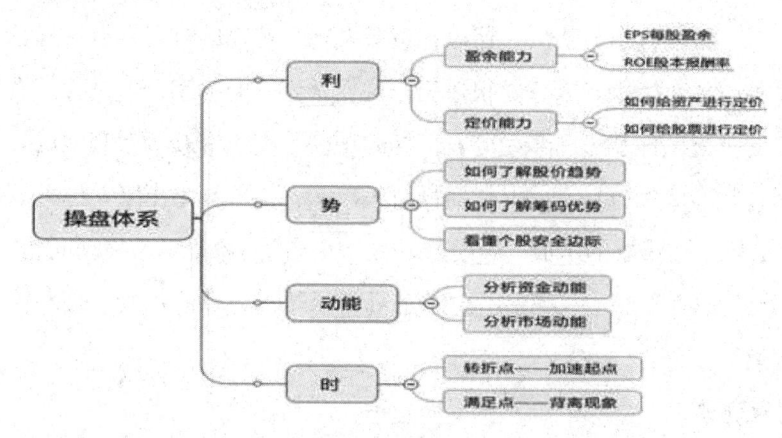

```
操盘体系 ── 利 ── 盈余能力 ── EPS每股盈余
                              ROE股本报酬率
              ── 定价能力 ── 如何给资产进行定价
                              如何给股票进行定价
         ── 势 ── 如何了解股价趋势
                  如何了解筹码优势
                  看懂个股安全边际
         ── 动能 ── 分析资金动能
                    分析市场动能
         ── 时 ── 转折点——加速起点
                  满足点——背离现象
```

我们从四个方面给大家做了分享：利、势、动能、时。利，我们讲了盈余能力：EPS 和 ROE，还有定价能力：如何给资产定价，如何给股票定价；势，我们了解了股价的趋势，筹码的优势，还有看懂个股安全边际。动能，资金的动能和市场本身的动能；时，就是转折点、加速起涨点，这就是上一堂课我做出很形象的比喻，就像飞机的起飞跟降落一样，怎么抓住起涨点，大家一定要把握好。所以我希望大家要去温故知新，坚持知识点的梳理和巩固。那么这一堂课主要讲的就是时——满足点！

在前面的课程中，我都会不时和大家分享到背离，那么这一两天有没有背离呢？说真的，很多人理解科创板是利空的话，我个人是觉得有背离又没背离，有背离是什么呢？今天先抑后扬，适当的出现了一点背离，这个背离信号要引起重视，这个背离说明有资金还是觉得这个事情还是有机会变成利好，这是市场的一种解读；那么没有背离又怎么去理解呢？因为科创板的推出，整体市场预期还是比较偏空的，为什么呢？网上有个段子，周末没有发新股，直接发了一个板块科创板，大家想到的就是扩容，所以这一两天动荡一下，其实这就是市场的非背离现象。

但为什么我说这非背离又是背离呢，因为这个跌的幅度相对不算大，特别像今天，如果完全的非背离的话，今天应该是中阴线，但是今天后面翘起来了，还是有点背离的，所以你就会发现，现在的行情有点焦灼，有点反复，甚至让很多人感觉很迷茫，这就是当下的状态，但是我们看不清楚的时候，你就进一步耐心看市场的动荡是不是继续会有其他信号出现，直到确认信号！有些时候盘面看不出来，指数看不出来，你可以看板块，跟一些重要的个股，继续去观察，从背离现象里面去发现问题、发现机会，这是我们在实战操作当中，非常重要的方法和原则。现在回到"背离"。

背离现象

○ 个股走势与大盘指数的背离；

○ 个股股价与成交量的背离。

1. 个股走势与大盘指数的背离

○ 对于大部分个股来说，走势跟大盘指数的走势是基本同步的：

大盘指数上涨，个股也跟随上涨；

大盘指数下跌，个股也跟随下跌。

○ 然而，有部分个股的走势，跟大盘指数的走势并不一致。它们特立独行：

大盘指数持续上涨，个股却不跟随上涨；

大盘指数持续下跌，个股却不跟随下跌。

个股走势与大盘指数的背离就很容易去看了，比如这两天都涨的个股就跟指数出现背离了，这种个股我们就要深入去思考，它是什么原理，比如科创板直接受影响的，创投概念的，很显然这一两天很多个股连续涨停，你说它跟市场背离了吧？对，它是背离了，那背离的话你就要观察它接下来开板之后，它是否依然强势，如果它依然强势的话，那么这个背离是非常有价值的，说明它真的就会形成一个有趋势性的、阶段性的重要板块，如果它开板之后不强势，那这就是一个事件性的机会，昙花一现的概率会非常大，你要小心。所以我们透过盘面的一些细节能够发现很多问题。今天盘面上有一大批个股，大部分都是科创板块的影响，出现了一个持续大涨的走势，有涨是好事，但是同时我们也看到，有些个股在跌，比如兴瑞科技、顶固集创跌停，这些属于次新股里面的，为什么它们跌呢？是受到了我们科创板的影响之后，有些人认为会对中小创次新股带来一个打击，所以就出现了一个往下跌的走势，所以你会发现盘面的分化是很厉害的，当然今天的分化，并不能说明任何问题，我们要继续去观察，继续看，直到看懂为止，看懂了慢慢就发现问题了。

　　有些时候像这种突然之间跌的，你也不要过度地恐慌，因为假设它们有运作主力的话，它们有些时候也会借利空洗盘，借利空挖一个坑，挖出一个跌停板，对洗盘是最有效的，挖坑之后往下砸，很多筹码震出来了，然后再收集，再走上去。为什么现在这些个股跌下来？其实是对消息的偏空影响，一个消息的出现对一只个股肯定是有多或有空的理解，但是为什么走空？就是空方的力量大于多方的力量，但是你要研判的是，这空方的力量真的是运作资金抛弃的，还是说借势洗盘的，这个东西就是有考究了，那怎么去考究呢？像今天大面积跌停，有些事情你是看不出来的，你没法考究，当然也能看出一些端倪，比如透过龙虎榜数据，看看十大买卖排行榜里面，是不是有一些机构或游资在默默地潜伏，这是一个很重要的研判的指标；然后再看背离现象，今天是没有别离，大盘跌它也跌，那假设明天或者后天大盘继续跌，但是这些个股却出现了不跌反涨的走势，那就有可能是洗盘的概率很大，为什么？因为正常来说，大盘继续跌的时候，它应该继续跌才对，为什么一个跌停板砸完之后就不跌反而强势了呢，这是判断它是否洗盘的一个很重要的因素，所以有些时候我们怎么去辨别洗盘，不是一天就能看出来的，你可以看一个周期，因为一天两天有时候就是坑爹的手法，就是刻意往下砸的，你看就好像之前已经走出来的万兴科技：

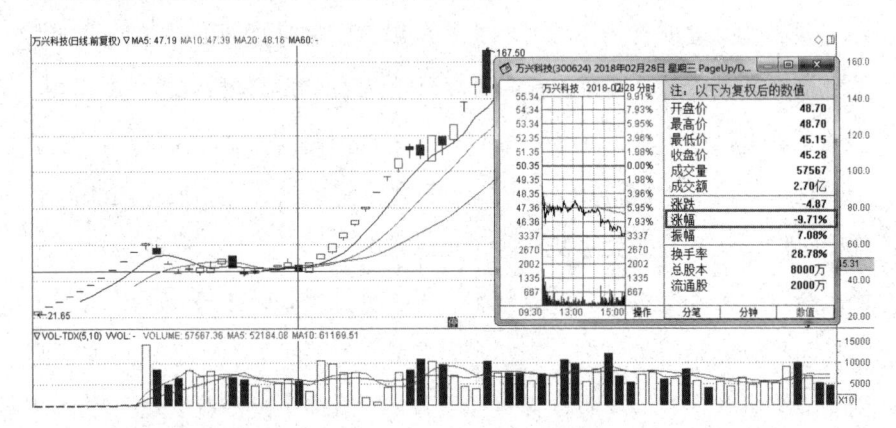

因为对市场而言，很多个股的利多跟利空其实就在一念间。我记得非常清楚，万兴科技在启动前一天，是接近跌停的，很吓人吧，但是你会发现它整个形态并没有完全做坏，就算做坏了，一天也说明不了任何问题，一天跌停板跌到重要的支撑位，其实不用太担心，因为一定要确认一下，是不是有效的跌破往往要两三天的时间观察，何况它还没跌破，但是仅仅那一天你还是判别不出来它到底是洗盘还是出货，什么时候能辨别出来？第二天就可以了，比如第二天大盘稍微继续跌或者稳定的时候，万兴科技居然阳包阴、涨停了，那就是洗盘的概率非常大了，这就是一种背离的现象，正常来说，它不应该涨，更不可能阳包阴，但是却出现了阳包阴，这就是严重背离，这种严重背离带来的机会就是严重逆转，马上就看清了这是一个洗盘，这个涨停板就是干。那有人说我第一个涨停板手慢了没干进去啊！没关系，万兴科技第二天冲击涨停也给了你充分的机会参与。因为透过阳包阴已经告诉你一个信号：它是洗盘，那么第二个冲击涨停板的过程当中，这个时候又会有分歧，有些人依然认为它是不行的，因为这个跌停板对它阴影非常大，所以这个时候依然还会有人抛，但是你透过背离的方法知道它是洗盘的话，你这个时候要做的是干什么呢？因为主力资金拿完筹码洗完盘之后，肯定要做一波行情，最少幅度也要二三十个点，一波行情对于主力而言没有二三十个点是没有诱惑力的，所以它一定要做一波二三十个点以上的行情，但如果是踏上了市场的热点的话，那就不止二三十个点了，那就可能五十个点、一倍甚至两倍的空间。所以这个点就值得考究了，第二天这个涨停板你如果看清了就敢买，如果没看清洗盘的话，你当然就不敢买，但是你看清了敢买，后面就能享受（不敢说全部机会）至少几个涨停板是能享受到的。

　　所以这个方法实战的价值是非常大的，就是透过这种背离现象。其实很多时候我们都是透过盘面的背离去发现一些细微的蛛丝马迹的，我们不仅要发现日内的这种背离，有些时候分时图的背离对你都有参考价值，比如我不知道什么时候是盘中加速的买点，即拉起杆的那一刻，其实也是盘中透过背离的方式去发现的，比如大盘往下走甚至跳水，而它不跟随而且是还往上涨，这就是一种背离！如果你看好它，日线图又具有攻击信号的话，相反它往上涨的背离信号，就是你按下鼠标开始买的时候或者大盘涨的时候它居然还跌，这就是动手抛出去的信号。记住！背离是一种动的信号，不是动手买，就是动手卖，无非就这两种。记住，我们一定要透过背离去发现一些蛛丝马迹，因为操盘手、任何大资金一定会在盘面当中留下他们的蛛丝马迹的。那又有人问了，为什么会出现背离呢？很简单，比如盘面现在跌，抛压也是蛮重的，因为它是要吸筹码的，所以它一定是趁这个跌的时候不断吃吃吃，你想啊，有人不断吃吃吃，股价不就跌不下去了吗，横住了吗！甚至是吃太凶的时候，就买上去了，这不就露出蛛丝马迹了！那有人说了，那能不能等它跌下来到下面接？当然也行，但问题是这样子你吸收的速度就会很低，因为很多人是怎么卖的呢，我告诉大家，比如 15 元，它卖的时候，一定是挂 15 元，或者是挂 15 元以上，它不会挂 14.9 或 14.8，它不会主动往下挂，这是一般散户的思维，那么作为主力来说，你要吃到这部分筹码，你挂在 14.9 或 14.8，它不一定抛给你的，因为它就不抛啊，它就要 15 块卖啊，所以对于主力资金要收集到这些筹码只有一种可能性，就是往上吃，而且散户一定又怕跌，大盘跌的时候，他看到这个股票不跌反涨，就以为自己很聪明，觉得可以高抛低吸，15.1 或 15.2 就卖掉，卖高一点等下跌之后可以接回来，它会认为这是非常好的操作手法，要的就是这种效果，所以必然就会出现背离的现象，那背离现象为什么是一个买点呢？因为当主力吃了这个筹码之后，请问大家，主力还会主动打下来给你再接回去吗？主力不会这样子做。那在什么情况下会跌回来？只有一种可能性，就是说大盘继续暴跌，继续下杀，好了，可能主力不买了，也就跌下来了，但是大盘跌到一定阶段的时候，它会翘起来，一翘起来的时候，主力又不主动卖，散户看到翘起来的时候，也不会主动卖，那如果今天主力要继续收集很多筹码的话，那只有一种手法，就是翘起来之后还要往上买，越往上买，卖盘就会越多，筹码也就会收集越多，就是这种背离加速收集筹码的方式。比如之前谈到的万兴科技那根跌停，马上涨停阳包阴，职业股民或懂得看蛛丝马迹的你理解到了这是洗盘的话，第二天你看：

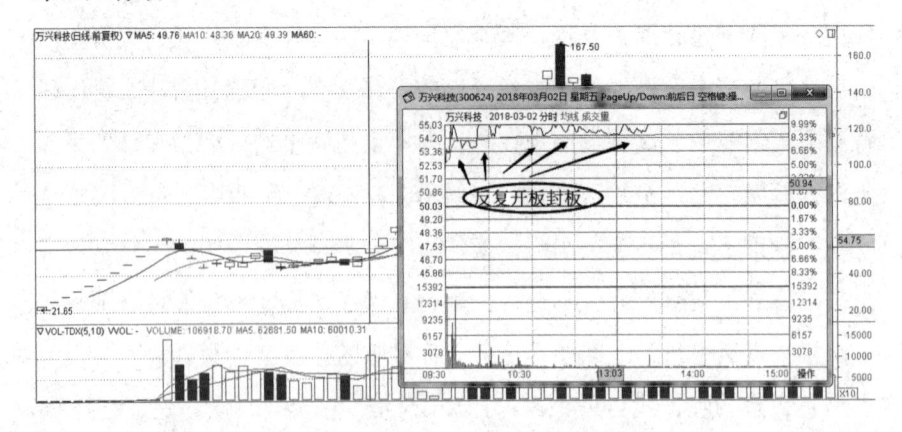

为什么第二天给到大家吃进的机会，很多反复开板最后封板的走势，就是因为很多自以为聪明的散户，它想做高抛低吸，它认为今天开板就

卖掉，然后明天跌下来可以再接回来，所以主力资金就是封板之后等你卖，你卖完之后继续封，如此反复。你看万兴科技反复了一上午，下午看到卖单实在太少了，也就意味着今天该卖的都卖了，就露出最后真面目直接有多少就吃多少，封板到结束，这就是一种主力资金洗盘的操作手法。卖出去之后的人就会想，明天它一定会跌下来的。但除非大盘不好它才有可能跌下来，相反大盘好或者稳定一点，只要不是暴跌，主力资金一般都不会给你太多捡便宜的机会，你看第三天怎么走：

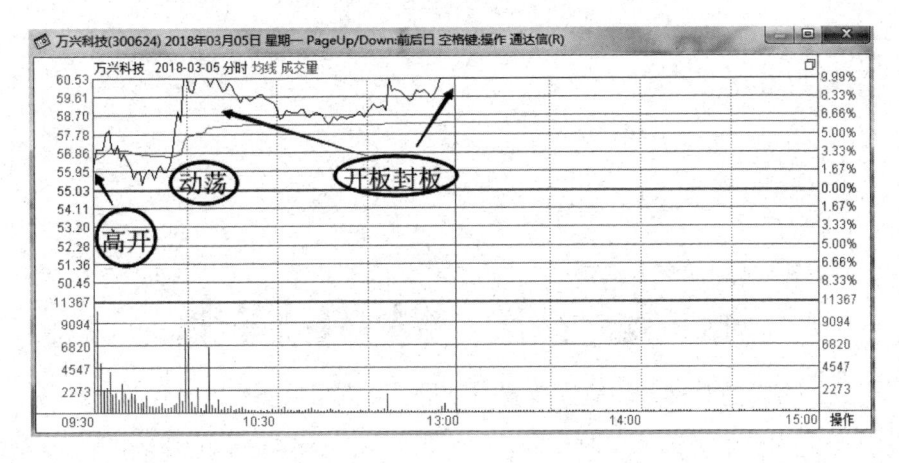

直接高开，然后动荡，这下追涨停也有人追了，洗完之后再封板，依然是类似的套路，这种套路是做一个持续逼空了，后面的走势依然是这样：

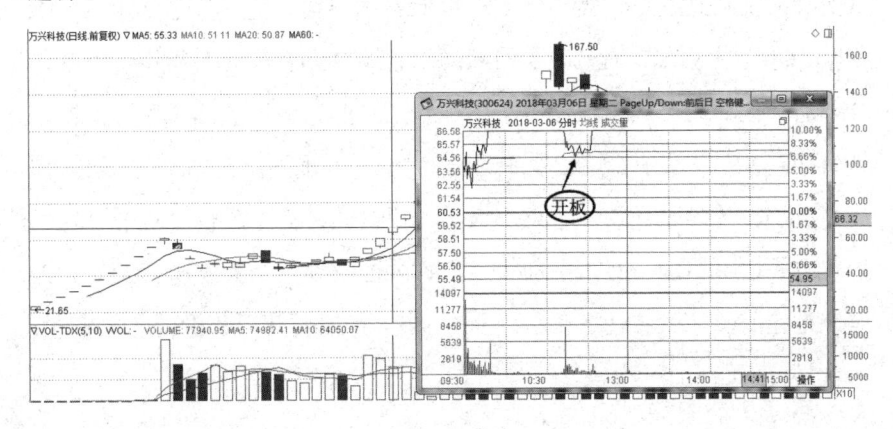

封板打开再封板。很多人就很好奇了，它为什么不直接板，它总要打开再封板，因为击鼓传花，总有接力棒，我今天出了，后面就推动了，另外一点，大家要知道，一只个股要吸引很多散户不断卷入进去，哪怕你要做个对倒，也要做出成交量出来，有量才能吸引散户的积极性，它有些时候开板就是为了量，适当地制造点量，没有量也会打消很多跟风盘的效果。你看后面：

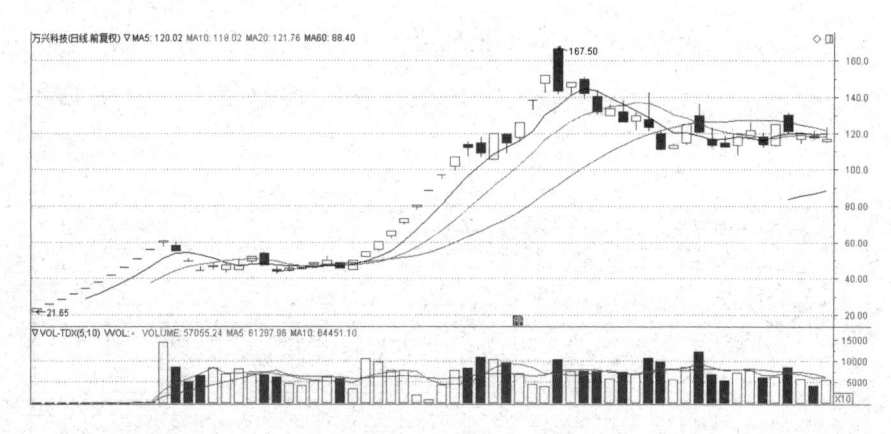

没有量的时候，还适当地放一点量，直到最后不小心放巨量，但放巨量时你就要警惕了，量太多了，过犹不及，太满了也不是件好事，所以你会发现万兴科技整个流程的起点就是那个跌停洗盘。用背离的方式可以发现它的这个洗盘，当时正常来说，这个洗盘你要评估它能涨多少，从前期的洗礼到这里洗盘，你至少也能思考得到，二三十个点你是能赚到了，因为它怎么样也突破了前期高点，所以有方法的人赚几个板是很合理的，比如第五六个板受不了出掉是正常的，太早出其实都不正常，越后面出说明你更有能力、更有胆量、更有分析评估实力的。如果能到最高点那根涨停跌到跌六个点那天出，说真的，你除了很有水平以外，运气也是很不错的，有水平加上运气你才能吃到整个大波动。大部分人应该是在前面的区域就下车了，但是很多人连前面几板的机会都吃不到，那就是技不如人了。

第十一堂课：满足点——背离现象

所以我们要学习！以后一旦来行情，有类似这样机会的时候，至少要吃三四十个点，而后面的就要看机缘跟运气了，踏准了市场的热点，运气也不错，那吃得很大也是有可能的。所以抱着平常心，手上也要有武器，而且得熟练，我们现在融合了很多基础的东西，有了融合了这些的武器，一旦发现蛛丝马迹的时候，我们就能像猎豹一样扑上去，吃到这个肉，做几个来回都吃到肉，那就非常舒服了，你就成股神了，真的是这样。有时候行情一来啊，真的是挡都挡不住，别看这段时间波澜不惊，但是局部有一些个股还是蛮吸引眼球的，包括我文章也谈到的绿庭投资：

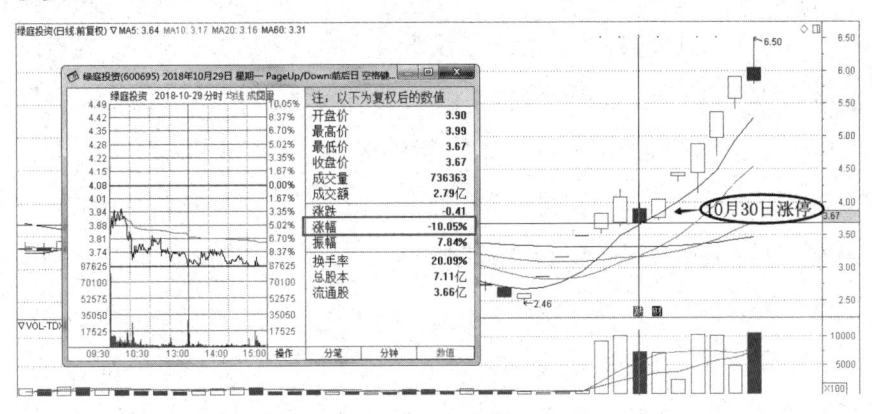

还记不记得我第一次说它的时候，看一下它10月30号的涨停板前一天，也是跌停。为什么我当时特意点了一下这只个股，就是因为我发现它符合背离洗盘法，你看一下，是不是觉得跟万兴科技一样的，万兴科技是洗盘9个多点，而绿庭投资直接洗盘跌停，所以跌停并不可怕，不要担心，问题就是你能不能看清它是洗盘，隔天就涨停阳包阴了，手法一模一样，后面继续涨四个板，到今天才剧烈动荡但也是给你巨大的机会的，从洗盘那天之后短短四五个交易日，四五十个点稳拿。所以这堂课真的是很干的干货，我也是把我这个核心告诉大家，有些时候我也说了，只是没有提示，没有更深入是因为有些时候我不方便说，另外一点最重要的是，这并不是说人人都能学习这种东西、看透这种东西的，如果你没有一个主力运作思维你是看不透的，第一个绿庭投资是背离了，透过这根涨停你发现它背离了，背离洗盘确定，机会来了。这种方法大家可以多去观察，所以我刚才举了几个跌停的个股，大家可以去观察是不是背离洗盘，答案明后天就揭晓了，反正次新股、近期的、今天跌停的，我觉得接下来都存在一定的可能性哦。当然我不是要大家一定就去买，课堂里面我希望大家都是先学习方法，不要那么急着去实操，实操是有风险的，就算你要去实操，自己去体验的话，买100股就好了，学习嘛，买一百股的资金去感受一下，当你熟练了这个技巧的时候，你再慢慢循序渐进的方式去把握，学习切记欲速则不达，因为有些时候，你还没有领进门的时候，你贸然的在实践当中太过重的去折腾的话，有时候效果并不一定好，为什么呢？因为方法不是百分之百的，方法是有概率的、也是有环境的，一旦你出击时点也不对，找的标的也不对，你运气也不好的时候，你会觉得这个东西没有用，其实它是非常之有用的，没有用的时候会反过来影响到你的吸收，慢慢你会变得非常混乱，这样的话你就会走入另外一个歧途。

　　我希望大家保持学习的心态，然后实践的时候小仓位去折腾，这样子的话，你慢慢才能提升整个思路、整个体系，等到行情真的来的时候，你再大胆地去实践，我觉得你这个时候就可以出师了，否则的话，你乱折腾，行情真的来之前你就已经阵亡了，那就很可惜了。所以为什么我们说现在建议大家可以适当地去折腾，但是切记控制仓位，刚才所说的那些标的波动是非常剧烈的，玩万兴科技、绿庭投资波动大的这种是属于追涨的模式，找到这起涨点特别是行情低迷的时候，这种失败的概率是蛮大的。所以如果真的是要布局的话，要有一定的配置的话，我更多的是倾向于找到底部区域的，哪怕是左侧买入，现在可能一开始看上去看不出太多端倪，但是左侧买入至少让你的风险相对有限，但是一旦机会来临的时候，慢慢它们会很突出。那左侧买入很重要的一点是什么？

研究基本面，成长为王！所以又回到之前课程所讲的内容。所以这个时候为什么我说中小创有些个股研究深入之后，我个人而言这个阶段，我觉得是可以开始逐步左侧买入的。而右侧追涨的模式，其实更适合接下来行情逐步回暖这个阶段，比如明天大阳线，那这个时候可能右侧拼命折腾都可以了，反过来说明天继续反复动荡，那我还是潜伏等涨，这样的一个方法可能在这个阶段更适合一些。不同的阶段我们要有不同的应对策略，这个也是希望大家能够明白，但基本的核心逻辑，大家要吸收，就刚才说的背离选股，举了万兴科技和绿庭投资两个，一个是之前的一个是现在的，大家对比一下，发现是不是有非常多的相似的地方，这就是背离带给我们的一个机会、非常奇妙的方式。

对于大部分个股来说，走势跟大盘指数的走势是基本同步，然而，有部分个股的走势，跟大盘指数的走势并不一致。我们就是要寻找那些不同步的，什么叫不同步？就比如今天市场涨了一点点，那有人问了，今天涨停的个股算不算跟它不同步呢？某种意义上我认为也是不同步，也是一种背离，因为今天市场涨了一点点，它涨停了，说明它很强，这种背离也是需要去研究的；反过来说，今天市场涨一点点，它大跌，这也是种背离你也要去研究的，跟你现在目前运行的趋势有明显不一致的，这种背离你要好好去理解，深入去研究一下。所以我对今天的个股有两类是有兴趣的，一是今天涨得猛的，要研究看看它到底是什么原因涨得猛；二是今天跌得猛的，看看到底什么原因跌得猛。这两种背离都是我要研究的，后者的背离就要研究后面的走势，确定它是不是洗盘；前者的背离就要研究它接下来是不是能够强势，确定这个趋势能否延续。这两种都是要再观察的，在观察当中我们去发现细节，任何东西我们都能从透过它的基本面，透过它盘面波动，去发现一些蛛丝马迹。

很多时候我们研究股价未来的波动，其实就是从蛛丝马迹当中去发现问题。就像我小时候就挺会发现一些东西，是与我小时候看的书籍影响有关系吧，比如福尔摩斯书籍，福尔摩斯就是透过一些细微的东西，去发现一些问题的，我们炒股也是如此，有时候我就喜欢透过盘面发现一些异动的信号，这方面是需要的。另外一点就是心理博弈，心理博弈倒并不是要大家去看心理学的书籍，但是大家要去研究主力资金的心态和散户资金的心态，我也是从散户起来的，我很清楚散户的心态，初期几万块钱的时候，那时候我是什么心态，几十万的时候我是什么心态，几百万什么心态，几千万什么心态，上亿什么心态，十几个亿什么心态……这些心态，我告诉大家我都经历过，很多人是不具备的，而我所有都经历过的时候，那我反过来就想，这每一个资金背后的心态，它们之间的资金博弈会带来什么样的影响，比如刚才说买卖的时候，散户一般不会主动卖的，但主力资金一定会主动买或主动卖，这就决定了双方的差异性，盘面表现的差异性，股价形态的差异性。

所以我对市场为什么有时状态好的时候，会有神来之笔，那是什么原因，就是因为从机构的思维里面，我能够感知到那股力量，因为我也是机构博弈当中已经积攒了很多经验，所以有些时候，一看这个跌停的形态就知道肉来了，可能是洗盘，虽然有时候还没仔细看，但是这就是叫盘感，或者一看今天股市先抑后扬了，就感觉接下来可能局部有个突破的点了，为什么呢？因为今天这种先抑后扬肯定意味着有一部分资金肯定是要搞事的，如果它不搞事，就没有这个扬的过程，它直接就抑抑了，接下来就要观察谁来搞事，那谁来搞事，就决定了整个行情的深度了，比如接下来券商搞事，可能这个行情的高度还可以打开哦；比如超跌低价股搞事，那要看哪个群体了；比如次新股搞事，怎么搞？就像下棋一样，每一步都会影响全局，息息相关、步步为营，一定是这样子。所以我们一定要彻底地理解这个背离。

1.1 事出反常必有妖

○ 这种个股走势跟大盘走势的背离，往往预示着风险或机会所在，值得我们深入挖掘；

○ 注意，我们比较的不是某一天的走势，而是某一段时间的走势（几周到几个月）；

○ 进行对比之时，一般是个股跟对应的指数对比：如上证个股与上证指数对比，创业板个股与创业板指数对比。

1.2 指数持续走强，但个股不跟进

○ 指数持续走强，大部分个股也跟随走强；

○ 然而一部分个股却不跟随大盘走强，要么是股价已经上涨乏力，要么是市场资金还没有准备好上涨；

○ 如果是在牛市，那个股调整后还能继续上涨；

○ 但如果是震荡市或熊市，一旦大盘进入调整阶段，这类个股会率先下跌！

有时候我们会发现一种现象，指数持续走强，个股不跟进，这是什么信号？很多人说这种背离说明主力不强，是，说得很对，但另一方面也有可能说明有一些资金可能还没有建好仓位，我之前谈过一个主力资金要想启动行情就要收集30%的筹码，那绿庭投资为什么蹿了出来？我们再来看一下：

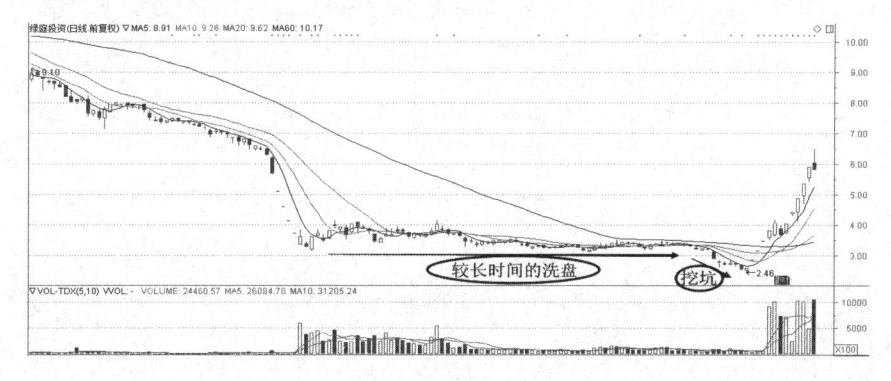

我告诉你，绿庭投资之前就有一个洗盘了，一字跌停后，有相对长的一段时间洗盘，再加上后面挖坑，所以它之前是有基础的，而且我可以肯定的是之前发动的这波走势：

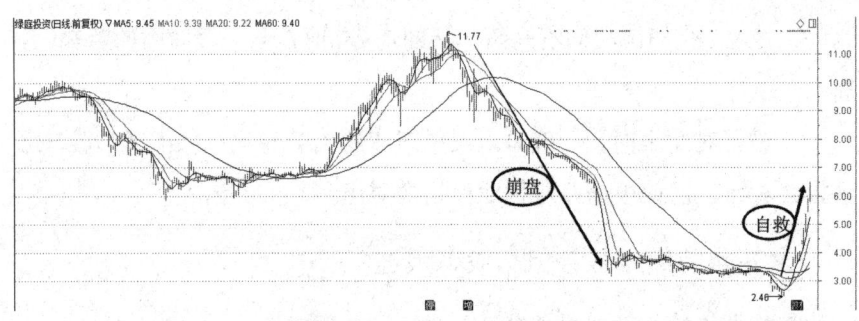

很显然主力资金是伴随着崩盘、没有全身而退的，也就意味着有一些深度套牢主力资金和机构，某种意义上现在的这种波动很显然是属于自救行为，所以才这样崛起，它背后是有根源的，透过前面的梳理是能找到一些根源的，再加上现在的亮点，或炒作的关键点，是围绕这些在打。那当然有机会的话，有些资金形成合力，就可以率先做一个突围，吸引眼球，很多资金就干进去了，它就可以透过这个波段拯救它自己，让自己的损失减少，这也是一种手法。

你看，贵州茅台：

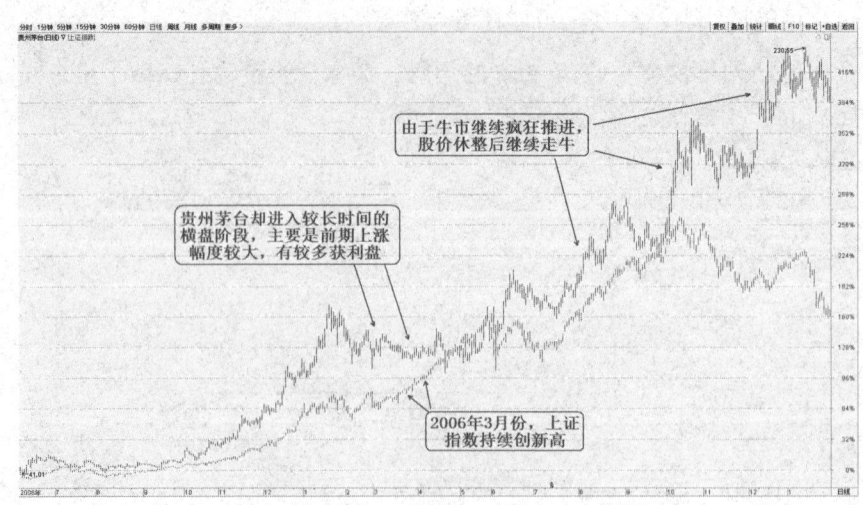

滞涨！特别是蓝筹股，在某个阶段是有很明显的特征的。因为长期走牛的蓝筹股，它涨了一波之后，往往需要透过横盘去消化获利盘或巩固胜利的成果。所以茅台之前的走势，基本上就是这样子的，大盘2006年3月继续上涨，茅台涨得比较多了，就需要横盘动荡、主动回调消化获利盘，但是市场有时候休整的时候，它往往就可能慢慢重拾升势。像这种蓝筹股，长牛股，往往就是在背离当中，按照45度角慢慢向前移动的，这是属于成长股的一种模式、相对独立的一种模式。所以这个也是从背离当中发现出来的，透过市场的背离，你能发现哪些个股可能会成为一种长期独立的行情，能找到这种现象的。

你看，营口港：

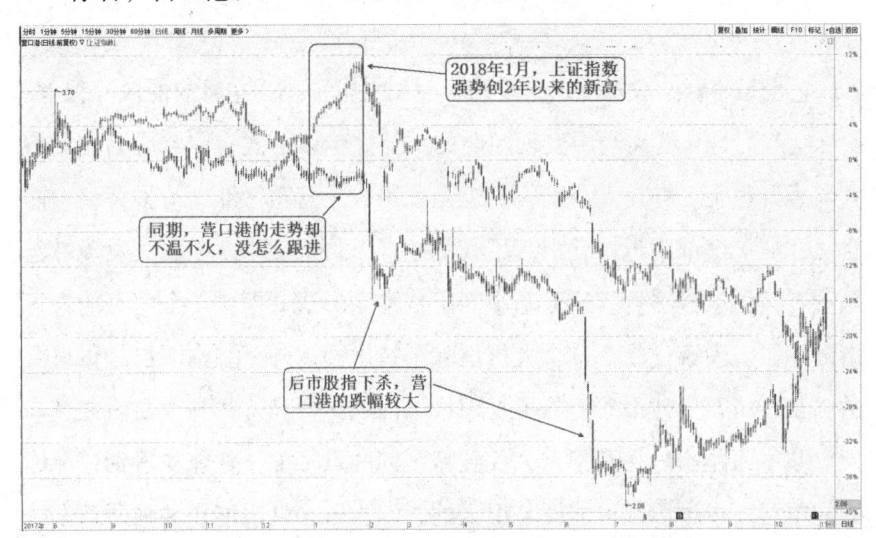

有一种背离，就不是一种好的现象。大盘涨，它持续不涨，特别是没有成长性支撑的，也没有跟随大盘一直涨的，就意味着这里的筹码依然是在坚决地出货，大盘后期一旦跌的时候，它可能就比指数跌得还惨。这种背离也是要引起我们高度警惕的。

你看，远达环保：

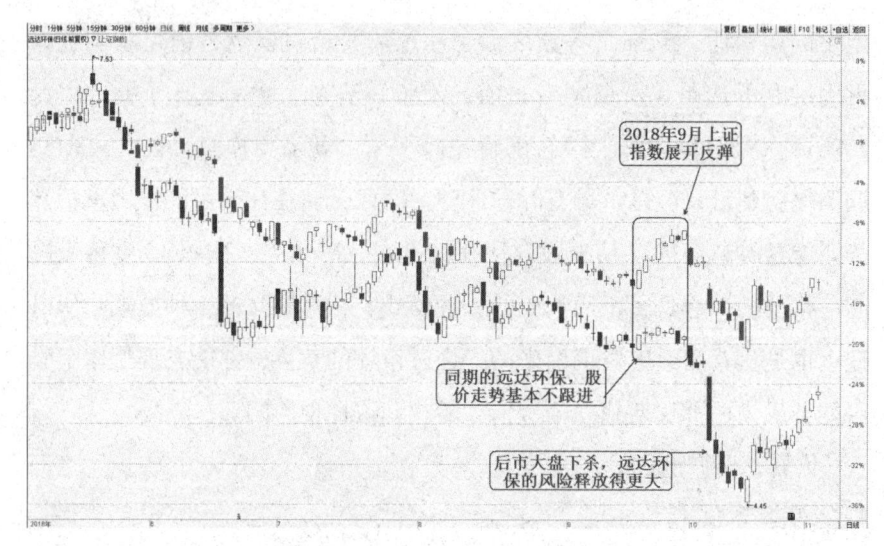

[图表标注：2018年9月上证指数展开反弹；同期的远达环保，股价走势基本不跟进；后市大盘下杀，远达环保的风险释放得更大]

它也是一样，股指涨，它没涨，后面大盘下杀，它释放的风险很大。

这些都是从背离当中发现问题的。就好像以前我有一个成名作"方大炭素"也是一样，大盘跌，它老是跌得少，甚至微涨，这种背离，而且又在历史底部附近，就引起了我的重视，再加上基本面我又发现蛛丝马迹，石墨电极涨价，后面基本面跟技术面形成共振，一个完美的大行情诞生了。大家记住，一个大行情除了技术面以外，基本面也是很重要的因素，所以为什么我们除了发现技术面的蛛丝马迹，马上要研究基本面。基本面能不能找到拐点，找到超预期的点？如果你能找得到，那你做的票是一个牛股的可能性是很大的，因为未来就可能是戴维斯双击。（跌的时候戴维斯双杀，涨的时候戴维斯双击），因为基本面你发现未来超预期的可能性跟技术面共振的话，那不好意思，啪就上去了。

第十一堂课：满足点——背离现象

个股跟指数之间有背离，指数之间也有背离，你看创业板跟上证指数也会有背离：

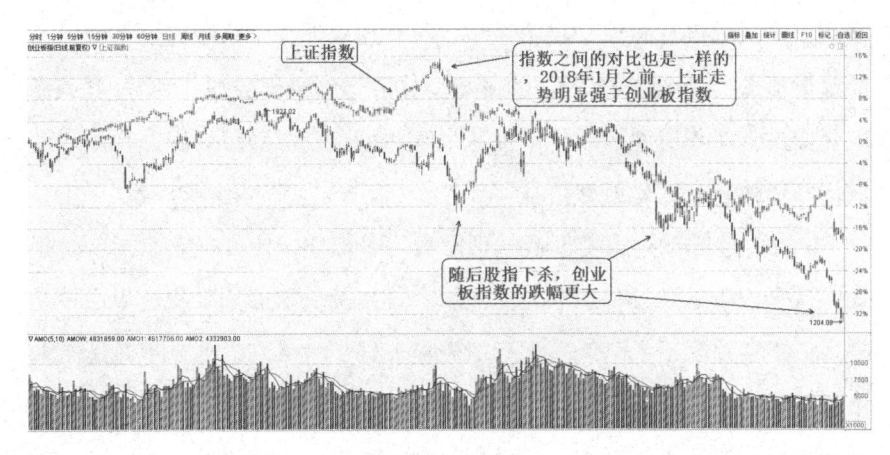

你看一下，我为什么说，如果见底的话，创业板会率先见底，为什么？因为创业板明显比上证指数有点要强。比如像最近几天，创业板指数最近几天都是红盘，但上证指数昨天十字星，今天绿盘：

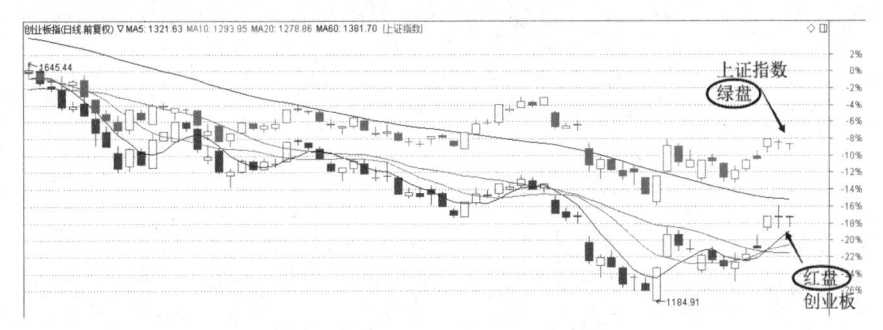

这两天明显，创业板要强于上证指数，这就是一种背离的信号，包括前期，创业板指数涨幅也是比较大的，其实这种背离已经告诉你，资金往哪里走了，一定是资金往创业板流，才会显得创业板比另一方要强嘛，否则它凭什么强，对不对！它就凭着有资金去托嘛，所以这就是一种信号。市场是最真实的，所以你看科创板利空、利空、利空，但是你会发现创业板红盘、红盘、红盘，你要警惕了，警惕什么？警惕市场最终解读为利多了，所以市场是最真实的嘛。正常来说创业板应该天天跌啊，但是没有啊，有人说很纠结，说真的，从盘面你就发现一些未来，的确科创板我第一反应也觉得是利空，扩容了嘛，但是从创业板的这种波动，我又觉得背离现象很明显哦，没有想象那么夸张哦，这个时候你要尊重市场，你要随时改变一些逻辑，你要想到科创板那些利好的因素。就好像这堂课我所说的，科创板这个东西可以变成一张好牌，也可以变成一张坏牌，关键是怎么打。

你可以这样理解，科创板就理解为一个板块，比如国家拿了一个板块，这个板块是最具有想象力的板块、科技板块。那如果我这里面控制得当，扩容幅度不大，然后配套措施比较好，激活它，那是不是能带动市场？那是完全没有问题的，因为市场要起来肯定是需要持续上涨的板块和个股，那它能不能作为一个奇兵呢？牌打得好它是可以的，比如我们A股IPO，创业板这里一年要融资的企业本来是一百多家的，现在科创板起来了，我把一些额度给到科创板，我给到50家，两边总融资额差不多。这样分离的话，这种措施其实对市场影响是不大的，这就会变成好牌。而且科创板配套相关的一些制度，若配得好，再给它积极的预期管理，不是说注册制一下子几百上千家都可以，虽然是注册制了，但还是有筛选的，初期第一年50家，第二年也是差不多，这样就会变成一张好牌；但是如果这个东西不明确，有可能50家，也有可能100家，那大家就怕了，这里就可能变成新三板了。大家发现没有，之所以新三板现在死气沉沉、一潭死水，就是因为它是失控的，是完全开放的，谁的公司只要符合标准就上市了，上万家怎么搞啊，子弹又那么点，是不是啊！上万家成交量才一个亿左右，那就一潭死水，多么夸张啊！很显然这个我们要正视，包括管理层，我觉得新三板至少阶段性是失败的。那现在科创板不能重蹈覆辙啊，变成另一个新三板就GAMEOVER了，如果科创板也是高开低走，一直往下走的话，那整个市场就会变成一张很坏的一个坏牌。所以为什么我说要看接下来的预期，预期接下来管理层怎么出牌，当然不管怎么出牌，盘面会提前反应的，因为我相信有一些资金，有一些大机构，有信心的人，他们可能提前获取了一些信息，包括未来的趋势，那他们可能就会率先做一些动作，盘面上就会真实地反映出来，比如创业板这段时间比较强，是不是预示着未来政策导向是好牌的这种走势呢？这是完全有可能的！所以我们就要密切留意盘面了。技术分析有一句话是很经典的，所有的消息都反映在盘面了，某种意义上这句话也是对的，所以我们要尊重市场。

  从创业板这个角度来说，我反倒觉得现在市场蠢蠢欲动有机会了，所以我给大家做了评估，最极端的悲观方案就是明年三月份，上证指数可能还要创新低，这是我认为最悲观的预期。那最乐观的预期是什么？就是率先创业板见底。不过不论上证指数创不创新低，我个人认为创业板都有可能率先见底了，甚至创业板这个低点就是低点了，那见底之后，可能提前爆发行情，也是可能的，在一月份二月份提前走出来都完全有可能。所以就和买卖股票一样，我们不要期望买在最低点，那不现实！在这个区间就可以开始行动了，所以我现在比谁都要着急，为什么？因为我知道未来一定会展开一个大的机会的，现在要做的就是加速筹备工作，所以希望大家要跟上我的步伐，把握未来的机遇，加入我们合伙人，做我们的代理等等，我们一起去把握未来新的机遇，这是我给大家一个明确的信号，希望大家能收到，而且要做到知行合一。现在的风险很小，大家评估一下，现在市场还能跌多少？你自己都会有个评估，风险是相对有限的，就如一根曲线的走势一样，往下的空间极为有限了，但是一旦真的行情来了，往上的机遇是无限的，这个深意、这个视野是值得干的，所以大家要动起来了，但如果现在还是那6124，往上的空间是有限的，往下的空间是很大的，那这个曲线未来是向下的，而现在未来是向上的，所以我们要做这个！风险有限，机会无限！

【学习温馨小总结】

○ 指数持续走强，但个股不跟随走强，这是一种背离；

○ 在牛市中还好，股价休整后还有上涨机会；

○ 在震荡市或熊市会面临较大的风险。

1.3 指数持续下跌，但个股不跟随下跌

○ 指数持续下跌，大部分个股也跟随下跌；

○ 然而一部分个股却不跟随大盘下跌，要么是股价已经下跌乏力，要么是已经有资金在偷偷吸筹；

○ 如果是单边大熊市，那后面还有可能补跌；

○ 但如果是震荡市或牛市，一旦大盘转暖，这类个股会率先上涨！

所以为什么我说接下来会有些个股率先走出来，就是因为指数现在在跌，你找找那些不跌的个股，就是未来率先走出来的新牛股行情。你看，茅台为例：

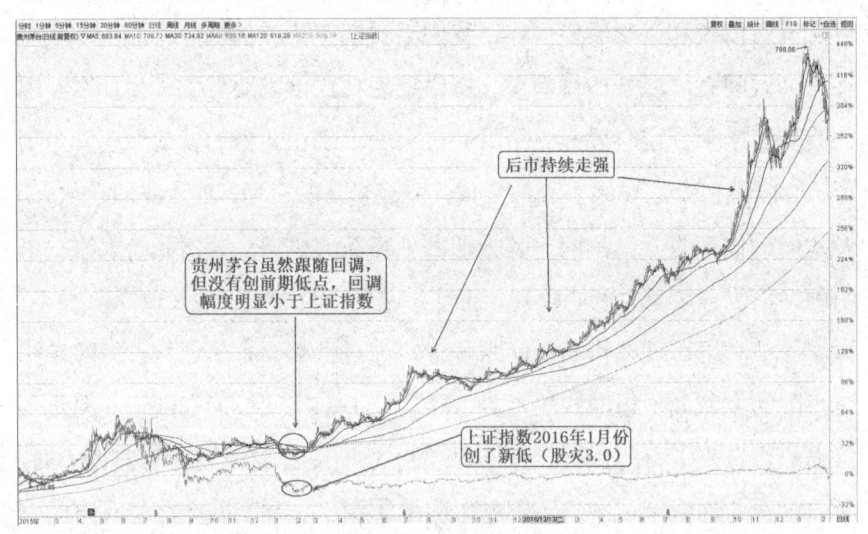

上证指数 2016 年 1 月份创了新低（股灾 3.0），茅台跟随回调了，但是没有创新低，这就是一种背离，就是那么有意思。

接下来市场继续调整的时候，你会发现很多跌不下去背离的个股，

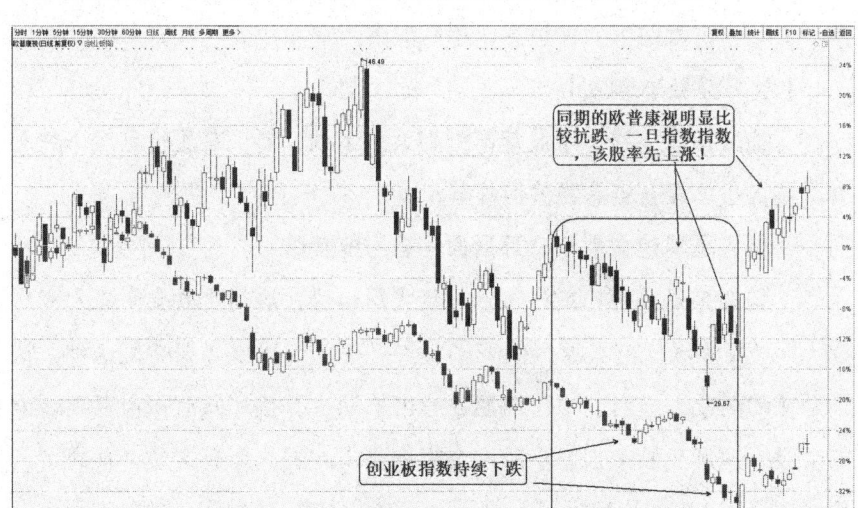

它会是牛股的可能性非常大。你看欧普康视与创业板对比：

[图：欧普康视与创业板指数对比走势图，标注"同期的欧普康视明显比较抗跌，一旦指数指数，该股率先上涨！"以及"创业板指数持续下跌"]

你看创业板持续下跌，有些创业板的个股就不跌了。比如接下来创业板往下跌，它们又不创新低，比较强势，大盘一涨，它比谁涨得都快，这就是背离。

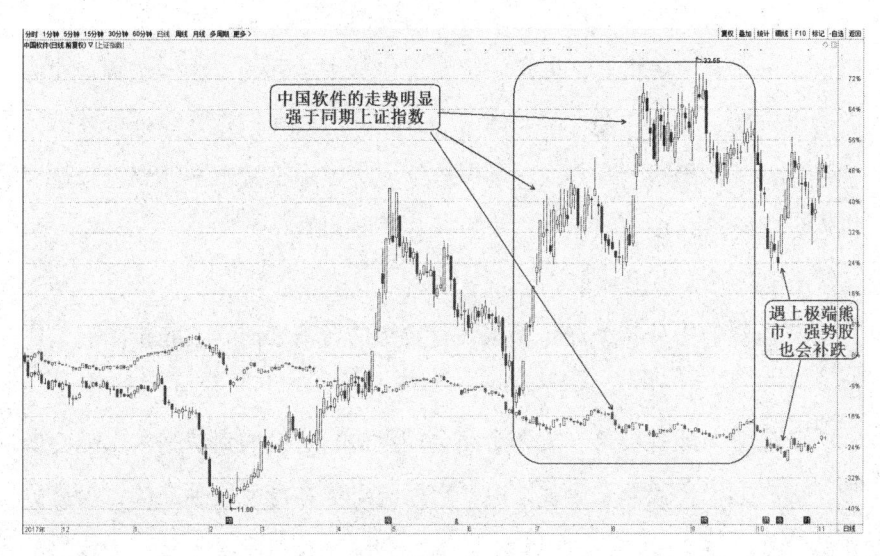

你看，中国软件与上证指数：

[图：中国软件与上证指数对比走势图，标注"中国软件的走势明显强于同期上证指数"以及"遇上极端熊市，强势股也会补跌"]

这是之前讲过的案例，更加不用说了。你看同期比大盘强，大盘稍微一个反弹它就疯了，你想想，还是熊市当中。

【学习温馨小总结】

○ 指数持续下跌，个股却不跟随大盘下跌，要么是股价已经下跌乏力，要么是已经有资金在偷偷吸筹；

○ 如果是单边大熊市，那后面还有可能补跌；

○ 但如果是震荡市或牛市，一旦大盘转暖，这类个股会率先上涨！

所以我明确提醒大家，接下来要去寻找、寻找再寻找类似这种，特别是在动荡或下跌时，牛市前期、熊市末期，寻找那些有积极背离现象的个股，这是我们未来抓牛股一个很重要的方式。那有人说：背离了，阶段性涨了50%或30%了，是不是已经很高了？不是，对牛市而言，30%或50%都只是小荷才露尖尖角，你们可能没有感觉，我牛市一年赚十几倍很正常，对十几倍而言，30%和50%难道不就是小荷才露尖尖角嘛，所以发现涨了30%、50%，某种意义上来说，在熊市末尾阶段，这些背离的个股，值得我们重点去研究，因为未来可能这里面诞生十倍个股，没有十倍也有五倍、三倍，再差也两倍啊，至少一倍啊，对吧。所以这里面有很多机遇，大家一定要记住了刚学到的方法，这就是我们在熊市末期、牛市前期一定要储备的方法，所以我们把背离这个技术放在最后，就希望给到有心人，掌握这个方法之后，接下来抓到未来这个机遇。庄股除外！

【学习温馨小提示】

○ 当我们去分析个股走势跟大盘走势的背离之时，要先排除那些庄股；

○ 庄股，即是被某一方资金完全控盘的，它们的走势基本上随心所欲，被主力资金玩弄于股掌之中。它们的走势本身就是独立的，没有分析的价值。

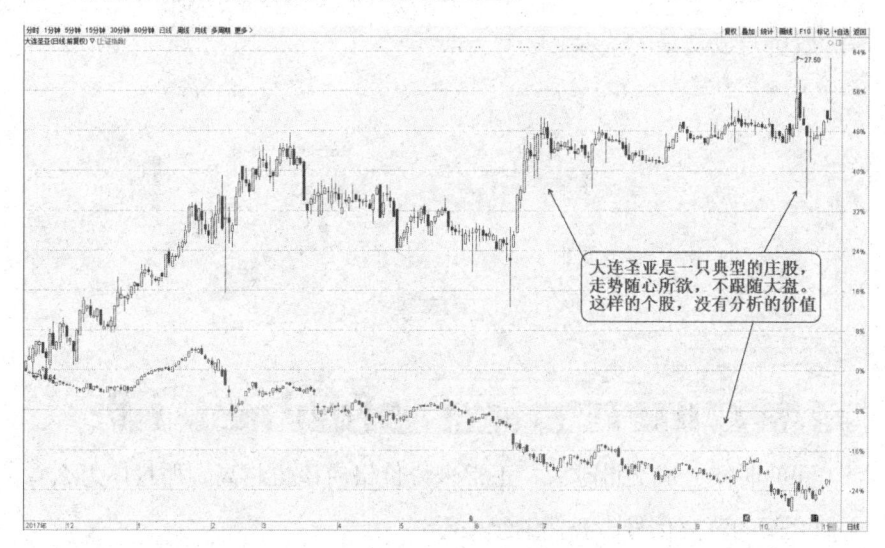

有些一看就是庄股的，你看大连圣亚：

[图：大连圣亚K线走势图，标注"大连圣亚是一只典型的庄股，走势随心所欲，不跟随大盘。这样的个股，没有分析的价值"]

我前面已经和大家谈过了，庄股就像整容的美女一样，也是透过盘面可以看到蛛丝马迹，明显股价是有人为痕迹的，这种要放弃，不管怎么走，不管怎么背离，say NO！这是整容的，不自然的。

2. 个股价格与成交量的背离

○ 成交量是研究股价后期趋势方向的重要技术指标；

○ 成交量是指股票成交的总数，是在一个单位时间内撮合成交的股数；

○ 在K线走势图上，成交量用条形实体来表示，呈现在走势图的下方，常常用英文字母VOL来表示；

○ 在一定时间内，成交量越大，说明它的流动性越大，说明当时的交易越活跃。

这里我们简单了解一下。价格与成交量背离是什么意思呢？你看：股价与成交量的图示

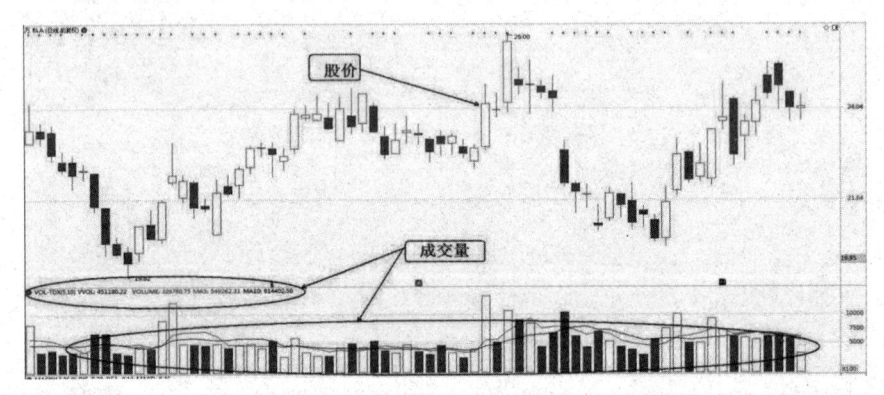

涨的时候，成交量越大，正常来说价格应该也越高，那具体怎么看它们之间的背离信号，我们继续来看：

成交量是一个重要的技术指标，同时也是一个非常复杂的技术指标，需要我们多加学习和总结；

介绍两种股价和成交量相背离的情况：

第一种：量涨价不涨

第二种：量缩价涨

2.1 量涨价不涨

○ 当某只个股股价经过一定幅度的上涨之后，成交量突出出现持续性的放大，在成交量放大的同时，股价却不再上涨，而是出现横盘整理，或者大幅度的震荡，出现这类情况时，我们把它叫做量涨价不涨；

○ 说明股价到达一定位置后，空方力量较为强大，是空方的卖盘压制了股价的上涨；

○ 出现这类情况时，后期股价常常会出现横盘整理或者单边下跌。

你看，益丰药房：

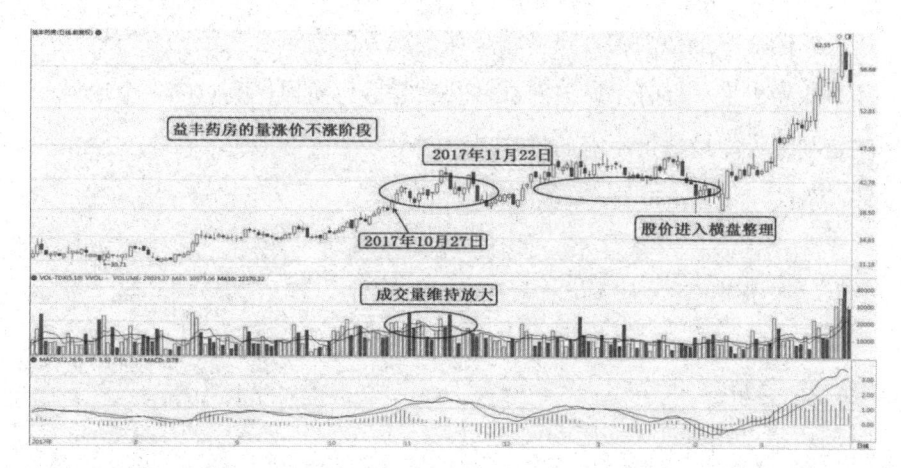

益丰药房10月27日到11月22日，成交量放大但是股价却没怎么涨，那就要小心了，它会反复横盘，或者是走入下跌。这就是一种背离信号，正常来说量增价涨是健康的，放量滞涨就是要警惕的了。

继续看，北方华创：

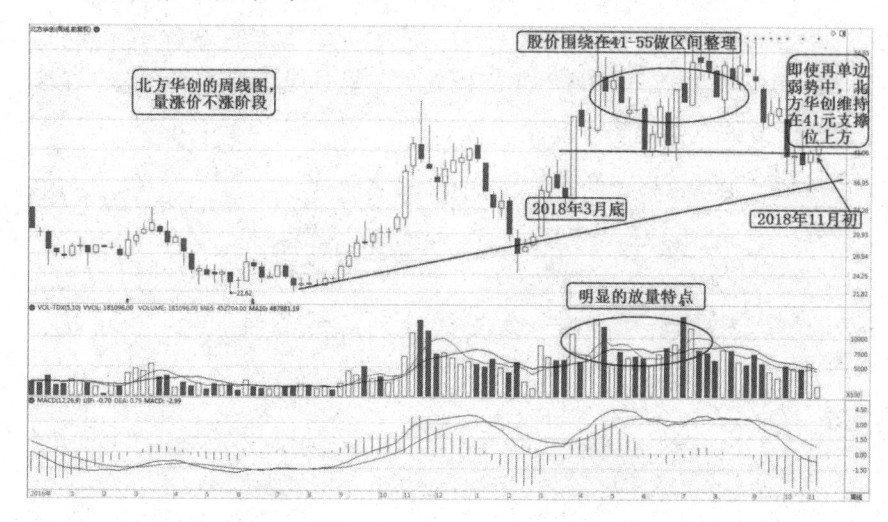

你看北方华创的成交量放的很大，但是股价却没怎么涨，区间动荡，都是值得我们警惕的。很简单的逻辑，量上去了说明买方力量多了，那为什么价格不涨呢？很显然卖方力量也多，分歧加大了。除非后面的资

实战操盘技法

金非常强大，它接了筹码之后，硬干上去，但是之前你没发现这种迹象，还不如选择一个稳妥的方式，就是认为卖方的力量会大于买方力量，你还不如先出来一部分。所以滞涨往往就是股价阶段性高点的一个信号，就是刚才说的量涨价不涨的特征。

你看广汽集团也是这样的特征：

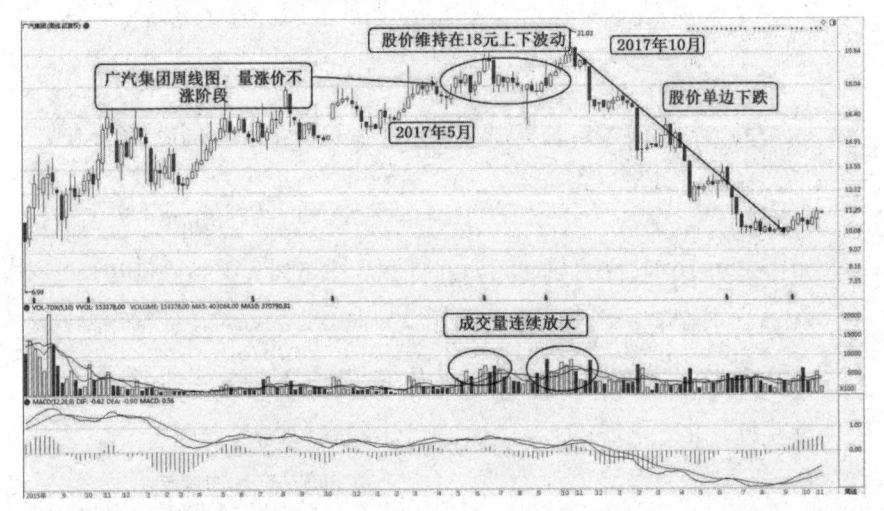

广汽集团 2017 年 5 月后成交量放大，但是股价却不怎么涨，在区间动荡，之后股价单边下跌。

你看，都是这样子的状况，江西铜业：

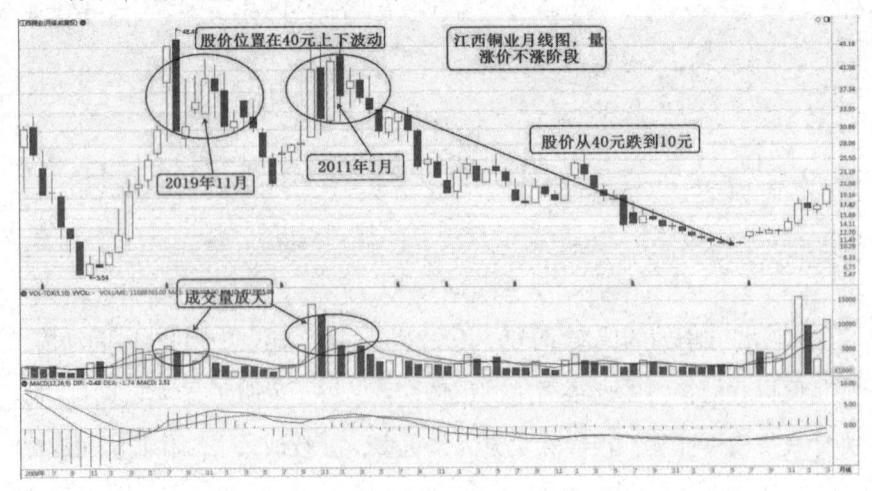

江西铜业在相对高位放量，但是股价没怎么涨，一直区间波动，最后股价从 40 元一路下跌到 10 元。

当股价涨到一定阶段的时候，放量了，放量是一种好事，换手充分，说明来这里玩的人多，当然也是坏事，坏事是有人卖。当你看不出是谁买谁卖的时候，你就看价格，价格持续涨，好事，价格下跌，坏事，滞涨就是坏事，你把握这个根本性的原则就好。

2.2 量缩价涨

○ 当某只股票的价格不断上涨的过程中，成交量出现逐步的萎缩。成交量不跟随股价的上涨协调放大，出现这类情况时，我们把它叫做量缩价涨；

○ 说明阶段性，多方力量强于空方，多方把持价格的运行方向；但因为盛极而衰，多方力量的持续性会变得越来越弱；

○ 出现量缩价涨时，需要高度警惕，多方的力量一旦难以持续，后期股价常常会出现横盘整理或者单边回调。

这也是种背离，量缩小了，股价还涨，这在一些成长股里是很突出的。你看华大基因：

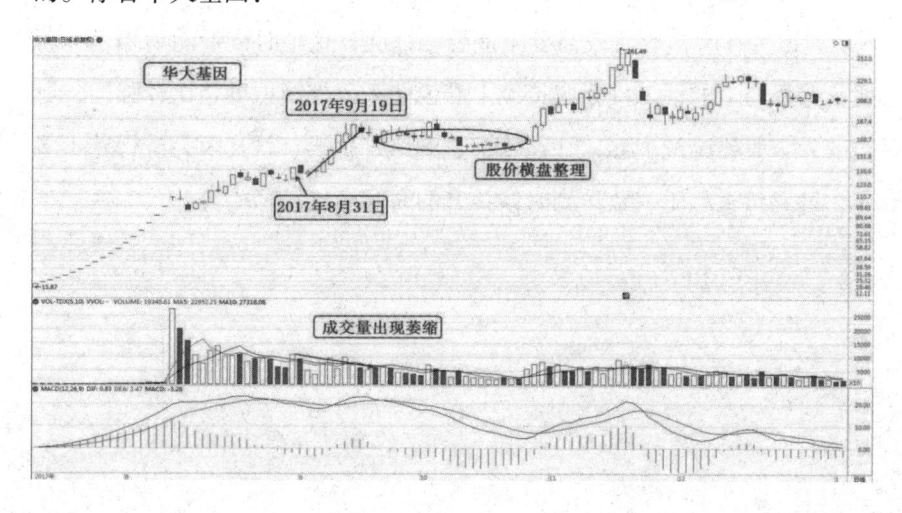

量缩价涨说明什么？说明筹码稳定嘛，说明卖方力量很弱，意志较为集中，这种往往是持续上涨的信号，是价跟量的一种背离，但是你要理解这背离背后的根源。量涨价不涨，说明卖方力量大，要小心滞涨，最后股价下调；量缩价涨，很显然卖方力量少了，但价格却还在涨，说明控盘力量强，这种往往是持续上涨的信号。你看，陆家嘴：

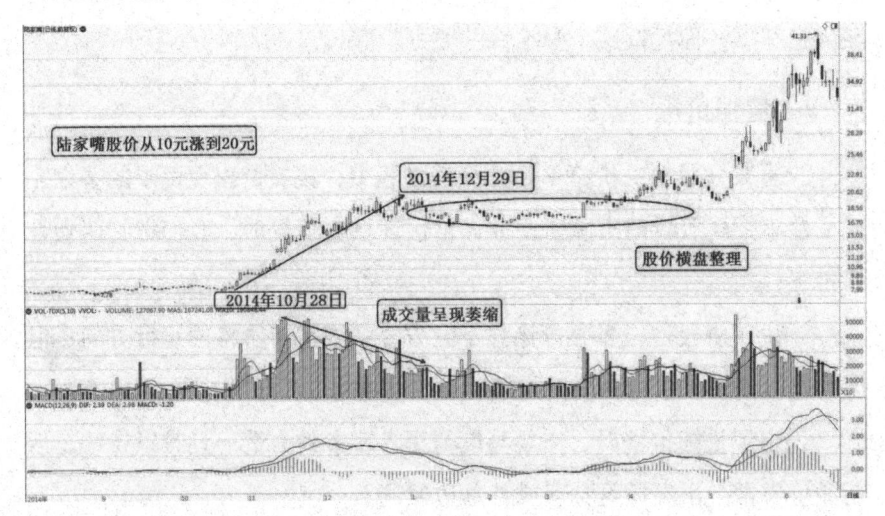

陆家嘴10月28日成交量持续的萎缩，股价稳步上涨，横盘阶段，成交量继续萎缩，整理结束，股价继续上涨。

所以为什么横盘阶段需要量能要萎缩呢，这个时候量能萎缩了，若股价选择向上的话，接下来持续上涨说明筹码控制力度是比较强的，所以一只个股要继续上涨，往往要缩量到一定阶段，就是因为洗得差不多了，筹码意志趋于一致，到时候拉升的时候会比较轻松。

你看华友钴业：

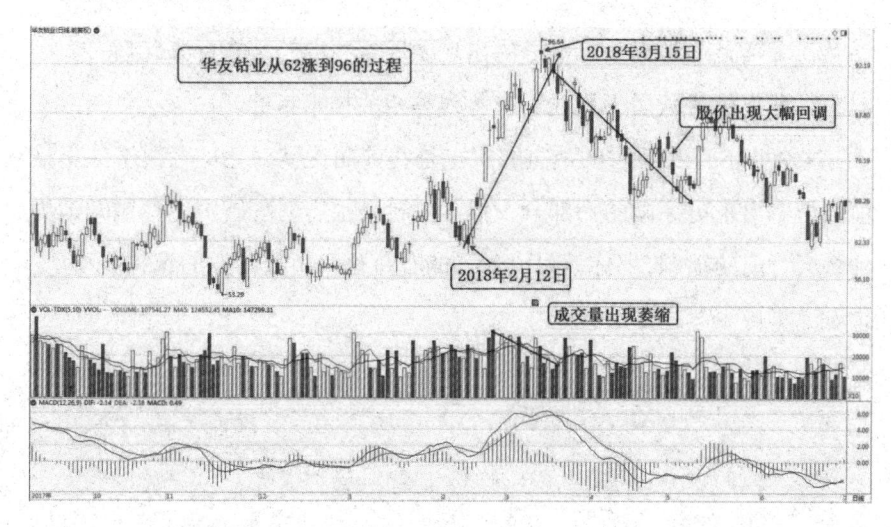

2018年2月12日从62涨到96的过程，成交量出现萎缩，它上涨的过程就是量缩价涨的过程。

下一个万兴科技就更不用说了：

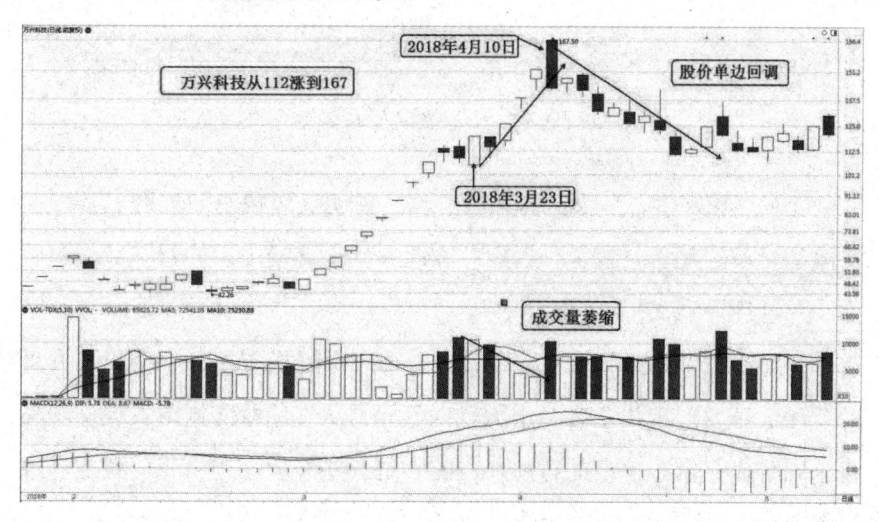

万兴科技疯狂的后半段，成交量也是呈现萎缩的状态，量缩价涨很明显。

2.3 股价与成交量背离的应对之道

○ 背离是一种信号，信号的出现要用相关的趋势指标来化解；
○ 背离信号从属于均线、趋势线等相关技术指标。

这个并不是我要讲的重点，重点是我前面谈到对比的背离。这里是前面衍生出来更细微的一部分，你看一看是很容易理解的。稍微知道为什么会背离的根源，那你就可以辩证的看待整个市场博弈的这种波动了。你看，华域汽车：

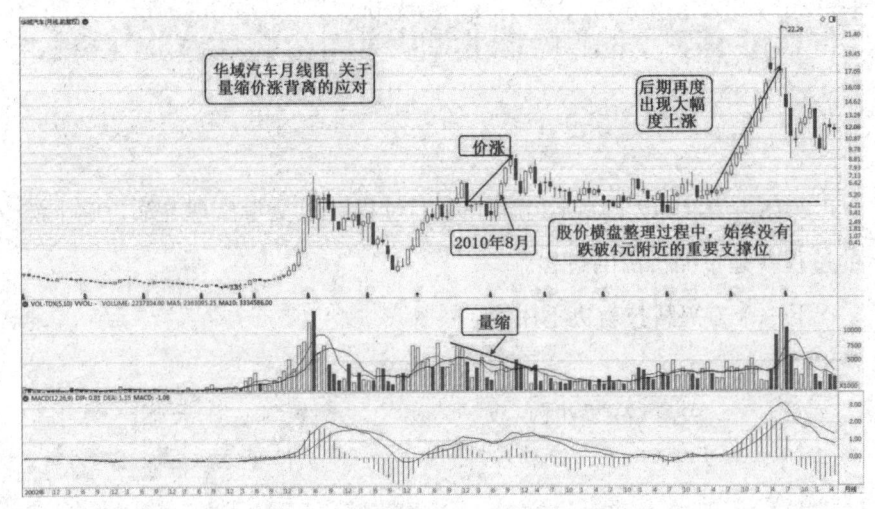

量缩价涨好事，后面一直横盘震荡，说明这里没有明显的出货，洗干净了，筹码趋于一致了，后面一涨起来就很流畅了。你看华域汽车后面5元直接干到22元，多漂亮啊。

洗盘短期用背离的信号发现万兴科技、绿庭投资等等，个股跟大盘的背离信号发现贵州茅台、中国软件等等，从这些背离当中发现蛛丝马迹，同时成交量跟价格的背离，也能发现一些蛛丝马迹，我们就是透过这种方式去发现的。

最后来看一下老百姓：

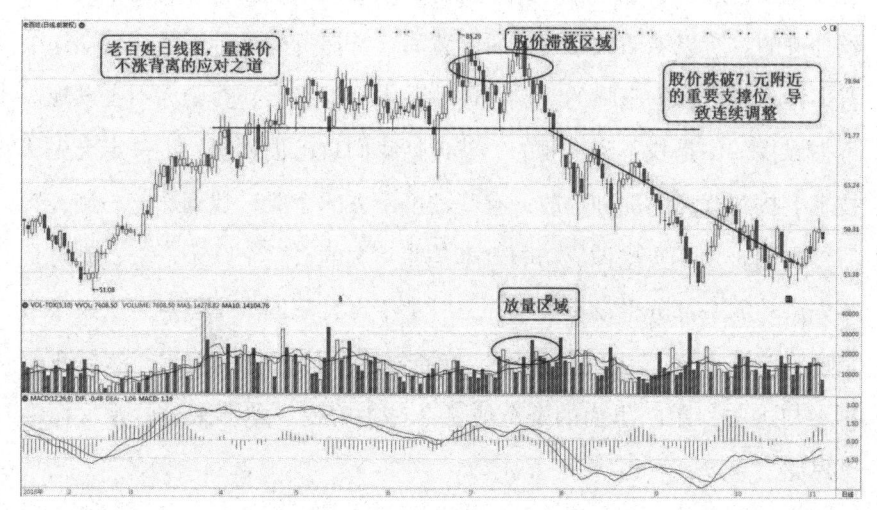

你看它就出现了量涨价不涨，一直在区间动荡，说明里面的筹码趋于分散，市场一掉头，跌得比谁都快。

【学习温馨小提示】

○ 背离现象在日线、周线、月线，甚至分时图中都可以应用；

○ 当同一种背离现象（量涨价不涨或者量缩价涨）在某一个时间周期内出现两次时，带来的股价大幅调整的概率更高，而且调整的幅度会更大，这一点值得我们高度警惕；

○ 背离信号要结合其他分析方法运用，多技术信号共振的准确率更高。

背离的运用非常广，所以我们时时刻刻都要有个背离的心态，发现各种背离的信号，透过背离的信号发现一些蛛丝马迹，然后去思考这些点，综合去看，还要看上市公司的基本面，还要看当下的市场环境等等，然后做出最后的决策。这样的成功率才会高。

特别是现在这个阶段，大盘反复动荡的时候，你就透过各种背离寻找蛛丝马迹，而且我也说过了，很多个股会提前大盘见底的，很多牛股会率先在这过程当中崛起，这些所有的东西，一定会在背离当中发现蛛丝马迹的。所以希望大家好好研究背离，掌握背离这种工具，感知这个背离，当牛市真的来临的时候，你就手中有牛股了，否则你不去发现，不去寻找，你是找不到牛股的，就包括我们自己去调研，也一定会先从技术上找到背离的那种个股，有些跌不下去的个股，找到蛛丝马迹，然后再去调研，其实这种成功的概率是非常大的。这个跌不下去，有时是率先启动的一部分也没有关系，二三十个点、三四十个点对于未来牛市来说只是小荷才露尖尖角而已，市场告诉你什么有机会了，然后我们再参与进去，跟随里面的资金或者夺过主动权，整体来说就是这样一个思路。

好，给大家布置个作业：

【课后思考和作业】

☆ 列举相关案例，分析背离现象的特点。

第十二堂课：知识回顾与总结

【课前操盘回顾与感悟】

2018 年 11 月 15 日

今天市场走势不错，尤其是创业板，逼空推进，然后带动了上证指数包括上证 50。这段时间，整个格局尤其是中小创，是呈现一种持续逼空的态势，那持续逼空的态势怎么去解读，最终我们应该怎么去面对未来？

有些时候角度不同，看法不同，结果也不相同，黑夜就好像现在整个市场的大环境一样，其实整体来说，还是熊市的一个阶段，但是有没有精彩呢？有。我们可以看到有一些板块已经率先走出来了，比如中小创呈现一种小荷才露尖尖角的状态，那么这个精彩我们要不要去参与呢？我觉得仁者见仁智者见智，就我自己的观点来看，这个精彩是值得我们去把握的，因为人生机遇不会太多，有些时候当你看到黑暗中的精彩，你就敢于去把握的话，我相信，等到这个黑暗变成白天的时候，你的收获已经远远超过你的预期了，等白天持续的精彩的时候，那么这时候就会迸发出一个强大的生命力，这是我的一点感悟，分享给大家。所以我们此时此刻要积极地、坚定地去面对未来，在这过程当中，用心地把握属于自己的机会。那么回到今天的市场，我们可以看到创业板是出现了一个持续逼空的走势，研究一下创业板指数本身：

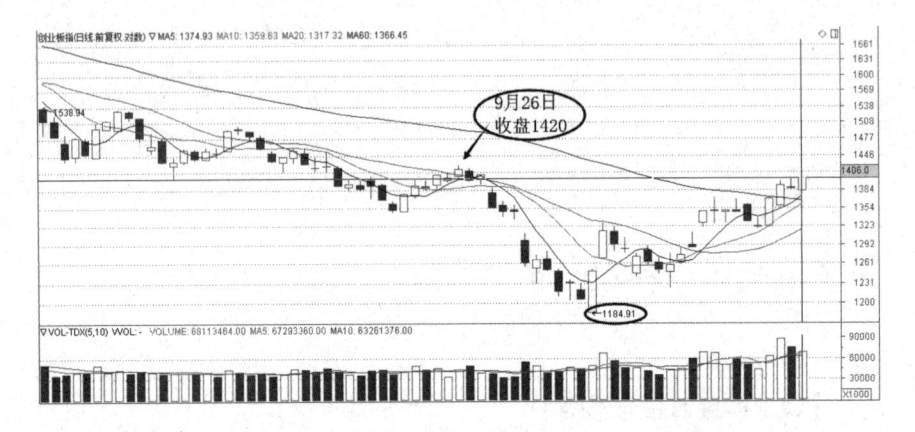

今天是站上了1400点，这刚好把前期跳空向下的缺口回补了，之前最高是9月26日1420点，之后开始往下跌，一直就跌到了1184点。有些时候我觉得这一波上攻收复1420点的概率是蛮大的，当然，如果真的收复了1420点，那就剑指1450点，如果1450点也搞定的话，那就1500点了。这上方都是前期急跌过程当中的阻力位，这些阻力现在回过头来看，他们震荡的时间不是很长，所以他们形成的阻力应该不会很大，若形成逼空的话，那要收复失地也并不会太难，但总的来说，大家有一点要看到的就是创业板已经是小荷才露尖尖角了，而且在构筑一个大型的底部区域，这个大型底部区域会给到我们很多的机会，机会在哪里？在于个股，怎么去抓个股，这是我们当下最需要深思的一个问题，当然不同的人采取的策略不一样，比如稳健保守型的，那么这个时候你的仓位可能不会很重，可能控制在三成左右就差不多了，因为稳健保守型他往往追求的是右侧交易，就是等这个趋势走出来的时候，才慢慢参与加大仓位。但是稳健偏激进型的可能会深到五成左右的仓位，为什么？因为这个市场有机会啊，骨子里激进的肯定仓位会往上移啊。但是纯激进的，那可能仓位达到了满仓。所以有人问我，这个时候什么仓位比较合适，这就要看你个人，每个投资者属于什么类型，包括和我们合作的时候，首先你也要告诉我们，你是属于什么类型的客户群体，是属于偏激进的，还是属于稳健的，还是属于纯激进的，不同的客户，不同的性格特征，所采取的策略肯定也是相对不一样的。你们要非常清晰这一点，包括你自己在操作的时候，也是要针对自己的这种特点而采取不同的策略。

创业板今天这样走，我们也看到现在热点很多，比如科创、文化，超跌低价更不用说了，还有次新高送转等。我们看到次新高送为什么能这样突然崛起呢？那也是跟当下行情逐步回暖有关系，而另外也要看到一点，像科创等板块的个股这段时间有一种牛市的感觉，就是说这个时候在这些板块里面，你要顺应它的趋势，顺应它的思维，包括一些超跌低价股也在这些板块里面，某种意义上来说，板块就是牛市，你的操作就要转变为一个牛市的思维，你才能真正的去把握之。如果你依然是熊市的思维，市场整体是熊市，但是局部板块有些是牛市，你就要差异地去对待，在具体操作的时候，有些局部板块的牛市里面，你就要转变一下思维啊，同学们。这时有人说：老师我是做股指的。你做股指，你还是可以保持一个熊市的思维，偏保守的没有问题。但是做板块，做超跌低价，就是做这些目前涨的最猛的、趋势的板块的，那这个时候你就要牛市思维，明白吗？

所以最后一堂课，我讲的是背离。背离其实很核心一点是什么呢？市场很多板块或指数之间相互一定是有差异的，我们要从差异性找到背后的一些根源，就比如为什么这个阶段有些低价股、有些文化传媒股、有些科创板块股就走出一个牛市呢，这个牛市是不是跟现在指数背离？是不是跟整个大环境背离？是啊，那他们为什么会背离啊，你要思考清楚，这背后的根源是什么。这背后的根源就是有资金参与，有资金大胆地赌未来，对吧！我把今天看到一句话分享给大家：在中国经济还有可能下行的背景之下，我们要买中国未来最硬的资产。这句话你怎么去看？中国经济下行有可能，没错，我们看到最悲观的情况，经济是有可能下行的，但是在这过程当中也依然会有最硬的资产，最硬的资产是什么呢？也就是经济再怎么下行，也还会有一些细分行业崛起，这个最硬的资产其实市场已经告诉我们是什么了，科技、新兴产业！国家为什么推科创板，国家很清楚，经济下行压力大，如果我们依然是启动传统行业，依然是搞基建这些东西，那是无效的，甚至可能会带来反效果非常大。我们一定从科技、新兴产业这些去突围，因为科技是第一生产力，所以国家大战略的这张牌是一张好牌，可以打出一张非常好的牌，但同时也有可能打成坏牌。就比如科创板一样，如果上市的时候一下子两百家、三百家，这就可能变成坏牌了，为什么？扩容太厉害了。但如果它是几十家慢慢循序渐进，给大家一个稳定良好的预期，那这就是张好牌。那不管它是好牌还是坏牌，至少我现在可以看到，方向已经盯着这个科创，就好像之前我跟管理层呼吁的时候说的那三点，后面管理层回应的时候，救市的时候都是围绕那三点，那这三点很核心的一点就是拯救民营经济、拯救中小创，这轮下来跌的最惨就是中小创、创业板了，血就在这里流的，所以止血当然要去血流的最多的地方去止啊，所以别看现在中小创、创业板小荷才露尖尖角，但无非他们也就是稍微止血而已，这止血是一个好的开始。这个好的开始能不能持续也要看接下来管理层的执行力，也要看市场的合力，也要看中国未来经济下一步突围的点是否能够突围出来，所以有几环相扣的。从目前来看，我对此还是抱有比较积极的态度的。

所以不管经济如何，是差不多触底反弹，还是继续下行，中国必然有最硬的资产，我们抓住这个最硬的资产，我们就能穿越这个市场把握未来。这就是我们一开始分享给大家很核心的理念，抓住中国未来最硬的资产，就是新兴产业、科技。当然这里面衍生的东西就可多了，就是我们以后要不断地提升自己，不断去调研，不断去挖掘，如果我们的功夫好，挖掘得好，那跟其他人的差距就会越拉越大，有些人在未来牛市当中可能就赚一点点，甚至还亏钱，但是我们可以创造奇迹，这个就是接下来功夫要深了，未来一定是结构化的，牛市也是结构化的。就好像这两天有一个客户来找我，他说："吴老师，我觉得在这个底部区域就是要交给你们了"我说为什么？他说："我也是老股民了，我知道这个市场已经跟过去不一样了，结构化的时代，就算再来一波牛市，它肯定不可能像以前只有几百只股票的时候齐涨齐跌，我闭着眼睛都能赚钱的时代已经过去了，我相信吴老师作为一个团队肯定是会比我们强很多的，而且未来还在不断的成长，我没有理由不在这个底部区域跟着你"。是的，我说你是有眼光的。很多人是什么？在底部区域的时候，犹犹豫豫，疯狂上涨的时候才跟进，这个跟做股票是一样的，底部区域就要果断，所以我为他的选择竖个大拇指。确实，他的选择、他的这个收获立竿见影，因为现在中小创行情渐渐开始展开，我们也努力在这个区域，去做一些布局，做一些博弈，同时加上未来我们去调研的话，合力起来，完全是可以玩得更大的，最终的市场一定是大机构博弈的时代，机构不一样，合力啊！我们要玩的是运作、合力、博弈，这就是整合的力量，所以我很感谢这位客户在这个阶段能够选择我们，没错，所以我认为他眼光很好，而且我觉得未来真的如我们所预期那样走的话，那他的收获也应该会非常大，跟一般人的差距会拉得越来越大。

要想缩小差距，我觉得就是要不断地提升自己，学习是提升自己最好的方式，所以很感谢那么多的同学能够在这次操盘特训营进行一种自我的提升，当然我也很感谢很多客户能够选择在这个底部区域跟我们进一步地合作。

1. 知识回顾

第一节课

上市公司盈余能力：EPS 每股盈余

一、定义

二、实战运用

三、EPS 误区

第二节课

ROE 股本报酬率

一、ROE 净资产收益率

二、ROE 与投资收益关联度特点梳理

三、企业如何提高 ROE？

这两节课是从基本面的角度给大家分享关于上市公司一些指标的运用，我相信学习了的人就应该有了清晰的认识。接着谈了如何给资产定价。

第三节课

公司定价—PE 估值法

一、概念

二、应用

第四节课

市销率估值法和 PEG 估值法

一、市销率（PS）

二、PEG 估值法

这两节课就是从价值这个层面去了解一家公司，到底是如何去评估它的。具体在课程当中已经有了分享，所以学了要回去温故知新。后面接着谈到股价的趋势。

第五节课

如何了解股价趋势

一、研究股价趋势的终极意义——市场趋势指导交易策略

二、股价趋势线是什么

三、趋势的级别

四、趋势的特性

这堂课谈了趋势的级别以及特征，上涨，下跌，横盘震荡趋势，不同的趋势我们要采取不同的策略。那现在是什么趋势呢？现在就有一个可能是慢慢横盘，然后慢慢走上的趋势。大家可以看看创业板，短期趋势45度角，之后有没有可能再加速，事实上是有可能的，但是当加速到75度角的时候，你就要警惕了，现在这个角度再往上陡一陡，逼空到极致，也是要注意动荡风险的，因为他是有规律在的，但是45度整体来说现在还是健康的，所以当你了解趋势的时候，你就对盘面的这种波动你就胸有成竹了，当然现在是小趋势，大趋势依然是下降趋势，但是这个小趋势开始突破大趋势的下降趋势，比如前段时间的这个下跌，开始有一点小趋势要突破大的下降趋势了，那这里你如果量能配合好，把这个趋势改变的话，那么就是一个拐点，所以我们要透过市场不断地

博弈，不断地变化，去做出一些相应的调整，这个就是从趋势的角度去思考的，对吧。然后我们就谈了筹码。

第六节课

如何了解筹码优势

一、筹码的定义、对筹码的控制力度——实际流通盘30%左右

二、筹码在股价不同阶段的体现

三、运用筹码峰识别筹码

这节课我们就谈到了为什么有筹码、有多少筹码对于主力资金才有拉升的欲望。我原来谈过一个30%的比例，就是一只个股流通盘不掌控30%，他拉升的欲望是不高的，所以我们也可以展望未来，如果底部要构筑的话，一定也会伴随着反复，所以一些个股在底部涨了又跌，跌了又涨，其实你要看到他背后的本质是什么，它背后的本质很多时候就是收集筹码，就比如现在创业板45度涨，等它到75度或再涨一涨的时候，它有可能调整，这个调整并不意味着它就是见顶的调整，只是意味着它是底部反复的一种动荡，这个动荡的本质是什么，就是有一些筹码没收集够的股票，它需要透过这种反复来加强收集的力度，图什么？图未来更大的行情。所以有些时候你要了解未来大的趋势，大的格局，然后了解这个筹码的本质，然后再结合估值，至于它能涨到什么位置呢，那你就结合业绩，未来的成长性，探讨它的估值。

我们炒股票千万不能没有基本面去炒，当然很多人肯定说恒立实业这种没有基本面的这种炒不也是很大的机会吗？是，没错，这是小概率事件。另外一点，真正能够穿越市场的个股一定是有巨大的成长性的，而且会走得很持久，当然恒立实业这种是属于阶段性投机的产物。当然存在即是合理，我并没有否决它，有时候可以适当地参与一点、感知一下，但是我们要知道我们的主导在哪里，主导的方向一定是成长！千万不要看到这个，以为这个才是真谛，如果你抓到了真正的成长，我告诉

你不是两三倍的问题，有可能是十倍二十倍的问题，我知道在座的各位，可能都没经历过大牛市，我是经历过的，我人生的转折点就是大牛市，我告诉你，我在那一波大牛市，我作为牛市宣言第一人，那一次的战果是超过一百倍，为什么？那是因为抓住了这些机遇，那是因为我懂得在这个阶段抓到一些牛股，同时也懂得运用一些工具，比如当时的权证，这样才能获得这样的一个结果。

股指那时涨了六倍，但是获利差距是明显的，比如有些人十万本金可能赚几十万，但是我的话十万不是赚几十万了，十万我能赚一千万啊，这就是区别。当然现在回过头来看，我还是有运气的成分占了很大部分，但是展望未来，我们拼上运气成分占少一点，我们要让实力的成分占多一点的话，那我们就需要成长，就需要抓到这个企业的本质，所以为什么我说，我要充分地调研上市公司，找到一些未来有可能正在成长的公司，那么下一轮牛市就再可以创辉煌，超过昔日的辉煌，我对此是有深深的信心的，因为现在的我肯定比过去更强大，过去我的体系还不完善，现在的体系比过去完善得多，所以未来真的机遇展现在我们眼前，我们没有理由不比过去更精彩。所以这就是我们的底气所在。

看完了筹码的时候，我们就谈了安全边际在那里。

第七节课

认识安全边际

一、安全边际的基本理解
二、从性价比的角度

我们从性价比的角度思考了为什么某个股是相对安全边际，一支个股代表一个企业，再怎么跌它也一定是有它的底，就是横向比较、纵向比较、估值的角度。它平均市盈率八倍，现在已经跌到六倍、五倍了，某种意义上就具有安全边际了。透过安全边际，更让大家认识到股票的本质。之后我们就和大家讲了资金的动能。

第八节课

分析资金动能

一、从资金属性角度看资金动能

二、从成交量角度看资金动能

三、从股价位置看资金动能

资金有很多属性：妖股、坐庄的属性；长期走牛的，成长股资金的属性，也就是机构的属性；折腾来折腾去投机的，游资的属性。不同的属性也就决定了这只个股的未来，就是说个股好，再加上好的资金属性，那就是合力了，比如一只好的企业，它能够吸引到很多成长型机构的资金，这个合力起来威力是惊人的。所以一只股票能不能让我们赚大钱，除了这家公司好不好这个基本前提以外，还有就是有没有形成合力，如果是说都是散户进去了，那可能就没戏了，哪怕正常情况能涨一倍，他也只能涨50%，为什么？大家知道原因吗，很多人没有机构运作经验，所以不知道。我告诉你原因，很简单，很多散户包括在座的各位，很多人就是很喜欢高抛低吸啊，比如一只个股现在十块钱，涨到十块八，分时背离啦！什么什么的是卖点！我先出来，到时候再接回来，反复这样折腾，以为这种波动每一次都抓住了，那就爽了，但是大家稍微理性地分析一下，请问你自己能每一次都抓住吗？

就好像以前有个投资者跟我分享过，他说我要求不高，每天赚一个点就行了。我说你每天赚一个点要求还不高啊？你要求非常高啊，为什么？每天一个点，一年复利下来不得了，就等于是你每天都赚钱了，这是不可能的事情，你一定会亏钱的，一定会有做错的，当你高抛低吸做错了，就有可能真正主升的时候就踏空了，有可能就是这样，这就是散户。那你想一想为什么有些股票走得不流畅呢，就是因为散户在这里高抛低吸。假设我是一个机构，资金五千万进去了，我本来五千万进去可能要涨停的，但是很多自认为聪明的散户，看到拉升了就卖，把我五千万打下来了，那我就知道你这个股压力力很重，有好多想做高抛低吸的人啊，我不跟你们玩了，这只个股我放弃了，不赚你的钱了行不行啊！扔给你们了，割肉都走，你们慢慢高抛低吸吧，高抛低吸到了某个阶段行情不好的时候，散户都是羊群效应，夺路而逃的时候，就是多杀多了，互相残杀了，说白了就是没有形成合力，这就是很多散户主导的标的。

那反过来说，如果是机构主导是怎么样的呢？机构的话，大家能达成默契，比如不赚50%或30%不做这种高抛低吸的，不会几个点就高抛低吸，说真的也高抛低吸不了，因为我进去五千万，怎么在涨五个点上面成交五千万呢？散户是可以啊，涨五个点随便卖，卖五万、五十万是可以卖的掉，但是我能在涨五个点的时候一下子卖五千万或者一个亿吗？特别是中小盘的个股，那是不现实的，所以太多散户这样高抛低吸，一定会干扰盘面，一定会让这个盘面不流畅。那如果是说相对有很多的机构参与，散户做一个点缀的话，那就会流畅很多，因为大家容易形成合力，这就是区别。所以分清楚资金属性，然后寻找到真正能形成合力的标的，我们就是机构，我们就可以形成合力，这样的话，做起来不就更精彩嘛！这就是机构跟散户的区别。

后面我们就谈了分析市场动能。

第九节课

分析市场动能

一、估值

二、政策

三、资金

四、案例分析

这节课我们讲了上涨的动能。比如某一次上涨，到底它是图未来中长期，还是图一个短期，这个不同的市场动能、不同的资金属性就决定了未来行情的深度和远度。那如果现在都是想着赚一点就跑路的话，那这个行情走不远，一定要吸引到长期资金、中长期资金，他们是想做一年两年三年的，那这个行情才能走得远，所以我们就要去思考，我们要去寻找，现在有没有这种中长期的资金，或许要拿三年的资金还没进场，等到他们慢慢进来的时候，那你就可以相信这波行情会走得更远。其实这个东西我们从政策上面也能感知到蛛丝马迹的，比如现在监管层大力的呼吁，原来叫妖精的保险机构回来了，这些就是中长期资金啊，你有没有嗅到这个味道啊，嗅到这个味道就是好事啊！当然同时也欢迎做短线的资金，少点行政干预，游资也会来嘛，水至清则无鱼嘛，是不是啊！那你回来干嘛？短线的回来，中长线的也回来，可以活跃市场嘛。我们的最高层会议是明确谈到要激发市场活力啊，不管怎么去理解，至少有一点是肯定的，交易要活跃起来嘛！甚至再说直白点，怎么样才能交易活跃起来，你有财富效应才行啊，你要让它涨才行啊！你想一想，天天崩溃式下跌，怎么活跃得起来，我一接就亏钱，怎么活跃得起来？所以这个潜台词大家应该很明白了，就是华山一条路上！怎么上，那就是接下来执行部门怎么去落地执行的问题了，谁执行得好，落地得好，谁就有功。所以我们也在观察监管层的这个牌到底怎么打，怎么才打得好，而且市场怎么去博弈，说真的，结果我大概已经知道了，但是我希望走得慢一点，为什么？因为我们也还在积极的筹备当中。

我曾经在线下课程和大家分享过，我说上证50、上证指数我不敢说就一定见到了低点，但是我觉得创业板指数一定大概率是见到了底部，这个前期的1184点就有可能是历史最低点了，为什么？因为我很看好这个细分板块，接下来甚至会走出独立行情，那么我们整个整体性的行情最差就是要集中进入牛市，最迟最迟就是明年三月份，当然很有可能会提前，但是不管怎么样，我们这个时候都要做个提前准备工作，因为我纵观过去所有的历史，哪怕明年三月份才正式启动，其实很多个股在三月份之前、大半年之前都已经开始启动了，到那个市场真正启动的时候，很多个股都已经翻了一倍了，甚至两倍了，都是很正常的。所以现在就是要开始参与的时候了，所以为什么我们要推出牛散大学堂合伙人，我们希望有更多的人进来，我们可以一起把它做成一个事业，这个以后具体再和大家分享。如果大家都认可未来这个机遇的话，我们为什么不能把它做成事业呢？完全可以啊！人生难得几次机遇，除了2005、2006年那次以外，我们资本市场面临了又一次绝对难遇的人生机遇，这个人生机遇会改变很多人，包括我们，所以我没有理由不把握住它。我这次的起点比过去的起点要高很多，所以我们要做到比昔日更辉煌，我也希望认可我们的朋友们，你们也要积极的参与进来，就像股票一样，合力才能走得更精彩，事业也是如此，合力才能做得更大、更辉煌。当然前提是大家理念是一致的，方向是一致的，如果方向理念不一致，那道不同不相为谋，没有关系不是说一定要来的，这是双方选择的一个问题，现在就是这样的一个情况，我们是很坚定的喔。

分析完市场的动能，大家应该很清晰，未来不简单！所以后面就讲了加速点啦，还有背离的方法。

第十节课

加速起涨点

一、何谓加速起涨点

二、特征总结

三、实战案例剖析

第十一节课

满足点——背离现象

一、个股走势与大盘指数的背离

二、个股股价与成交量的背离

如果学了加速点的朋友们，你们应该有点感觉吧，加速起涨点我怎么比喻的啊？就像飞机起飞跟降落一样，起飞的时候，拉到底哪个杆，你要找到那种感觉，一只个股拉上去，找到那个感觉跟进去，跟进那个起涨加速点，这个体现形式大部分是以涨停的形式，要不就是大阳线的形式。大阳线形式需要老司机才抓得到，涨停的话，小白其实也是可以抓到的，大家可以回顾那堂课，我觉得那堂课讲得很精彩，这个你要反复学和应用才有感觉的，很多人是学一遍就忘了、过了，这样你是吸收不了的。就好像我自己要提升自己，我在图书馆借了很多书，一些经典的书籍，我在学习的时候，书上写着的，我要把它写下来，为什么？因为写下来我印象才深刻，写完之后还不够，我还去分享，在大学我是金融学会会长，就现学现卖，给到其他同学，讲完了，也加深自己的印象。写、讲还有实践，实践当中去总结，比如圆弧底的，理论上是这样子的，为什么我这个点买进去，人家还挖坑了呢，实战跟经典书籍不一样。后面我自己就总结出理论的差异性，我们是从实战中过来的，往往实战圆弧底的话，突破颈线位之后还要再挖一个坑，为什么呢？逻辑上来说，他需要把那些不坚定的人清洗出去，所以你在实战当中会发现，很多经典的图形，往往在爆发之前会挖坑的，心理博弈非常精彩，后面慢慢做，从小散做大成机构的运作，整个流程我们都有，从小白到机构的整个体验。

所以这些体验我们再总结出来分享给大家，是有生命力的，并不是说纸上谈兵。有些大学老师真的就是纸上谈兵，自己都没操作过，也没经历过辉煌，他讲这些东西是没有生命力的，所以我们的课堂跟很多课堂不同的地方在哪里呢？不一样的地方就在于我们是来源于实战的，不是纯理论的。而且我实战的经验是非常丰富的，不是刚出道的，包括我们的团队，很多人都是跟了我很多年的，他们也吸收了不少我的精华，所以他们也是有相当的经验跟实力的，当然每个人都有自己的特长，所以我对我们团队的能力是认可的，同时我对自己的实力也是非常认可的，所以我们未来可以走得更远的一个根本原因，就是我们都是这个市场洗礼过来的，风雨一路走过来的，我们有绝对的自信。不久的将来你们就会看到牛散大学堂的突破，我们一步一个脚印不断的成长，也会留下痕迹跟脚印，有些时候成就感是什么？就是当我们从一个想法到落地、最终实现，回过头来这种成就感是非常爽的，有些时候成就感并不是赚了多少钱，而是在乎实现的那种感觉，就好像我要积极地跟大家分享这些东西从某种意义上来说就是寻找一种成就感，把我收获的这些东西更好分享给大家的同时，成就大家也成就自己，多好的事情啊！

我们牛散大学堂就这样不断地前行，书籍也不断地分享，所以你看我分享的那个起涨点，还有背离，说真的，你仔仔细细的去融合所学知识点的话，你会发现你会打开另一片天空，当然你需要反复的修炼、提升，这样才行。

实战操盘技法

2. 作业案例

第 10 课—加速起涨点

作业：结合自己的实战案例，对加速起涨点的规律作出梳理

案例：保利地产

保利地产去年发动了一波主升行情，以 2017 年 11 月 29 日的放量涨停启动，如下图标示：

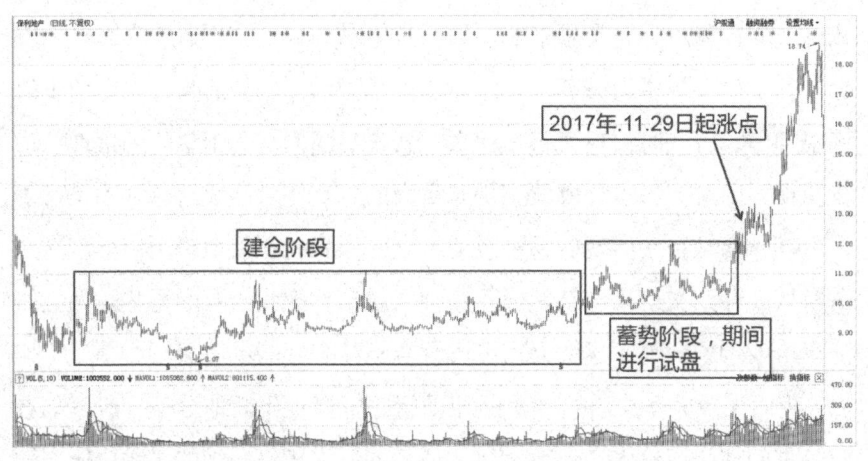

一、起涨前的分析：

1. 建仓及试盘（蓄势）阶段：下图是从周 K 线

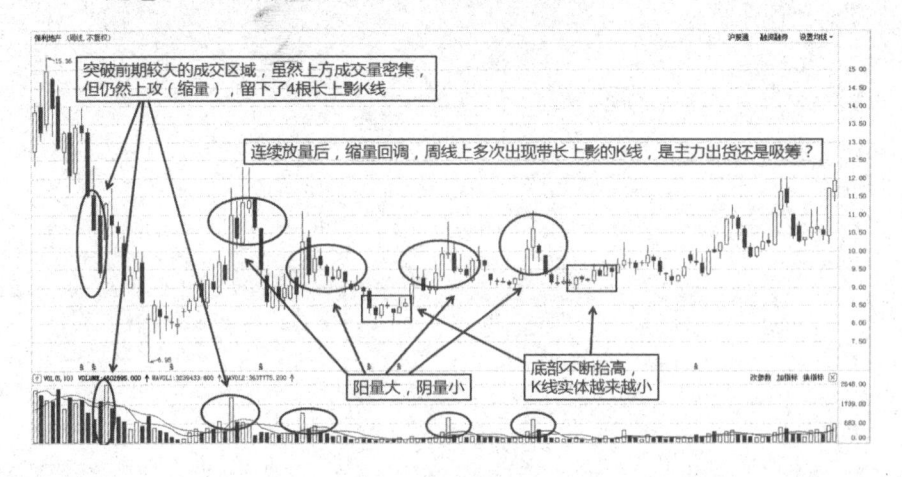

A. 盘面上出现以下特征：

（1）K 线上是典型的红肥绿瘦；

（2）阳量大，阴量小，回调幅度不大，且低点不断抬高；

（3）经过前面几次的放量阳线后，后面的 K 线实体越来越小，成交量萎缩明显，重心缓慢上移；

（4）第一次放量突破了前期较大的成交区域。

从上述 4 个特征推测主力吸筹的可能性较大，但还需其他条件的佐证。

B. 主力追踪数据，十大流通股东（数据已更新，查询不到 2017 年 3 季度的数据）

变动日期	股东总人数	较上期变动	A股股东数	B股股东数	H股股东数
2018-03-31	21.22万	+38.57%	21.22万	--	--
2017-12-31	15.31万	-18.6%	15.31万	--	--
2017-09-30	18.81万	-8.93%	18.81万	--	--
2017-06-30	20.65万	-8.23%	20.65万	--	--
2017-03-31	22.51万	-5.53%	22.51万	--	--
2016-12-31	23.82万	-6.24%	23.82万	--	--
2016-09-30	25.41万	-6.31%	25.41万	--	--
2016-06-30	27.12万	-8.52%	27.12万	--	--
2016-03-31	29.65万	-3.21%	29.65万	--	--
2015-12-31	30.63万	-11.8%	30.63万	--	--
2015-09-30	34.73万		34.73万	--	--

股东逐渐压缩，筹码越来越集中

股东数压缩明显，筹码集中在主力资金手中，由于是大盘蓝筹股，不可能形成庄家控盘的局面，更可能是集团军作战的情形。十大流通股东中，大股东约占 40%，其余股东以险资，证金，汇金为主。

A. 试盘阶段的 K 线图分析（放大到日 K 线）

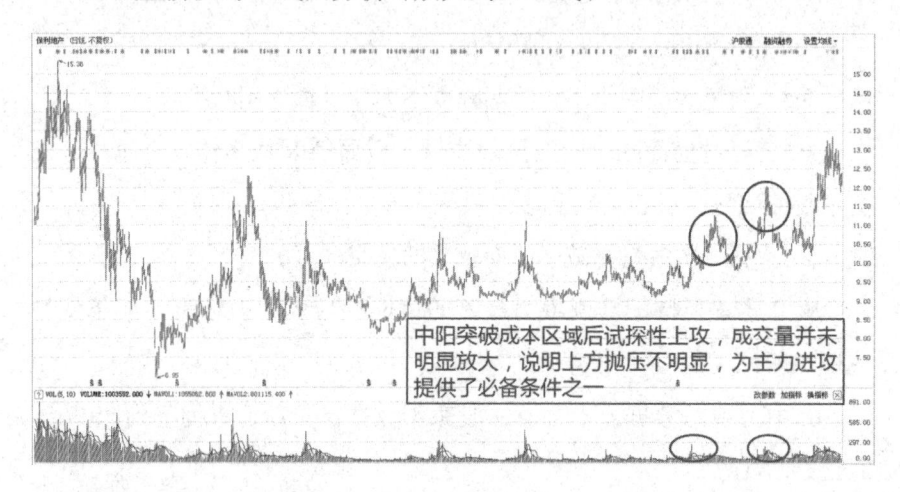

中阳突破成本区域后试探性上攻，成交量并未明显放大，说明上方抛压不明显，为主力进攻提供了必备条件之一

1. 起涨前的形态：

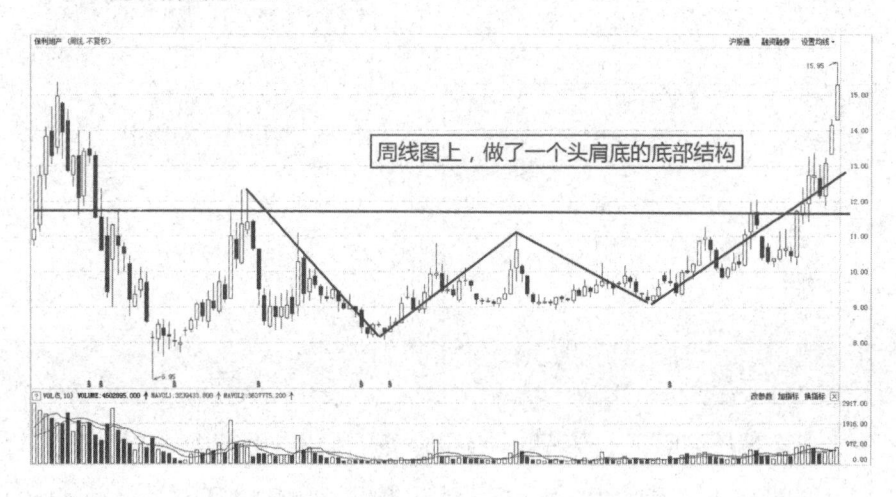

周线图上，做了一个头肩底的底部结构

二、起涨点分析：

起涨前几日的 K 线图如下：

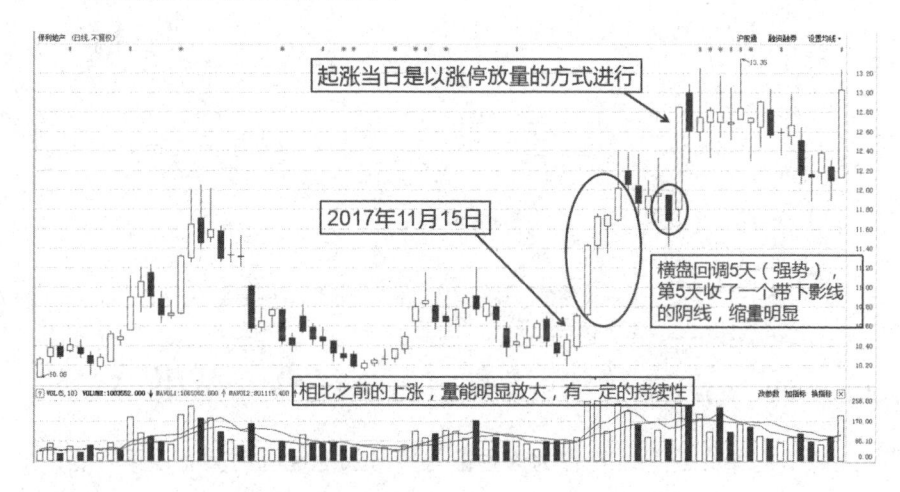

起涨当日是以涨停放量的方式进行

2017年11月15日

横盘回调5天（强势），第5天收了一个带下影线的阴线，缩量明显

相比之前的上涨，量能明显放大，有一定的持续性

11月29日起涨当日的分时图如下：

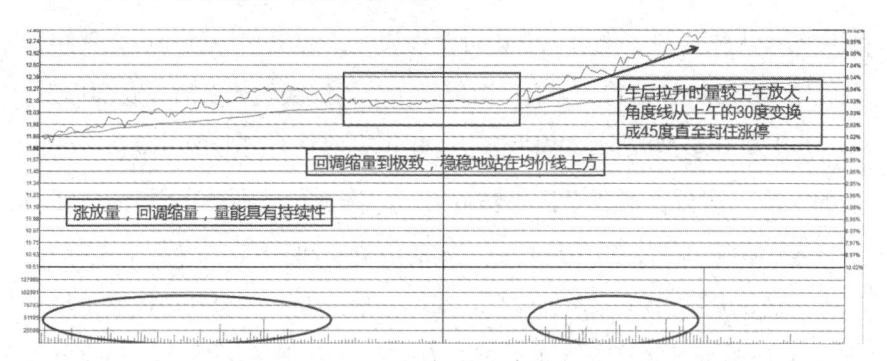

午后拉升时量较上午放大，角度线从上午的30度变换成45度直至封住涨停

回调缩量到极致，稳稳地站在均价线上方

涨放量，回调缩量，量能具有持续性

三、起涨后几日股价走势：

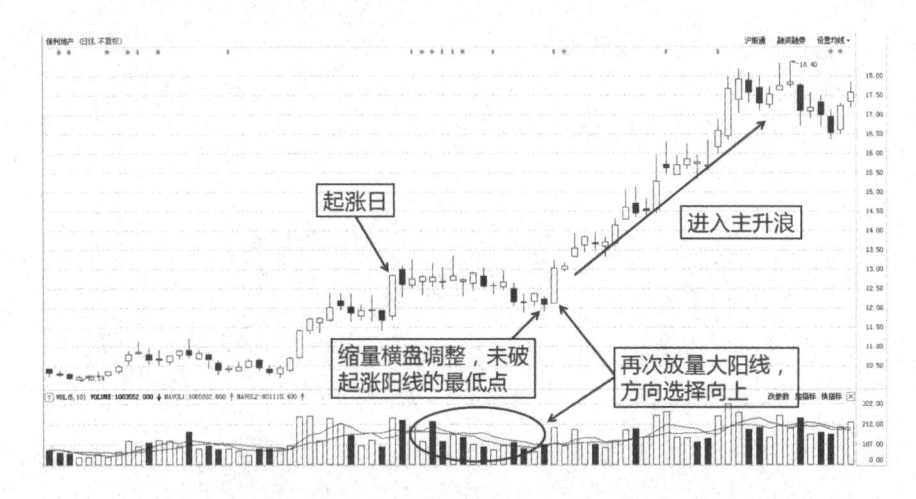

图中标注：起涨日；进入主升浪；缩量横盘调整，未破起涨阳线的最低点；再次放量大阳线，方向选择向上

四、总结：保利地产作为大盘蓝筹股，加速起涨时具有以下特点：

1. 因其体量的缘故，能参与其中的必定是资金雄厚的大主力资金（从背后的十大流通股东也可以看出资金性质），起涨前经过长达 2 年左右的收集筹码，整理蓄势的过程，构筑了一个周线级别的头肩底底部形态。

2. 大盘环境的配合，2017 年下半年正直白马蓝筹股的市场，之前启动的保险、银行、消费等板块轮番启动，房地产行业 2017 年的业绩增长稳定，估值不高，给了该行业一定的溢价空间。

3. 板块龙头万科 A 走势较强，同样是地产龙头的保利地产股价相对万科 A 来说相对较低，尚未启动，有万科 A 在前面带队，也给保利地产的股价打出了一个空间。

4. 起涨前进行了试盘、洗盘等一系列动作，筹码相对比较稳定，给后面的拉升提供了足够的保障。

5. 起涨当日股价走势流畅，也能看出主力之前的准备比较充分，量能较前几日整理的量能放大约 2 倍（比较健康的量能），直至最后涨停突破大形态。

6. 涨停后股价整理回调，不破涨停当日的开盘价，后经过 13 日的回调整理（缩量）后再次大阳拉升，确认了之前的起涨拉升。

姓名：谭巧玲

微信名：独上兰舟

2018 年 11 月 4 日

点评：

1. 从全文的分析来看，你的技术功底是比较深厚的，技术分析、F10 股东分析等等都不错。多从这些牛股中总结它们的筑底、起涨特征，把它们融入脑海，非常有利于你未来挖掘到牛股。

2. 小盘股的走势比较飘，有时候技术分析会被骗，但大盘蓝筹股一旦走出经典的大底部形态并向上突破，那几乎都是真的，很少骗人的，这方面值得留意。

3. 除了保利地产，要多看看其他地产股是否也构筑了大级别底部，共振的威力是非常大的。

4. 技术面之外，还要有基本面、数据的支撑，比如它们的房产销售数据、业绩预测等等。

很多人感叹哦，原来优秀作业是这样子的！差距很大是吧？是这样的，作业大家都能感知到这种差距，我相信随着时间的推移，如果这波牛市下来，你没踏好节奏，没跟随好步伐，没有抓住这个机遇，我告诉你这个差距简直惨不忍睹，就好像我刚才所说的，曾经有牛市来的时候，可能赚一点钱，一倍就开心了，但是我 2005、2006 那轮牛市是赚 100 倍以上啊，这个差距不是一般的大。为什么马云能成就如此，因为他关键的每一步，抓住了机遇，人生就是关键的几步，不用多，三到五步，人生你能把握两到三次的牛市的话，其实足够你成为亿万富豪啦，我觉得没有任何问题。所以我觉得这次的人跟机遇也是非常重要的，但是不要说自己起点低啊，几十万或者多少，我不也是从很低的起点做起来的嘛，谁生下来就是含着金钥匙的？有人说王思聪，确实，毕竟这是小概率嘛，当然每个人家里环境也不一样，我虽然没有喊着金钥匙，但是我的家庭环境也还可以，说真的，我高二大概1998年的时候，我家里就支持了我50万的资金，对比当时这50万是蛮大的了。所以不管怎么样，人生是要靠自己努力，把握自己、把握机遇的，所以我们也是一样，大家也是一样，每个人都是一样。所以改变机遇就要充实自己，为什么在熊市的时候，我们坚持分享我们的金融文化平台，我们要把它分享给更多的有缘人，我希望有更多的人能够接收到我们的这个信号，我希望有更多的人能够跟随着我们，一起去把握这个未来，改变人生机遇，对不对，这个是非常重要的。如果真的做到了，就是我之前说的成就感，并不是追求多少财富，财富只是顺带的事情，我追求的就是这种成就感，追求到了，乐了。某种意义上来说这也是我活着的一个使命，人活着总有个目标，总有个追求，钱不能当唯一的追求，要有使命，这才是最重要的一个追求，所以我觉得我的使命就是在于此，就是要更好地去分享，就是要带领更多的人，一起去把握未来的机遇，能在这个市场可以更长久地走下去，这真的是非常非常开心的事情。

所以这堂课梳理了一下操盘特训班的内容，我希望老同学和新同学都可以多去回顾一下以前分享的内容，多去温故知新。接下来我们还会有新的课程，不断地学习的。当然我们的课程不是每一次都是新的知识点，我们不是说填鸭式的教育，我们专注的是挖深，比如过去的一些知识，我们再结合实战案例，用案例分享的形式不断地剖析，不断地加深。到了现在这个阶段，接下来的这个提升就是巩固、加深跟飞跃的时候了，这个是很关键的。不论新朋友还是老朋友都是有帮助的，要在现在熊市的时候打好基础，一旦牛市来的时候，这些都有用武之地的，都是有非常大的益处的，这点我有充足的信心。

不管怎么样，行情在渐渐地走好，这是好事，但同时我们要加强自身能力的提升，最重要的是慢慢要把该布局的要布局好，真的是要把我们的这个市场、未来的这个机会当做事业一样去面对，用心不断突破。或许现在是黑暗的，大环境还是一个黑暗，但是你会看到有很多精彩，或许市场未来中国的经济反复动荡，甚至还有下行的可能性，但是一定会有过硬的资产在这过程当中突围而出，我们要让自己变得最硬，把握未来做到最硬，那未来的机会就在于此。就算未来市场经济形势不是一下子反转，它还有下行，但是你要知道，下行当中，我们抓住了最硬，抓住了机会，经济迟早会触底反弹，迟早会进入一个上涨的周期，那时候是不是市场又会迎来一个加速的过程呢？又是一个新的、大的基础上又再次不断地飞跃！所以为什么未来一定是一个长期的，这个牛市可能跨越很长时间的，就是因为经济下行周期开始慢慢走牛，等到上行周期的时候持续走牛，难道这不就是我们要去拥抱的未来吗？

所以人生无常，我们要做的就是专注，在这个市场做好，希望朋友们见证我们未来这个历史，你我一起前行、一起飞，坚定信念！